Walter-Busch · Geschichte der Frankfurter Schule

Emil Walter-Busch

Geschichte der Frankfurter Schule

Kritische Theorie und Politik

Wilhelm Fink

Bibliografische Information der Deutschen Nationalbibliothek

Die Deutsche Nationalbibliothek verzeichnet diese Publikation in der Deutschen
Nationalbibliografie; detaillierte bibliografische Daten sind im Internet über
http://dnb.d-nb.de abrufbar.

© 2010 Wilhelm Fink Verlag, München
(Wilhelm Fink GmbH & Co. Verlags-KG, Jühenplatz 1, D-33098 Paderborn)

Internet: www.fink.de

Einbandgestaltung: Evelyn Ziegler
Printed in Germany.
Herstellung: Ferdinand Schöningh GmbH & Co. KG, Paderborn

ISBN 978-3-7705-4943-6

Inhalt

Vorwort

Die „Kritische Theorie" der von Max Horkheimer begründeten Frankfurter Schule gilt namentlich in der Gestalt, die ihr Theodor W. Adorno verlieh, als schwer verständlich. Es ist indessen eine durch und durch politische, ausgesprochen kontextsensitive Theorie. Viele ihrer Kerngedanken können in Begriffen und mit Denkfiguren des Common Sense durchaus allgemeinverständlich dargestellt werden.

Unter spezieller Berücksichtigung der Jugendschriften Max Horkheimers, des Staatskapitalismus-Konzeptes von Friedrich Pollock und von Adornos Beitrag zur amerikanischen Rundfunkforschung legte das 12. Kapitel meines Buches „Faktor Mensch. Formen angewandter Sozialforschung der Wirtschaft in Europa und den USA, 1890-1950" die radikale Kapitalismuskritik des Horkheimer-Kreises einerseits als ein *Ergebnis* philosophisch orientierter Sozialforschung, andererseits und vor allem als deren *vorwissenschaftliche Voraussetzung* aus. An dieser commonsense-philosophischen *idée fixe* orientieren sich nicht nur die nachstehenden Überlegungen zu den politischen Konzepten und Philosophien von Max Horkheimer, Friedrich Pollock, Franz Neumann und Herbert Marcuse, sondern auch die zum besonders vielschichtigen Werk Theodor W. Adornos.

Einige Gelehrte, die dem inneren Horkheimer-Kreis mindestens oder annähernd so nahe standen wie Franz Neumann, treten im Buch ungerechterweise nur in Nebenrollen auf: Erich Fromm bloß als Leiter der ersten Arbeiter- und Angestellten-Befragung des Instituts und, nach Ansicht Marcuses, als Freud-Revisionist; Walter Benjamin nur als der bedeutende Inspirator des angehenden Privatdozenten Adorno; Siegfried Kracauer und Leo Löwenthal als Experten der Musik- und der Literatursoziologie, die Adorno zeitweise harsch kritisierte; Otto Kirchheimer als jungsozialistischer Kritiker Neumanns; Henryk Grossmann und Karl A. Wittfogel schließlich nicht einmal in Nebenrollen. Da das Buch sich im Wesentlichen am Zeitrahmen der Jahre 1930 bis 1970 orientiert, verzichtet es außerdem auf eine Darstellung philosophischer Kerngedanken von Jürgen Habermas, des bedeutendsten Repräsentanten der zweiten Generation kritischer Theoretiker. Es zeigt zwar auf, wie Habermas in Gesprächen mit Marcuse das demokratietheoretische Defizit Kritischer Theorie angesprochen, nicht aber, wie er es später in seiner Theorie und Philosophie kommunikativen Handelns und des demokratischen Rechtsstaats behoben hat.

In die Abschnitte 1-6 und 8 habe ich wörtlich oder verändert einige Passagen aus dem 12. Kapitel des erwähnten Buches „Faktor Mensch" übernommen.

Das Anliegen einer geschlechtsneutralen Sprachverwendung ist im Deutschen bekanntlich nicht leicht einzulösen. Dieses Buch zitiert häufig Texte aus Zeiten, in denen man, wenn man Ausdrücke wie „Wissenschaftler", „Direktoren", „Forscher", „Politiker" usw. verwendete, Frauen gegebenenfalls auch mitgemeint haben wollte. Der Einheitlichkeit der Sprachform zuliebe befolge ich hier diese Regel, obwohl sie heute als diskriminierend gilt. Es wird nachfolgend also beispielsweise nicht von „Forscher und Forscherinnen" oder kürzer, aber hässlicher von „ForscherInnen", „Forscher/innen" usw., sondern nur von „Forschern", allenfalls von „Forschenden" die Rede sein.

Es wäre unredlich, einen privaten Beweggrund zu verschweigen, der am besten erklärt, warum ich an diesem Buchprojekt ausgesprochen gerne gearbeitet habe. Friedrich oder, wie er in meiner Familie hieß, Fred Pollock hat mich bereits während meiner Gymnasialschulzeit überaus wohlwollend gefördert. In eines seiner ersten Buchgeschenke an mich (Band 4 der „Frankfurter Beiträge zur Soziologie", die hauptsächlich von Adorno verfassten „Soziologischen Exkurse") schrieb er die Widmung: „Seinem lieben Emil Walter jr. zum Nachdenken über die Problematik der Soziologie. Montagnola, 11. April 1959 – Frederick Pollock." Zu meinem 19. Geburtstag am 30. September 1961 schenkte er mir eine Dokumentation des nationalsozialistischen Massenmordes an den Juden, die mich erschüttert hat wie sonst kein anderes Buch: „Für Emil Walter jr., damit er sich eine Vorstellung davon machen kann, wozu Menschen in der Mitte des XX. Jahrhunderts fähig sind [...]". Unvergesslich auch die Zeit, die ich 1962/63 in seinem und seiner Frau Carlotta Haus in Montagnola verbrachte, um ihm bei der Erarbeitung der zweiten Auflage seines Automationsbuches behilflich zu sein. (Weniger aufwändige Recherchen habe ich 1967 überdies zur Vorbereitung einer Fernsehsendung Max Horkheimers über „archaische Berufe" durchgeführt.) Nach dem vorzeitigen Tod meines Zürcher Doktorvaters Hans Barth hätte ich es ohne Pollocks Fürsprache und seine wiederholten Ermahnungen niemals gewagt, mich Adorno, dem künftigen Referenten meiner Dissertation, und Jürgen Habermas, der freundlicherweise das Ko-Referat übernahm, vorzustellen. Meine mündliche Doktorprüfung fand am 18. Juni 1969 statt, nur wenige Wochen bevor Adorno in den Walliser Hochalpen einen tödlichen Herzinfarkt erlitt.

Zwar konnte ich nie beanspruchen, im engeren Sinne ein Schüler meiner Frankfurter Lehrer geworden zu sein. Es liegt mir dennoch viel daran, dieses Buch ihnen widmen zu dürfen – meinen aus der Ferne still verehrten akademischen Lehrern Fred Pollock, Max Horkheimer, Theodor W. Adorno und Jürgen Habermas.

Zürich, 12. November 2009

Erstes Kapitel

Einführender Überblick:
Vom „Café Marx" zum „Café Max"

1930 übernahm der Philosoph Max Horkheimer die Direktion des 1924 eröffneten, marxistisch orientierten „Instituts für Sozialforschung". Unter seiner Leitung setzte das Institut in Frankfurt a.M. und – nach Hitlers Machtergreifung – in der Emigration ein innovatives Forschungsprogramm philosophisch orientierter Sozialforschung um. Dessen theoretisches Fundament war eine Version des Marxismus, die als „Kritische Theorie" bekannt wurde. Die marxistische Ausrichtung der Institutsforschung schwächte sich bereits in der Emigration, vor allem aber nach der 1950 erfolgten Rückkehr des Instituts nach Frankfurt a.M. ab. Insider erinnerten mit dem Scherznamen „Café Max", den sie dem Institut gaben, an die Zeiten, als in ihm noch unverhohlener marxistisch geforscht worden war.

Theodor W. Adorno, der seit den 1940er Jahren wichtigste Mitarbeiter Horkheimers, übernahm von Horkheimer 1958 die Institutsleitung. Er hatte sich inzwischen als der intellektuell produktivste Kopf der „Frankfurter Schule", wie der Kreis wahlverwandt forschender Kollegen und Schüler Horkheimers nun hieß, profiliert. Adorno starb bereits 1969, Friedrich Pollock, der Ökonom, Mitbegründer des Instituts und lebenslange Freund Horkheimers, 1970, Horkheimer 1973.

Die nachfolgenden Ausführungen skizzieren politische Ideen, Beobachtungen und philosophische Grundlagen der Frankfurter Schule Kritischer Theorie in den vier Jahrzehnten nach Horkheimers Übernahme der Institutsleitung. Abschnitt 1 verweist außerdem auf die Gründungs- und Frühgeschichte des Instituts, Abschnitt 15 auf die aktuelle Bedeutung der ersten Generation Kritischer Theorie.

1. Motive des Großkaufmanns Hermann Weil, ein Institut für marxistische Sozialforschung zu finanzieren

So wie Beweggründe von Menschen in sehr vielen Situationen, konvergieren auch diejenigen des Stifters des Frankfurter Instituts für Sozialforschung nicht bis zur Eindeutigkeit. Es waren vieldeutige, im Sinne von Robert Musil typisch „nichtratioïde" Motive, die in den 1920er Jahren einen der reichsten Sponsoren der Stiftungsuniversität Frankfurt a.M. dazu bewegten, ein parteiunabhängiges Institut für marxistische Studien zu finanzieren. (Musil unterscheidet sog. „ratioïde", d.h. „zur Eindeutigkeit konvergierende" Gegenstände des Erkennens – zum Beispiel: „dieser Brief wiegt mehr als 20 Gramm" – von unendlich auslegungsbedürftigen Aussagen über „Nichtratioïdes" (etwa: „er wollte es so"); eine unscheinbare, aber wichtige Unterscheidung, die ein besseres Verständnis einiger Kerngedanken Kritischer Theorie, zumal derjenigen Adornos (Abschnitt 12), sowie von Methodenproblemen der empirischen Institutsforschung (Abschnitt 11) ermöglicht.)

Der jüdische Kaufmann *Hermann Weil (1868–1927)* baute in den 1890er Jahren in Argentinien innerhalb weniger Jahre eine der weltweit führenden Unternehmungen des Getreidehandels auf. 1907 zusammen mit seinem in Buenos Aires geborenen Sohn Felix Weil nach Deutschland zurückgekehrt, leiteten er und sein in Argentinien verbliebener Bruder die profitable Firma von den europäischen Zentralen in Rotterdam und Frankfurt a.M. aus. Hermann Weil verfasste während des Ersten Weltkriegs als deutscher Patriot und Experte für Fragen des internationalen Getreidehandels zuhanden des militärischen Oberkommandos des Deutschen Reiches Expertisen, die versuchten, Großbritanniens ökonomisches Interesse an der Entfesselung des Weltkriegs nachzuweisen. Sie rieten der Reichsführung, an Siegfriedenszielen unbedingt festzuhalten, da der unbeschränkte U-Bootkrieg Deutschlands Großbritannien in absehbarer Zukunft aushungern und zur Aufgabe zwingen werde (vgl. dazu sowie zur Gründungs- und Frühgeschichte des Instituts für Sozialforschung im allgemeinen v.a. MIGDAL 1981, KLUKE 1972 und WIGGERSHAUS 1986).

Derselbe Großkaufmann Weil beschloss in den 1920er Jahren, der Wirtschafts- und Sozialwissenschaftlichen Fakultät der Universität Frankfurt a.M. – d.h. dem Kern der 1901 eröffneten „Akademie für Sozial- und Handelswissenschaften", die 1914 zur Stiftungsuniversität Frankfurt a.M. erweitert worden war – ein klar marxistisch ausgerichtetes „Institut für Sozialforschung" zu finanzieren. Dabei übernahm er nicht nur die Kosten des 1923 erstellten Institutsneubaus, sondern auch die Betriebskosten des Instituts in der Höhe von jährlich 120.000 Reichsmark. Dies entsprach exakt dem Betrag, mit dem die Stadt Köln seit 1919 ihr „Forschungsinstitut für Sozialwissenschaften" subventionierte. Während das Frankfurter Institut von *einem* marxistisch gesinnten Direktor geführt werden sollte, wurde das Institut der Stadt Köln nach einem Konzept ihres Oberbürgermeisters Konrad Adenauer von *drei* gleichberechtigten Direktoren geleitet. Diese vertraten je eine der drei maßgebenden Weltanschauungen der Gegenwart: die christliche, die sozialistische sowie in Adenauers Worten eine, „die sich dem verfeinerten kapitalistischen und Unternehmerstandpunkte nähert" (Ausführungen Adenauers vor der Stadtverordnetenversammlung, 6. März 1918, zitiert von v. ALEMANN 1976, S. 351).

Was bewog den während des Weltkriegs hochpatriotischen *Unternehmer* Weil dazu, ein radikal *kapitalismuskritisches* Institut zu stiften? Sollte diese Gründung wirklich nur, wie Weil alsbald unterstellt wurde, die bolschewistischen Machthaber der Sowjetunion, die neuerdings über die Getreideexporte der Ukraine entschieden, günstig stimmen?

Wichtiger als dieser Beweggrund dürfte zunächst die moralische Verpflichtung wohlhabender Juden gewesen sein, mindestens einen Zehntel ihres Einkommens für wohltätige Zwecke zu stiften. Obwohl der Antisemitismus im revolutionär bewegten Nachkriegsdeutschland starken Auftrieb bekam, konnte sich der Patriot Weil nach wie vor mit dem deutschen Volk, das die Siegermächte des Ersten Weltkriegs seiner Ansicht nach empörend ungerecht behandelten, identifizieren. Weil schrieb dem Frankfurter Oberbürgermeister 1922 nach der Ermordung des jüdischen Außenministers Walther Rathenau, dass ihn das „Treiben der Antisemiten, Rathenau- & Erzberger-Mörder und speciell die Haltung der Gerichte in den letzteren Fällen" zutiefst schockierten:

> „Ich sagte mir, ein Volk, das solche Schandtaten zulässt und solche Richter duldet, verdient kein Mitleid. – Aber angesichts der jetzigen, trostlosen Lage schweigt jedes Bedenken; das deutsche Volk wird bedrückt, vertrieben und ausgeraubt wie die Juden, da sagt mein Herz: ,Hilf dem deutschen Volke, es soll nicht büßen für die Taten weniger Narren und Mordbuben.'" (zitiert von MIGDAL 1981, S. 26)

Die Lage Deutschlands war nach dem verlorenen Weltkrieg in der Tat bis etwa 1924/25 „trostlos". Sie unterschied sich drastisch von der herausragenden Stellung, die das von Bismarck geeinte Reich aufgrund seiner kulturellen, wissenschaftlichen und technischen Leistungen, seiner Organisationskunst und Wirtschaftskraft zwischen 1871 und 1914 erlangt hatte. Die Weimarer Verfassung, die im Wirbel der revolutionär und gegenrevolutionär umwälzenden Ereignisse der Jahre 1918/19 entstand, machte der mächtigen Arbeiterbewegung Deutschlands zwar einige Zugeständnisse (vgl. dazu unten, Abschnitt 9). Mehr als die sozialistischen Parteien anderer Industriestaaten litt die deutsche Arbeiterbewegung aber unter dem heillosen Zerwürfnis zwischen ihrem rechten, revisionistischen und ihrem bolschewistischen linken Flügel. Gleichzeitig begann sich in Deutschland ein reaktionärer, vielfach antisemitischer, der Weimarer Republik kritisch bis feindlich gegenüberstehender Block zu formieren, der Hermann Weil verständlicherweise besonders beunruhigte.

Vieles, was in der Vorkriegszeit politisch unvorstellbar oder chancenlos gewesen war, schien nun möglich zu werden. In der intellektuellen Jugend, die den Kriegsdienst überlebt hatte oder ihn vermeiden konnte, verbreitete sich eine erweiterte, metaphysisch aufgeladene Vorstellung von Politik. Max Webers 1919 vor Münchner Studenten gehaltener Vortrag über „Politik als Beruf" verfehlte mit seinem Desillusionierungspathos das Denken und Fühlen dieser Intellektuellengeneration. Sie hielt im Gegensatz zum leidenschaftlichen Realisten Weber für wahrhaft „politisch" nur, was versprach, die durch und durch verdorbenen Lebensverhältnisse der Gegenwart umwälzend verändern zu können. Sie verachtete herkömmliche Parteien-„Politik", die Weber im erwähnten Vortrag als ein „starkes langsames Bohren von harten Brettern mit Leidenschaft und Augenmaß zugleich" charakterisiert hatte. Als „politisch" im emphatischen Sinne galt ihr allein das radikale Verändern von Gesellschaft und Staat im Ganzen.

Hermann Weils Sohn *Felix Weil (1898–1975),* der in Frankfurt a.M. das Gymnasium besuchte, an der Universität Wirtschafts- und Sozialwissenschaften studierte und mit einer 1921 publizierten Dissertation über „Sozialisierung" promovierte, war ein typischer Vertreter dieser vom Weltkrieg und seinen Folgen politisch radikalisierten Intellektuellengeneration. Zu ihr zählten neben Walter Benjamin, Ernst Bloch, Leo Löwenthal, Georg Lukács, Herbert Marcuse auch die im nachfolgenden Abschnitt vorgestellten Mitbegründer des Instituts für Sozialforschung, Max Horkheimer und Friedrich Pollock.

Felix Weils Vater scheint es nicht als eine Provokation empfunden zu haben, als Felix noch während des Studiums mit der kommunistischen Partei zu sympathisieren und diese materiell zu unterstützen begann. Felix Weil subventionierte den kommunistischen Malik-Verlag, förderte gesellschaftskritisch engagierte Künstler, und finanzierte im Frühjahr 1922 die in Ilmenau (Thüringen) durchgeführte „Erste Marxistische Arbeitswoche", zu der u.a. die angehenden maîtres-penseurs des Marxismus, Karl Korsch und Georg Lukács, stimulierende Ideen beitrugen (MIGDAL 1981, S. 34).

Hermann Weil mag die radikal systemkritischen Aktivitäten seines Sohnes auch darum so ungewöhnlich großzügig unterstützt haben, weil er ihm kein richtiges Zuhause geboten hatte. Ausschlaggebend für den Entschluss von Weil senior, an der Universität Frankfurt a.M. gemäß Vorstellungen des Sohnes und von dessen Gesinnungsgenossen ein Institut für marxistische Studien zu finanzieren, dürfte indessen das Streben nach öffentlicher Anerkennung der Gemeinnützigkeit seiner geschäftlichen Erfolge gewesen sein. 1922 verlieh ihm die Universität Frankfurt a.M. tatsächlich den erstrebten Ehrendoktor.

Als Leiter des geplanten Instituts sahen Hermann und Felix Weil nach gescheiterten Bemühungen um zwei andere Kandidaten den in Wien lehrenden Professor *Carl Grünberg (1861–1940)* vor. Dieser „Kathedermarxist" war ein exzellenter Kenner der Geschichte sozialistischer Ideen und der Arbeiterbewegung. Er gab seit 1910 das „Archiv für die Geschichte des Sozialismus und der Arbeiterbewegung" (kurz „Grünbergs Archiv" genannt) heraus. Die beiden Weils und Grünberg kamen im Januar 1923 überein, dass das Archiv und eine Buchreihe die zentralen Publikationsmedien des Instituts sein sollten.

Die Wirtschafts- und Sozialwissenschaftliche Fakultät hatte das Institutsprojekt zwar umso skeptischer beurteilt, je deutlicher sie erkannte, dass die Stifter sich Eigentums- und Aufsichtsrechte vorbehielten, um etwaige Abweichungen vom stramm marxistischen, alles andere als kapitalismusfreundlichen Kurs, den sie ihrem Institut vorgaben, verhindern zu können. Hermann und Felix Weil deuteten jedoch an, sie würden unter Umständen auch eine rein private, von der Universität unabhängige Stiftung errichten. So akzeptierte die Fakultät schließlich die Institutssatzung, die ihr die Organisation der Stifter, die „Gesellschaft für Sozialforschung e.V.", und das preußische Kultusministerium präsentierten, mit nur geringfügigen Modifikationen.

Diese Satzung bezeichnete das Institut für Sozialforschung als eine der Aufsicht des preußischen Kultusministers unterstehende, „der Universität Frankfurt angegliederte, in ihrem Betrieb und in ihrer Verwaltung selbständige wissenschaftliche Anstalt, die zugleich Lehrzwecken der Universität dient." Allen im Institut „leitend oder mitarbeitend" Tätigen war „für ihre wissenschaftliche Arbeit vollkommene Unabhängigkeit gewährleistet". Die erste der zwei Hauptaufgaben des Instituts

war satzungsgemäß „die wissenschaftliche Erforschung und Darstellung der sozialen Zustände und Bewegungen der Vergangenheit und
der Gegenwart, in ihrem gesamten sachlichen Umfange und ohne Ein-
schränkung auf ein bestimmtes einzelnes Land". Das Institut sollte
zweitens „vornehmlich junge Forscher auf dem Gebiet der Wirtschafts-
und Sozialwissenschaft ausbilden und in ihrer selbständigen wissenschaftlichen Arbeit fördern". Die wissenschaftliche Institutsleitung oblag dem vom Kultusminister ernannten Direktor, die „geschäftliche
Verwaltung" dagegen der Gesellschaft für Sozialforschung e.V. (MIG-
DAL 1981, S. 51).

Am 22. Juni 1924 fand die feierliche Eröffnung des Instituts für
Sozialforschung statt. Carl Grünberg, der inzwischen zum ordentlichen Professor der Wirtschafts- und Sozialwissenschaftlichen Fakultät
sowie zum Institutsdirektor gewählt worden war, hielt die Festrede.
Auf das pluralistische Führungskonzept des Kölner Schwesterinstituts
anspielend, schien ihm in seinem Haus „eine Teilung der Leitung überhaupt oder erst recht mit weltanschauungsmäßig und methodisch anders Gerichteten ganz ausgeschlossen" zu sein. Auf der Grundlage des,
richtig verstanden, durchaus undogmatischen Marxismus strebe er als
Institutsleiter vielmehr „Einheitlichkeit in der Problemstellung und
Problembewältigung" an. Insofern befürworte er „sozusagen die Diktatur des Direktors" (GRÜNBERG 1924, S. 7f.). Denn nach anfänglichen
Zweifeln habe er sich mittlerweile von der Wahrheit der marxistischen
Weltanschauung und der Überlegenheit ihrer Forschungsmethoden
überzeugen können:

> „Viele, deren Zahl und Gewicht ständig zunimmt, glauben, wünschen
> und hoffen nicht nur, sondern sind wissenschaftlich fest überzeugt, dass
> die entstehende neue Ordnung die sozialistische sein wird, dass wir uns
> mitten im Übergang vom Kapitalismus zum Sozialismus befinden und
> diesem mit wachsender Schnelligkeit zutreiben." (GRÜNBERG 1924, S. 9)

Grünberg sollte das Institut vertragsgemäß bis drei Jahre nach seiner
Emeritierung, d.h. bis 1932 leiten. Bereits 1929 konnte er allerdings
wegen eines Schlaganfalles, den er im Januar 1928 erlitten hatte, die
Aufgaben eines Institutsdirektors nicht mehr wahrnehmen. Kommis-
sarisch übernahm sein erster Assistent, der mit Felix Weil eng befreun-
dete und seit 1925 auch als Generalbevollmächtigter der Gesellschaft
für Sozialforschung e.V. wirkende Friedrich Pollock, die Institutsleitung.

Felix Weil bekräftigte Anfang November 1929 in einem substanziellen Memorandum seinen Anspruch auf Mitbestimmung im Beru-

fungsverfahren für Grünbergs Nachfolger. Das Memorandum zählte die sechs zentralen Arbeitsgebiete des Instituts und die für diese zuständigen Forscher auf. Die drei wichtigsten waren 1. historischer Materialismus und philosophische Grundlagen des Marxismus (Max Horkheimer), 2. Probleme der theoretischen Nationalökonomie (Henryk Grossmann) sowie 3. planwirtschaftliche Probleme der Organisation einer sozialistischen Gesellschaft (Friedrich Pollock). Das Institut unterstützte im Herbst 1929, als Weil sein Memorandum – vermutlich in Zusammenarbeit mit Pollock – verfasste, 24 Stipendiaten, und die Bestände der großzügig ausgestatteten Bibliothek hatten von ca. 14.000 Bänden und rund 200 in- und ausländischen Periodika im Jahr der Institutseröffnung bis Ende 1929 auf über 40.000 Bände und fast 400 Zeitungen und Zeitschriften zugenommen. Felix Weil leitete aus diesen beachtlichen Leistungen und der ziemlich einmaligen Positionierung des Instituts den Anspruch ab, dass der Nachfolger des ersten Direktors „höchstwahrscheinlich nur aus dem Kreise des Instituts hervorgehen" könne (zitiert von KLUKE 1972, S. 426f., 413f.; s. auch MIGDAL 1981, S. 108ff.).

Da die Fakultät nicht bereit war, diese Forderung Weils zu erfüllen, und dieser seinerseits zwei sozialistisch gesinnte Nationalökonomen anderer Universitäten, die ihm die Fakultät als Nachfolger Grünbergs vorschlug, ablehnte, schien das Berufungsverfahren ausweglos blockiert zu sein.

In dieser Situation brachte Felix Weil eine überraschende Trumpfkarte ins Spiel. Er überließ der Wirtschafts- und Sozialwissenschaftlichen Fakultät die Bestimmung von Grünbergs Nachfolger. Gleichzeitig erklärte er sich bereit, dessen Lehrstuhl bis zum Zeitpunkt zu finanzieren, da eines der bestehenden volkswirtschaftlichen Ordinariate frei werde. *Zusätzlich* bot er der *Philosophischen Fakultät* die Finanzierung eines Ordinariats für „Philosophie und Soziologie" an, welches Max Horkheimer als dem künftigen Institutsdirektor übertragen werden sollte (KLUKE 1972, S. 417f.).

Das war nun ein Angebot, das, obwohl mit ihm zusammen die bittere Pille der Fremdbestimmung durch einen externen Sponsor geschluckt werden musste, schlecht zurückgewiesen werden konnte. Die Philosophische Fakultät beschloss am 19. Juni 1930 mit 5 gegen 2 Stimmen bei 5 Enthaltungen, der ihr vorgeschlagenen Berufung Horkheimers zuzustimmen, falls dessen Lehrauftrag etwas bescheidener mit „Sozialphilosophie" umschrieben werde (KLUKE 1972, S. 419, 428).

2. Max Horkheimers Direktionsregime der 1930er Jahre

Wer war der 1930 zum Professor für Sozialphilosophie an der Universität Frankfurt a.M. gewählte Max Horkheimer, der als Nachfolger Grünbergs vom kommissarischen Institutsleiter Pollock im gleichen Jahr auch für annähernd drei Jahrzehnte die Leitung des Instituts für Sozialforschung übernahm?

Max Horkheimer (1895–1973) wuchs als Sohn des angesehenen jüdischen Unternehmers Moses (Moriz) Horkheimer in Zuffenhausen bei Stuttgart auf, von wo aus der Vater seine textilindustriellen Geschäfte dirigierte. Max sollte als einziger Sohn von Horkheimer senior in der Familienfirma rein praktisch zum Juniorchef und späteren Nachfolger des Vaters ausgebildet werden. 1911 lernte Horkheimer den neun Monate älteren *Friedrich Pollock (1894–1970)* kennen, der als Sohn eines jüdischen Lederfabrikanten in der gleichen Lage war wie er. Die beiden Jünglinge schlossen sogleich einen auch schriftlich besiegelten Freundschaftspakt. Dieser bestimmte in scharfem Kontrast zur Alltagswelt des *„Extérieur"* den Bund zwischen ihnen (das *„Intérieur"*) als ihr „höchstes Gut" (GUMNIOR, RINGGUTH 1973, S. 13). 1913/14 verbrachten sie während fünfzehn Monaten ein unvergessliches, von ihren Vätern großzügig finanziertes Studienjahr in Brüssel, Paris, Manchester und London. Offiziell diente dieser Auslandaufenthalt der Verbesserung ihrer kaufmännischen Fähigkeiten und Sprachkenntnisse. In Wirklichkeit war er eine aus dem gemeinsamen Studium belletristischer und philosophischer Literatur, aus Liebschaften und der Erprobung alternativer Lebensformen bestehende Initiation ins Jungmännerleben wohlhabender Bürgersöhne (s. Abschnitt 5).

Kurz vor Ausbruch des Weltkriegs nach Deutschland heimgekehrt, mussten Horkheimer und Pollock aufgrund ihrer Funktionen als Juniorchefs in den Unternehmungen ihrer Väter vorerst keinen Militärdienst leisten. Horkheimer war die allgemeine Kriegsbegeisterung der ersten Kriegsmonate von Anfang an zuwider. Das entsetzliche Kriegsgeschehen radikalisierte indessen bald auch Pollock. Der Weltkrieg entstellte seiner und Horkheimers Auffassung nach eigentlich nur den verlogenen, zutiefst unmenschlichen Zustand der bestehenden Gesellschaft bis zur Kenntlichkeit.

Ihre Weltkriegserfahrung bestärkte die Freunde darin, nicht einfach in die privilegierten Stellungen ihrer Väter nachrücken zu wollen. Sie verkehrten 1918/19 in radikal gesellschaftskritischen Künstler- und Intellektuellenkreisen Münchens, holten das Abitur nach, und studierten an den Universitäten München, Frankfurt a.M. und Freiburg Psychologie, Philosophie und Nationalökonomie (Horkheimer) bzw. Nationalökonomie und Philosophie (Pollock).

Während die Väter immer noch hofften, ihre Söhne würden nach Abschluss des Studiums ihre Nachfolger werden, eröffneten diesen hervorragende Studienleistungen andere Möglichkeiten. Horkheimer promovierte 1922 beim neukantianischen Frankfurter Philosophieprofessor Hans Cornelius summa cum laude, wurde dessen Assistent und habilitierte sich bereits 1925 mit einer Arbeit über „Kants Kritik der Urteilskraft als Bindeglied zwischen theoretischer und praktischer Philosophie". Danach erfüllte er bezahlte Lehraufträge zur Geschichte der neueren Philosophie so gut, dass ihn Cornelius gerne als seinen Nachfolger gesehen hätte. Da Hausberufungen an deutschen Universitäten verpönt waren, überging die Fakultät diesen Wunsch, und berief nach der Emeritierung von Cornelius stattdessen den im Kölner Forschungsinstitut für Sozialwissenschaften den „christlichen Standpunkt" vertretenden Max Scheler sowie, nach dessen Tod, den Theologen und Philosophen Paul Tillich.

Pollocks akademische Karriere verlief zunächst annähernd ebenso erfolgreich wie diejenige Horkheimers. 1923 promovierte er an der Universität Frankfurt a.M. gleichfalls summa cum laude mit einer Dissertation über die Geldtheorie von Marx. Der Marxismus war für ihn dabei nicht einfach nur ein lohnendes Studienobjekt, sondern das theoretisch wie praktisch maßgebende Paradigma wirtschafts- und sozialwissenschaftlicher Erkenntnis. Seit den ersten Studiensemestern mit Felix Weil befreundet, exponierte er sich politisch stärker als der diesbezüglich stets vorsichtigere Horkheimer. Pollock bekam nach der Niederlage der Münchner Räterepublik, deren Parteigänger er war, schon im Jahre 1919 Schwierigkeiten mit der Polizei wegen eines Mitglieds der Räteregierung, dem er mit seinem Pass zur Flucht nach Österreich verholfen hatte (DAHMS 1994, S. 67). 1922 nahm Pollock – nicht aber Horkheimer – an Felix Weils oben in Abschnitt 1 erwähnter „Erster Marxistischer Arbeitswoche" teil. Mehrere ihrer durchwegs links von der SPD stehenden Teilnehmer gehörten irgendwann einmal dem Institut für Sozialforschung an – unter ihnen auch der nachmalige Meisterspion Richard Sorge, der 1942 von den Japanern enttarnt, wegen Spionage für die Sowjetunion zum Tode verurteilt und am 7. November 1944, dem Jahrestag des bolschewistischen Umsturzes, hingerichtet wurde (MIGDAL 1981, S. 88f., 91ff.).

Als die politische Polizei im Frühjahr 1926 verdächtige Aktivitäten von Institutsangehörigen untersuchte, kam sie zum Schluss, dass „Dr. Friedrich Pollock und Dr. Felix Weil [...] Kommunisten sind". Pollocks engster Freund Horkheimer fiel ihr dagegen nicht weiter auf (MIGDAL 1981, S. 100f.). Der politisch an sich liberalen Universität Frankfurt a.m. der 1920er Jahre war es unter diesen Umständen unmöglich, Pollock zum Nachfolger Grünbergs zu ernennen. Dieser verzichtete auf dieses Karriereziel aber nicht nur umständebedingt, sondern primär darum, weil er neidlos die überlegenen Fähigkeiten seines Freundes anerkannte. Dessen Ernennung zum Ordinarius für Sozialphilosophie und Direktor des Instituts für Sozialforschung im Jahre 1930 belastete den lebenslang währenden Freundschaftspakt zwischen ihm und Horkheimer, wenn überhaupt, nur geringfügig.

Horkheimers Antrittsvorlesung bei Übernahme des Lehrstuhls für Sozialphilosophie und der Leitung des Instituts für Sozialforschung vom 24. Januar 1931 umriss neben einem geschickt begründeten Forschungsprogramm (s. dazu Abschnitt 6) auch das zu dessen Umsetzung vorgesehene Leitungskonzept. Horkheimer schloss es ausdrücklich an dasjenige des ersten Direktors Grünberg an. Dessen Theorie und Praxis der „Diktatur des Direktors" ermögliche es ihm, Horkheimer, nun, „wenigstens im engsten Rahmen gemeinsam mit meinen Mitarbeitern eine Diktatur der planvollen Arbeit über das Nebeneinander von philosophischer Konstruktion und Empirie in der Gesellschaftslehre zu errichten" (HORKHEIMER 1931, S. 12).

Anstelle der „Diktatur des Direktors", zu der sich Grünberg halb ironisch, halb ernsthaft bekannt hatte, sollte jetzt also die vom historischen Materialismus angeleitete, „planvolle" Zusammenarbeit von Vertretern „einzelwissenschaftlicher Disziplinen" wie der Soziologie, Psychologie, der politischen Ökonomie sowie der Literatur-, Kunst- und Geschichtswissenschaften treten. Horkheimers Leitungskonzept sah einerseits vor, substanzielle Ergebnisse dieser interdisziplinären Forschung weiterhin in der Buchreihe des Instituts zu publizieren. Bereits 1929 waren als deren Bände 1 und 2 Henryk Grossmanns im Geiste Grünbergs verfasstes Buch „Das Akkumulations- und Zusammenbruchsgesetz des kapitalistischen Systems" sowie Pollocks materialreiche Habilitationsschrift „Die planwirtschaftlichen Versuche in der Sowjetunion, 1917–1927" erschienen. 1931 folgte Karl August Wittfogels Zwischenbilanz seiner langjährigen Erforschung der „Wirtschaft und Gesellschaft Chinas".

Das zentrale Publikationsorgan für wichtige Institutsarbeiten sollte andererseits die von Horkheimer herausgegebene und vom Literaturso-

ziologen Leo Löwenthal redigierte „neue Folge" des Grünbergschen Archivs, die „Zeitschrift für Sozialforschung", werden. Der innere Kreis
von Institutsmitarbeitern widmete einen großen Teil seiner Arbeitszeit
vor allem dem Verfassen, der Diskussion und dem Überarbeiten von
Beiträgen zu dieser Zeitschrift. Alfred Schmidt hat die neun Bände der
„Zeitschrift für Sozialforschung" (ZfS; die letzten vier Nummern der
Jahrgänge 1940/41 trugen die Bezeichnung „Studies in Philosophy and
Social Science") „den großen Dokumenten europäischen Geistes" des
20. Jahrhunderts zugerechnet (SCHMIDT 1970, S. 1). Tatsächlich zeugen einige ihrer oft erstklassigen Abhandlungen und Rezensionen am
ehesten von jener „Einheit eines Schulzusammenhangs" der Frankfurter
„Schule", die sonst nach Auffassung von Jürgen Habermas eher nur eine Fiktion blieb (HABERMAS in HONNETH, WELLMER 1986, S. 8).

Bereits das Heft 2 des zweiten Jahrgangs der Zeitschrift erschien
nicht mehr im deutschen Verlag Hirschfeld (Leipzig), sondern bei Fé-
lix Alcan, Paris. Horkheimer, Felix Weil und Pollock hatten schon im
Herbst 1930, nach den bedrohlichen Sitzgewinnen der Nationalsozialisten im Reichstag, beschlossen, in Genf sicherheitshalber eine Zweig-
stelle des Instituts einzurichten. Nach der nationalsozialistischen
Machtergreifung schloss die Polizei Mitte März 1933 das Institut für
Sozialforschung (s. Abbildung 1). Aufgrund des Gesetzes zur „Wieder-
herstellung des Berufsbeamtentums" verloren gut 30 Prozent der
Hochschullehrer der Frankfurter Universität ihre Stelle. Die „vorläufig
beurlaubten" Dozenten Horkheimer, Grossmann, Adolph Löwe (Grünbergs Nachfolger), Pollock und Tillich gehörten zur ersten Welle Ent-
lassener. Horkheimer reiste von seinem neuen Wohnsitz in Genf aus
noch einige Male nach Frankfurt, um dort seine letzten Vorlesungen
des Wintersemesters 1932/33 abzuhalten. Die bereits früher vollzoge-
ne Verschiebung des Institutsvermögens nach Holland verhinderte,
dass die Nationalsozialisten außer dem Gebäude und der wertvollen
Bibliothek auch den Kapitalstock des Instituts beschlagnahmen konnten (WIGGERSHAUS 1986, S. 147ff.). Bis dieser 1937/38 wegen fehlge-
schlagener Börsenspekulationen Pollocks stärker als vorgesehen
schrumpfte, standen Horkheimer und Pollock zur Bezahlung der Leitung, der internen und externen Mitarbeiter, für Stipendien, Forschungsprojekte und den Unterhalt der Institutssitze in Genf, Paris,
London und New York jährlich rund 30.000 Dollar Kapitalerträge des
Stiftungsvermögens, das 1936 3.9 Millionen Schweizer Franken be-
trug, zur Verfügung (WIGGERSHAUS 1986, S. 280, JAY 1976, S. 59; gemäß ROSEN 1995, S. 38 betrugen die Zinseinkünfte bis Ende der
1930er Jahre jährlich 75.000–90.000 Dollar).

Abb. 1: Das Institutsgebäude nach seiner Beschlagnahmung
durch die Nationalsozialisten im März 1933

Genf kam als Standort für die Institutszentrale alsbald nicht mehr in
Frage. Die Schweizer Behörden legten die Ausländergesetzgebung ihres
Landes überaus restriktiv aus, und erteilten nur gerade Horkheimer eine befristete Aufenthaltsgenehmigung. Der Institutsleitung schien dies
eines von vielen Indizien dafür zu sein, „dass der Faschismus schließlich ganz Europa ergreifen würde" (LÖWENTHAL 1980, S. 71). Im Juli
1934 wurde beschlossen, den Hauptsitz des Instituts nach New York,
wohin Horkheimer zwei Monate zuvor zusammen mit seiner Frau erst-

mals gereist war, zu verlegen. Horkheimer fand in Robert Lynd, einem der Soziologieprofessoren der Columbia-Universität, einen engagierten Fürsprecher. Auf Anregung Lynd's bat der Vorsitzende des Soziologie-Departments den Universitätspräsidenten, N.M. Butler, das Institut für Sozialforschung, das seine bedeutenden Aktivitäten in den USA gerne fortführen würde, großzügig aufzunehmen (WIGGERSHAUS 1986, S. 166f.).

Nach den Enttäuschungen, die europäische Länder Horkheimer bereitet hatten, war Butler's Angebot, das er Horkheimer informell locker, fast beiläufig machte, eine positive Überraschung. Butler überließ dem Institut für einige Jahre mietfrei ein günstig gelegenes Haus der Universität. Horkheimer hat rückblickend dieses Angebot des nicht etwa wie Lynd sozialdemokratischen, sondern konservativen Universitätspräsidenten als Zeugnis für die Humanität echt konservativ gesinnter Menschen interpretiert (Briefe Horkheimers vom 9.6. und 18.11.1969; HGS 18, S. 736, 745).

Durchaus konservativ wirkten stets auch, selbst in Hochphasen radikal gesellschaftskritischen Nachdenkens, Verhaltensweisen und der Habitus Horkheimers. Seine überwiegend bescheiden entlöhnten Mitarbeiter akzeptierten dessen großbürgerlichen Lebensstil einerseits darum, weil sie einsahen, dass er Horkheimer Außenkontakte zu einflussreichen Persönlichkeiten, auf deren Wohlwollen das Institut angewiesen war, erleichterte. Horkheimers Direktionsregime legitimierte sich andererseits primär durch die bedeutenden Aufsätze, die er für die Zeitschrift des Instituts verfasste. Häufig am Anfang eines Heftes positioniert, markierten sie schon rein äußerlich die richtungsweisende Funktion, die ihnen im Zusammenhang von Horkheimers Konzept philosophisch orientierter Sozialforschung zukam (s. dazu unten, die Abschnitte 6 und 7).

3. Der innere und äußere Kreis von Mitarbeitern des Instituts, 1930–1949

Horkheimer war von 1930 bis etwa 1951 – als er, nur zwei Jahre nach seiner Rückberufung, das aufreibende Amt eines Rektors der Universität Frankfurt a.M. übernahm – *die* zentrale Figur des Instituts für Sozialforschung. Wer gehörte zum inneren Kreis der mit ihm am engsten zusammenarbeitenden, wer zur Gruppe etwas weniger zentrumsnah positionierter Mitarbeiter des Instituts?

Die Antwort auf diese Frage hängt davon ab, wie man die Kriterien *Ausmaß, Dauer* und *Bedeutung der Tätigkeit* fürs Institut sowie *Qualität* und *Quantität der Beiträge zu seinem Forschungsprogramm* gewichtet. Da Horkheimer und Pollock nach 1931 für eine sorgfältige Archivierung des gesamten Schriftverkehrs ihres Instituts sorgten, ist ihr Briefwechsel erfreulich vollständig erhalten. Gunzelin Schmid Noerr hat eine ausgezeichnete Auswahl der wichtigsten Briefe von und an Horkheimer veröffentlicht (HGS, Bände 15-18). Aus ihr geht u.a. hervor, welche der haupt- oder nebenamtlichen Institutsangehörigen, sonstiger Mitarbeiter oder Forschungsbeauftragter des Instituts mit Horkheimer innerhalb welches Zeitraums wie häufig korrespondierten, und wie viele der erhaltenen Briefe davon es nach Einschätzung Schmid Noerrs verdienten, publiziert zu werden (s. Tabelle 1).

Tabelle 1 zeigt, dass Schmid Noerr je mehr als 20 von oder an Horkheimer geschriebene Briefe aus dessen Briefwechsel mit den „wichtigen Institutsangehörigen" *Theodor W. Adorno, Friedrich Pollock, Leo Löwenthal, Herbert Marcuse, Walter Benjamin, Erich Fromm, Henryk Grossmann* und *Karl A. Wittfogel* publiziert hat. Von diesen Gelehrten rechnet man im allgemeinen weder den Ökonomen Grossmann noch den Sozialwissenschaftler Wittfogel dem inneren Kreis von Institutsangehörigen zu. Beide waren zwar während mehrerer Jahre permanente Institutsmitglieder („permanent members"). Grossmann blieb aber, wie bereits angedeutet, dem institutsintern als zu unphilosophisch kritisierten Marxismus des ersten Direktors Grünberg verhaftet. Und auch Wittfogel, der als einer der wenigen Mitarbeiter des Instituts weder ganz noch so wie Adorno teilweise jüdischer Herkunft war, ließ sich von Horkheimers „Kritischer Theorie" kaum beeinflussen. Nach dem Zweiten Weltkrieg denunzierte er außerdem zum Entsetzen der Institutsangehörigen vor einem antikommunistischen Säuberungsausschuss Joseph McCarthys einen ehemaligen Kampf- und Parteigenossen (WIGGERSHAUS 1986, S. 426).

Umgekehrt gilt für Walter Benjamin: Obwohl nie ein hauptamtlich angestelltes Institutsmitglied, stand er den geistigen Bestrebungen des Horkheimer-Kreises, vor allem denjenigen Adornos, so nahe, und war als Autor weniger, aber bedeutender Beiträge zur „Zeitschrift für Sozialforschung" institutsintern so angesehen, dass es gerechtfertigt erscheint, ihn dem inneren Kreis von Institutsangehörigen zuzurechnen.

Die sieben Intellektuellen Horkheimer (Philosoph), Pollock (Ökonom), Löwenthal (Literatursoziologe), Fromm (Psychoanalytiker, Sozialpsychologe), Marcuse (Philosoph), Adorno (Musiker, Musikwissenschaftler, Philosoph, Soziologe) und Benjamin (Literaturkritiker, Philosoph, Literaturwissenschaftler) bildeten demnach in den 1930er Jahren den inneren Kreis besonders wichtiger Angehöriger des Instituts für So-

Tabelle 1: Vom Horkheimer-Pollock Archiv (HPA) aufbewahrte Korrespondenz von Mitgliedern des Instituts für Sozialforschung mit Max Horkheimer oder Friedrich Pollock (gemäß dem Personenverzeichnis zu Horkheimers Briefwechsel, HGS 18, S. 913-1011)

Wichtige haupt- oder nebenamtliche Institutsangehörige:	Dauer der Korrespondenz:	1., 2. Zahl:: Anzahl Briefe an, von Horkheimer:	Davon in HGS 15-18 publiziert:	Haupt- oder nebenamtliche Institutsangehörige oder Forschungsbeauftragte:	Dauer der Korrespondenz:	1., 2. Zahl: Anzahl Briefe an, von Horkheimer:	Davon in HGS 15-18 publiziert:
Theodor W. Adorno	1934-69	705 / 366	143	Ludwig Marcuse	1936-65	100/72	20
				Hans Mayer	1936-71	36 / 9	18
Friedrich Pollock	1911-66	1415 / 1000	100	Marie Jahoda	1928-49	21 / 23	13
				Raymond Aron	1935-71	29 / 24	12
Leo Löwenthal	1933-70	1043 / 975	65	Otto Neurath	1936-38	17 / 9	10
				Paul Massing	1940-59	51 / 56	9
Herbert Marcuse	1935-73	258 / 242	52	Otto Kirchheimer	1937-54	37 /28	7
				Paul Honigsheim	1934-62	74 / 54	6
Walter Benjamin	1934-40	60 / 70	49	Andries Sternheim	1934-40	104/68	5
				Alfred Sohn-Rethel	1936-71	6 / 6	5
Erich Fromm	1934-46	82 / 47	37	Siegfried Kracauer	1936-65	73 / 39	3
Henryk Grossmann	1934-49	39 / 43	33	Paul F. Lazarsfeld	1935-71	49 / 41	2
Karl A. Wittfogel	1935-72	88 / 61	25	Julian Gumperz	1934-42	53 / 27	2
Felix Weil	1934-65	123 / 87	17	Arkadij Gurland	1940-57	14 / 18	2
Franz Neumann	1934-54	120 / 92	17	Kurt Mandelbaum	1935-53	3 / 6	1

zialforschung (vgl. z.B. SCHMIDT 1970, DUBIEL 1978, S. 193ff., WIG-
GERSHAUS 1986, S. 49ff.). Welche Briefpartner Horkheimers, die Tabelle 1 auflistet, waren im Institut ebenfalls relativ zentrumsnah platziert?
Gemäß Tabelle 1 kommen hierfür im Prinzip überraschend viele
Personen, die man üblicherweise nicht mit dem Institut für Sozialforschung in Verbindung bringt, in Frage. Der Literaturwissenschaftler Hans Mayer etwa, den kaum eine Institutsgeschichte auch nur
erwähnt, identifizierte sich noch während des Zweiten Weltkrieges,
den er in der Schweiz überlebte, durchaus stark mit den Anliegen des
Instituts, das ihn zeitweise beschäftigte. Bei anderen Forschungs-
beauftragten oder Teilangestellten, etwa Ludwig Marcuse, Paul Ho-
nigsheim, Raymond Aron, Otto Neurath, Paul F. Lazarsfeld und Marie
Jahoda, fehlte diese Identifikation trotz phasenweise intensiven Ar-
beitsbeziehungen zum Institut weitgehend.

Unter dem Gesichtspunkt der Bedeutung ihrer wissenschaftlichen
Werke für das Institut sollten zusätzlich mindestens noch die Juristen
und Staatswissenschaftler *Franz Neumann* und *Otto Kirchheimer* dem
leicht erweiterten inneren Kreis von Institutsmitgliedern zugezählt werden. Beide arbeiteten während mehrerer Jahre im Haus Nr. 429 von
Manhattans 117. Straße (West), das die Columbia-Universität dem Institut ab 1934 zur Verfügung stellte. Nach Mitteilung der Chefsekretärin Alice Maier besaßen dort Anfang 1937 die folgenden Mitglieder des
Instituts, sofern sie bereits in die USA hatten emigrieren können, einen
Arbeitsplatz: im ersten Stock Marcuse vorne und Neumann hinten; im
zweiten Stock Pollock vorne und Löwenthal hinten; im vierten Stock
(der dritte war für Sekretärinnen reserviert) Horkheimer vorne und die
Chefsekretärin oder eine andere Sekretärin hinten; in den kleineren
Zimmern des Dachstocks schließlich Kirchheimer und andere Forschungsassistenten oder Stipendiaten (ERD 1985, S. 99). Fromm hatte
im New Yorker Institut keinen Arbeitsplatz. Theodor W. Adorno und
Henryk Grossmann lebten 1937 noch in England, Walter Benjamin bis
zu seiner Selbsttötung im Herbst 1940 (nach einem missglückten Versuch, die spanische Grenze zu überschreiten) in Frankreich. Karl A.
Wittfogel bekam im Herbst 1937 nach der Rückkehr von seinen For-
schungsaufenthalten in China einen Arbeitsplatz in der Butler Library
der Columbia-Universität – die Institutsleitung markierte damit Distanz zu diesem Lieblingsschüler Carl Grünbergs und aktivem Partei-
kommunisten, den die Nationalsozialisten 1933 während acht Monaten inhaftiert hatten (ERD 1985, S. 105f.).

Ab 1938 litt das Institut unter den Folgen von Fehlinvestitionen,
die der für die Vermögensverwaltung zuständige Pollock getätigt hatte.

Zur Begleichung der laufenden Kosten musste nun auch auf das Stiftungsvermögen zurückgegriffen werden. Horkheimer betrachtete dieses im Prinzip „als materielle Basis für die Förderung der wesentlich in ihm inkarnierten Theorie der Gesellschaft" (WIGGERSHAUS 1986, S. 293). 1938 lernten Horkheimer und seine Frau Rose, genannt „Maidon", auf einer Reise durch die USA Kalifornien kennen. Dies weckte in Horkheimer den Wunsch, das schon lange geplante philosophische Hauptwerk mit dem begabtesten Philosophen des Instituts zusammen – also entweder mit Marcuse oder mit Adorno – weit weg vom aufreibenden New Yorker Institutsbetrieb im bekömmlichen Klima Kaliforniens zu erarbeiten. 1940/41 setzte er diesen Wunsch, von Pollock unterstützt, um. Ab 1941 mit Maidon und, wenn dieser nicht in New York oder in Washington arbeitete, mit Pollock zusammen einen Bungalow im Westen der Metropole Los Angeles bewohnend, fand er nun sogar, dass den Satzungen der Stiftung entsprechend ein Institutsbetrieb eigentlich „durchaus nicht notwendig" sei. Es komme vielmehr „einzig darauf an, dass die Theorie der Gesellschaft gefördert wird" (Horkheimer an Adorno, 14.9.1941, s. HGS 17, S. 170).

Der Druck auf die Mitarbeiter, die den New Yorker Institutsbetrieb aufrecht erhielten, wurde unter diesen Umständen immer größer. Horkheimer pflegte ihnen eher verklausuliert, Pollock offener, zuweilen rücksichtslos mitzuteilen, dass das Institut ihre Löhne reduzieren müsse oder bald überhaupt nicht mehr bezahlen könne. Mehr gezwungenermaßen als freiwillig begannen sich so Neumann, Kirchheimer, Marcuse und zuletzt sogar Löwenthal um Forschungsaufträge oder Stipendien von Stiftungen sowie um Lehraufträge an Universitäten zu kümmern. Der Kriegseintritt der USA eröffnete ihnen die Möglichkeit, im Dienst amerikanischer Regierungsstellen als Experten für europäische, insbesondere für deutsche Angelegenheiten zu wirken. Der auch in den USA erfolgreich praktizierende Psychoanalytiker Fromm brauchte sich demgegenüber wegen seiner beruflichen Zukunft weniger Sorgen zu machen als die übrigen, 1941/42 von Horkheimer und Pollock sukzessive freigestellten Institutsmitarbeiter. Da er als einziger Institutsangehöriger einen auf Lebenszeit abgeschlossenen Arbeitsvertrag vorweisen konnte, musste er allerdings für seinen Austritt aus dem Institut im Jahre 1938 mit 20.000 Dollar abgefunden werden.

1943 hatten in der amerikanischen Bundesverwaltung, an erster Stelle in deren „Office of Strategic Services" (OSS; s. dazu Abschnitt 10), Neumann als Sektionschef, Marcuse als „Senior Analyst", Kirchheimer als Mitarbeiter und Löwenthal als Konsulent Stellen angetreten, die es ihnen ermöglichten, auf bezahlte Projektarbeit für das Insti-

tut teilweise oder ganz zu verzichten (WIGGERSHAUS 1986, S. 338).
Neumann und Kirchheimer identifizierten sich danach mit dem Institut noch weniger als früher – als Juristen mit einer mehrjährigen Berufspraxis hatten sie ohnehin den institutsinternen Kult um Horkheimer, der es liebte, „mit subtil vorgebrachten Unterwerfungsgesten" bedient zu werden, im Gegensatz etwa zu Pollock oder Adorno nie mitgemacht (Söllner in ISER, STRECKER 2002, S. 48).

Marcuse dagegen musste nicht nur seine Stelle im Institut zugunsten einer weniger attraktiven Arbeit im OSS aufgeben. Er unterlag auch im Wettbewerb um die Position des zweiten Philosophen an der Seite von Horkheimer: Nicht er, wie Marcuse ursprünglich annehmen konnte, sondern Adorno und dessen Frau Dr. Margarete („Gretel") Karplus durften Ende 1941 in der näheren Umgebung der kalifornischen Heime von Horkheimer und Pollock einen Wohnsitz beziehen, um zusammen mit Horkheimer die Pollock zum 50. Geburtstag überreichten „Philosophischen Fragmente", die 1947 unter dem Titel „Dialektik der Aufklärung" als Buch erschienen, zu erarbeiten. Umso bemerkenswerter ist es, dass Marcuse auch noch nach der Rückkehr des Instituts nach Deutschland am liebsten eng mit Horkheimer zusammengearbeitet hätte (WIGGERSHAUS 1986, S. 515ff.). Dazu kam es weder in seinem noch in den Fällen von Neumann, Kirchheimer und Löwenthal. Sie alle blieben in den Vereinigten Staaten, als 1949/50 Horkheimer, Pollock und Adorno damit begannen, ihren Arbeits- und Wohnsitz nach Frankfurt a.M. zu verlegen, wo mit Mitteln der amerikanischen Besatzungsmacht, staatlicher Institutionen Westdeutschlands und einigen anderen Geldgebern das Institut für Sozialforschung 1950 neu errichtet wurde.

4. Rückkehr des Instituts nach Frankfurt a.M.

Im Oktober 1946 teilten in einer konzertierten Aktion der Dekan der Wirtschafts- und Sozialwissenschaftlichen Fakultät der Universität Frankfurt a.M., Heinz Sauermann, deren Rektor, Walter Hallstein, ein Ministerialrat sowie der Frankfurter Oberbürgermeister Horkheimer und Felix Weil ihren Wunsch mit, das Institut für Sozialforschung möge an der Universität, die es 1933 vertrieben hatte, wieder errichtet werden (DEMIROVIĆ 1999, S. 113, HGS 17, S. 765f. und WIGGERSHAUS 1986, S. 443). Diese Einladung löste bei Horkheimer und Pollock einen mehrere Jahre währenden Entscheidungsprozess aus, dessen Ausgang lange Zeit ungewiss war.

Für eine Rückkehr nach Frankfurt a.M. sprach zunächst die unsichere Zukunft des Instituts in den USA. Felix Weil hatte ihm im Frühjahr 1945 zwar noch einmal 100.000 Dollar gestiftet (WIGGERSHAUS 1986, S. 425). Danach aber waren seine Leiter beim Erschließen projektungebundener Gelder endgültig auf andere Geldquellen angewiesen. Horkheimer, Adorno und Pollock konnten im Gegensatz zu Neumann, der an der Columbia-Universität als Lehrbeauftragter sehr geschätzt war, nicht damit rechnen, an dieser oder an einer anderen Universität der USA in absehbarer Zukunft eine passende Professur zu bekommen. Dies würde an der Universität Frankfurt a.M. sicher Horkheimer, vermutlich aber auch Pollock und Adorno, die an ihr vor ihrer Entlassung durch das nationalsozialistische Regime als Privatdozenten gelehrt hatten, leichter fallen. Obwohl sie die genuin demokratische Kultur der Vereinigten Staaten, deren Bürger sie inzwischen geworden waren, schätzten, fühlten sich Horkheimer, Adorno und Pollock hier nie wirklich heimisch. Feinere Nuancen Kritischer Theorie ließen sich nur auf deutsch formulieren. Der studentische Nachwuchs und diejenigen älteren Deutschen, die dem Nationalsozialismus widerstanden hatten, verdienten es außerdem, dass ihnen geholfen werde. Horkheimer begründete das Gesuch, in dem er 1948 die Rockefeller-Stiftung (erfolgreich) um Finanzierung einer Reihe von Gastvorlesungen an deutschen Universitäten ersuchte, u.a. mit dem Argument, dass die verstreut und isoliert lebenden antinazistischen Intellektuellen Deutschlands eigentlich „unsere Freunde" seien, und als „Fürsprecher demokratischer Ziele und Ideale" eingesetzt werden sollten (Horkheimer an R. Havighurst, 2.4.1948; HGS 17, S. 954). Die „Überlebenden drüben, die Hitler widerstanden haben", hätten, wie Horkheimer nach der Rückkehr von seiner ersten Reise ins kriegsversehrte Nachkriegsdeutschland schrieb, „in einem sehr entscheidenden Sinn ein Recht auf uns [...] Um ihretwillen zieht es mich hin, so abscheulich auch die Situation im allgemeinen ist." (Horkheimer an H. Horkheimer, 23.12.1948; HGS 17, S. 1047)

Gegen eine Rückkehr sprach an erster Stelle eben die „Abscheulichkeit" der Verhältnisse drüben: die materiell und ideell bedrückenden Lebensbedingungen im Deutschland der ersten Nachkriegsjahre; die Ungewissheit seiner zukünftigen Entwicklung, die vom 1946/47 einsetzenden Kalten Krieg zwischen Ost und West eher prolongiert als reduziert wurde; die Wahrscheinlichkeit schließlich, in Deutschland Menschen zu begegnen, die den Massenmord an den Juden direkt mit zu verantworten hatten.

Horkheimer entgegnete der Kritik jüdischer Emigranten an seinem Entschluss, in Deutschland zu wirken, den er im Sommer 1950 nach langen Phasen des Zauderns für endgültig erklärte, dass nicht der „den Millionen jüdischer Opfer des Hitlerregimes" die Treue halte, der die Menschen verdächtige, die sich „um die substantielle Änderung Deutschlands bemühen", sondern der, „welcher sie zu stärken versucht" (Horkheimer an den Herausgeber des ‚Aufbaus', 12.8.1953; HGS 18, S. 243). Er bezeichnete öffentlich und privat als den entscheidenden Beweggrund zur Annahme des Frankfurter Angebots die Chance, dem deutschen Nachwuchs in den Sozialwissenschaften die neusten, in den USA entwickelten Verfahren empirischer Sozialforschung vermitteln und so indirekt auch einen Beitrag zur Demokratisierung Deutschlands leisten zu können:

> „It is my personal conviction that one of the most important methods to overcome the Nazi ideology in the younger generation is to train them to look at social problems in an objective scientific way. As the members of the Institute are familiar with the academic methods in both countries and have been engaged in studies which have a particular bearing upon German problems, the Institute could help in the organization of the social sciences along democratic lines in Germany." (Horkheimer an Löwenthal, 12.4.1947; HGS 17, S. 800)

Sozialwissenschaftliches Fachwissen spielte in der Tat während und nach dem Zweiten Weltkrieg sowohl im Zusammenhang der Kriegsführung der USA als auch in der amerikanischen Entnazifizierungs–, Umerziehungs- und Demokratisierungspolitik eine bedeutende Rolle (s. die Abschnitte 10-13). Zivile Behörden und militärische Instanzen der Vereinigten Staaten setzten Instrumente sozialwissenschaftlicher Aufklärung ein, indem sie die Stimmung im Militär und in der Zivilbevölkerung des eigenen Landes sowie im besetzten Nachkriegsdeutschland qualitativ und quantitativ sondieren ließen. Für die amerikanische Außenpolitik zuständige Regierungsstellen hofften mit dem Export von Institutionen sozialwissenschaftlicher Forschung und Lehre demokratische Entwicklungen in Deutschland stärken zu können. Sie finanzierten teilweise oder ganz Professuren und Forschungszentren für Politologie und Soziologie, initiierten Forschungsprojekte über Entwicklungstendenzen der öffentlichen Meinung in Deutschland, insbesondere auch solche über Folgen der Entnazifizierung, und führten an Schulen die Fächer Sozial- und Staatsbürgerkunde ein (s. dazu u.a. SÖLLNER 1982, 1986, TENT 1982, GERHARDT 2005, sowie unten, die Abschnitte 12 und 13).

Für die Wiedererrichtung des Instituts für Sozialforschung setzten sich unter diesen Umständen nicht nur politisch unbelastete deutsche

Abb. 2: Feier zur Eröffnung des neuen Institutsgebäudes vom 14. November 1951; in der ersten Reihe links oben der Frankfurter Oberbürgermeister Walter Kolb; zweiter von links der amtierende Rektor der Universität Frankfurt a.M., Boris Rajewsky; rechts unten der Institutsdirektor und designierte Rektor Max Horkheimer

Persönlichkeiten der Universität und der Stadt Frankfurt a.M., sondern im Gefolge des Kalten Krieges zunehmend auch amerikanische Institutionen ein. Das im Bombenkrieg zerstörte Institutsgebäude konnte auf einem Grundstück, das nicht weit vom alten entfernt lag, bereits 1950/51 neu errichtet werden. Die offizielle Einweihungsfeier fand am 14. November 1951 statt. Ein Foto, das sie dokumentiert, zeigt den Institutsdirektor und designierten Rektor der Universität Frankfurt a.M., Max Horkheimer, in einer auffallend mehrdeutigen, ängstliches Außenseitertum wohl auch leicht ironisierenden Pose (Abbildung 2).

Äußerlich betrachtet, reüssierte Horkheimer nach seiner Rückkehr nach Deutschland erstaunlich schnell. Die philosophische Fakultät wählte ihn gleich zu Beginn seiner Lehrtätigkeit an der Universität Frankfurt a.M. als ihren Dekan, das Wahlkollegium der Professorenschaft schon im Herbst 1951 als Rektor. In dieser zwei Jahre lang ausgeübten Funktion hatte er unter anderem die Ehre, Bundeskanzler Adenauer, Bundespräsident Heuss und Thomas Mann als Gäste der Universität begrüßen zu dürfen. Dem Institut für Sozialforschung wurden mehrere Forschungsaufträge zugesprochen, die seinen Führungsanspruch im Konkurrenzkampf deutscher Institute für empirische Sozialforschung bekräftigten. Horkheimers Bestreben, Pollock und Adorno an seiner Universität vollamtliche, das Institut finanziell entlastende Professuren zu verschaffen, war erfolgreich. Pollock erhielt 1951 eine außerordentliche, 1958 eine ordentliche Professur, Adorno 1949 eine Gastprofessur, 1950 eine außerplanmäßige, 1953 eine planmäßige außerordentliche Professur sowie vier Jahre später ein Ordinariat.

In Wirklichkeit verliefen sowohl Horkheimers, Pollocks und Adornos Rückkehr nach Deutschland als auch die Etablierung des 1950 neu eröffneten Instituts weniger geradlinig. Die Auswertung der Gruppeninterview-Protokolle des ersten Großprojekts des Instituts über politische Meinungen und Vorurteile in der westdeutschen Bevölkerung bereitete Schwierigkeiten (s. Abschnitt 11). Horkheimer und Pollock behielten sich aus Angst, der kalte könnte jäh in einen heißen Krieg umschlagen, Optionen für einen Rückzug in die USA vor. Sie betrachteten ihre Präsenz in Frankfurt a.M. so lange nur als ein Provisorium, bis sie sich in Montagnola bei Lugano mit dem Bau zweier benachbarter Einfamilienhäuser 1957/58 ein Zuhause geschaffen hatten, in dem sie sich einigermaßen sicher und wohl fühlen konnten. Die gespannte Atmosphäre des Kalten Krieges bewegte außerdem vor allem Horkheimer dazu, die marxistischen Wurzeln der Kritischen Theorie, die er und Adorno nun dem akademischen Nachwuchs vermittelten, möglichst weitgehend zu verheimlichen. Der Philosoph und Soziologe Helmuth Plessner, der am Institut vorübergehend stellvertretende Leitungsfunktionen übernommen hatte, karikierte dieses merkwürdige Versteckspiel, indem er Horkheimer und Adorno einmal aus Trier (der Geburtsstadt von Marx) eine Ansichtskarte sandte, auf der stand „Herzliche Grüße aus der Geburtsstadt unseres geliebten – Georg Friedrich Wilhelm!" (DAHRENDORF 2002, S. 171; Georg Friedrich Wilhelm Hegel war neben Kant der in den Seminaren von Adorno und Horkheimer weitaus am häufigsten gelesene Klassiker der Philosophie.)

Horkheimers Furcht vor, wie er meinte, irreführenden Aktualisierungen der älteren Ideenproduktion des Instituts ging so weit, dass er Jürgen Habermas, den brillanten Assistenten Adornos, der sich Mitte der 1950er Jahre das marxistische Erbe der Kritischen Theorie anzueignen begann, so rasch als möglich wieder loswerden wollte. Habermas stellte für das Institut nach Auffassung Horkheimers ein Sicherheitsrisiko dar – also musste ihm die von Adorno gewünschte Habilitation an der Universität Frankfurt a.m. möglichst erschwert werden (WIGGERSHAUS 1986, S. 615ff.). Adorno war zwar seit 1950 stellvertretender Direktor, und seit 1958 neben Horkheimer einer der zwei Direktoren des Instituts. Da er sich aber in solchen Machtfragen nie gegen Horkheimer durchsetzen mochte, sah sich Habermas gezwungen, sein Habilitationsprojekt zum Thema „Strukturwandel der Öffentlichkeit" bei Wolfgang Abendroth an der Universität Marburg abzuschließen.

Unnachgiebig beharrte Horkheimer auch auf seiner Ablehnung des hauptsächlich von Habermas verfassten Schlussberichts zu einem der erfolgreichsten Meinungsforschungsprojekte des Instituts überhaupt. Das Institut erforschte in den 1950er Jahren vor allem betriebs- und industriesoziologische Probleme, das politische Bewusstsein und Gesellschaftsbilder verschiedener Segmente der westdeutschen Bevölkerung, namentlich von Studenten. Horkheimer fand Habermas' Auslegung der empirischen Befunde zweier Umfragen unter Studierenden der Frankfurter Universität politisch bedenklich. Die Studie „Student und Politik" wurde entgegen Adornos positivem Votum nicht in die 1955 neu eröffnete Buchreihe des Instituts aufgenommen. Sie erschien 1961 stattdessen, ohne ausdrücklichen Verweis auf das Institut, in der Reihe soziologischer Texte des Verlags Luchterhand (WIGGERSHAUS 1986, S. 615f.).

Nach einem Zwischenspiel als Professor an der Universität Heidelberg konnte Habermas 1964 den Lehrstuhl für Philosophie und Soziologie von Horkheimer, der 1961 emeritiert worden war, übernehmen. Vor und nach dieser ehrenvollen Berufung bemühte sich Adorno, wie Habermas berichtet, „wiederholt um eine Entspannung des Verhältnisses zwischen Horkheimer und mir – wozu es dann auch gekommen ist." (Habermas in FRÜCHTL, CALLONI 1991, S. 49)

Die Studierenden akzeptierten Horkheimers Praxis, ihnen die marxistischen Komponenten Kritischer Theorie nur gleichsam in homöopathisch verdünnten Dosen zu verabreichen, ab etwa 1965 nicht mehr. Eine neue Generation von Studierenden gesellschaftswissenschaftlicher Fächer, insbesondere der Soziologie, der Politologie und der Erziehungswissenschaften, entdeckte nun den Marxismus als eine ihr theoretisch wie praktisch faszinierend aktuell erscheinende Perspektive. Die Beziehungen älterer und neuerer Versionen Kritischer Theorie, zumal derjenigen des kämpferisch gebliebenen Herbert Marcuse zum Marxismus, interessierten sie zunehmend. Inwieweit widersprach die Kritik am pseudorevolutionären Aktionismus der Studenten, die Horkheimer, Adorno und Habermas differenziert, aber entschieden, Marcuse nur zögerlich äußerten, den ursprünglichen Intentionen der Kritischen Theorie?

Der Vietnamkrieg, die lahme Vergangenheitsbewältigung in Westdeutschland, die Notstandsgesetzgebung, die Springer-Presse, die große Koalition und Missstände an den Universitäten radikalisierten die Studenten in der zweiten Hälfte der 1960er Jahre. *Dass* sie jeden Schritt der politisch umwälzenden Praxis, als deren Avantgarde sie sich fühlten, theoretisch legitimieren mussten, war für sie selbstverständlich – es fragte sich nur, *welche Version* Kritischer Theorie und des übrigen westlichen, östlichen oder fernöstlichen Marxismus sich hierfür am besten eignete. In die hier aufbrechenden, heftigen Debatten wurden zahllose Hochschullehrer, darunter Marcuse, Habermas und Adorno, ja phasenweise selbst der Emeritus Horkheimer verwickelt – mit für manche Betroffene und die von ihnen verteidigten oder geleiteten Institutionen mindestens kurzfristig unguten Folgen (s. Abschnitt 14).

Die Nachkriegsgeschichte des Instituts für Sozialforschung trat um 1970 in eine neue, hier nicht mehr beschriebene Phase ein. 1969 starb Adorno, 1970 Pollock, 1973 Horkheimer. Habermas gab 1971 seine Frankfurter Professur auf, um am Starnberger „Max-Planck-Institut zur Erforschung der Lebensbedingungen der wissenschaftlich-technischen Welt" ein Kollektiv Forschender, in dem die Disziplinen Soziologie, Kulturanthropologie, Sozial- und Entwicklungspsychologie vertreten waren, ausgewählte Fragen der ihm vorschwebenden, philosophisch reflektierten Gesellschaftstheorie bearbeiten zu lassen. Das Institut für Sozialforschung aber, dessen Ko-Direktor Habermas nach Adornos Tod hätte werden können, führte in der Folge arbeits- und industriesoziologische sowie soziologische Untersuchungen über kulturelle Grundlagen, Chancen und strukturelle Schranken der Demokratisierung durch, die sich von denjenigen anderer Institutionen gesellschaftskritischer Sozialwissenschaft kaum unterschieden.

Das nachfolgende zweite Kapitel stellt unter besonderer Berücksichtigung der im engeren und im weiteren Sinne *politischen* Inhalte und Begleitumstände von Horkheimers Forschungsprogramm dar, wie dieses sich im literarischen Werk des jungen Horkheimers ankündigte (Abschnitt 5), worin die Ziele des Forschungsprogramms bestanden

(Abschnitt 6), und was Horkheimers sog. „Kritische Theorie" der 1930er Jahre beinhaltete (Abschnitt 7). Das dritte Kapitel beschreibt sodann die Kontroverse um die konkurrierenden Faschismusdiagnosen, die in den 1940er Jahren Pollock (Abschnitt 8) und Neumann zur Diskussion stellten (Abschnitt 9). Während Pollocks Deutung einen gewissen Einfluss auf das ambitiöse, in Kalifornien erarbeitete Theorieprojekt Horkheimers und Adornos ausübte, legten Neumann, Kirchheimer und Marcuse ihren Analysen der Entwicklung Deutschlands vor und nach der Niederlage des Nationalsozialismus vor allem Neumanns Konzept des „totalitären Monopolkapitalismus" zugrunde (Abschnitt 10). Der letzte Abschnitt 11 des dritten Kapitels schließlich skizziert die von Horkheimer initiierte Autoritarismus- und Vorurteils-Forschung des Instituts, an der insbesondere Adorno als Ko-Autor der wegweisenden Monographie „The Authoritarian Personality" (1950) beteiligt war.

Das Institut verfügte aufgrund dieser vielfältigen Aktivitäten nach seiner Wiedereröffnung in Frankfurt a.M. über ein so großes intellektuelles Kapital, dass es in den 1960er Jahren als *das* geistige Zentrum verschiedener Versionen Kritischer Theorie von Horkheimer bis Marcuse, die in ihm oder in enger Verbindung mit ihm entstanden waren, öffentlich anerkannt, ja geradezu berühmt wurde. Adornos bewundernswert vielseitiges Gesamtwerk wirkte dabei am stärksten und nachhaltigsten (s. im vierten Kapitel Abschnitt 12). Während der früh verstorbene Neumann sich große Verdienste als Promotor politikwissenschaftlicher Forschung und Lehre im westlichen Nachkriegsdeutschland erwarb (Abschnitt 13), formulierte Marcuse eine Theorie und Philosophie der Revolution, die ihn in der zweiten Hälfte der 1960er Jahre – nur teilweise wider Willen – zum geistigen Vater der rebellierenden Studenten werden ließ (Abschnitt 14).

Heute steht fest, dass sowohl die Haupt- und Nebenströme sozialwissenschaftlicher Forschung als auch die politischen Verhältnisse sich ganz anders entwickelt haben, als der Horkheimer-Kreis ursprünglich erwartet, befürchtet oder erhofft hat. Selbst wenn man von Habermas' hier nicht resümiertem, bedeutendem Lebenswerk absieht, lohnt es sich gleichwohl – dazu hauptsächlich möchte dieses Buch ermuntern –, die erste Generation Kritischer Theorien eingehender zu studieren.

Zweites Kapitel

Max Horkheimers Konzept philosophisch orientierter Sozialforschung

Die politische Theorie und Philosophie der Frankfurter Schule erörtert Fragen, die Menschen, die in einer modernen Gesellschaft leben, vertraut sind. Wie gut entspricht das Leben, das Menschen fristen, ihren Ansprüchen und Idealen? Wie *sicher, komfortabel* und *frei,* wie beruflich und privat zufrieden und *glücklich* können sie sich in ihrer Gesellschaft fühlen? Wie *gerecht* sind die Chancen, gut leben zu können, verteilt? Was kann ich und was können wir – ein Verein, ein Interessenverband, eine Unternehmung, soziale Bewegung, Partei, Regierung – zur Verbesserung der Lebensbedingungen, zur Verwirklichung einer wahrhaft *humanen, vernünftigen Gesellschaft* beitragen? Zeichnen sich *gesellschaftliche Entwicklungen* ab, die mir oder uns aufzeigen, wie einzeln oder kollektiv im Dienste menschenfreundlicher Ziele *etwas bewirkt werden kann?*

Horkheimer bewegten solche Fragen zeitlebens, lange vor und auch noch nach seiner Berufstätigkeit als Institutsdirektor und Professor für Philosophie und Soziologie. Die poetischen Versuche des jungen Horkheimers aus den Jahren 1914 bis 1918 nehmen zentrale Einstellungen seiner ausgereiften Theorieentwürfe vorweg. Wer diese zusammen mit jenen liest, kann selten klar beobachten, wie gelehrtes und im Common Sense wurzelndes Denken politisch engagierter Intellektueller miteinander zusammenhängen.

5. „Quälen und Leiden, das ist die Formel des Lebens"

Horkheimer verfasste in den Jahren 1914 bis 1918 literarische Texte – Autobiographisches, fiktive Briefwechsel, etwa 20 Erzählungen, ein einaktiges Drama in 14 Szenen –, die zentrale Motive seiner Sozialphilosophie aussprechen (HORKHEIMER 1914, 1974). Horkheimer erwartete in den letzten Monaten seines Lebens die Veröffentlichung der von ihm selber ausgewählten Jugendschriften ungeduldig, hat sie jedoch nicht mehr erlebt (HORKHEIMER 1974, S. 360). Der erste Text der Werkgruppe, „L'île heureuse", wurde im Juli und August 1914 geschrieben, die letzten, die Form von Tagebuchblättern aufweisenden Texte im Oktober 1918.

Gewiss sind die handelnden Personen des Dramas „Friede" (1917) und die Akteure der Erzählungen, die Titel tragen wie „Eva" (1915), „Kraft" (1915), „Jochai" (1917) oder „Bekenntnis meiner Politik" (1917), literarisch nicht besonders überzeugend gestaltet. Horkheimer lässt sie eigentlich nur die *Gedanken* verkünden, die er sich als junger Mann mit großem Ernst und Pathos über Glück und Elend, Lust, Qual und Schuld des Daseins in der Welt, deren Gottverlassenheit, Macht und Ohnmacht der Liebe und des Mitleids in ihr – kurz über den Sinn bisherigen und künftigen *Lebens* im emphatischen Sinn machte. Die himmlischen Entrückungen und grässlichen Unglücke, Mord- und Totschläge, die er seinen Protagonisten zumutete – den helfenden Schwestern in einem Eisenbahnunglück beispielsweise ein verletztes „Fräulein, das irrsinnig nach abgerissenem Arm suchte, schauerlich ragte der Stumpf aus Fetzen einer Seidenbluse" (HORKHEIMER 1974, S. 316) – dienten ihm öfters bloß als eine Gelegenheit mehr zur Deklamation weltanschaulicher Bekenntnisse. Da Horkheimer und Pollock selber jedoch, während diese Texte entstanden, ein Leben führten, das von der leidenschaftlichen Suche nach „Wahrheit, Liebe, Freude" erfüllt war (HORKHEIMER 1914, S. 327), widerspiegelt die gedankenschwangere Form der Jugendschriften diese Lebensform nicht nur inhaltlich, sondern in gewisser Weise auch formal adäquat.

Im Zentrum mehrerer Novellen und Tagebuchnotate Horkheimers stehen die Konflikte, die Geschäftsmänner in glänzender Stellung und „mit einer noch glänzenderen Zukunft" erleiden, wenn sich in ihnen „die Flamme der brennendsten Sehnsucht" nach der Wahrheit entzündet (HORKHEIMER 1974, S. 149f.). Dem jungen Horkheimer schienen alle Künstler – Dichter, Maler und Musiker –- dazu berufen zu sein, „die Wahrheit darzustellen". Dem Einwand eines Bankdirektors, dies sei doch Sache der Wissenschaft, entgegnet die Hauptperson der Novelle „Eva", der Maler Michael Streit:

> „Die Wahrheit suchen ist die große Sehnsucht des Menschen; sie ist sein Streben nach Glück, der hohe Zweck, der ihn über Ameisen und Bienen erhebt [...] Künstler sein heißt der Erfüllung jener heißen Forderung nach Wahrheit und der Aufgabe, sie darzustellen, das Leben widmen." (HORKHEIMER 1974, S. 56; auch S. 86f., 237, 239f.)

Die Novelle „Kraft" schildert das Dilemma der Geliebten eines Fabrikdirektors, die sich der Liebe eines Musikers zu ihr und den Wahrheiten, die dieser verficht, immer weniger verschließen mag. Die Novelle setzt

mit der Schilderung der Wirkungsstätte des Direktors ein, dem sich die
– namenlose – Zentralfigur der Geschichte soeben „mit ihrem Körper
und mit ihrer Seele" hingegeben hat:

> „Trunken, überwältigt, sprachlos vor grenzenloser Bewunderung verließ
> sie die Fabrik. Die rasselnden Maschinen mit den Hunderten von Ar-
> beitern in den Riesensälen, die geschäftigen Menschen mit ihren Bü-
> chern und eiligen Schritten, das wunderbare Ineinandergreifen der Ab-
> teilungen, das zielbewusste Schaffen bis zum fertigen, kunstvollen Werk
> – wirr wie das Rasseln der Maschinen sausten die Bilder noch durch
> ihren Kopf. Doch über und in allen Bildern lag ein einziger Gedanke,
> eine einzige Empfindung, ein einziges Gebet: Der starke, schöne Mann,
> der das Riesenanwesen leitete, […] dem alle gehorchten und vertrauten,
> der die Leute beherrschte und zusammenhielt, dessen Geist, dessen En-
> ergie dieses Wunder jeden Tag von neuem schuf!" (HORKHEIMER 1974,
> S. 110)

Der blonde Musikant Heinrich Pauli, der sie so sehr liebt wie sie „kein
anderer Mensch liebhaben kann", versucht, ihr den Wahn der falschen
Entscheidung für die „Religion der Macht und des Besitzes", die ihr
Liebhaber und Verlobter verkörpert, auszureden (HORKHEIMER 1974,
S. 111f.). Heinrichs Liebe zu ihr wirkt: Es stört sie zunehmend, wenn
ihr Verlobter „von seiner Strenge zu den Arbeitern, von der Notwendigkeit geschäftlicher Rücksichtslosigkeit, von Geld und Luxusauto-
mobilen" spricht und die schwächliche „Religion des Musikanten" ver-
spottet. Schließlich fühlt sie „unwiderlegbar, dass das Glück bei jenem
reichen Mann zwar glühender, sicherer, gepriesener sein werde, doch
nicht so wahr wie das Leben des Künstlers, dass jenes Glück das Höchste, Heiligste in ihr ersticken werde". Am Tag der Hochzeit entscheidet
sie sich gegen den Fabrikdirektor und für den Musikanten (HORKHEI-
MER 1974, S. 114f.).

In dem Maße, in dem die ausgeprägt autobiographisch gezeichneten
Jungmännerfiguren der Erzählungen Horkheimers von der Sehnsucht
nach Wahrheit ergriffen werden, engagieren sie sich gegen die „Religion der Macht und des Besitzes" ihrer Väter. Horkheimer notiert in einem Tagebuchblatt vom 9. Juli 1915, das seinen heftigen Widerwillen
gegen die Zumutung beschreibt, sich zu beteiligen „an dem Werke […]
meines Vaters […], Geld zu machen oder Kunstbaumwolle":

> „Gestern war ich in unserer Filiale in Hirsau. Mitten zwischen den Wäl-
> dern an einem lustigen Bach haben sie ein paar Häuser hingestellt mit
> komplizierten Maschinen im Innenraum. In der Gluthitze stehen ein
> paar arme Menschen und schaffen mit nassen, roten Gesichtern; ein

paar andere mühen sich, schwere Ballen mit alten Lumpen aufeinander zu setzen, [...] schimpfend und unzufrieden inmitten einer dicken, unerträglichen Luft. Ich betrachte sie halb mitleidig, halb angeekelt und schaudere bei dem Gedanken an den Kontrast der Wälder draußen und dieser Hölle." (HORKHEIMER 1974, S. 150)

Die für Horkheimer verbindlichen Instanzen höherer Wahrheit *verbieten* es geradezu, moderne Arbeitsorganisationen – Fabriken der Textilindustrie, Baumwollplantagen, Bergwerke, Gießereien, Schlachthäuser usw. – anders denn als *höllische Stätten* darzustellen, in denen die Natur ausbeutende Menschen ihrerseits erniedrigt und gequält werden:

> „Gehe in die Webereien, in die Spinnereien, in die Baumwollplantagen. Die Arbeiter verrichten Jahrzehnte, ja ihr ganzes Dasein lang in dumpfen, staubigen Sälen oder in der Sonnenhitze Tag für Tag dieselbe stumpfsinnige, trostlose Arbeit ohne Aussicht auf Befreiung, ohne Möglichkeit geistigen Fortschrittes, in beschämend ärmlichen Verhältnissen und im Anblick ihrer reichen Herren, die bei geringer Arbeit alle Genüsse kosten. Versetze dich in die Lage dieser Menschen [...] Stehe vom Tisch auf, wo man dir ein Mahl serviert, und werfe einen Blick in das Schlachthaus. Von weitem schon wirst du an herzzerreißendem Schmerzgebrüll erkennen, wie furchtbar es ist, ein Mensch zu sein. Bist du etwa besser als der blutige Schlachtergeselle, weil du nur den Genuss und nicht die Arbeit seines Berufes kennst?" (HORKHEIMER 1974, S. 159; vgl. auch z.B. S. 239 sowie bei GUMNIOR, RINGGUTH 1973, S. 7, 9 den Fall der vom Juniorchef Horkheimer vom 7. bis 10. Juli 1916 beschäftigten Arbeiterin Katharina Krämer.)

Im Geiste der „pessimistischen und gütigen Philosophie" Schopenhauers (HORKHEIMER 1931, S. 25) begründet der junge Horkheimer die *Mitleidsethik,* die ihn eher als er sie ergriffen hatte, mit der folgenden „Formel des Lebens":

> „Leben ist Bedürfen, Bedürfen ist Fordern, Fordern ist Quälen. Doch es gibt eine andere Gleichung, die ebenso wahr ist: Leben heißt Bedürfen, Bedürfen heißt Entbehren, Entbehren heißt Leiden. Quälen und Leiden, das ist die Formel des Lebens." (HORKHEIMER 1974, S. 157f.; zu Horkheimers Mitleidsethik v.a. SCHMID NOERR 1997, S. 153ff.)

Die Frage, ob überhaupt und wenn ja, wie die Qual des Daseins im Kleinen oder Großen überwunden werden könne, vermag Horkheimer (noch?) nicht bestimmt zu beantworten. *Einerseits* droht der Malstrom des Pessimismus auch alle Ideale besseren Lebens, als ob sie *Illusionen* und *Lügen* wären, zu verschlingen:

„Erlösung aus dieser Hölle finden Völker und Menschen nicht. Ihr Ge-
schrei vom Frieden ist Lüge [...]" „[Er] ahnte[...], dass alle Neuordnun-
gen, alle Besserungen, alle Revolutionen, dass die Erfüllung der kühn-
sten Utopien die große Qual nicht berühren würde, weil der Kern des
Lebens selbst Qual und Sterben ist." „Könnte ich durch eine gute Tat
meinem Bruder in Wahrheit helfen – wäre meine Heilung seiner Wunde
eine gute Tat [...] Aber ich weiß, dass [...] die Heilung der Wunde kein
wahrer, endgültiger, unwiderruflicher Gewinn [ist], und darum glaube
ich nicht an die gute Wirkung meiner Wohltat, und darum finde ich
sogar in der Hilfe keinen Sinn für mein Leben und die Welt." (HORK-
HEIMER 1974, S. 153, 165, 339)

Andererseits regenerieren sich im jungen Horkheimer doch immer wieder auch der Mut zur befreienden Tat, der Glaube an die Kraft des Lebens und der Liebe, an eine verheißungsvoll bessere Zukunft. Es sind
dies die Augenblicke, in denen Horkheimer in sich, wie er einmal feinfühlig notiert, *„den Wächter Wissen"* entlässt und sein Ohr „dem Klap-
pern des durchschauten Welt- und Höllenapparats meiner ewigen Ver-
dammnis, der Unmöglichkeit zu helfen" *verschließt* (HORKHEIMER
1974, S. 352; Hervorhebung im Text von E. W.-B.). Beglückende Erinnerungen – darunter immer wieder und vor allem die an die herrliche
Zeit, die er, Pollock und ihre ersten Geliebten in Frankreich am Meer
verbrachten – können diese Gedankenwende auslösen:

„Oder ganz früh auf den Dünen, die weißen Röcke unserer französischen Mädchen flattern, sie gehen Arm in Arm zwischen uns beiden
und singen [...] Der hellste Tag des Lebens, das Meer Verheißung, [...]
Zukunft [...] Ich will wieder an meine Zukunft glauben, an Werte, für
die ich kämpfen oder die ich hassen darf [...] Ich will wieder an meine
Zukunft glauben, dass ich eine Aufgabe erfüllen muss, dass ich meinen
Willen tun muss, helfen kann [...] Nichts ist notwendig, nichts bleibt
sich gleich, alles kann verändert werden. Den Kampf nehme ich auf gegen die Feinde der Freiheit und des Geistes [...] Ausrede ist, dass ihr nur
Glieder der großen Kette seid, man nichts bessern könne, dass leiden
müsse der Mensch: Ich ziehe für die Tat den Täter zur Verantwortung
[...] Hauptleute und Gefängniswärter, harte Väter, Fabrikherren, Ban-
kiers, feldgraue Pfaffen: Ihr sollt mich fürchten lernen." (HORKHEIMER
1974, S. 350f.)

Die Novelle „Jochai" spezifiziert die Mission zur Durchsetzung des
Besseren in der Welt für *jüdische Kämpfer* als Auftrag, nicht mit Gewalt, sondern *„geistig zu siegen"*. Dem plötzlichen Gewaltausbruch von
Arbeitern, die dazu verdammt sind, in den „Fabrikhöllen" einer Indus-
triestadt arbeiten zu müssen, wohnt, wie Horkheimer schreibt, „flam-

menden Auges", aber ohne sich am Aufruhr direkt zu beteiligen, der schmächtige Commis Jochai bei:

> „Jochai, der Commis, hatte nicht schießen können, war davongelaufen, kraftlos zur Gewalttat […] Nicht zu morden, zwang ihn, den Juden, die Empörung, sondern die Verzweiflung aller Sklaven hinauszuschreien zu den Ohren der Herren, selbstzufriedenen Gleichmut, gewissentrügende Scheinwelt zu zerstören, Lügen totzuschlagen, mit unentrinnbaren Gründen zu überreden: geistig zu siegen." (HORKHEIMER 1974, S. 257)

Ungewöhnlich scharfsichtig schildert Horkheimer in der Belletristik seiner Jugend zwei Tätergruppen, die es im Namen der Wahrheit zu bekämpfen gelte: antisemitisch aufgeputschte Volksmassen und rechtsextreme Militärs. Szenen der Novellen „Jochai" und „Gregor" (im Juli bzw. im November 1917 verfasst) stellen drastisch dar, wozu bei Volksaufständen, die zu Judenpogromen eskalieren, die „Bestie Volk" fähig ist (HORKHEIMER 1974, S. 259, 290). Das im Dezember 1917 vollendete Drama „Friede" handelt von Claude, einem jüdischen Bankierssohn und Maler, der krankheitsbedingt vom Militärdienst suspendiert ist und sich in einem Spital (dem Ort des Bühnengeschehens) gesund pflegen lässt. In der 7. Szene erfährt er, dass er seine Geliebte Germaine, mit der er vor dem Krieg „selige Wochen in Ostende […] am Meer" verbrachte (HORKHEIMER 1974, S. 297), an Leutnant Scholz, einen von völkischen Ideen und großdeutschem Expansionsdrang erfüllten Kriegshelden, verloren hat. Gefragt, wie man nach dem Krieg mit Leuten wie Claude umgehen werde, diesem, laut Germaine, „Überbleibsel aus dem Sumpf der Jahre vor dem Krieg", antwortet Scholz: „Im Innern beginnt hartes Ringen gegen revolutionäre Schädlinge. Nach Aufhebung des Kriegszustandes wird das Treiben sich noch frecher entfalten – dann gilt es, eiserne Rücksichtslosigkeit ihm entgegenzusetzen." (HORKHEIMER 1974, S. 302)

Als in Szene 10 der von einer Revolution in Frankreich ausgelöste Waffenstillstand ausgerufen wird, tritt Scholz dem Revolutionär Zech, der einer Gruppe rekonvaleszenter Kriegsteilnehmer die Notwendigkeit direkter Aktion predigt, „mit blankem Degen" und dem Argument entgegen, das sich nur ein Jahr *nach* Vollendung des Dramas in Deutschland als sogenannte „Dolchstoßlegende" verbreiten sollte: „Verräter! Deinem siegreichen Vaterland in den Rücken fallen, dass Blut umsonst geflossen!" Zechs Gefolgsleute betrachten in der Folge nicht etwa Scholz, sondern den jüdischen Außenseiter, Bankierssohn und vermeintlichen Kriegsprofiteur Claude als wahren Volksfeind. Scholz suggeriert ihnen, dass Zech „mit den Juden unter einer Decke steckt" – worauf *der Revolutionär Zech,* um zu beweisen, „dass es nicht wahr ist, was der Leutnant sagt", *Claude erschießt* (HORKHEIMER 1974, S. 311-313).

Der sozialistisch für die bessere Gesellschaft kämpfende Revolutionär, der im Dienst rechter Reaktionäre einen wohlhabenden jüdischen Künstler als angeblichen Volksfeind liquidiert – offenbar verfügte bereits der junge Horkheimer über einen durchdringend scharfen Sinn für das Böse im Menschen und die Schlechtigkeit der ihr Verhalten prägenden Verhältnisse. Er richtete diesen demaskierenden Blick dabei durchaus auch auf sich selbst, indem er sich selbstkritisch zum Beispiel fragte: „Bist du, will sagen bin ich etwa besser als der blutige Schlachtergeselle, weil ich nur den Genuss und nicht die Arbeit seines Berufes kenne?"

Im „Intérieur" von Horkheimers Freundschaftspakt mit Pollock und seiner Ehe mit Maidon sollten allerdings die Reproduktionsgesetze der Gesellschaft, die das soziale „Extérieur" bestimmten, außer Kraft gesetzt sein. Noch im September 1951 erneuerten er und Pollock ihren Bund, indem sie festhielten:

> „Unser Leben soll ein Zeugnis sein; die Utopie im Kleinsten verwirklichen. Wir wollen das Andere, das Neue, das Unbedingte. Unser Leben ist ernst. Bei uns sollen die gesellschaftlichen Gesetze nicht gelten." (Memorandum vom 8.9.1951 ca.; HGS 18, S. 218)

Der Wille zum „Unbedingten", der sich hier äußert, ist im Kern derselbe, mit dem Horkheimer, Pollock und ein französisches Mädchen namens „Suze" (oder auch „Suzanne" in Horkheimers „L'île heureuse") während einiger Wochen des Jahres 1914 zuerst heimlich in Frankreich, danach für kurze Zeit in England ein freies, über die Normen des „Extérieur" erhabenes Leben zu verwirklichen versuchten – ein radikal von den Idealen „Wahrheit, Liebe, Freude" bestimmtes Leben:

> „Fritz [Pollock] war nicht anwesend, aber wir vergaßen ihn nie und Suze erklärte jubelnd, dass sie uns beiden und unserem Ideal gehöre, dass sie ein Mensch sei und sein wolle, wie wir, dass sie jetzt endlich frei geworden sei. Sie fühlte damals die ganze Höhe unserer Weltanschauung und wir genossen zusammen jenes seltsame Glück der Entdeckung des Guten und Schönen in einer neuen Seele, der Seele von Suze [...]" (HORKHEIMER 1914, S. 327, 298)

Nachdem der Vater Suzannes, vom Abschiedsbrief seiner Tochter alarmiert, und die nicht minder beunruhigten Eltern Horkheimers nach London gekommen waren, um die jungen Leute zur raison zu bringen, hielt Suzanne dem Druck des innerfamiliären Extérieur nicht lange stand. Sie verstand bald nicht mehr, „was gewesen war", stand sich selbst und den beiden Geliebten „plötzlich fremd" gegenüber. „Je n'ai plus d'intérieur' waren einige ihrer letzten Worte." (HORKHEIMER 1914, S. 325)

Horkheimer und Pollock indessen gelang es relativ rasch, aus der Havarie dieses Experiments mit freier Liebe *ihr* Intérieur zu retten. Nachts auf dem Hinterdeck des Dampfschiffes, das sie Anfang Juli 1914 von Dover zurück nach Ostende brachte, in den Anblick des vom Mondlicht beschienenen Meeres versunken, fanden sie „aus dem Wirrwarr der Wirklichkeit heraus" erneut den Weg „zu uns selbst":

> „Und siehe, es hatte sich nichts verändert, wir waren dieselben geblieben. Was auch geschehen war, uns hatte es nicht berührt; unsere Religion war unantastbar [...] In jener Nacht erhoben wir uns wieder und mit neuer Glut schworen wir, dem Lichte zuzueilen." (HORKHEIMER 1914, S. 326f.)

Adorno hat in seinem offenen Brief zu Horkheimers siebzigstem Geburtstag u.a. auf dessen „enthusiastisches Naturell" und den „in festen Begriffen nur schwer zu fassenden, skeptisch besonnenen Aspekt" dieses Enthusiasmus verwiesen (AGS 20.1, S. 157). Die moralphilosophischen Intuitionen des jungen Horkheimers schwankten in der Tat heftig zwischen *idealistischem Tatendrang* und *resignativem Pessimismus,* zwischen *überschwänglicher Lebensfreude* und *mitleidender Trauer,* zwischen *friedliebendem Harmoniebedürfnis* und *Hass auf das schlechte Bestehende,* zwischen dem Hang zur *entschiedenen Idealisierung* des potenziell Besseren auf der einen, zu *konzessionsloser Schwarzmalerei* auf der anderen Seite. Diese moralischen Affekte schlossen dabei nicht aus, was Adorno in seinem Geburtstagsbrief die bei Gelehrten eher seltene „praktische Begabung" Horkheimers – der in Machtspielen durchaus gewieft, zuweilen gar skrupellos agieren konnte – genannt hat (AGS 20.1, S. 159, 157).

Die moralischen Gefühle und Impulse des jungen Horkheimers bestimmten auch noch dessen ausgereifte Sozialphilosophie. In ihr äußerte sich sein „dialektisches" oder sonst wie philosophisch elaboriertes Denken *allein innerhalb der Grenzen, die ihm die tiefer liegenden Prämissen und die Psycho-Logik der Moralphilosophie seiner Jugend setzten.*

Horkheimer hat im Vorwort zu den posthum publizierten „freien Phantasien" seines belletristischen Frühwerks einschränkend bemerkt, dass dem unbändigen „Willen zur Wahrheit und zum richtigen Leben", das es bekundete, psychologische, soziologische und sonstige Kenntnisse „der komplizierten Realität" noch weitgehend fehlten

(HORKHEIMER 1974, S. 7). Gleichwohl sind diese Schriften, wie ihre Herausgeber Alfred Schmidt und Heinrich Wild zutreffend betonen, „frühe Dokumente der Kritischen Theorie", die mit dem wissenschaftlichen Werk des reifen Horkheimers „in einem existenziellen Zusammenhang" stehen (HORKHEIMER 1974, S. 360f.). Die nachfolgenden Interpretationen von Werken des akademisch lehrenden und forschenden Sozialphilosophen werden im Abschnitt 7 speziell auch auf die zwischen ihnen und der autobiographischen Belletristik des jungen Horkheimers bestehenden Beziehungen verweisen.

6. Horkheimers interdisziplinäres Forschungsprogramm

Horkheimer hielt am 24. Januar 1931 seine „öffentliche Antrittsvorlesung bei Übernahme des Lehrstuhls für Sozialphilosophie und der Leitung des Instituts für Sozialforschung". Anstatt so wie kurze Zeit erhofft ein Dichter zu werden, hatte er sich in den 1920er Jahren für eine akademische Karriere qualifiziert, und seine Kenntnisse „der komplizierten Realität" durch das Studium philosophischer, soziologischer und psychologischer Klassiker des 18., 19. und des 20. Jahrhunderts – vorab von Kant, Hegel, Schopenhauer, Marx und Nietzsche sowie von Bergson, Dilthey, Husserl, Heidegger und Freud – erweitert.

Horkheimer eröffnete seine Vorlesung mit der provozierenden Feststellung, dass die Sozialphilosophie einerseits „im Mittelpunkt des allgemeinen philosophischen Interesses" stehe, dass es andererseits jedoch um sie ähnlich arg bestellt sei wie „um die meisten philosophischen […] Bestrebungen der Gegenwart" (HORKHEIMER 1931, S. 20). Nach seiner kritischen Besprechung aktueller Ansätze der Sozialphilosophie entwarf er ein Forschungsprogramm zur Behebung ihrer Mängel. Horkheimer hat es in Zusammenarbeit mit den wichtigsten Institutsmitgliedern binnen knapp zweier Jahrzehnte so gut umgesetzt, dass diese menschheitsgeschichtlich verheerenden Jahre zur intellektuell fruchtbarsten Zeit des Instituts für Sozialforschung wurden.

Horkheimer beschreibt in seiner Antrittsvorlesung zunächst Entwicklungstendenzen der neueren, mit Kant und Hegel einsetzenden Sozialphilosophie. Er definiert diese als „die philosophische Deutung des Schicksals der Menschen, insofern sie […] Glieder einer Gemeinschaft sind". Während Kant „die geschlossene Einheit des vernünftigen Subjekts zur einzigen Quelle der konstitutiven Prinzipien jedes Kulturgebiets" erhob, resultierten für Hegel die Strukturen des objektiven Geistes – Kunst, Religion, Wissenschaft und Philosophie – „nicht mehr aus der kritischen Analyse der Persönlichkeit, sondern aus der universalen dialektischen Logik". Bei Hegel wurde damit der Idealismus „in seinen wesentlichen Teilen zur Sozialphilosophie" (HORKHEIMER 1931, S. 20, 21f.).

Nach dem Zerfall der Hegelschen Dialektik im Positivismus, Nihilismus und den partiell idealistischen Philosophien des 19. und 20. Jahrhunderts bemühe man sich gegenwärtig erneut darum, „dem menschlichen Einzelwesen den Blick in eine überpersonale Sphäre zu öffnen, die wesenhafter, sinnerfüllter, substanzieller ist als sein Dasein" (HORKHFIMER 1931, S. 26). Horkheimer erklärt jedoch, sich am Wettstreit sozialphilosophischer Systementwürfe, die seiner Ansicht nach ausnahmslos zur Verklärung von Kollektivphänomenen neigten, nicht beteiligen zu wollen. Er umreißt stattdessen ein flexibles, das intellektuelle Kapital des Instituts für Sozialforschung strategisch *und* taktisch optimal mobilisierendes *Forschungsprogramm*, das auf dem „Gedanken einer *fortwährenden dialektischen Durchdringung und Entwicklung von philosophischer Theorie und einzelwissenschaftlicher Praxis*" beruhen soll (HORKHEIMER 1931, S. 29; Hervorhebung im Text von E.W.-B.).

Was meinte die Formel einer „dialektischen Durchdringung und Entwicklung von philosophischer Theorie und einzelwissenschaftlicher Praxis"?

Horkheimer bestimmt einzelwissenschaftliche Praxis zunächst schlicht als „konkrete Forschungsarbeit am Gegenstand". Ihr ist nicht garantiert, dass sie nicht auch steril oder falsch ausfallen könnte. Viel versprechend neue Horizonte sollten sich solcher Forschung jedoch erschließen, sobald sie interdisziplinär kooperierende „Philosophen, Soziologen, Nationalökonomen, Historiker, Psychologen in dauernder Arbeitsgemeinschaft" durchführen:

> „Nicht dadurch wird die chaotische Spezialisierung überwunden, dass man schlechte Synthesen spezialistischer Forschungsergebnisse unternimmt, und nicht dadurch kommt andererseits unbefangene Empirie zustande, dass versucht wird, das theoretische Element darin auf nichts zu reduzieren: sondern indem die Philosophie als aufs Allgemeine, ‚Wesentliche' gerichtete theoretische Intention den besonderen Forschungen beseelende Impulse zu geben vermag und zugleich weltoffen genug ist, um sich selbst von dem Fortgang der konkreten Studien beeindrucken und verändern zu lassen." (HORKHEIMER 1931, S. 29; Hervorhebung im Text von E.W.-B.)

Ein auf diese Weise *philosophisch* inspiriertes, interdisziplinäres Forschungsprojekt könnte beispielsweise untersuchen, „welche Zusammenhänge [...] sich bei einer bestimmten gesellschaftlichen Gruppe, in einer bestimmten Zeitspanne, in bestimmten Ländern nachweisen [lassen] zwischen der Rolle dieser Gruppe im Wirtschaftsprozess, der Veränderung in der psychischen Struktur ihrer einzelnen Mitglieder und den auf sie als Gesamtheit im Ganzen der Gesellschaft wirkenden und von ihr hervorgebrachten Gedanken und Einrichtungen". An *Forschungsmethoden,* mit denen sich solche Fragen empirisch beantworten ließen, erwähnt Horkheimer die Analyse einschlägiger Presseberichte und belletristischer Literatur, die Auswertung der „Kenntnisse von Männern der Praxis", Umfragen mittels Fragebogen, wie sie insbesondere in der amerikanischen Sozialforschung gebräuchlich seien, sowie die Auswertung von Materialien und Statistiken spezialisierter Organisationen, etwa des Internationalen Arbeitsamtes in Genf:

> „Jede dieser Methoden allein ist ganz unzureichend, sie alle zusammen können in Jahren geduldiger und ausgedehnter Forschungen vielleicht für die allgemeine Fragestellung fruchtbar werden, wenn anders die dauernden Mitarbeiter in ständigem Umgang mit dem Material ihre Anschauungen nicht nach ihren eigenen Wünschen, sondern nach den Sachen zu bilden verstehen, von jeder Art der Verklärung sich entschieden abwenden und wenn es gelingt, die einheitliche Intention gleichzeitig vor dogmatischer Erstarrung und vor dem Versinken ins bloß Empirisch-Technische zu bewahren." (HORKHEIMER 1931, S. 33f.)

Die im Juli 1932 erschienene erste Doppelnummer der neuen Folge des Grünbergschen Archivs, die „Zeitschrift für Sozialforschung" hieß, konkretisierte Horkheimers Forschungsprogramm eindrücklich. Horkheimer leitete das Heft mit grundsätzlichen „Bemerkungen über Wissenschaft und Krise" ein, und beschloss dessen Hauptteil mit einem Aufsatz über „Geschichte und Psychologie". An zweiter Stelle folgte Pollock, der „Die gegenwärtige Lage des Kapitalismus und die Aussichten einer planwirtschaftlichen Neuordnung" analysierte, an dritter Stelle Erich Fromm mit Ausführungen „Über Methode und Aufgabe einer analytischen Sozialpsychologie". Henryk Grossmann behandelte sodann das Thema „Die Wert-Preis-Transformation bei Marx und das Krisenproblem", Leo Löwenthal und Theodor Wiesengrund-Adorno präsentierten Gedanken „Zur gesellschaftlichen Lage der Literatur" (Löwenthal) bzw. der Musik (Adorno). Der umfangreiche Rezensionsteil der Zeitschrift, der im ersten Jahrgang annähernd zweihundert Seiten umfasste, besprach in den Rubriken „Philosophie", „allgemeine Soziologie", „Psychologie", „Geschichte", „soziale Bewegung und Sozialpolitik", „spezielle Soziologie" und „Ökonomie" mög-

lichst viele der für Horkheimers interdisziplinäres Forschungsprogramm relevanten Neuerscheinungen. (Die Sparte „Belletristik" der
ersten zwei Jahrgänge entfiel ab dem dritten Jahrgang, obwohl Horkheimer nie aufhörte, fiktionale Literatur als Quelle gesellschaftswissenschaftlicher Erkenntnis ernst zu nehmen; noch 1942 beschäftigte ihn
ein eigenes Romanprojekt über Neville Chamberlain, vgl. HGS 12,
S. 329ff.).

Horkheimer hob in seinem substanziellen Vorwort zum ersten Heft
der Zeitschrift zwei Problemfelder, die das Institut in Zukunft zu erforschen gedenke, speziell hervor: *erstens* Probleme der „Ausbildung einer
den Bedürfnissen der Geschichte entgegenkommenden Sozialpsychologie", *zweitens* Analysen der im gegenwärtigen Kapitalismus „auf
planmäßige Regelung der Wirtschaft hintreibenden Tendenzen" (ZfS
1, S. IIf.).

Am ersten Thema war Horkheimer persönlich, wie nur schon das
Thema seines zweiten Beitrags zur Zeitschrift über „Geschichte und
Psychologie" verrät, besonders interessiert. Das Institut konzentrierte
seine empirische Forschung in erster Linie auf Probleme der Sozialisati-
on autoritärer Persönlichkeitsstrukturen in der bürgerlichen Gesellschaft, deren politisches Bewusstsein und Gesellschaftsbilder (s. HORK-
HEIMER 1936b, ADORNO et al. 1950). Erich Fromm war in den 1930er
Jahren institutsintern der wegweisende Experte für diese Fragen (s. Abschnitt 11). Nach seinem Abgang vom Institut trug Adorno als erstge-
nannter Ko-Autor der großen empirischen Studie über „Die autoritäre
Persönlichkeit", die 1950 erschien, am meisten dazu bei, dass der
durchschlagende Erfolg dieses Buches vor allem dem Institut gutge-
schrieben wurde (Abschnitt 11).

Horkheimer hielt auch das Studium der sowjetrussischen Planwirtschaft und der im Kapitalismus auf planwirtschaftliche Verhältnisse
„hintreibenden Tendenzen" für sehr wichtig. Von der Bewältigung dieser gesellschaftspolitisch entscheidenden Aufgaben hing seiner Ansicht
nach nicht weniger als „das Glück der kommenden Generation" ab –
entsprechende Studien sollten vom Institut infolgedessen „besonders
gepflegt werden" (ZfS 1, S. III, und ZfS 3, S. 228).

Als Experten für planwirtschaftliche Probleme hatten sich institutsintern neben Pollock und H. Grossmann auch J. Gumperz, K. Mandelbaum und G. Meyer qualifiziert. Die Analysen und Theorieentwürfe dieser Autoren erzeugten bei nicht dem Institut angehörenden Fachwissenschaftlern jedoch klar weniger Resonanz als die sozialpsychologischen Forschungsarbeiten von Fromm und Adorno. Allein Neumanns
empirisch dicht dokumentierte Analyse des nationalsozialistischen

Herrschaftssystems, das Buch „Behemoth" ([1]1942, [2]1944), galt rasch als ein Standardwerk (s. Abschnitt 9). Das mit Neumanns Analyse rivalisierende Staatskapitalismus-Konzept von Pollock war demgegenüber allein institutsintern von Bedeutung (Abschnitt 8).

Horkheimer verteidigte sein Forschungsprogramm gegen den nahe liegenden Einwand, dass es politisch zu einseitig und zu stark engagiert, wissenschaftlich also gar nicht angemessen diskutierbar sei, mit dem folgenden Argument:

> „Die Verpflichtung auf wissenschaftliche Kriterien trennt die Sozialforschung methodisch auch von der Politik. Sie hat die Selbständigkeit ihres Erkenntnisanspruchs gegenüber allen weltanschaulichen und politischen Rücksichten zu behaupten. Dies bedeutet nicht, dass sie irgendeinen wissenschaftlichen Schritt frei von historischer Bedingtheit wähnte, noch dass ihr die Erkenntnis als selbst genügend und konsequenzlos erschiene. Aber wie sehr Geschichte auch in alle Theorie hereinspielen mag, so werden die Ergebnisse der Forschung vor theoretischen Kriterien standhalten müssen, wenn sie sich in der Wirklichkeit bewähren sollen." (ZfS 1, S. III)

Die von Horkheimer initiierten Sozialforschungsprojekte sollten sich bewähren, indem sie sowohl theoretisch wie auch empirisch überzeugende Beiträge zur „Theorie der gegenwärtigen Gesellschaft als ganzer" leisteten:

> „Das Wort ‚Sozialforschung' beansprucht nicht, auf der Landkarte der Wissenschaften, die heute ohnehin sehr fragwürdig erscheint, neue Grenzlinien einzuzeichnen. Die Untersuchungen auf den verschiedensten Sachgebieten und Abstraktionsebenen, die es hier bedeutet, werden durch die Absicht zusammengehalten, dass sie die Theorie der gegenwärtigen Gesellschaft als ganzer fördern sollen. Dieses vereinigende Prinzip, nach dem die Einzeluntersuchungen bei unbedingter empirischer Strenge doch im Hinblick auf ein theoretisches Zentralproblem zu führen sind, unterscheidet die Sozialforschung, der die Zeitschrift dienen möchte, ebenso von bloßer Tatsachenbeschreibung wie von empiriefremder Konstruktion. Es erstrebt Erkenntnis des gesamtgesellschaftlichen Verlaufs und setzt daher voraus, dass unter der chaotischen Oberfläche der Ereignisse eine dem Begriff zugängliche Struktur wirkender Mächte zu erkennen sei. Geschichte gilt in der Sozialforschung nicht als die Erscheinung bloßer Willkür, sondern als von Gesetzen beherrschte Dynamik, ihre Erkenntnis ist daher Wissenschaft." (ZfS 1, S. I)

Entscheidend für den Erfolg des Horkheimerschen Forschungsprogramms war demnach *erstens,* ob es ihm gelingen würde, die „unter der

chaotischen Oberfläche" geschichtlicher Ereignisse und empirischer
Forschungsbefunde wirkende „Struktur wirkender Mächte" und deren
„Gesetze", die im Zentrum einer „Theorie der gegenwärtigen Gesellschaft als ganzer" stehen sollten, wissenschaftlich überzeugend zu bestimmen.

Der Erfolg des Forschungsprogramms hing *zweitens* davon ab, inwieweit sich die Tatsachenbeschreibungen der Institutsforschung philosophisch so sehr „beseelen" ließen, dass ihnen das Schicksal traditioneller Empirie – das „Versinken ins bloß Empirisch-Technische" – erspart blieb.

Während die erste Frage nachfolgend mehrfach – in den Abschnitten über Horkheimer, Pollock, Neumann, Adorno und Marcuse – zur
Sprache kommen wird, gehen die Abschnitte 11 und 12 auch auf die
von Darstellungen der Frankfurter Schule meistens vernachläßigte
zweite Frage ein. In beiden Fällen hängen die gesuchten Antworten,
wie sich zeigen wird, schlicht davon ab, was man von Form und Inhalten humanwissenschaftlicher Erkenntnis erwartet.

7. „Kritische Theorie" als gemeinsamer Nenner, 1930–1940

Seit Horkheimers Publikation des Aufsatzes „Traditionelle und kritische Theorie" im Jahr 1937 hieß die Theorie, welche die interdiszipli-
näre Sozialforschung des Instituts inspirieren und „beseelen" sollte,
„kritische Theorie". Das Adjektiv „kritisch" verwies hier weniger auf
die drei großen Kant'schen Kritiken der reinen Vernunft, der prakti-
schen Vernunft und der Urteilskraft als auf die Kritik der politischen
Ökonomie von Karl Marx. Horkheimer definierte Kritische Theorie
als die dialektische „Selbsterkenntnis des Menschen in der Gegenwart"
bzw. als die „vom Interesse an vernünftigen Zuständen durchherrschte
[…] Theorie der gegenwärtigen Gesellschaft". Er bezeichnete als entscheidende Bestandteile der Theorie die Konzepte „Klasse, Ausbeutung, Mehrwert, Profit, Verelendung, Zusammenbruch", ohne freilich
diese und andere Schlüsselbegriffe des Marxismus näher zu erläutern.
Er setzte sie, als ob sie ein für allemal geklärt seien, einfach voraus
(HORKHEIMER 1937b, Anm. 14, S. 180; S. 172, 192).

Warum vermied es Horkheimer geradezu demonstrativ, seine Version materialistischer Theorie im weiten Feld marxistischer Theoriedis-
pute klar zu positionieren? Warum nahm er an der regen Diskussion
über die 1932 erstmals vollständig publizierten, „ökonomisch-philoso-

phischen Manuskripte" des jungen Marx, die neue Perspektiven auf das von Marx eigentlich Gemeinte eröffneten, nicht teil? Mit seinem Buchprojekt „Die Krise des Marxismus", das institutsintern um 1930 verschiedentlich erwähnt wurde, hätte er in dieser Debatte Farbe bekennen müssen. Es beschäftigte ihn aber anscheinend so wenig, dass es in seinem Nachlass kaum Spuren hinterließ (KLUKE 1972, Anm. 37, S. 426f., sowie HGS 11, 12).

Karl Marx und Friedrich Engels, die Begründer des „wissenschaftlichen Sozialismus", haben den Theoretikern und Praktikern, die ihre Ideen richtig verstehen und daraus praktisch brauchbare Konsequenzen ableiten wollten, *Theorierätsel* mit auf den Weg gegeben, von denen einige relativ leicht, andere schwer bis kaum lösbar sind. Im Zentrum der politischen Ökonomie und der Gesellschaftstheorie von Marx steht bekanntlich die arbeitswerttheoretische Behauptung, dass der Wert jeder Ware, mithin auch derjenige der Ware Arbeitskraft lohnabhängiger Arbeiter, von der zu ihrer Herstellung gesellschaftlich benötigten Arbeitszeit abhängt. Arbeiter bekommen unter kapitalistischen Bedingungen durchaus tauschwertgerecht den Lohn, mit dem sie ihre Arbeitskraft individuell und generationsübergreifend erhalten können. Die Mehrarbeit, die sie im Dienste des Kapitalisten über die zu ihrer Reproduktion notwendige Arbeit hinaus leisten, schafft den Mehrwert, der dem Besitzer der Produktionsmittel gehört. Während kapitalistisches Wirtschaftswachstum die Eigentümer der Produktionsmittel immer reicher werden lässt, verarmt das quantitativ wachsende Proletariat wenn nicht absolut, so doch im Verhältnis zum zunehmenden Reichtum der Gesellschaft relativ. Periodisch wiederkehrende Krisen, langfristig fallende Profitraten der kapitalistischen Wirtschaft sowie die Zentralisation des Kapitals in den Händen weniger Großkapitalisten radikalisieren das Proletariat. Es reißt schließlich unter dem Druck seiner Verelendung, von marxistisch aufgeklärten Vorkämpfern geführt, die Macht im Staate an sich, enteignet die kapitalistischen Expropriateure und transformiert das dem Untergang geweihte kapitalistische System in eine sozialistische, im Endzustand kommunistische Gemeinschaft frei und solidarisch miteinander kooperierender Menschen (vgl. dazu v.a. KOLAKOWSKI 1977, 1978, 1979).

Stark umstritten, da theoretisch schwer durchschaubar oder empirisch schwach dokumentiert waren vor allem das sog. Wertgesetz, die aus ihm abgeleitete Ausbeutungstheorie sowie die Verelendungs- und Zusammenbruchsprognosen von Marx (s. KOLAKOWSKI 1977/78, Bd I S. 337ff., 367ff., sowie Bd II). Horkheimer geht in seiner Kritischen Theorie nirgendwo auf die politisch oft brisanten Kontroversen ein, die

Anhänger und Gegner des Marxismus zu diesen Streitfragen ausfochten. Er bekannte sich zum Marx'schen Materialismus, den er ab Mitte der 1920er Jahre intensiver studierte, am klarsten in seinen Publikationen der 1930er Jahre und den sie seitdem begleitenden, teils publizierten, teils unpublizierten „Notizen" (HORKHEIMER 1934a, sowie HGS 6, 12 und 14). Aber selbst in diesen Schriften wirken die Bilder, die er vom marxistischen Theoriekern seiner Kritischen Theorie erzeugt, nur wie locker skizzierte *Umrisszeichnungen,* die man sich gleichsam weder aus zu großer noch aus zu geringer Distanz vor Augen führen sollte.

Aus mittlerer, das klarste Bild erzeugender Entfernung betrachtet, zeichnen sich in der Kritischen Theorie die folgenden fünf, sich gegenseitig stützenden Theoriekomponenten ab: *erstens* eine materialistische Begründung des Interesses der Menschen an menschenwürdigen Lebensverhältnissen; *zweitens* Grundsätze einer materialistisch unabgeschlossenen Version dialektischen Denkens; *drittens* Umrisse einer die Entstehung, die Entwicklung und die aktuelle Krise der bürgerlichen Gesellschaft dialektisch erklärenden Geschichtstheorie; *viertens* kritische Analysen der Funktionen von Philosophie und Wissenschaften in der bürgerlichen Gesellschaft; sowie *fünftens* Modelle der historisch veränderlichen Praxis von Menschen, die sich einzeln oder organisiert für die Verwirklichung einer vernünftigen Gesellschaft einsetzen.

(a) Materialismus, Metaphysik und Moral in der bürgerlichen Gesellschaft

Die Begriffe „Materialismus" und „materialistisch" verweisen im gewöhnlichen Sprachgebrauch zumeist auf negativ Bewertetes wie schnöde Geldgier oder plattes Unverständnis für höhere Werte. In Horkheimers Kritischer Theorie sind diese Begriffe demgegenüber durchaus positiv konnotiert. Materialistisches Denken verzichtet auf metaphysische Illusionen und das schönfärberische Idealisieren bestehender Verhältnisse. Es repräsentiert für Horkheimer den fortgeschrittensten Stand philosophischer Erkenntnis. Denn es spricht illusionslos aus, was der Fall ist: dass die Materie und das Naturgeschehen an und für sich sinnlos sind; dass für Menschen der aufgeklärten Moderne weder fremdbestimmte Gebote noch metaphysisch verhängte Verträge verbindlich sind; dass das ihnen wie Tieren widerfahrene Leid und Unrecht nachträglich nicht wieder gutgemacht werden kann; dass die Opfer großen Unrechts tot bleiben, so sehnlichst wir ihnen und uns auch wünschten, dass ihnen in irgendeinem metaphysischen oder religiösen Sinne doch noch Gerechtigkeit widerführe; dass der Kampf ums Bessere, um die Abschaffung unnötigen Leides in der Welt darum nie nur optimistisch jubelnd, sondern immer auch pessimistisch gedämpft zu führen ist:

> „ […] der Materialismus [sieht] in jeder Art von Philosophie, welche es unternimmt, die unbegründbare Hoffnung zu rechtfertigen oder ihre Unbegründbarkeit auch nur zu verschleiern, einen Betrug an den Menschen. Bei allem Optimismus, den er im Hinblick auf die Veränderung der Verhältnisse aufbringen mag, bei aller Einschätzung des Glücks, das aus der Arbeit an der Veränderung und aus der Solidarität hervorgeht, trägt er also einen pessimistischen Zug an sich. Das vergangene Unrecht ist nicht wiedergutzumachen." (HORKHEIMER 1933a, S. 86)

Die Arbeitsmittel, mit denen Menschen ihren Lebensunterhalt bestreiten, wurden im Verlaufe der Menschheitsgeschichte immer wirkungsvoller. Dass Menschen sich ihren Lebensunterhalt aufgrund von Fortschritten der Produktionsverhältnisse inzwischen so effizient wie nie zuvor erarbeiten können, stellt für Horkheimer eine „Tatsache" dar. Eine „andere Tatsache" von nicht geringerer Bedeutung aber ist es, „dass der Weg der Geschichte über das Leiden und Elend der Individuen führt":

> „Zwischen diesen beiden Tatsachen gibt es eine Reihe von erklärenden Zusammenhängen, aber keinen rechtfertigenden Sinn." (HORKHEIMER 1930a, S. 249)

Geschichtsphilosophien, die wie etwa diejenigen von Herder, Kant, Hegel und Comte einen solchen „rechtfertigenden Sinn" postulieren, betreiben materialistisch unhaltbare *Metaphysik*. Ihre „Behauptung eines verstehbaren Sinnes hinter den Begebenheiten" beruht auf „philosophischer Erdichtung". Der Marxsche Materialismus dagegen „ist der geschworene Feind jedes Versuchs, die Wirklichkeit aus einem Ideenhimmel oder überhaupt aus einer rein geistigen Ordnung zu verstehen" (HORKHEIMER 1930b, S. 282f.):

> „Der Materialismus kennt keine zweite Wirklichkeit, weder eine, die der unsrigen zugrunde läge, noch eine, die sie überwölbte. Glück und Friede, die den Menschen auf der Erde nicht geschenkt sind, haben sie nicht nur scheinbar, sondern wahrhaft und in alle Ewigkeit verloren; denn der Tod ist nicht der Friede, sondern er führt wirklich ins Nichts. Die Liebe zu den Menschen, wie sie der Materialismus versteht, gilt nicht Wesen, die nach ihrem Tode in der Ewigkeit geborgen sind, sondern den ganz im Ernst vergänglichen Individuen." (HORKHEIMER 1934b, S. 215):

Materialisten wissen, dass „am Ende immer das Nichts über die Freude siegt". Der Versuch, Menschen nachfolgender Generationen ein besseres Leben zu ermöglichen, „mag als herrliches Ziel erscheinen":

> „Aber schließlich werden doch auch jene späteren Generationen untergegangen sein, und die Erde wird dann ihre Bahn" – „gemäß den logischen und mathematischen Gesetzen, die wir auf unserem bedingten Standort erkennen" – „fortsetzen, als ob nichts geschehen wäre." (HORKHEIMER 1935a, S. 257; 1930b, S. 283)

Dieses vor allem von Schopenhauer durchschaute, metaphysische Unheil der Menschenwelt („malum metaphysicum") schließt indessen nicht aus, ja fordert vielmehr geradezu dazu heraus, „das Streben der Menschen nach ihrem Glück als eine natürliche, keiner Rechtfertigung bedürftige Tatsache" ernst zu nehmen (HORKHEIMER 1933a, S. 103). Marxistisch aufgeklärte Materialisten lehnen metaphysisch begründete Morallehren ab. Sie wissen, „dass die Moral nicht bewiesen werden kann und auch kein einzelner Wert rein theoretischer Begründung fähig ist". „Der Materialismus vermutet hinter der Moral keine überhistorische Instanz" (HORKHEIMER 1933b, S. 146, 131):

> „Es gibt kein ewiges Wertreich. Bedürfnisse und Wünsche, Interessen und Leidenschaften der Menschen ändern sich im Zusammenhang mit dem gesellschaftlichen Prozess. Psychologie und andere Hilfswissenschaften der Geschichte haben sich zur Erklärung der jeweils anerkannten Werte und ihres Wandels zu vereinigen. – Verbindliche moralische Gebote bestehen nicht." „Sie [die Moral] ist keiner Begründung fähig – weder durch Intuition noch durch Argumente. Vielmehr stellt sie eine psychische Verfassung dar. Diese zu beschreiben, in ihren persönlichen Bedingungen und Mechanismen der Fortpflanzung von einer Generation zur anderen verständlich zu machen, ist Sache der Psychologie." (HORKHEIMER 1933b, S. 132f., 133)

Die Aufgabe einer kulturgeschichtlich sensiblen *Psychologie* ist es, „die menschlichen Impulse, die nach Besserem verlangen, je nach dem geschichtlichen Material, an dem sie sich betätigen", zu *beschreiben* (HORKHEIMER 1933b, S. 137). Der materialistischen *Sozialphilosophie* obliegt die *Rechtfertigung* der von Menschen erhobenen Ansprüche auf Glück. Sie ist nicht ohne *Liebe zum Menschen,* deren Ausdruck positive „moralische Gefühle" sind, denkbar:

> „Ohne dass die Richtung auf ein künftiges glückliches Leben aller Menschen, die sich freilich nicht auf Grund einer Offenbarung, sondern aus

der Not der Gegenwart ergibt, in die Beschreibung dieser Liebe aufgenommen wird, lässt sie sich keinesfalls bestimmen. Allen […] Menschen
[…] wünscht sie die freie Entfaltung ihrer fruchtbaren Kräfte. Es scheint
ihr, als hätten die lebenden Wesen einen Anspruch auf Glück, und sie
fragt nicht im geringsten nach einer Rechtfertigung oder Begründung
dafür. […] In der bürgerlichen Gesellschaft stand Erziehung zur strengen Moral öfter im Dienste des natürlichen Gesetzes als unter dem Zeichen der Befreiung von ihm. Nicht der Stock des Korporals, sondern
der Schluss der Neunten Symphonie ist ein Ausdruck des moralischen
Gefühls." (HORKHEIMER 1933b, S. 134f.)

So nüchtern unmetaphysisch und moralischen Begründungsansprü-
chen gegenüber taub Horkheimers Materialismus nach außen hin auftritt – wer gut zuhört, kann in ihm doch *auch* den Hymnus „Freude,
schöner Götterfunken" der neunten Symphonie Beethovens – das em-
phatische Glücksverlangen der Moralphilosophie von Horkheimers
Jugend – vernehmen. Horkheimer war zeitlebens davon überzeugt,
dass „das Ziel einer vernünftigen Gesellschaft, das heute freilich nur
noch in der Phantasie aufgehoben scheint, […] in jedem Menschen
wirklich angelegt [ist]." (HORKHEIMER 1937c, S. 224) Das „Ziel einer
vernünftigen Gesellschaft" in jedem Menschen und der allen Lebewe-
sen zukommende „Anspruch auf Glück" bedürfen darum keiner philosophischen Rechtfertigung, weil dieses Ziel und weil dieses Bedürfnis
vom Standpunkt einer materialistisch mitleidenden Erkenntnis aus gesehen der *Not des Daseins* entspringen.

(b) Was heißt dialektisch denken?

Hegel und Marx gelten in der Kritischen Theorie als die zwei bedeutendsten Lehrmeister dialektischen Denkens: Hegel als der von Marx
hochgeschätzte, alle wesentlichen Probleme der Logik, der Natur und
der Menschenwelt dialektisch verflüssigende Konstrukteur eines all-
umfassenden Systems idealistischer Philosophie; Marx als der materialistische Dialektiker, der das Hegelsche System gleichsam vom idealistischen Kopf, auf dem es stand, wieder auf die Füße gestellt hat. Horkheimer pflegte die idealistische Dialektik Hegels „abgeschlossen", die
materialistische von Marx, dessen Kritik an Hegels Idealismus er teilte,
„unabgeschlossen" zu nennen (s. z.B. HGS 6, S. 204). Da die Vernunft
„vollendet", d.h. abschließend nur sich selbst erkennen kann, betrachtet der Idealist Hegel „die ganze Welt als Vernunftprodukt" – ein aus
Horkheimers materialistischer Sicht uneinlösbarer, „metaphysischer"

Anspruch, der Hegel nicht zuletzt auch die Bedeutung übersehen ließ, die zeitbedingt kontingente Erkenntnisinteressen *in seiner eigenen* Philosophie spielten (HORKHEIMER 1933a, S. 87; 1935b, S. 289).

Im Sinne eines „unabgeschlossenen" Materialismus dialektisch denken heißt für Horkheimer darum zunächst, sich die eigene, zeitbedingte „Parteistellung zu den Fragen des Lebens", d.h. die Wertprämissen eigenen Denkens und dessen Orientierung „auf bestimmte Zielsetzungen hin" bewusst zu machen (HORKHEIMER 1935b, S. 289). In modernen Gesellschaften ist man dabei unvermeidlich mit dem Dilemma von *Relativismus* – der Annahme der Gleichwertigkeit aller grundsätzlich bedeutsamen Wertorientierungen – und *Dogmatismus* – dem Bekenntnis zu *einer,* anderen gegenüber für überlegen gehaltenen Position – konfrontiert. Horkheimer traute dialektischem Denken zu, dieses Dilemma konstruktiv überwinden zu können: ·

> „Dass die Unparteilichkeit Parteinahme und die unterschiedslose Objektivität subjektive Stellungnahme bedeutet, ist ein dialektischer Satz, der den Relativismus freilich über sich hinausführt." „Die von der idealistischen Illusion befreite Dialektik überwindet den Widerspruch von Relativismus und Dogmatismus." (HORKHEIMER 1935b, S. 291, 297).

Dialektisch denken hieß für Horkheimer außerdem, sich als Erkennender nicht mit dem „Registrieren und Prognostizieren von Fakten" zu begnügen. Stattdessen sollte man es wagen, „hinter die Fakten zu blicken, die Oberfläche vom Wesen zu unterscheiden" (HORKHEIMER 1935b, S. 289; 1937a, S. 156). Für Horkheimer stand fest, dass Marx hinter der Fakten-Fassade der bürgerlichen Gesellschaft die ökonomischen Bewegungsgesetze des Kapitalismus, mithin dessen „Wesen" enthüllt hatte. Wie aber versuchte er selber, diese wahre oder vermeintliche Erfolgsgeschichte der unabgeschlossenen Dialektik von Marx fortzuführen?

Dialektische Denkfiguren spielten in der Kritischen Theorie der 1930er Jahre in erster Linie dort eine Rolle, wo Horkheimer sich um die synthetische Erkenntnis grundlegender Entwicklungszusammenhänge von Wirtschaft, Gesellschaft, Kultur und Staat des bürgerlichen Zeitalters bemühte (vgl. dazu auch die Erläuterungen zum nachfolgenden Punkt c). Horkheimer wies den ihm zu undialektisch denkenden H. Grossmann einmal darauf hin, dass in der geschichtlichen Entwicklung nie „bloß eines auf ein anderes" folge. Historische Entwicklungen beträfen vielmehr „das innerste Wesen der Dinge selbst":

> „[Diese werden] zum anderen […], indem sie doch dasselbe bleiben, so wie etwa die wirtschaftlichen Perioden nicht bloß einander ablösen

– das meinen die nichtdialektischen Ökonomen – sondern wie der Kapitalismus als derselbe eine, identische, sich verändert, über sich hinaustreibt und doch auch noch im Faschismus immer noch derselbe, ja erst wahrhaft er selbst ist." (Horkheimer an Grossmann, 20.1.1943; HGS 17, S. 409).

Dialektisches Denken stellte der Schaltzentrale Kritischer Theorie Diagnoseinstrumente zur Verfügung, von denen sich die Tendenz „der die Wirtschaft durchherrschenden Begriffe" ablesen ließ, in ihr Gegenteil umzuschlagen:

„Im Unterschied zum Betrieb der modernen Fachwissenschaft ist [...] die kritische Theorie der Gesellschaft auch als Kritik der Ökonomie philosophisch geblieben: ihren Inhalt bildet der Umschlag der die Wirtschaft durchherrschenden Begriffe in ihr Gegenteil, des gerechten Tauschs in die Vertiefung der sozialen Ungerechtigkeit, der freien Wirtschaft in die Herrschaft des Monopols, der produktiven Arbeit in die Festigung produktionshemmender Verhältnisse, der Erhaltung des Lebens der Gesellschaft in die Verelendung der Völker. Es handelt sich hier nicht so sehr um das, was gleichbleibt, als um die geschichtliche Bewegung der Epoche, die zum Abschluss kommen soll. Das Kapital ist in seinen Analysen nicht weniger genau als die kritisierte Nationalökonomie, doch bis in die subtilsten Berechnungen isolierter, sich periodisch wiederholender Vorgänge bleibt die Erkenntnis des historischen Verlaufs des Ganzen das treibende Motiv." (HORKHEIMER 1937c, S. 220)

Dialektiker verfügten nach Auffassung Horkheimers über einen speziellen, dem Verstandesdenken abgehenden Spürsinn für Entwicklungszusammenhänge, von denen die wesentlichen, sich zuweilen schubweise beschleunigenden Wandlungsprozesse ganzer Gesellschaften und Epochen abhängen. Ähnlich verändern sich in der Wissenschaft die ihr Denken „tragenden Kategorien" (die man heute unter gewissen Voraussetzungen im Anschluss an T. Kuhn „Paradigmen" nennt). Horkheimer zufolge durfte „seit Hegels Dialektik" als erwiesen gelten, dass wissenschaftlicher Erkenntnisfortschritt nie nur aufgrund der „Summation von Daten" zustande kommt:

„Nicht der Zuwachs von Tatsachen und Theorien, sondern die sprunghafte Umgestaltung tragender Kategorien kennzeichnet die Etappen der Wissenschaft. Ihr geht freilich jeweils die fortschreitende Revision des Einzelwissens voraus; sie erfolgt notwendig im Hinblick auf oberste Systemprinzipien, die den Maßstab der Korrektur abgeben. Die Revolutionierung der fundamentalen Kategorien, die solcherart nur vorbereitet wird, hebt dann die Erkenntnis überhaupt auf eine höhere Ebene und betrifft ihre ganze Struktur." (HORKHEIMER 1934b, S. 214)

Dialektischem Denken verdanken sich die vergleichsweise wenigen, aber entscheidenden Einsichten, „die im jeweiligen geschichtlichen Augenblick die Wirklichkeit zu erhellen vermögen". Es sind in der bürgerlich geprägten Moderne „bestimmte Grundeinsichten in das Wesen der Gesellschaft", welche die von der Kritischen Theorie erstrebte „Selbsterkenntnis des Menschen in der Gegenwart" ermöglichen:

> „In diesen Grundeinsichten selbst kommt es [...] auf die scheinbar geringfügigste Schattierung an. Die Grenze, die man hinsichtlich des Gewichts ihrer Erkenntnis heute zwischen den Menschen ziehen könnte, hätte sich darum weniger nach dem Ausmaß ihrer wissenschaftlichen Bildung als nach bestimmten Zeichen in ihrem Verhalten zu richten, in denen ihre Stellung zu den gesellschaftlichen Kämpfen zum Ausdruck kommt. Demjenigen, der die entscheidenden Einsichten hat, fallen, wenn es not tut, die Kenntnisse auf anderen Gebieten zu; von einer unzeitgemäß strukturierten Bildung aus ist aber der Weg unter Umständen mit schweren Hindernissen besät." (HORKHEIMER 1934b, S. 217f.)

Horkheimer war davon überzeugt, dass Marx mit der wissenschaftlichen Revolution, die er in der Politischen Ökonomie und den Gesellschaftswissenschaften seiner Zeit bewirkte, sowohl die Ausbeutungslogik als auch die Krisenanfälligkeit kapitalistischer Gesellschaften nicht nur erklärt und „vorausgesagt, sondern [...] als notwendig erwiesen" habe (HORKHEIMER 1935b, S. 303). Unvorhersehbar neue Entwicklungstendenzen der Geschichte schlössen zwar „Differenzierungen" in der materialistischen Geschichtstheorie und Verschiebungen der „Bedeutung der fachwissenschaftlichen Erkenntnisse für die kritische Theorie und Praxis" nicht aus. Solange sich aber „vor dem geschichtlichen Umschlag" die Epoche nicht grundsätzlich ändere, behalte die marxistisch fundierte Theorie der bürgerlichen Gesellschaft ihre Gültigkeit:

> „Die Festigkeit der Theorie rührt daher, dass bei allen Änderungen der Gesellschaft doch ihre ökonomisch grundlegende Struktur, das Klassenverhältnis in seiner einfachsten Gestalt, und damit auch die Idee seiner Aufhebung identisch bleibt. Die hierdurch bedingten entscheidenden Züge des Inhalts können sich vor dem geschichtlichen Umschlag nicht wandeln." (HORKHEIMER 1937b, S. 208)

Horkheimer rechnete in den kritischen 1930er Jahren zunehmend damit, dass die für den „geschichtlichen Umschlag", d.h. die sozialistische Revolution Kämpfenden besiegt werden könnten. Diese Niederlage schien ihm aber die „Erkenntnis der untergehenden Kämpfer" keineswegs zu widerlegen. Die von der materialistischen Theorie aus-

gesprochenen Wahrheiten könnten nicht „dadurch zu Schanden werden, dass die Menschheit in Bomben und Giftgasen verkommt"
(HORKHEIMER 1935b, S. 305). In der sich zuspitzenden Krise der
1930er Jahre vertrat Kritische Theorie „die fortgeschrittenste Gestalt
des Denkens". Ihre Feinde versuchten eben darum – solange es Kritische Theorie gab, nie vollkommen erfolgreich –, „die Theorie überhaupt in Verruf" zu bringen (HORKHEIMER 1937b, S. 206).

Im Dilemma von Relativismus und Dogmatismus, über das dialektisches Denken nur scheinbar erhaben ist, neigte Horkheimer offenbar
eher dem Dogmatismus als dem Relativismus zu. Materialistische Theorie schien ihm die wesentlichen Entwicklungstendenzen von Wirtschaft, Gesellschaft, Kultur und Politik des bürgerlichen Zeitalters mit
der größtmöglichen Genauigkeit, ja in moralischer Hinsicht unwider-
leglich wiedergeben zu können. Selbst in seiner Beurteilung entscheidender Wendepunkte der geschichtlichen Entwicklung – etwa derjenigen Deutschlands im Herbst 1918 – vertraute Horkheimer seiner dialektischen Theorie so sehr, dass er, wie sich nachfolgend zeigen wird,
nie von seinem Schätzungsurteil, 1918/19 sei in Deutschland eine sozialistische Revolution möglich gewesen, abrückte. Dabei spielte sicher
die Gewissheit eine Rolle, mit der Brille Kritischer Theorie gesamtge-
sellschaftliche Entwicklungen besonders zutreffend beurteilen zu können. Horkheimer beharrte aber vor allem dann unbeirrt auf einer bestimmten historischen Situationseinschätzung, wenn in ihr Basissätze
seiner Moralphilosophie, wie er sie erstmals in der Belletristik seiner
Jugend ausgesprochen hatte, auf dem Spiel standen.

(c) Aufstieg, Glanz und Elend der bürgerlichen Gesellschaft

Horkheimer unterschied in seinen Entwürfen einer materialistischen
„Theorie des historischen Verlaufs der gegenwärtigen Epoche" (ZfS 1,
S. III) vier Entwicklungsphasen: ein *vorbürgerliches,* ein *frühbürgerli-
ches,* ein *liberal hochkapitalistisches* sowie ein zuerst *monopolkapitalis-
tisch,* nach 1950 *spätkapitalistisch* genanntes Stadium vormoderner und
moderner Gesellschaften. Das zweite und dritte Stadium zur Epoche
der „bürgerlichen Welt" des 16. bis 19. Jahrhunderts zusammenfas-
send, charakterisierte er die drei für die vorbürgerliche, die bürgerliche
und die monopol- bzw. spätkapitalistische Entwicklungsphase europäischer Gesellschaften typischen Denkweisen wie folgt:

„Das kategorische Urteil ist typisch für die vorbürgerliche Gesellschaft: ‚so ist es, der Mensch kann nichts daran ändern.' Die hypothetische wie die disjunktive Urteilsform gehören im besonderen zur bürgerlichen Welt: ‚unter gewissen Umständen kann dieser Effekt eintreten, entweder ist es so oder anders.' Die kritische Theorie erklärt: ‚es muss nicht so sein, die Menschen können das Sein ändern, die Umstände sind jetzt vorhanden.'" (HORKHEIMER 1937b, S. 201)

Horkheimer zufolge äußert sich das universale Glücksverlangen der Menschen je nach vorherrschenden Lebensbedingungen einer Gesellschaft unterschiedlich. Es muss dementsprechend auch verschieden zufrieden gestellt werden. Die Geistesarbeiter des Altertums etwa waren dem damaligen Stand der Produktivkräfte entsprechend darauf angewiesen, den nach Auskunft in ihrer Not suchenden Menschen „innere", ihnen „Seelenruhe" verschaffende Praktiken zu empfehlen. Die Gesellschaft des frühen Bürgertums dagegen bemühte sich um die „Vermehrung der Naturerkenntnis und die Gewinnung neuer Kräfte zur Beherrschung von Natur und Menschen." (HORKHEIMER 1933a, S. 84) In der früh- und der hochbürgerlichen Epoche verlor infolgedessen die früher dominierende Denkform vormoderner Gesellschaften „So ist und muss es sein" an Bedeutung. Unter dem Eindruck der wissenschaftlichen Erkenntnisfortschritte der Aufklärung galten immer mehr Dinge in dem Maße als veränderbar, in dem sie beschrieben und erklärt werden konnten: „Natura parendo vincitur." („Die Natur wird durch Befolgung ihrer Gesetze besiegt.") Als stärkste Antriebskraft dieser Entwicklung wirkte im Verein mit der neuzeitlichen Wissenschaft und Technik „das kapitalistische Wertgesetz". Das 19. Jahrhundert, das klassische Zeitalter des Liberalismus, war aus der Sicht Horkheimers geprägt durch „die schrankenlose Herrschaft des kapitalistischen Wertgesetzes: die Aufklärung, übergegangen in die Praxis des Konkurrenzprinzips" (HORKHEIMER 1938, S. 297).

Die Menschen aus den Ober-, Mittel- und Unterschichten der bürgerlichen Gesellschaft waren seit der Reformation und der Frühaufklärung gut auf die harten Umgangsformen, die das Konkurrenzprinzip des entfalteten Kapitalismus ihnen abverlangen sollte, vorbereitet worden. Frühbürgerliche Theologen und Philosophen – insbesondere Luther, Calvin, Machiavelli, Thomas Morus und Hobbes (s. HORKHEIMER 1930a, 1936a) – formulierten Morallehren, die unabhängig von den ihnen zugrunde liegenden Menschenbildern sich in der „Verdammung des Egoismus, ja des Genusses überhaupt" einig waren. Diese rigiden, lustfeindlichen Züge der bürgerlichen Moral prägten sich umso stärker aus, je unverzichtbarer in der kapitalistischen Praxis der theoretisch verworfene Egoismus wurde, und je klarer sich die „egoistische Wirklichkeit" des Konkurrenzkapitalismus durchsetzte (HORKHEIMER 1936a, S. 12f., 18).

Angesichts der katastrophalen Entwicklungen in den ersten zwei Jahrzehnten nach Ausbruch des Ersten Weltkrieges tendierte Horkheimer dazu, das „hundertjährige Zwischenspiel des Liberalismus" des 19. Jahrhunderts – die Zeit der Vorherrschaft von Unternehmern, die teilweise oder überwiegend das Konkurrenzprinzip befürworteten – für eine *relativ* gesittete Übergangszeit zu halten. Die von ihr produzierte „Menge des Unglücks" schien ihm kleiner zu sein als im Früh- oder Spätkapitalismus. Auch setzte sich, wie er annahm, der lange Arm der bürgerlichen Moral in der Berufs- und Privatsphäre der Mittel- und Oberschichten des 19. Jahrhunderts „geschichtlich vernünftig" durch (HORKHEIMER 1939, S. 314f.; 1936b, S. 41). Die staatliche „Apparatur der Macht", die in vor- und frühbürgerlichen Zeiten Rechtsbrecher, Feinde und Außenseiter der Gesellschaft grausam verfolgt hatte, verlor im 19. Jahrhundert verglichen mit „anderen Maschinerien" der Machtausübung etwas an Boden. Indem die Staatsmacht nach 1914 ihren Rückstand „reichlich" aufholte, erwies sich „auch hierin […] das Ende der [bürgerlichen] Epoche als Rückkehr des Anfangs auf höherer Stufe" (HORKHEIMER 1937c, S. 225). Horkheimer schrieb in seinem kurz nach Ausbruch des Zweiten Weltkrieges abgeschlossenen, bitteren Essay „Die Juden und Europa":

> „Nach dem hundertjährigen Zwischenspiel des Liberalismus ist die Oberschicht in den faschistischen Ländern auf ihre Grundeinsichten zurückgekommen. Die Existenz der Individuen wird im 20. Jahrhundert wieder bis in alle Einzelheiten kontrolliert. Ob nach der Entfesselung der Kräfte in der Industriegesellschaft die totalitäre Unterdrückung auf die Dauer möglich ist, lässt sich nicht deduzieren. Deduzierbar war der ökonomische Zusammenbruch, nicht die Revolution." „[…] die totalitäre Ordnung ist nichts anderes als ihre Vorgängerin, die ihre Hemmungen verloren hat. Wie alte Leute zuweilen so böse werden, wie sie im Grunde immer waren, nimmt die Klassenherrschaft am Ende der Epoche die Form der Volksgemeinschaft an […] Der Faschismus ist die Wahrheit der modernen Gesellschaft, die von der Theorie von Anfang an getroffen war. Er fixiert die extremen Unterschiede, die das Wertgesetz am Ende produzierte […] Der gleiche und gerechte Tausch hat sich selbst ad absurdum geführt, und die totalitäre Ordnung ist dies Absurdum." (HORKHEIMER 1939, S. 315, 309).

Horkheimer traute inzwischen den faschistisch totalitären Systemen, denen im Europa der 1930er Jahre ein Sieg nach dem andern zugefallen war, „ökonomische Chancen auf lange Frist" zu, ja seiner Einschätzung nach war selbst für den „Faschismus als Weltsystem [...] ökonomisch kein Ende abzusehen" (HORKHEIMER 1939, S. 315f.). Darüber, wie der Siegeszug totalitärer Regime politökonomisch am besten erklärt werden konnte, gab es institutsintern freilich verschiedene Ansichten. Den konventioneller marxistischen Auffassungen von Franz Neumann (s. Abschnitt 9) stand hier das „Staatskapitalismus"-Konzept Pollocks gegenüber, dem Horkheimer trotz gewisser Vorbehalte eher zuneigte (Abschnitt 8). Pollocks Konzept erleichterte es Horkheimer, nach seiner Rückkehr nach Frankfurt a.M. demokratische Varianten des Staatskapitalismus, welche die alliierten Siegermächte in Westdeutschland etablierten, für das kleinere Übel zu halten als die totalitären Regime, die Stalin nach 1945 in seinem Machtbereich östlich des Eisernen Vorhangs durchsetzte.

Entwicklungen während des Zweiten Weltkrieges, die 1939 noch nicht absehbar waren, veranlassten demnach Horkheimer nach 1945 zur Revision einiger seiner Situationseinschätzungen der späten 1930er Jahre. Weil sie eng mit Grundannahmen seiner Moralphilosophie zusammenhing, hielt er aber an *einer* ihm besonders wichtigen historischen Lagebeurteilung zeitlebens fest. Sie beantwortete die Frage, inwieweit die deutschen Arbeiter 1918/19 „zur neuen Einrichtung der Welt" bereit und fähig gewesen waren (HORKHEIMER 1939, S. 315), wie folgt:

> „Noch das äußerste Entsetzen heute [1938] hat seinen Ursprung nicht 1933, sondern 1919 in der Erschießung von Arbeitern und Intellektuellen durch die feudalen Helfershelfer der ersten Republik. Die sozialistischen Regierungen waren essentiell ohnmächtig. Anstatt zur Basis vorzudringen, blieben sie lieber auf dem schwankenden Boden der Tatsachen stehen. Die Theorie hielten sie insgeheim für eine Schrulle. Die Regierung machte die Freiheit zur politischen Philosophie anstatt zur politischen Praxis." (HORKHEIMER 1938, S. 303f.)

Im August 1962, rund vierundzwanzig Jahre nach der Veröffentlichung dieser Einschätzung, hielt Pollock die folgenden Gedanken Horkheimers fest, denen er den Titel gab „Es soll nicht sein. Ein Gespräch" (Pollock pflegte ihm bedeutsam erscheinende Reflexionen Horkheimers aufzuzeichnen, um sie der Nachwelt zu erhalten; s. HGS 14, S. 172-547):

> „X: Die kommunistische Revolution war immer möglich, wenn nicht schon 1791, so doch 1848 und erst recht 1918.

Y: Das sind Phantastereien. Die Lage 1918 lässt sich bis in alle Einzel-heiten überschauen. Es ist mehr als fraglich, dass die deutschen Arbeiter 1918 oder 1933 ihren Führern gefolgt wären, wenn diese zur Revoluti-on aufgerufen hätten.
X: Das ist ein Denken, das ich für abscheulich halte. So denken [die Sozialdemokraten] E.W. [Emil J. Walter] und F.N. [Franz Neumann] Ein solches Denken ist rein positivistisch und pragmatisch. Statt wei-ter zu denken, wird auf die Realität gepocht, die doch selbst in jedem Augenblick unzählige Möglichkeiten enthält [...] Denken ist Phantasie, und Phantasie ist Liebe. Dazu sind die meisten Menschen nicht fähig. Die drohen wie der Papa mit dem Rohrstöckchen, der sagt: Phantasie ist nicht mehr erlaubt [...] Die Antwort ‚Ja – aber' ist immer möglich und gänzlich unfruchtbar." (HGS 14, S. 545f.)

Diese voluntaristische, phantasielosen Realismus verachtende Tendenz der materialistischen Geschichtstheorie Horkheimers kam prägnant bereits in seinem belletristischen Jugendwerk zum Ausdruck. Sie hin-terließ auch noch in seinen philosophie- und wissenschaftskritischen Überlegungen Spuren (s. nachfolgend die Ausführungen zu Punkt d). Vor allem aber prägte sie Horkheimers Konzeption der Aufgaben, die er revolutionären Intellektuellen im Kampf um den notwendigen „Umschlag" der bestehenden Verhältnisse in ihr – hoffentlich – besse-res Gegenteil zuwies (Punkt e).

(d) Materialistische Philosophie- und Wissenschaftskritik

Eines der mächtigsten Denkschemen des Common Sense relativiert ei-ne Aussage, indem es einwendet: „Diese Behauptung sagt mehr über ihren Autor (ihre Autorin) aus als über ihren Gegenstand". Auf wissen-schaftliche Aussagen angewandt, führt die Denkfigur zu sog. *externalis-tischen* oder auch im weiteren Sinne zu *kontextualistischen* Auffassun-gen der Wissenschaftsentwicklung. Danach sind Formen und Inhalte der Erkenntnisse einer Wissenschaft mindestens teilweise, im Extrem-fall gänzlich von ihrem Entstehungs- und Verwendungszusammen-hang (ihrem externen Kontext) geprägt. Ohne diesen verstanden zu haben, kann man die ihm verhaftete wissenschaftliche Aussage nicht verstehen – ein rein ideengeschichtliches, „internalistisches" Wissen-schaftsverständnis genügt nicht.
Horkheimers materialistische Erkenntnis- und Wissenschaftstheo-rie lehnte es zwar ab, wissenschaftliche Wahrheiten pragmatistisch an-hand reiner Nützlichkeitskriterien zu beurteilen. Die „unbedingte Achtung vor der Wahrheit" war für ihn eine notwendige, andererseits

allerdings auch keine „hinreichende Bedingung wirklicher Wissenschaft":

> „Der Materialismus [...] weiß, dass aus der gesellschaftlichen und persönlichen Lage stammende Interessen, gleichviel ob sie der Urheber der Wissenschaft jeweils kennt oder nicht, die Forschung mitbestimmen. Nicht bloß bei der Wahl der Objekte, sondern auch in der Richtung der Aufmerksamkeit und Abstraktion wirken im kleinen und großen historische Faktoren." (HORKHEIMER 1933b, S. 148)

Kritische Theorie setzte die große Tradition der ideologiekritischen Entzauberung „metaphysischer Idole" fort, die Marx theoretisch vertieft und aktualisiert, wenn auch nicht eigentlich begründet hatte. Im Materialismus bildete „das Aufdecken der metaphysischen Idole [...] seit jeher ein Hauptstück seiner Lehre" – nicht um das Elend in der Welt gleichmütiger ertragen zu lernen, sondern einerseits aus Interesse an selbsttäuschungsfreier Erkenntnis, andererseits aus materialistisch richtig verstandener Menschenliebe:

> „Durch das Aufdecken der metaphysischen Idole, das seit jeher ein Hauptstück seiner Lehre bildete, lenkte der Materialismus [...] die Liebesfähigkeit des Menschen von den Produkten seiner Phantasie, von den bloßen Symbolen und Spiegelbildern auf die wirklichen, lebendigen Wesen hin. Nicht nur aus der Solidarität mit ihnen, sondern auch aus der Klarheit des Bewusstseins mag bei manchen Charakteren auch eine größere Gefasstheit hervorgehen. Schon dass die Gemeinsamkeit des Leidens festgestellt und die quälenden Verhältnisse bezeichnet werden, welche durch den ideologischen Apparat im allgemeinen vor dem Licht des Bewusstseins verborgen wirken, kann befreiend sein." (HORKHEIMER 1934b, S. 216f.)

Horkheimers Kritische Theorie nahm im sog. „Rationalismusstreit in der gegenwärtigen Philosophie" für keine der zwei einander befehdenden Strömungen des „Irrationalismus" und des „Rationalismus" Partei. Ihr schienen nicht nur die irrationalistische, etwa die im weiteren Sinne lebensphilosophische Bewegung, sondern auch der Rationalismus, darunter namentlich der Neopositivismus, affirmative Philosophien zu sein, die wie auch immer ungewollt die bestehenden Verhältnisse verklärten. Der Irrationalismus leistete „den Dienst der Verklärung", indem er den Menschen vorgaukelte, ihr wahres Selbst sei immer schon im größeren Ganzen einer Volksgemeinschaft, deren Führer sie folgen sollten, aufgehoben. Der Rationalismus erfüllte Horkheimer zufolge vergleichbare Funktionen, indem er seinen Anhängern den Beruhigungstrank eines naiv undialektischen Fortschrittsglaubens verabreichte (HORKHEIMER 1934b, S. 216).

Horkheimer verschärfte im Verlaufe der 1930er Jahre seine Kritik an der avanciertesten Variante des Rationalismus, dem Neopositivismus, den damals an erster Stelle Wissenschaftstheoretiker des sog. Wiener Kreises (M. Schlick, R. Carnap, H. Feigl, P. Frank, O. Neurath u.a.) vertraten. Diese Entwicklung ist darum nicht selbstverständlich, weil Horkheimer zu Beginn seiner Karriere als Hochschullehrer zuweilen geradezu „positivistisch" antimetaphysisch argumentierte. In seiner 1930 erschienenen, scharfen Kritik der seiner Ansicht nach eigentlich harmlosen, weil affirmativ bürgerlichen Wissenssoziologie von K. Mannheim schrieb er beispielsweise: „Marx wollte die Philosophie in positive Wissenschaft und Praxis verwandeln, die Wissenssoziologie [Mannheims] verfolgt eine *philosophische* Endabsicht." (HORKHEIMER 1930b, S. 276) Die Begriffe „positive Wissenschaft und Praxis" waren hier positiv, das Adjektiv „philosophisch" eher negativ konnotiert. In einem wahrscheinlich etwa ein oder zwei Jahre später aufgenommenen Protokoll einer Diskussion mit Adorno kritisierte Horkheimer diesen mit dem Argument, er, Adorno, verweise wiederholt *nur* „auf das X, das Sie Dialektik nennen, während ich immerhin auf den Fortgang der wissenschaftlichen Untersuchungen verweise, was doch wenigstens nicht ganz so unbestimmt ist." (HGS 12, S. 541) Horkheimer gestand ferner Mitte der 1930er Jahre Erkenntnisfortschritten der exakten Formal- und Realwissenschaften zu, kompetent nicht anhand *externer* Einschätzungen ihrer sozialen Funktionen und Folgen, sondern allein anhand *interner,* von diesen Wissenschaften selbst definierten Kriterien für erklärungskräftige Theorien und präzise Messungen beurteilt werden zu können (HORKHEIMER 1933a, S. 95; 1936b, S. 5). Und noch in seiner 1937 publizierten, schockierend heftigen Polemik gegen den „neusten Angriff auf die Metaphysik" durch den Wiener Kreis bescheinigte Horkheimer einzelnen seiner Mitglieder außer dem Scharfsinn ihrer fachlichen Leistungen auch eine „aufrechte Gesinnung" (HORKHEIMER 1937a, S. 159; zu Horkheimers fragwürdiger Neopositivismuskritik vgl. v.a. DAHMS 1994).

Ende der 1930er Jahre war dem Kämpfer Horkheimer alias Jochai offenbar der Gedanke, *seine* Vision einer besseren Gesellschaft könnte sich gemäß dem Wertfreiheitspostulat der Neopositivisten „in nichts von anderen Wünschen unterscheiden" (HORKHEIMER 1937a, S. 139), schlechterdings unerträglich. Er entwarf so von möglichen Forschungsresultaten neopositivistischer Gesellschaftswissenschaften ein düsteres, ganz und gar schwarz in schwarz gezeichnetes Bild. Angenommen,

Wissenschaftler dieser Gesinnung versuchten mit ihrem „äußerst fei-
nen logistischen Zeichenapparat" und mit ihren „scharfen Prognosen"
der Kaufneigungen von Konsumenten, der politischen Präferenzen der
Bevölkerung usw. die Lebensverhältnisse eines Landes möglichst präzise zu beschreiben und zu erklären:

> „[…] das Bild von Welt und Menschen, das so zustande käme, [könnte]
> von der in diesem Zeitpunkt erreichbaren Wahrheit sehr weit entfernt
> sein. In den jede innere Freiheit vernichtenden ökonomischen Mecha-
> nismus eingespannt, durch abgefeimte Methoden der Erziehung und
> Propaganda in der Entwicklung ihrer Intelligenz gehemmt, durch Angst
> und Schrecken um ihr Selbstbewusstsein gebracht, könnten die Men-
> schen jenes Landes verkehrte Eindrücke haben, ihnen selbst widerspre-
> chende Handlungen begehen, in jeder Empfindung, jedem Ausdruck
> und jedem Urteil bloß Täuschungen und Lügen produzieren […] Jenes
> Land gliche einem Tollhaus und einem Gefängnis zugleich, und seine
> glatt funktionierende Wissenschaft merkte es nicht […] wo [aber] sollte
> man […] sonst erfahren, was Wissenschaft ist, wenn nicht bei ihr selbst,
> bei den Gelehrten, die sie betreiben, und diese stimmen darin überein,
> dass alles in Ordnung ist." (HORKHEIMER 1937a, S. 135f.)

Anders als es das Wertfreiheitspostulat der neopositivistischen Rationa-
listen forderte, hing für Horkheimer das „richtige Denken […] eben-
sosehr vom richtigen Wollen ab wie das Wollen vom Denken" (HORK-
HEIMER 1937a, S. 138). Während exakt und objektiv Forschende die
Devise befolgten, „„Man muss die neue Erscheinung abwarten, um
dann für sie wieder neue Gesetzmäßigkeiten zu finden'", entwickelten
die für den gesellschaftlichen Umschwung Kämpfenden ein anderes
Verhältnis zur Theorie:

> „ […] sie haben sich nicht in ununterbrochener Reihenfolge von Ge-
> lehrten in Praktiker und von Praktikern wieder in Gelehrte zurückver-
> wandelt. Ihr Kampf gegen das Bestehende [… ist] die wirkliche Einheit
> des Gegensatzes von Theorie und Praxis. Weil sie eine bessere Wirklich-
> keit im Sinn hatten, haben sie die gegebene zu durchschauen vermocht."
> (HORKHEIMER 1937a, S. 137)

Die Wahrheit Kritischer Theorie wird nie „in scheinbar neutraler Reflexion", sondern immer nur „handelnd und denkend, eben in konkreter geschichtlicher Aktivität, entschieden" (HORKHEIMER 1937b,
S. 196):

> „Eine Wissenschaft, die in eingebildeter Selbständigkeit die Gestaltung
> der Praxis, der sie dient und zugehört, bloß als ihr Jenseits betrachtet

und sich bei der Trennung von Denken und Handeln bescheidet, hat
auf die Humanität schon verzichtet." „Die Theorie als Moment einer
auf neue gesellschaftliche Formen hintreibenden Praxis ist […] kein Rad
in einem Mechanismus, der sich im Gang befindet. Wenn auch Siege
und Niederlagen eine vage Analogie zur Bewährung und zum Versagen
von Hypothesen in der Wissenschaft bilden, so hat der oppositionelle
Theoretiker nicht die Beruhigung, dass dies zu seinem Fach gehört. Er
kann sich nicht das Loblied singen, das Poincaré auf die Bereicherung
durch Hypothesen gesungen hat, die man verwerfen musste. Sein Beruf
ist der Kampf […]" (HORKHEIMER 1937b, S. 216, 190)

(e) Theorie und Praxis des Kampfes um eine vernünftige Gesellschaft

Dem Institut für Sozialforschung gesinnungsmäßig relativ nahe stehende Linksintellektuelle wie G. Lukács, K. Korsch, E. Bloch, ja selbst
der christliche Theologe P. Tillich verstrickten sich in den politisch auf-
gewühlten 1920er und 1930er Jahren in heikle parteipolitische Debatten, die ihre Lebensweise teilweise einschneidend beeinflussten (vgl.
dazu u.a. KOLAKOWSKI 1979, SCHÜRGERS 1989). Solche Missliebigkei-
ten wollte Horkheimer den kritischen Theoretikern seines Instituts unbedingt ersparen. Andererseits konnte sich die Kritische Theorie, die ja
unmissverständlich die Abschaffung des ihr verhassten Monopolkapitalismus befürwortete, um eine Beantwortung mindestens der folgenden Fragen nicht einfach herumdrücken: Repräsentiert das sowjetrus-
sische Regime die im Prinzip bessere Alternative zum Monopolkapitalismus? Wie verteidigungswürdig ist die Staatsform der bürgerlich „formalen", noch nicht eigentlich sozialen Demokratie im Monopolkapitalismus? Wie sollten revolutionäre Linksintellektuelle ihre Beziehungen zum Proletariat und dessen Avantgarden, insbesondere zu kommunistischen Parteien gestalten?

Öffentlich beantwortete Horkheimer diese Fragen am klarsten in
seinem 1931 fertig gestellten, 1934 in der Schweiz erschienenen Buch
„Dämmerung. Notizen in Deutschland". Er erklärte hier Kritik an den
Irrtümern und Mängeln revolutionärer Kämpfer für keine leicht zu
nehmende Sache. Denn eine proletarische Partei lasse sich „nicht zum
Gegenstand kontemplativer Kritik machen." „Bürgerliche Kritik am
proletarischen Kampf ist eine logische Unmöglichkeit." (HORKHEIMER
1934a, S. 347) In einer 1930 verfertigten Notiz fand er die Lebensverhältnisse in der Sowjetunion „höchst problematisch"; er beanspruche
indessen nicht zu wissen, wohin das Land steuere. Zweifellos gebe es
dort viel Elend:

„Aber wer unter den Gebildeten vom Hauch der Anstrengung dort nichts verspürt und sich leichtsinnig überhebt, wer sich in diesem Punkt der Notwendigkeit zu denken entzieht, ist ein armseliger Kamerad, dessen Gesellschaft keinen Gewinn bringt. Wer Augen für die sinnlose, keineswegs durch technische Ohnmacht zu erklärende Ungerechtigkeit der imperialistischen Welt besitzt, wird die Ereignisse in Russland als den fortgesetzten schmerzlichen Versuch betrachten, diese furchtbare gesellschaftliche Ungerechtigkeit zu überwinden, oder er wird wenigstens klopfenden Herzens fragen, ob dieser Versuch noch andauere. Wenn der Schein dagegen spräche, klammerte er sich an die Hoffnung wie ein Krebskranker an die fragwürdige Nachricht, dass das Mittel gegen seine Krankheit wahrscheinlich gefunden sei." (HORKHEIMER 1934a, S. 389)

Obwohl Horkheimers großbürgerlicher Habitus und ausgeprägter Individualismus ihn zu einem unwahrscheinlichen „Kameraden" disziplinierter Parteiaktivisten machte, war er Anfang der 1930er Jahre zeitweise bereit, Aufsteigern aus der Arbeiterklasse, für welche „die Eigentumsinstinkte nicht ausschlaggebend sind", eine führende Rolle in den bevorstehenden Kämpfen zuzugestehen (HORKHEIMER 1933b, S. 144). Er hielt es nun sogar für möglich, „dass der revolutionäre Glaube in Augenblicken wie den gegenwärtigen sich schwer mit großer Hellsichtigkeit für Realitäten verträgt":

„[…] ja, es könnte sein, dass die für eine Führung der proletarischen Partei unerlässlichen Eigenschaften sich jetzt gerade bei Menschen finden, die ihrem Charakter nach gerade nicht die feinsten sind. Stammt das ‚höhere Niveau' der bürgerlichen Kritiker, ihr feineres moralisches Gefühl nicht zum Teil aus ihrer Fernhaltung vom wirklichen politischen Kampf? Wäre aber diese Fernhaltung als allgemeine Maxime nicht das Todesurteil der Freiheit? Haben die Menschen mit ‚höherem Niveau' Grund, jene zu verdammen, die wirklich im Kampfe stehen?" (HORKHEIMER 1934a, S. 348f.)

Hier kommt die *eine* Seite der Figur Jochais, die Horkheimer in seinen frühen belletristischen Schriften gestaltet hat, zur Sprache: Jochai der Kämpfer, der mit den gesellschaftlich Benachteiligten mitfühlt, mitleidet und sich mit ihnen bis zur Selbstverleugnung identifiziert. Die *andere* Seite Jochais, die ihm übertragene Mission, „geistig zu siegen" (s. oben, Abschnitt 5), setzte dieser moralisch achtbaren Bereitschaft zur Selbstverleugnung aber auch Grenzen. In den fortschrittlichen Gruppen, die den historisch richtigen Augenblick zur erfolgreichen Durchsetzung umwälzender Aktionen zu ergreifen wissen, schien Horkheimer „die Erkenntnis selbst zur Macht geworden" zu sein (HORKHEI-

MER 1936b, S. 21). Kritische Theorie gab es, damit solche Erkenntnisse möglich wurden. Horkheimer traute materialistischer Erkenntnis sogar zu, dass „manche seelische Fessel, unter der die Menschen heute leiden, aufspringt, wenn das treffende Wort ertönt" (HORKHEIMER 1934b, S. 218). Seine Intellektuellenexistenz durfte demnach gerade im Interesse der Revolution, aus politisch wie moralisch ehrwürdigen Gründen also, nicht verleugnet werden. Horkheimer besiegelte seinen Verzicht auf Erbringung eines sacrificium intellectus zugunsten revolutionärer Parteipolitik 1937 mit dem Argument: „[...] auch die Situation des Proletariats bildet in dieser Gesellschaft keine Garantie der richtigen Erkenntnis." (HORKHEIMER 1937b, S. 187).

Eine ungefähr 1935 verfasste, erst posthum veröffentlichte Notiz Horkheimers zum Thema „Bürgerliche Welt" enthält die weitaus beste Selbstbeschreibung seines politischen Engagements nicht nur während der 1930er Jahre, sondern überhaupt (HGS 12, S. 227-232). Horkheimer relativierte in diesem Notat den proletarisch peiorativen Begriff des Bürgerlichen, indem er offenkundig stark autobiographisch motiviert auf den Typ des „aufgeklärten", „späten" oder auch „letzten" Bürgers – einen individualistischen „Outsider" seiner Klasse – verwies (HGS 12, S. 230f.). Diese „letzten Bürger" treibt ihre „Trauer über die herrschende Ungerechtigkeit, Ekel und Hass gegen die Stützen dieser im Blut und Grauen entarteten Wirtschaftsform, Mitleid mit dem allenthalben erstickenden Leben [...] an die Seite des kämpfenden Proletariats, ohne dass sie selbst darum zu Proletariern würden." (HGS 12, S. 228) Der späte Bürger glaubt bestimmt, dass seine „Ideale nur durch die proletarische Revolution und in einer sozialistischen Ordnung oder niemals verwirklicht werden. Wenn [...] irgend etwas in der Geschichte offenbar bewiesen ist, dann diese Einsicht." (HGS 12, S. 230) Sein revolutionäres Bewusstsein verführt den letzten Bürger aber nicht dazu, seine Herkunft zu verleugnen – er betrachtet diese ganz im Gegenteil als einen der proletarischen Bewegung zugute kommenden Vorteil:

„Es macht einen Unterschied im Hass gegen diese kapitalistische Welt aus, ob man ihre Früchte vom Genuss oder nur vom Zusehen kennt. Zorn, Hohn und laute Verachtung gegen die Freuden einer raffinierten Zivilisation sind etwas anderes, als die Trauer dessen, der sie genossen hat und die andern davon ausgeschlossen sieht. Diese letzten Bürger sind genussfähig, ihr Materialismus ist ganz ehrlich, sie schmähen das gute Leben nicht. Sie verstehen etwas vom Feuer guten Weins und vom Reiz einer gepflegten Frau, sie lieben die italienische Landschaft und die Küsten Frankreichs und haben die Sicherheit und den Überblick, den nur eine lange Zugehörigkeit zur Klasse verleiht, auch wenn sie heute

schon arm geworden sind [...] diese späten Bürger sind gerade darum
revolutionär, weil sie wissen, was Glück heißt [...]" „In der Art wie diese
Bürger lieben [...], wie sie überhaupt erkennen, wirkt, auch wenn sie
mit den Mitteln einer unbeirrbaren marxistischen Dialektik denken, eine glückliche und behütete Jugend nach." (HGS 12, S. 231)

Fürwahr ein Selbstportrait Horkheimers, das ähnlich wie seine autobiographischen Jugendschriften geradezu entwaffnend freimütig wirkt!
Indem es die relativ wenigen, auch durchaus machtlosen Angehörigen
seiner Herkunftsschicht letzter Bürger als *„versprengt"* schilderte (HGS
12, S. 232), lieferte es außerdem bereits das Stichwort zur Rechtfertigung seiner kommenden Aktivitäten, sowohl derer im kalifornischen
Exil wie auch, nach 1950, in Deutschland. Seit den 1940er Jahren
stellte Horkheimer den inneren Kreis von Institutsmitgliedern als eine
Vereinigung Einzelner dar, „deren jeder seinen eigenen theoretischen
Gedanken nachgeht" (Horkheimer an Pollock, 13.10.1941; HGS 17,
S. 195). Genau auf diese unbeirrte Wahrheitssuche *versprengter Einzel-*
ner kam es aber in der Zeit der Verwirrung und der zunehmenden Aussichtslosigkeit umwälzender Praxis, die 1939/40 anbrach, an:

> „Die Verwirrung ist so allgemein geworden, dass der Wahrheit um so
> größere praktische Würde zukommt, je weniger sie auf die vermeint-
> liche Praxis hinschielt. Es bedarf der theoretischen Einsicht und ihrer
> Übermittlung an solche, die schließlich einmal vorangehen können."
> (HORKHEIMER 1939, S. 330f.).

Drittes Kapitel

Faschismusanalysen und Demokratieerfahrung in Amerika, 1934–1950

Das Institut für Sozialforschung verlegte seinen Hauptsitz etwa anderthalb Jahre, nachdem ihn die Nationalsozialisten im März 1933 geschlossen hatten, nach New York City in ein Haus, das ihm der Präsident der Columbia-Universität zur Verfügung stellte (s. dazu oben Abschnitt 2). Der neue Standort bewirkte wohl, dass die Institutsmitglieder ihre Beobachtung europäischer Entwicklungen von einer veränderten Position aus, nicht aber, dass sie diese Analysen weniger intensiv betrieben. Die Lebensbedingungen in den USA – deren Natur und Kultur, ökonomische, soziale und politische Besonderheiten, Bevölkerungsmentalität usw. – überraschten sie in mancher Hinsicht positiv, und boten reichlich Stoff für vertiefte Amerika-Studien. Das wichtigste Beobachtungsobjekt des Instituts blieb aber das in den 1930er Jahren immer autoritärer, unter dem Joch faschistischer Regime und der stalinistischen Sowjetunion totalitär regierte Europa.

Friedrich Pollock versuchte den scheinbar unaufhaltsamen Siegeszug des europäischen Faschismus mit dem Idealtyp des „totalitären Staatskapitalismus" zu erklären (Abschnitt 8), Franz Neumann mit dem Konzept des „totalitären Monopolkapitalismus" (Abschnitt 9). Neumanns 1942 veröffentlichtes Buch „Behemoth" über Struktur und Praxis des Nationalsozialismus kam bei seinen amerikanischen Rezensenten sehr gut an. Es bildete die wichtigste Grundlage der Deutschlandanalysen, die unter Neumanns Leitung ab 1943 Herbert Marcuse, Otto Kirchheimer und andere Mitarbeiter einer Forschungsabteilung der amerikanischen Nachrichtendienste erstellten (Abschnitt 10). Zur gleichen Zeit arbeiteten Max Horkheimer und Theodor W. Adorno in Kalifornien an ihrer Kritischen Theorie des Zivilisationsprozesses, die sie Pollock zu dessen fünfzigstem Geburtstag überreichten. Diese 1947 unter dem Titel „Dialektik der Aufklärung" veröffentlichte Schrift verzichtete zwar strikt auf das Erwägen politischer Handlungsoptionen. Ihre Ausführungen über Ursprünge und Gegenwart des Antisemitis-

mus in der verwalteten Welt beanspruchten jedoch, die Autoritaris-
mus- und Vorurteilsforschung des Instituts, die 1950 mit der Publikation der Monographie „The Authoritarian Personality" ihren Höhepunkt erreichte, theoretisch fundieren zu können (Abschnitte 10 und
11). Horkheimer und Adorno organisierten und betrieben kritisch aufklärende Sozialforschung durchaus engagiert. Die weit verbreitete Annahme, dass die Verfasser der bodenlos pessimistischen „Dialektik der
Aufklärung" nur noch reinste Theoriearbeit für sinnvoll hielten, trifft
nicht zu. Anwendungsorientierte Sozialforschung konnte, wie die viel
beachtete Studie über „Die autoritäre Persönlichkeit" zeigte, einen bescheidenen, gleichwohl wertvollen Beitrag zur Verwirklichung eben
der Ideale leisten, um deretwillen das Institut gegründet worden war
(Abschnitt 11). Und wenn dies in der trotz Wirtschaftskrise und Weltkrieg stabilen Demokratie der Vereinigten Staaten möglich war – warum dann künftig nicht auch in einem demokratisch reformierten
Nachkriegsdeutschland?

8. Das Staatskapitalismus-Konzept
von Friedrich Pollock

Das erste Heft der ab 1932 erscheinenden „Zeitschrift für Sozialforschung" wurde mit Max Horkheimers „Vorwort" und seinen „Bemerkungen über Wissenschaft und Krise" eröffnet. An zweiter Stelle folgte
Friedrich Pollocks Aufsatz über „Die gegenwärtige Lage des Kapitalismus und die Aussichten einer planwirtschaftlichen Neuordnung".
Horkheimer hob so symbolisch nicht nur die Sonderstellung Pollocks
im Institut, sondern auch die spezielle Bedeutung hervor, die dem Thema „Planwirtschaft" institutsintern zukommen sollte (s. Abschnitt 6).
   Pollock schaffte es aus verschiedenen Gründen allerdings nur, in der
Zeitschrift außer dem erwähnten Beitrag drei weitere Aufsätze über
Tendenzen und Potenziale planwirtschaftlicher Entwicklungen in fort-
geschrittenen Industriegesellschaften zu platzieren: im zweitem Band
(1933) „Bemerkungen zur Wirtschaftskrise" und im letzten, neunten
Jahrgang (1941/42) die Aufsätze „State Capitalism: Its Possibilities and
Limitations" sowie „Is National Socialism a New Social Order?" Als
Autoren eigenständiger Arbeiten über Probleme planwirtschaftlicher
Theorie und Praxis profilierten sich in der Zeitschrift außerdem Kurt
Mandelbaum und Gerhard Meyer, zwei primär Pollock zugeordnete
Forschungsmitarbeiter des Instituts (ZfS II (1933), S. 79ff., 157ff.; III
(1934), S. 230ff.; IV (1935), S. 81ff., 398ff.).

Zu Beginn der 1930er Jahre beschäftigte Pollock wie viele andere, von der Weltwirtschaftskrise betroffene Zeitgenossen vor allem die Frage, ob diese Krise den marxistisch seit langem vorausgesagten Untergang des Kapitalismus einleite, oder ob korrigierende Eingriffe dies noch einmal verhindern könnten. Pollock ging ähnlich wie Horkheimer davon aus, dass aufgrund produktions- und verwaltungstechnischer Errungenschaften des Kapitalismus die ökonomischen Voraussetzungen zur planwirtschaftlichen Neugestaltung von Wirtschaft und Gesellschaft an sich gegeben seien. Die Weltwirtschaftskrise hatte den Konflikt zwischen Produktivkräften und Produktionsverhältnissen kapitalistischer Gesellschaften dramatisch zugespitzt. Dennoch rechnete Pollock im Gegensatz zu Carl Grünberg, Henryk Grossmann, Karl A. Wittfogel und vielen anderen Marxisten nicht damit, dass das kapitalistische System kollabieren werde. Inzwischen stünden ihm nämlich mächtige Werkzeuge zur rationellen, potenziell sogar vernünftigen Regelung des Wirtschaftsgeschehens zur Verfügung:

„Die Durchführung eines Wirtschaftsplanes für ein großes Wirtschaftsgebiet erfordert gewaltige technische Mittel […] Diese Mittel stehen im modernen Kapitalismus bereit. Die Verbesserung des Nachrichtenverkehrs, die Entwicklung der statistischen Methoden und der technischen Mittel zu ihrer Anwendung, die […] Maschinisierung der Buchhaltung erlauben es, von einer zentralen Stelle aus wirtschaftliche Vorgänge größten Umfangs ohne Zeitverlust […] übersichtlich zusammenzufassen. – Die Technik der Produktion und Distribution hat heute schon auf weiten Gebieten den Charakter des Individuellen verloren und wird mit dem Vordringen der wissenschaftlichen Betriebsführung uniformiert und in Lehrsätze gefasst, die mit Hilfe einer jedem Durchschnittsmenschen zugänglichen Ausbildung überall angewendet werden können. Einzelne Unternehmerfunktionen werden durch fortschreitende Spezialisierung erlernbar, andere von besonderen Einrichtungen übernommen. Der technische Fortschritt […] wird planmäßig in den Laboratorien der großen Unternehmungen vorbereitet." (POLLOCK 1932, S. 32)

In den USA verwies die Intellektuellenbewegung der sog. „Technokraten" Pollock zufolge ganz richtig auf den eklatanten Widerspruch, der zwischen der Chance zur „Durchrationalisierung des gesamten Wirtschaftsprozesses", mithin zu einer „Steigerung aller gesellschaftlichen Energien […], die noch vor wenigen Jahrzehnten als Utopie hätte gelten müssen", und der von den Produktionsverhältnissen erzwungenen „Vernichtung oder Unterdrückung von Produktivkräften" bestand (POLLOCK 1933, S. 57f.). Der kapitalistische Grundwiderspruch zwischen Produktivkräften und Produktionsverhältnissen konnte im Prinzip „durch gewaltsame Verkleinerung der Produktivkräfte" mit der „Prokrustesmethode", und / oder „durch eine Erweiterung der Grenzen, in die sie [die Produktivkräfte] gebannt sind", reduziert werden (POLLOCK 1933, S. 56). *Moderne,* kapitalistisch hoch entwickelte Gesellschaften regulierten ihre Wirtschaft und Gesellschaft nicht mehr nur „partiell", sondern in wachsendem Maße „total" (POLLOCK 1932, S. 29). Sie erklommen mit anderen Worten „eine neue Stufe ‚staatskapitalistischer' Eingriffe" in ihre Wirtschafts- und Sozialpolitik (POLLOCK 1933, S. 65). Die New Deal-Politik von Präsident Franklin D. Roosevelt zum Beispiel verlieh dem kapitalistischen System der USA, das unter der Weltwirtschaftskrise kaum weniger stark als Deutschland litt, eine Überlebensfähigkeit, die voreilige Zusammenbruchsdiagnosen dementierte:

> „Wie auf anderen Gebieten, so hat auch hier der Kapitalismus eine ungeahnte Widerstandskraft und Anpassungsfähigkeit bewiesen" (POLLOCK 1933, S. 63, 65; s. auch 1932, S. 28f.).

Pollocks Amerikaerfahrungen widerlegten demnach nicht, sondern bestätigten seine Kritik an Zusammenbruchsprognosen orthodoxer Marxisten. Bertold Brecht, der im kalifornischen Exil Horkheimer, Pollock und Adorno mehrfach begegnete, würdigte diesen für Marxisten ketzerischen Gedanken mit einem Eintrag in sein „Arbeitsjournal":

> „dr. pollock, der ökonom des instituts für sozialforschung (ehemals frankfurt, nunmehr hollywood), ist der überzeugung, der kapitalismus könne sich durchaus krisenfrei machen, einfach durch öffentliche arbeiten." (Eintrag vom 13.8.1942; BRECHT 1973, Bd 2, S. 510).

Brecht war in den 1930er Jahren mit Walter Benjamin befreundet, und dementsprechend gut über Horkheimers Institut informiert (WIZISLA 2004). Es lag für ihn als Marxisten nahe, Pollocks These auf die für „Tuis" (Intellektuelle) typische Lebensform zurückzuführen, die ihre großzügigen Sponsoren den beiden Institutsleitern ermöglichten:

> „[...] auf einer gartenparty den doppelclown horkheimer und pollock getroffen, die zwei tuis vom frankfurter soziologischen institut [...] mit ihrem geld halten sie etwa ein dutzend intellektuelle über wasser [...] so können sie behaupten, dass ‚das geld des instituts zu retten, ihre hauptsächlichste revolutionäre pflicht durch all die jahre war.'" (Eintrag vom August 1941, BRECHT 1973, Bd 1, S. 295) „mit eisler bei horkheimer zum lunch. danach schlägt eisler für den TUIROMAN als handlung

vor: die geschichte des frankfurter soziologischen instituts. ein reicher alter mann (der weizenspekulant weil) stirbt, beunruhigt über das elend auf der welt. er stiftet in seinem testament eine große summe für die errichtung eines instituts, das die quelle des elends erforschen soll. das ist natürlich er selber. die tätigkeit des instituts fällt in eine zeit, wo auch der kaiser eine quelle der übel genannt haben will, da die empörung des volkes steigt. das institut nimmt am konzil teil." (Eintrag vom 12.5.1942; Bd 2, S. 443)

Obwohl Pollock diese und andere, vergleichbare Einwände militanter Marxisten sicherlich bekannt waren, hielt er an seiner Überzeugung fest, dass das Konzept des Staatskapitalismus die jüngste Phase kapitalistischer Selbstregulation am besten erkläre. Wladimir I. Lenin und Nikolaj Bucharin hatten mit dem Staatskapitalismus-Konzept, wie Pollock in seiner Habilitationsschrift aufzeigte, versucht, die Anfang 1921 eingeleitete „Neue Ökonomische Politik" der Sowjetunion theoretisch zu rechtfertigen (POLLOCK 1929, S. 116ff.). Bucharin nannte „staatskapitalistisch" in Anlehnung an Friedrich Engels die „zur höchsten Entfaltung gebrachte Alleinherrschaft der Bourgeoisie", welche die Produktion gänzlich „in den Händen des bürgerlichen Staates" konzentriere, so dass „das Bürgertum in der Person seines Staates" zum „Eigentümer und obersten Verwalter aller Produktionsmittel" werde (POLLOCK 1929, Anm. 9, S. 119).

Begriff und Theorie des Staatskapitalismus schienen Pollock besser als Konzepte wie „gelenkte Wirtschaft", „Neo-Merkantilismus", „totalitäre Staatswirtschaft", „staatlich organisierter Monopolkapitalismus" oder „bürokratischer Kollektivismus" vier wesentliche Entwicklungstendenzen der 1930er Jahre anzuzeigen: *erstens* die Tatsache, dass das sich durchsetzende neue Gesellschaftsmodell „der Nachfolger des Privatkapitalismus" sei; *zweitens,* dass „der Staat wichtige Funktionen des Privatkapitalisten" übernehme; *drittens,* dass die „bedeutende Rolle" anerkannt werde, die „kapitalistische Institutionen wie der Verkauf von Arbeitskraft oder Profite" nach wie vor spielten; sowie schließlich *viertens,* dass das neue Ordnungsmodell offen als *nicht*sozialistisch – eben als „staats*kapitalistisch"*, nicht als „staats*sozialistisch"* (wie Walther Rathenau den Wirtschaftsstil der Zukunft genannt hatte) bezeichnet werde (POLLOCK 1941/42b, S. 112).

Pollock zufolge schlug „die Stunde des Staatskapitalismus", als die freie Marktwirtschaft an die Grenzen ihrer Leistungsfähigkeit stieß. Innovative Privatunternehmen und der Freihandel hatten den gewaltigen wirtschaftlichen Aufschwung des 19. Jahrhunderts ermöglicht – um nun, im Zeitalter des Staatskapitalismus, allmählich „durch die Kinder des Liberalismus [...], die Privatmonopole und die Eingriffe der Regierung", „vernichtet" zu werden (POLLOCK 1941/42a, S. 74). Staatskapitalistische Tendenzen setzten sich besonders in totalitären Systemen, tendenziell aber auch in Demokratien durch. Es gab Pollock zufolge zunehmend „keine 'Wirtschaftsgesetze' alten oder neuen Typs" mehr, die „das Funktionieren des Staatskapitalismus" hätten verhindern können:

> „Wir können sogar sagen, dass unter dem Staatskapitalismus National-
> ökonomie als Sozialwissenschaft ihren Gegenstand verloren hat. Wirt-
> schaftsprobleme im alten Sinn existieren nicht mehr, wenn die Gleich-
> schaltung aller wirtschaftlichen Tätigkeiten nicht mehr durch die na-
> türlichen Marktgesetze, sondern durch bewusste Planung erreicht wird.
> Wo der Volkswirt sich früher über das Rätsel des Tauschprozesses den
> Kopf zerbrach, findet er unter dem Staatskapitalismus nur mehr Verwal-
> tungsprobleme." (POLLOCK 1941/42a, S. 91)

Da staatskapitalistische „Verwaltungsprobleme" nicht mehr Gesetzen der Marktwirtschaft gehorchten, konnten und mussten sie neu im Medium einer „alles umfassenden technischen Rationalität" gemäß „Prinzipien wissenschaftlichen Managements" abgearbeitet werden (POLLOCK 1941/42b, S. 115). Auch faschistische Regime, darunter namentlich der Nationalsozialismus, handelten im Rahmen politisch noch so unvernünftiger, „irrationaler" Zielsetzungen technisch rational. Nicht zuletzt darum hatte sich in den 1930er Jahren das nationalsozialistische Deutschland als überraschend krisenresistent erwiesen. Hitler war es gelungen, mit seiner Vollbeschäftigungs- und Hochrüstungspolitik, die von radikalen Maßnahmen der Repression und der Massenmobilisierung flankiert wurde, große Segmente der Bauern und Arbeiter, des Mittelstandes und der alten Eliten in das von ihm geschaffene Herrschaftssystem einzubinden.

Um zwischen den verschiedenen Versionen des „Staatskapitalismus", die von Roosevelt's New Deal-Politik bis zu Hitlers nationalsozialistischem Herrschaftssystem reichten, hinreichend differenzieren zu können, unterschied Pollock den *„demokratischen"* vom *„totalitären" Staatskapitalismus*. Ersteren definierte er als der „Kontrolle der Demokratie" unterstellten Staatskapitalismus, letzteren als „Ausdruck einer antagonistischen Gesellschaft in ihrer schlimmsten Form" (POLLOCK 1941/42a, S. 99, 93).

Die *Methoden,* mit denen Pollock in den USA seine Staatskapitalismus-Diagnosen empirisch begründete, waren dieselben, die er bereits in seiner Habilitationsschrift verwendet hatte, und die er noch in seiner viel beachteten, in sechs Sprachen übersetzten Monographie über „Automation" benutzen sollte (POLLOCK 1929, 1956, 1964): Pollock sammelte *Materialien* – Statistiken, Recherchen von Wirtschaftsjournalisten, Vorträge von Praktikern, Expertenmeinungen, sozioökonomische Studien u.ä. –, mit denen er seine Einschätzung bedeutsamer Entwicklungstendenzen von Wirtschaft und Gesellschaft belegen und präzisieren konnte. Da ihn während der 1930er Jahre Aufgaben der administrativen Institutsführung stark in Anspruch nahmen, fiel die Dokumentensammlung zum Staatskapitalismus weit weniger eindrücklich aus als diejenigen, die er in seinen Büchern über planwirtschaftliche Versuche der Sowjetunion und die von den USA angeführte Automationsbewegung der Nachkriegszeit erstellte. Institutsintern, namentlich für Horkheimer, war jedoch Pollocks Beurteilung der Chancen eines nichttotalitären, *demokratischen* Staatskapitalismus von großer Bedeutung. Es interessierten in diesem Zusammenhang vor allem Antworten auf die beiden Fragen, erstens (a), ob und wie im Zweiten Weltkrieg der demokratische den totalitären (faschistischen) Staatskapitalismus werde besiegen können; sowie wenn ja, zweitens (b), wie der demokratische Staatskapitalismus in Zukunft funktionieren könnte.

(a) Pollock differenziert Horkheimers pessimistische Zeitdiagnose

Gegen Ende der 1930er Jahre war Horkheimer zunehmend davon überzeugt, dass der Siegeszug des Faschismus unaufhaltsam, ja dass für ihn „als Weltsystem […] ökonomisch kein Ende abzusehen" sei (HORKHEIMER 1939, S. 315f.; s. Abschnitt 7). Horkheimer rechnete noch im April 1941 mit Großbritanniens Niederlage im Krieg gegen Hitler (HGS 17, S. 27). Er schloss sich nur zögerlich Pollocks Ansicht an, zu der dieser spätestens im Herbst desselben Jahres gelangte, dass Großbritannien aufgrund der „Schwerkraft des Kapitals", die es seit seinem Bündnis mit der kapitalistischen Großmacht USA begünstige, Hitler besiegen werde (vgl. HGS 17, S. 238f.).

Pollock hatte bereits in seiner Habilitationsschrift die Krisentheorie von Marx auch auf Entwicklungsprobleme der Sowjetunion angewandt. Sollte die bolschewistische Landwirtschaftspolitik der späten 1920er Jahre noch gravierender, als es sich bereits abzeichnete, versagen, so drohten Sowjetrussland seiner Ansicht nach „schwerere Gefahren […] als von irgendeiner ausländischen Intervention". Denn wie es in einer bestimmten Phase des Kriegskommunismus schon einmal mit entsprechend schlimmen Folgen geschehen war, würden dann die von der bolschewistischen Revolution geschaffenen Produktionsverhältnisse „aus ihrer ursprünglichen Rolle eines Befreiers der Produktivkräfte in der Landwirtschaft umschlagen […] in eine Fessel der wirtschaftlichen Entwicklung". Marxistisch konsequent durchdacht, müssten dann auch diese Fesseln „gesprengt" werden – nur eben nicht progressiv, sondern regressiv durch „die Rückkehr zu einer durch keinen Plan […] regulierten Marktwirtschaft" (POLLOCK 1929, S. 166).

Ähnlich unkonventionell beurteilte Pollock im ersten seiner zwei Aufsätze von 1941/42 den Kampf des demokratischen gegen den totalitären Staatskapitalismus. Er vertrat hier nicht nur die Ansicht, dass die staatskapitalistischen Demokratien des Westens, die sich inzwischen gleich wie das nationalsozialistische Deutschland „bis zu den Zähnen" bewaffnet hatten, im Krieg gegen Hitler obsiegen würden. Längerfristig könnten sie vielleicht sogar den ihrem Wesen entsprechenden Kampf um die Weltherrschaft, „bis alle totalitären Staaten zu Demokratien geworden sind", gewinnen. Da Pollock zugleich annahm, der totalitäre könne im Gegensatz zum demokratischen Staatskapitalismus einen „hohen Lebensstandard der Massen" weder aus eigener Kraft nachhaltig erzeugen noch auch dulden, mag man die eher beiläufig geäußerte Aussage, *„bis alle totalitären Staaten zu Demokratien geworden sind"*, aus der Sicht der Zeitenwende von 1989 außergewöhnlich weitblickend nennen (POLLOCK 1941/42a, S. 95).

Wie auch immer – Pollocks vergleichsweise positive Würdigung demokratischer Formen des Staatskapitalismus und seine realistische Einschätzung „aller totalitärer Staaten" erleichterte ihm und Horkheimer den Entschluss, nach Deutschland zurückzukehren, das nach 1945 vor allem die USA demokratisch zu reformieren versuchten (vgl. dazu v.a. die Abschnitte 10, 11 und 13).

(b) Zukunftsperspektiven des demokratischen Staatskapitalismus

Pollock registrierte um 1940 besonders aufmerksam Aussagen führender Wirtschaftsfachleute zur Frage, inwieweit in den USA der Staatskapitalismus „unter die Kontrolle der Demokratie gestellt" und der von ihm verursachte „Verlust der wirtschaftlichen Freiheit mit der Erhaltung der politischen Freiheit zusammengebracht" werden könne (POLLOCK 1941/42a, S. 99f.). In der amerikanischen Wirtschaftselite verbreitete sich damals die Ansicht, dass kapitalistisch wirtschaftende Demokratien nicht noch einmal so wie in der Weltwirtschaftskrise eine lange Phase der Massenarbeitslosigkeit durchstehen könnten. In der

Nachkriegszeit *musste* das Problem der Vollbeschäftigung gelöst werden – „selbst um den Preis einer radikalen Veränderung unseres Systems" (E. Bell 1941, zitiert von POLLOCK 1941/42b, Anm. 24, S. 134).
Im Januar 1942 veröffentlichte die amerikanische Presse, ohne damit
noch sonderlich Aufsehen zu erregen, das folgende Statement des Präsidenten von General Electric, C.E. Wilson:

> „The Free Enterprise System will have to provide full protection, full
> employment, full distribution of goods and services, or step aside for
> government agencies [...] There is no 'return to normalcy' ahead for the
> old world, whoever wins [...] Our people demand economic freedom
> and security. If we don't give them their birthright, some other system
> will attempt the job [...]" (POLLOCK 1941/42b, Anm. 24, S. 134)

Für Pollock deuteten solche systemimmanent kritischen Stimmen darauf hin, dass der demokratische Staatskapitalismus durchaus entwicklungsfähig sei:

> „Wenn Demokratien zeigen könnten, dass wirtschaftliche Sicherheit
> nicht mit dem Verlust von Freiheit bezahlt werden muss, sondern unter
> demokratischen Bedingungen erreicht werden kann, dann wage ich die
> Prognose, dass die neue Ordnung des Nationalsozialismus in Deutsch-
> land und sonstwo abgelöst werden wird von einer unendlich überlege-
> nen demokratischen neuen Ordnung." (POLLOCK 1941/42b, S. 117)

Mit Bezug auf den planwirtschaftlich rationellen Einsatz modernster
Automationstechnologien bediente sich Pollock in den 1950er Jahren
im wesentlichen derselben Denkfigur: Computergesteuerte Produk-
tions-, Verwaltungs- und Entscheidungstechniken hochautomatisier-
ter Betriebe hoben ihm zufolge die kapitalistische Wirtschaft im Zeitalter der sog. „zweiten industriellen Revolution" auf ein Produktivitäts-
niveau, von dem ein weiteres Mal gesagt werden konnte, dass es „noch
vor wenigen Jahrzehnten als Utopie hätte gelten müssen" (vgl. POL-
LOCK 1933, S. 57f.). Falls führende Köpfe in Wirtschaft und Politik es
wagten, dieses gewaltige technologische Potenzial planwirtschaftlich
vernünftig einzusetzen, durfte der demokratische Staatskapitalismus
auf eine bessere Zukunft hoffen:

> „[...] einer solchen Planung des gesamten Wirtschaftsprozesses würden
> Theorie und Werkzeuge der automatischen Produktionsweise in einer
> vor wenigen Jahren noch kaum vorstellbaren Weise zu Hilfe kommen."
> „Durch ein auf lange Sicht und mit Hilfe der neuen Methoden geplan-
> tes umfassendes Programm zur Eingliederung der Automation in ein

freies Gesellschaftssystem könnte die zweite industrielle Revolution zum Schrittmacher einer vernünftigen gesellschaftlichen Ordnung werden." (POLLOCK 1955, S. 155f.; dito 1964, S. 352, 354; vgl. auch schon ZfS 8 (1939/40), S. 490)

Pollock verfocht das Staatskapitalismus-Konzept in der festen Überzeugung, dass sich seine „theoretischen Überlegungen und Analysen", wie er noch im Vorwort zur zweiten Auflage seines Automationsbuches schrieb, „in allen wesentlichen Punkten als richtig erwiesen" hätten (POLLOCK 1964, S. 7). Tatsächlich erfüllte dieses Konzept in Pollocks Lebens- und Arbeitsgemeinschaft mit Horkheimer zwei wichtige Funktionen.

Erstens stimmte Pollocks Einschätzung der Krisenresistenz, der überlegenen Wirtschaftskraft und politischen Entwicklungsfähigkeit kapitalistisch wirtschaftender Demokratien mit dem Gang der Geschichte wesentlich besser überein als radikal kapitalismuskritische Perspektiven, an denen nach 1945 insbesondere Herbert Marcuse festhielt (s. Abschnitt 14; zur Nachkriegsposition Neumanns vgl. die Abschnitte 10 und 13). Pollock, Horkheimer und Adorno machten im amerikanischen Exil die für sie neue Erfahrung der Vereinbarkeit von Kapitalismus und dem, was Pollock eine „demokratische neue Ordnung", Horkheimer „genuine Demokratie" und Adorno „ins Leben eingesickerte […] demokratische Formen" nannten (vgl. u.a. HGS 17, S. 970, ADORNO 1969, S. 145). Pollocks Konzept des demokratischen Staatskapitalismus gab dieser für ihn, Horkheimer und Adorno neuartigen Demokratieerfahrung eine ihrer Bedeutung entsprechende Fassung.

Pollocks Staatskapitalismus-Konzept ermöglichte *zweitens* auch kritische Beurteilungen kapitalistischer Demokratien. Es sang nicht einfach deren Loblied, sondern schätzte das Vorhaben, den demokratischen Staatskapitalismus im Zeitalter technischer Vernunft vernünftig zu entwickeln, als äußerst anspruchsvoll ein. Fortschrittlichen Bewegungen oder Persönlichkeiten, die „vorangehen können", könnten zwar den demokratischen Staatskapitalismus dereinst als eine vernünftige gesellschaftliche Ordnung verwirklichen. Bis dahin aber bleibe er die von der technischen Rationalität beherrschte Wirtschafts- und Staatsform der verwalteten Gesellschaft.

Pollocks Konzept des demokratischen Staatskapitalismus entsprach damit den institutsintern vor allem von Adorno vertretenen Anforderungen an dialektisches Denken zwar nicht perfekt, widersprach ihnen aber andererseits auch nicht allzu sehr. Pollocks Doktrin spielte *dialektisch erwünscht mehrdeutig* mit dem Gedanken, dass der *demokratische* in Zukunft der *wahrhafte* Kapitalismus sein *könnte*.

9. Franz Neumanns Gegenposition: der Nationalsozialismus als „totalitärer Monopolkapitalismus"

Pollocks Staatskapitalismus-Diagnose forderte nicht nur Bertolt Brecht, sondern institutsintern auch Franz Neumann und Theodor W. Adorno heraus. Neumann beurteilte den ersten von Pollocks zwei Aufsätzen über Staatskapitalismus in einem Brief an Horkheimer äußerst kritisch:

> „Dass ich den Aufsatz ablehne, kann weder Pollock noch Sie überraschen. Er widerspricht von der ersten bis zur letzten Seite der Theorie des Instituts und ist in Wirklichkeit lediglich eine neue Formulierung der Mannheimschen Soziologie [...]" „Pollocks Idealtyp [...] impliziert einen Sprung von einer Wirklichkeit (dem Kapitalismus) in eine andere Wirklichkeit, die nicht mehr Kapitalismus ist. Dieser Sprung ist von seinen eigenen Voraussetzungen aus nicht legitim [...] ich vermisse vollkommen den Nachweis, wie sich aus Kapitalismus nicht Kapitalismus ergeben kann [...] Ich tue seit einem Jahr nichts anderes als die ökonomischen Prozesse in Deutschland zu studieren und ich habe bisher nicht den geringsten Anhaltspunkt dafür gefunden, dass sich Deutschland auch nur annähernd in einem staatskapitalistischen Zustand befindet." „Pollock stellt [...] eine Behauptung [auf], die leider mit den Tatsachen nicht übereinstimmt, nämlich dass zwar der demokratische Staatskapitalismus den Lebensstandard erhöhen könne, nicht aber der totalitäre." „Der Aufsatz dokumentiert [...] eine vollkommene Hoffnungslosigkeit. Der Staatskapitalismus, wie ihn Pollock dokumentiert, kann das Millenium werden. Die Ausbeuter von heute können die Erlöser von morgen werden." (Neumann an Horkheimer, 23.7.1941, HGS 17, S. 103-108)

Pollocks Arbeit bereitete Theodor W. Adorno eine andere Art „einer wirklich sehr ernsten Sorge": Adorno befürchtete, dass der Aufsatz, wenn er in der vorliegenden, allzu schlichten, weil „entdialektisierten" Form veröffentlicht werde, „der Reputation des Instituts, vor allem aber der von Fritz" schaden werde (Adorno an Horkheimer, 8.6.1941; AD-HO II, S. 139f.). Adorno schlug daher vor, Horkheimer möge, idealerweise als Koautor, den Aufsatz „durchdialektisieren" – eine Anregung, die Horkheimer insofern aufnahm, als auch er, trotz inhaltlicher Übereinstimmung mit Pollock, diesem riet, dafür zu sorgen, dass „die Verflochtenheit und Zweideutigkeit der Phänomene mehr ins Auge fiele, der Übergang der Begriffe in andere usf., kurz dass alles etwas weniger starr administrativ aussähe" (Horkheimer an Pollock, 1.7.1941; HGS 17, S. 91).

Horkheimer beantwortete mit einem langen Brief auch Neumanns harsche Kritik am Staatskapitalismus-Konzept von Pollock. Einerseits anerkannte und lobte er Neumanns imponierendes Sachwissen:

> „Da ich zu Ihrem Studium der ökonomischen Prozesse in Deutschland unbegrenztes Zutrauen habe, so glaube ich Ihrer Mitteilung, dass sich Deutschland auch nicht annähernd in einem staatskapitalistischen Zustand befindet. Andererseits kann ich mich von der Engels'schen Meinung, nach der die Gesellschaft auf eben diesen hinstrebt, nicht frei machen. Ich muss daher annehmen, dass uns diese Periode mit großer Wahrscheinlichkeit noch droht, was mir den Wert der Pollock'schen Konstruktion, als Diskussionsgrundlage für ein aktuelles Problem, trotz aller Mängel, weitgehend zu begründen scheint." (Horkheimer an Neumann, 2.8.1941; HGS 17, S. 116)

Horkheimer fand im übrigen den polemischen Stil Neumanns inakzeptabel. Dessen „Pathos gegen den Mannheimianer und Renegaten Pollock" schien ihm „theoretisch nicht weniger abwegig [zu sein] als vieles, das mir an seinem [Pollocks] Aufsatz nicht gefällt". Horkheimer ersuchte Neumann darum, Arbeiten von Mitgliedern des Instituts künftig nicht im Stil von Engels' Polemik gegen „Herrn Eugen Dührings Umwälzung der Wissenschaft" anzugreifen (ibid. S. 119).

Franz Leopold Neumann (1900–1954) war allerdings eine ausgesprochen starke Persönlichkeit, die sich selbst einem Horkheimer nicht einfach unterordnen konnte. Neumann wurde im oberschlesischen Kattowitz als eines der vier Kinder des jüdischen Handwerkers und Kleinhändlers Josef Neumann, der bereits 1912 starb, und von Gertrud Gutherz-Neumann – die, von den Nationalsozialisten nach Theresienstadt deportiert, dort wahrscheinlich 1940 ums Leben kam – geboren. Er studierte 1918/19 an den Universitäten von Breslau, Leipzig und Rostock im Hauptfach Jurisprudenz, in den Nebenfächern Ökonomie und Philosophie. Im Herbst 1919 setzte er sein Studium an der Universität Frankfurt a.M. fort. Hier gründete er zusammen mit seinen Studienkollegen Ernst Fraenkel, Leo Löwenthal u.a. eine sozialistische Studentengruppe, trat 1918 oder 1919 der SPD bei, und bestand Ende 1921 das Referendarsexamen. Neumanns 1922 beim Strafrechtler und Rechtsphilosophen Max E. Mayer geschriebene Dissertation behandelte rechtsphilosophische Aspekte des Verhältnisses von Staat und Strafe. Im Juni 1923 zum Doktor der Rechtswissenschaften promoviert, hospitierte Neumann danach an verschiedenen Gerichten sowie 1925/26 zusammen mit Ernst Fraenkel auch in der Kanzlei von Hugo Sinzheimer, dem Begründer des deutschen Arbeitsrechts. Von

1926 bis 1932 dozierte Neumann an der Frankfurter „Akademie für Arbeit", von 1929 bis 1933 an der „Deutschen Hochschule für Politik" in Berlin als Lehrbeauftragter für Arbeits- und Wirtschaftsrecht. Nachdem er im Oktober 1927 gemeinsam mit Ernst Fraenkel im Haus des Metallarbeiterverbandes in Berlin eine Anwaltskanzlei eröffnet hatte, war er hauptberuflich als Vertrauensanwalt („Syndikus") der Deutschen Baugewerkschaft, seit dem Sommer 1932 überdies als der Syndikus der Sozialdemokratischen Partei Deutschlands tätig.

Neumann beanspruchten seine Aufgaben als brillanter Anwalt wichtiger Gewerkschaften und der SPD so sehr, dass er zunächst nur relativ wenige, durchwegs praxisorientierte Arbeiten zum Beispiel über die „Arbeitsfreiheit" (1926), „Betriebsrisiko" oder „Lohnzahlung bei Betriebsstockungen" (1928) verfasste. Ab 1929 publizierte er auch Grundsätzliches zu Problemen wie „Richterliches Ermessen und Methodenstreit im Arbeitsrecht" (1929), „Die soziale Bedeutung der Grundrechte in der Weimarer Verfassung" (1930) oder „Über die Voraussetzungen und den Rechtsbegriff einer Wirtschaftsverfassung" (1931).

Nach der Machtergreifung der Nationalsozialisten sah sich Neumann im Frühjahr 1933 gezwungen, nach England zu emigrieren. Er gehörte zur ersten Welle der im Jahr 1936 offiziell ausgebürgerten „Reichsfeinde" des nationalsozialistischen Deutschlands. Stipendien ermöglichten es ihm, mit seiner Frau und seinem Sohn zusammen in England zu überleben, und an der „London School of Economics and Political Science" bei Harold Laski eine zweite Dissertation zu schreiben. Diese rechtstheoretisch, ideengeschichtlich, rechtsvergleichend und rechtssoziologisch argumentierende Arbeit über „The Governance of the Rule of Law" wurde 1936 abgeschlossen und als Dissertation akzeptiert, ist aber in einer leicht gekürzten deutschen Übersetzung erst 1980, 1986 schließlich im englischen Originaltext erschienen.

Neben seiner wissenschaftlichen Hauptbeschäftigung betätigte sich Neumann in England weiterhin politisch, nun vor allem im Dienste des Prager Exil-Vorstandes der SPD (s. dazu v.a. INTELMANN 1996, S. 33-40). Gemäß Abmachungen mit Pollock, die vielleicht bereits im Mai 1933 in London eingefädelt wurden, vertrat er ferner Interessen des Instituts für Sozialforschung in Angelegenheiten der 1933 beschlagnahmten Institutsbibliothek. Zugleich versuchte er, der Zeitschrift des Instituts englische Leser und Rezensenten zu gewinnen.

1935/36 erreichte Neumann, von Harold Laski unterstützt, dass Horkheimers Institut ihn ab Mitte April 1936 vollamtlich anstellte. Leo Löwenthal, sein früherer Frankfurter Studienkollege, empfing ihn und seine Familie Anfang April im New Yorker Hafen. Da Instituts-mitgliedern politische Aktivitäten strikt untersagt waren, hätte Neu-mann nun an sich viel Zeit für wissenschaftliche Forschung gehabt. Horkheimer und Pollock setzten Neumann zunächst aber vor allem als Institutsanwalt ein, kurz nach seiner Ankunft zum Beispiel während eines halben Jahres in einem Prozess, den Felix Weil führte, in Südame-rika. Neumann konnte so in der „Zeitschrift für Sozialforschung" au-ßer 18 Rezensionen nur zwei Aufsätze, die Befunde seiner englischen Dissertation resümierten, publizieren (NEUMANN 1937, 1940).

Rund drei Jahre nach seinem Stellenantritt in New York war es Neu-mann immerhin möglich, ein Forschungsprojekt über „Struktur und Praxis des Nationalsozialismus", mit dem er sich in den USA akade-misch zu profilieren gedachte, in Angriff zu nehmen. Das Produkt die-ser Analysen, das 1942 publizierte, umfangreiche Buch „Behemoth", wurde von amerikanischen Fachwissenschaftlern sogleich als ein Stan-dardwerk gepriesen, und sorgte sogar in der Tagespresse für Schlagzei-len (INTELMANN 1996, Anm. 237, S. 46). Neumann hatte nun, zumal er auch als Gastdozent gut ankam, von allen Angehörigen des Instituts, Horkheimer und Adorno inbegriffen, die besten Chancen, von der Columbia-Universität fest angestellt zu werden. Obwohl nicht zum engsten Kreis von Institutsmitgliedern um Horkheimer zählend, war er in den USA eigentlich der erfolgreichste Repräsentant des Instituts vor dessen Rückkehr nach Frankfurt a.M. (ERD 1985, S. 130). Herbert Marcuse, Otto Kirchheimer und Leo Löwenthal erhielten wesentlich später als Neumann, dem die Columbia-Universität bereits 1948 eine ständige Gastprofessur, 1950 ein Ordinariat verlieh, Berufungen an ei-ne amerikanische Universität.

Umso beachtlicher ist es, dass Neumann, der an der Columbia-Uni-versität großen Lehrerfolg hatte, 1954 bereit war, den an ihn ergange-nen Ruf auf eine politikwissenschaftliche Professur der Freien Univer-sität Berlin anzunehmen (s. dazu Abschnitt 13). Der tödliche Autoun-fall, dem Neumann und ein befreundetes Ehepaar Anfang September desselben Jahres in der Schweiz zum Opfer fielen, durchkreuzte dieses Vorhaben (vgl. zum Lebenslauf Neumanns v.a. INTELMANN 1996, S. 19-61).

Um Neumanns Gründe für die entschiedene Kritik, die er an Pol-locks Staatskapitalismusthese übte, besser verstehen zu können, soll nachfolgend erstens (Punkt a) ein einfaches Orientierungsschema skiz-ziert werden, das aufzeigt, wie im Prinzip politisch links Engagierte in der ersten Hälfte des 20. Jahrhunderts zu den damals ebenso leiden-schaftlich wie kontrovers diskutierten Problemen „Kapitalismus, Sozialismus und Demokratie" sowie „Reform oder Revolution" Stellung beziehen konnten. In zwei weiteren Schritten soll sodann dargestellt werden, wo Neumann in diesem politischen Weltanschauungsraster sich zur Zeit der Weimarer Republik (Punkt b), und wie er sich in ihm nach dem Untergang der Weimarer Republik während seines Exils in England sowie mit seinem Hauptwerk, dem „Behemoth", in den USA positionierte (Punkt c).

(a) Vier verschiedene Möglichkeiten, die Formel „Kampf im *demokratischen Rechtsstaat* gegen *den Kapitalismus" politisch auszulegen*

Marxistisch gebildete Gewerkschaftsführer nannten in den ersten Jahrzehnten des 20. Jahrhunderts ihre Lohnverhandlungen mit den Arbeitgebern zuweilen einen „Kampf *im* Lohnsystem *gegen* das Lohnsystem". Diese Formel eignet sich, leicht variiert, gut auch zur Orientierung im weiten Feld unterschiedlicher Auslegungen von Theorien und Praktiken sozialistischer Politik. Sie lautet dann „Kampf *im* demokratischen Rechtsstaat *gegen* den Kapitalismus", oder, marxistisch präzisiert, „Kampf *im* demokratischen Rechtsstaat *gegen* dessen materielle Basis, das *kapitalistische Wirtschaftssystem.*" In dieser erweiterten Form berücksichtigt die Formel zusätzlich die These des historischen Materialismus, dass die Kapitalverwertungslogik den Entwicklungsgang sowohl des kulturellen „Überbaus" wie auch der Staatsform bürgerlicher Gesellschaften determiniert.

(A) *Voluntaristische Sozialrevolutionäre, Anarchisten* und *Syndikalisten* (d.h. Befürworter revolutionärer Generalstreiks) lehnten Kämpfe *im* demokratischen Rechtsstaat *mit dessen Mitteln* kategorisch ab. Ihnen schienen allein *direkte,* unter Umständen gewaltsame Aktionen einzelner Kämpfer oder revolutionär bewegter Massen gegen das bestehende Unrechtssystem zielführend zu sein.

(B) *Sozialistische Revolutionäre,* an erster Stelle die dem Marxismus-Leninismus verpflichteten *Bolschewisten,* schlossen Kämpfe *innerhalb* und *mit den Mitteln* einer bestehender Rechtsordnung nicht aus. Resultate von Auseinandersetzungen mit dem Hauptfeind (dem kapitalistischen Ausbeutungssystem) beurteilten sie im Prinzip aber immer nur danach, inwieweit diese der Emanzipationsbewegung des revolutionären Proletariats und dessen Avantgarde, der bolschewistischen Partei, nützten. Entscheidend blieb für sie die Aussicht, in einer revolutionären Situation revolutionär handelnd an Stelle der bestehenden Staatsform – einer kapitalistisch deformierten *Scheindemokratie* zum Beispiel

– die *Diktatur des Proletariats* errichten zu können. Die bolschewistische Parteielite sollte alsdann, sofern sie ihre Herrschaft dadurch nicht gefährdete, die *wahre sozialistische Demokratie* verwirklichen, in der allein nicht-antagonistische, Minderheiten nicht vergewaltigende Mehrheitsentscheidungen möglich sein würden.

(C) *Reformistische Sozialdemokraten* handelten demgegenüber im Vertrauen auf die von Marx und Engels entschlüsselten Entwicklungsgesetze des Kapitalismus gemäß der Maxime, dass der Kampf um die klassenlose Zukunftsgesellschaft in Phasen guter Wirtschaftskonjunktur *evolutionär,* und selbst in Krisenzeiten wenn immer möglich *mit den Mitteln der bürgerlichen Demokratie friedlich* zu führen sei. Ihre marxistische *Theorie,* dass erst eine Revolution die vorläufig bloß *formale, bürgerliche Demokratie* zu einer wahrhaft *sozialen Demokratie* werde entfalten können, entsprach ihrer politischen *Praxis* nicht gut. Von der Revolution *redend, handelten* Sozialdemokraten im politischen Alltagsgeschäft *reformistisch.* Ja viele von ihnen, so etwa Karl Kautsky, plädierten dafür, die wie auch immer „nur" formale Demokratie in revolutionär bewegten Situationen nicht nur gegen Feinde von rechts, sondern ebenso entschlossen auch gegen bolschewistische Versuche zur Errichtung einer Diktatur des Proletariats zu verteidigen. Im Streit des westlichen „Wilsonianismus" (der vom amerikanischen Präsidenten Woodrow Wilson 1917/18 verkündeten, demokratischen Friedensordnung) und des sowjetrussischen Bolschewismus wählten reformistische Sozialdemokraten de facto auch dann den Wilsonianismus, wenn sie so wie zum Beispiel Léon Blum in Frankreich der Aufforderung, sich klar zwischen Wilson *oder* Lenin zu entscheiden, die Devise „*Weder* Wilson *noch* Lenin" entgegensetzten.

(D) *Sozialdemokratische Revisionisten,* die wie Eduard Bernstein in Deutschland oder Albert Thomas in Frankreich den rechten Flügel der sozialistischen Bewegung repräsentierten, sublimierten das Ziel der Verwirklichung des Sozialismus zu einer *regulativen Idee.* Fortschritte auf dem *Weg* zu diesem Ziel waren ihnen wichtiger als die Frage, wann und ob es überhaupt erreicht werden könne. Sie kritisierten reduktionistische Überbautheorien des historischen Materialismus, und konnten so die demokratische Staatsform *als solche* gegen das marxistische Argument verteidigen, dass demokratische Rechtsstaaten dem Kapitalismus bloß „das politische Fortvegetieren" ermöglichten (so Rosa Luxemburg in ihrer Streitschrift wider Bernsteins Revisionismus; s. KIRCHHEIMER 1930, S. 9). Die historische Erfahrung lehrte nach Auffassung der Revisionisten, dass revolutionärer Fanatismus die strukturelle Gewalt, die er ein für allemal beseitigen wolle, nur verstärke.

Wo sind in diesem Grundriss politischer Orientierungsmöglichkeiten von Linksintellektuellen Horkheimer und Pollock zu lokalisieren? Wie ein oben in Abschnitt 7 zitiertes Notat Horkheimers zeigt, distanzierte sich dieser noch im Jahre 1962 entschieden vom sozialdemokratischen Reformismus: Franz Neumanns vorgeblich realistische Einschätzung, dass die deutschen Arbeiter 1918 oder 1933 ihren Führern, wenn diese sie zur Revolution aufgerufen hätten, niemals gefolgt wären, sei „rein positivistisch und pragmatisch", ja „abscheulich". Denn in einem bestimmten Sinn war die kommunistische Revolution „immer möglich, wenn nicht schon 1791, so doch 1848 und erst recht 1918" (HGS 14, S. 545f.).

Horkheimer und Pollock bevorzugten im Prinzip, wie diese sowie zahlreiche andere ihrer Äußerungen belegen, revolutionäre Orientierungen des Typs (B). Sich mit deren prägnantester Version, dem Bolschewismus, theoretisch oder gar praktisch ähnlich entschieden zu solidarisieren, wie Neumann der SPD diente, kam für sie aber nie in Frage. Horkheimers und Pollocks politische Konzepte bewegten sich nicht zuletzt darum auf Höhen der Abstraktion, die sie davor bewahrten, die Frage nach der Unumgänglichkeit eines parteipolitischen Engagements bejahend beantworten zu müssen.

Neumann dagegen blieb, wie seine Schwester in einem Interview mit A. Söllner versichert hat, „im Herzen" stets ein Sozialdemokrat (Söllner in Iser, Strecker 2002, S. 50). Wegleitend war für ihn somit die für die Positionen (C) und (D) des skizzierten Orientierungsschemas zentrale Frage, wie sich „im Interesse der Freiheit mit den Mitteln des demokratischen Verfassungsstaates kapitalistische sozialökonomische Machtbeziehungen neutralisieren" ließen (C. Offe in Iser, Strecker 2002, S. 163).

Genauer betrachtet, erweist sich freilich jede der vier genannten Gruppierungen (A) bis (D) als intern hoch differenziert. Zwischen „ultralinken", „zentristischen" und relativ „rechten" Positionen *je innerhalb* der Lager (B) und (C) etwa fanden vor allem, aber keineswegs nur in Deutschland permanent Dispute statt, die kollektiv zu Fraktionsbildungen, zur Spaltung oder Neugründung von Parteien, individuell zu Parteiwechseln oder Parteiausschlüssen führten. Viele politisch Engagierte wechselten mehrfach ihre Fraktions- und Parteizugehörigkeit – in der Regel aus einer prinzipiell vieldeutigen („nichtratioïden") Mischung unterschiedlichster Motive des zwischen reinem Opportunismus und unbeirrbarem Eigensinn schwankenden Wandels ihrer politischen Einstellungen (vgl. dazu z.B. Abendroth 1965, 1976, Boveri 1956–1960, Bock 1976).

Auch Neumann veränderte nach dem Schock des Zusammenbruchs der Weimarer Republik seine politischen Gewissheiten. Er verschob diese in den 1930er Jahren so weit nach links, dass er sich mit den durchwegs SPD-kritischen Mitgliedern des Instituts für Sozialforschung – einerseits mit O. Kirchheimer, A. Gurland und H. Marcuse, andererseits mit Pollock und Horkheimer – gut verständigen konnte. Im Gegensatz zu einigen anderen Auslegungen der politischen Philosophie Neumanns wird hier jedoch die These vertreten, dass sowohl diese Positionsverschiebung der 1930er Jahre (s. nachfolgend die Punkte b und c) als auch die eher noch größere der 1950er Jahre (s. Abschnitt 13) *keinen* Bruch mit seiner sozialdemokratischen Identität beinhaltete. Neumann rückte innerhalb des breiten Spektrums sozialdemokratischer Orientierungsmöglichkeiten von seiner scharf kapitalismuskritischen Position der Periode 1933 bis Ende der 1940er Jahre umso weiter ab, je positiver seine Erfahrungen beim Aufbau der Politikwissenschaft im demokratisch reformierten Nachkriegsdeutschland ausfielen. Zuletzt stand er mit seinen Ansichten dem sozialdemokratischen Revisionismus nahe, den er im „Behemoth" noch als eine der Ursachen des Versagens der SPD-Führung in den Jahren 1929 bis 1933 bezeichnet hatte.

(b) Neumanns Engagement für wirtschaftsdemokratische Umsetzungen des zweiten Teils der Weimarer Verfassung, 1927–1933

Die Weimarer Reichsverfassung (WRV) enthielt in ihrem zweiten, Grundrechte betreffenden Teil Artikel, die der sozialistischen Bewegung weiter gehende Konzessionen machte als die Verfassungen der meisten anderen Industriestaaten. Für Franz Neumann bildeten die Artikel 151 und 165 der Weimarer Reichsverfassung den Schlüssel zur Umsetzung der *wirtschaftsdemokratischen Ziele,* für die er sich ab 1927 in Berlin zunächst als Anwalt der Deutschen Baugewerkschaft, später auch der SPD einsetzte (NEUMANN 1930, S. 68ff.). Während Artikel 151 Absatz 1 WRV besagte: „Die Ordnung des Wirtschaftslebens muss den Grundsätzen der Gerechtigkeit mit dem Ziel der Gewährleistung eines menschenwürdigen Daseins für alle entsprechen. In diesen Grenzen ist die wirtschaftliche Freiheit des einzelnen gesichert", postulierte Artikel 165 Absatz 1 WRV: „Die Arbeiter und Angestellten sind dazu berufen, gleichberechtigt in Gemeinschaft mit den Unternehmern an der Regelung der Lohn- und Arbeitsbedingungen sowie an der gesamten wirtschaftlichen Entwicklung der produktiven Kräfte mitzuwirken. Die beiderseitigen Organisationen und ihre Vereinbarungen werden anerkannt."

Die Weimarer Verfassung eröffnete Arbeitnehmerorganisationen damit im Prinzip außergewöhnlich weitgehende Mitbestimmungs- und Mitwirkungsrechte. Deren gesetzliche Umsetzung u.a. im Betriebsrätegesetz von 1920 und im Arbeitsgerichtsbarkeitsgesetz von 1927 ließ Neumann zufolge allerdings Vieles zu wünschen übrig. Neumanns Tätigkeit als Arbeits- und Wirtschaftsjurist erstreckte sich über alle Bereiche der Eigentumsherrschaft – derer im Bereich von Betrieben, Unternehmungen, der Beziehungen zwischen Arbeitgebern und Arbeitnehmern und deren Verbänden, der einschlägigen Rechtssprechung und Gesetzgebung des Staates. In allen diesen Domänen versuchte er die Weimarer Wirtschaftsverfassung, die er als die Ordnung staatlicher oder gesellschaftlicher Interventionen in die Wirtschaftsfreiheit definierte, zu stärken und gegen Bestrebungen, sie einzuschränken, zu verteidigen.

Unter Berufung auf die Artikel 151, 165 und andere Grundrechtsartikel der Weimarer Verfassung kritisierte Neumann einerseits systemkritische Juristen, die wie etwa der Jungsozialist Otto Kirchheimer in seinem brillanten Essay „Weimar – und was dann?" die Grundrechte als ein „Sammelsurium unvereinbarer politischer Wertentscheidungen darstellten", deren „juristische Bedeutung [...] gering sei", weil „sich eine eindeutige Wertentscheidung der Verfassung aus ihnen nicht ergebe" (NEUMANN 1930, S. 57). Neumann widersetzte sich in seiner Besprechung des dreibändigen Nipperdey'schen Kommentars zum zweiten Teil der Weimarer Reichsverfassung andererseits auch dem Versuch der bürgerlichen Staatsrechtswissenschaft, sozialistische Auslegungen dieser Grundrechte zu entkräften. Für ihn bestand die wichtigste Aufgabe der sozialistischen Staats*theorie* darin, „den positiven sozialen Gehalt des zweiten Teils der Weimarer Verfassung zu entwickeln und konkret darzustellen". Der sozialistischen *Jurisprudenz* oblag es, bürgerlichen Interpretationen des zweiten Teils der Weimarer Verfassung „die sozialistische Auslegung der Grundrechte entgegenzustellen". Die Aufgabe sozialistischer *Politik* schließlich war es, „diese Grundsätze zu verwirklichen. Wenn Kirchheimer in seiner Überschrift, die sehr stark kommunistischen Ideengängen nahekommt, ‚Weimar – und was dann?' fragt, so kann die Antwort nur lauten: Erst einmal Weimar!" (NEUMANN 1930, S. 74)

Otto Kirchheimer (1905–1965) war der um fünf Jahre jüngere Freund, im Institut für Sozialforschung und im amerikanischen Nachrichtendienst der Mitarbeiter und nach Neumanns vorzeitigem Tod auch der Nachfolger Neumanns an der Columbia-Universität. Jungsozialistisch links von Neumann positioniert, hielt Kirchheimer die Weimarer Verfassung im Sinne sowohl von Carl Schmitt als auch von Rosa Luxemburg für eine Fehlkonstruktion:

> „[Die Weimarer Verfassung …] hat sich selbst nicht entschieden. Sie unterlag dem Irrtum, dass die Prinzipien der Demokratie allein bereits die Prinzipien einer bestimmten sozialen oder weltanschaulichen Ordnung seien. Sie vergaß, dass die Demokratie nicht mehr ausdrücken kann als das, was vorher schon vorhanden ist […] Indem man die Formen der Demokratie mit ihrem Inhalt verwechselte, unterließ man, dieser Verfassung ein politisches Programm zu geben." (KIRCHHEIMER 1930, S. 54)

Die nach der Niederlage Deutschlands im Ersten Weltkrieg ausgebrochene, sozialistische Revolution *hätte* Kirchheimer zufolge der Weimarer Verfassung das fehlende Programm liefern können – *wenn sie* 1918/19 nicht von einer unheiligen Allianz konservativer Sozialdemokraten, rechts stehender Reaktionäre und Militärs blutig niedergeschlagen worden wäre. Allein der Sozialismus als das wegleitende „Organisationsprinzip der Gesellschaft" hätte die Form von Wirtschaftsdemokratie, die sozialdemokratische Juristen wie H. Sinzheimer, F. Neumann oder E. Fraenkel subjektiv guten Willens, objektiv vergeblich erstrebten, wirklich „zu beleben vermocht" (KIRCHHEIMER 1930, S. 55). Kirchheimer begründete seine radikale Kritik an der Weimarer Republik mit einer Passage aus Rosa Luxemburgs Streitschrift wider den Bernstein'schen Revisionismus, die er seinem Essay als dessen Leitmotiv voranstellte:

> „Und zwar ist die jeweilige gesetzliche Verfassung bloß ein Produkt der Revolution. Während die Revolution der politische Schöpfungsakt der Klassengeschichte ist, ist die Gesetzgebung das politische Fortvegetieren der Gesellschaft. Die gesetzliche Reformarbeit hat eben in sich keine eigene, von der Revolution unabhängige Triebkraft. Sie bewegt sich in jeder Geschichtsperiode nur auf der Linie und so lange, als in ihr der durch die letzte Umwälzung gegebene Fußtritt nachwirkt oder, konkret gesprochen, nur im Rahmen der durch die letzte Umwälzung in die Welt gesetzten Gesellschaftsreform." (R. Luxemburg, „Sozialreform oder Revolution?" (1899), zitiert von KIRCHHEIMER 1930, S. 9)

Rosa Luxemburg fasste das gesetzliche Regelwerk einer bestimmten Gesellschaftsform offenbar nur als eine normativ unverbindliche, allenfalls zweckrational in Rechnung zu stellende Ordnung auf. Ihr Argument veranschaulicht gut jene Varianten der Position (B) „sozialistischer Revolutionäre", für die, nach Berücksichtigung der Rahmenbedingungen einer „gesetzlichen Verfassung", primär der *revolutionäre Kampf gegen* das bestehende Repressions- und Ausbeutungssystem zählt. Kirchheimer gehörte dem jungsozialistischen linken Flügel der SPD, aber nicht einer der politischen Gruppen oder Parteien links von der SPD an. Seine die Grenze zwischen (C) und (B) überschreitende Rezeption eines staatsrechtstheoretisch relevanten Argumentes von Rosa Luxemburg ist eines von vielen Beispielen, die zeigen, wie lebhaft der Austausch politischer Ideen zwischen den verschiedenen Lagern sozialistischer Gesinnungsgenossen zur Zeit der Weimarer Republik funktionierte (vgl. dazu z.B. ABENDROTH 1965, S. 87-125; 1976, S. 19-140).

Neumann lehnte 1930 Kirchheimers Überlegungen ab, da sie ihm tendenziell kommunistisch erschienen. Er beobachtete die Entwicklung der sozioökonomischen Machtbeziehungen in der Weimarer Republik damals jedoch ebenfalls mit großer Sorge. Am 1. Oktober 1930 fand er in seiner Rede auf dem Bundestag des Deutschen Baugewerksbundes – zwei Wochen zuvor waren die Nationalsozialisten in den Reichtagswahlen mit 19.2 % der Stimmen die zweitstärkste Partei geworden –, dass der Kapitalismus inzwischen nur noch möglich sei als „*reine Herrschaft in der Form der Diktatur*". Der Kapitalismus könne sich „*auf demokratischem Wege nicht mehr rein behaupten*" – eine Entwicklungstendenz, die von den Gewerkschaften entschlossen zu bekämpfen sei:

> „Genossen! Das Schicksal Deutschlands wird nach meiner Auffassung allein bestimmt werden durch die Stellung der Gewerkschaften. Nicht bei den Parteien, sondern bei den Gewerkschaften liegt die Entscheidung. Gelingt es den Koalitionen, […] alle Eingriffe in ihre Unabhängigkeit und ihre Selbständigkeit abzuwehren, dann gibt es keine faschistische Gefahr. (Sehr wahr!) Eine faschistische Gefahr kann nur dann bestehen, wenn die Gewerkschaften aus freien Gewerkschaften zu Staatsorganen werden. Das ist die eigentliche Gefahr. Aber ich glaube, dass wir uns alle dieser Gefahr und der Bedeutung der Stellung der Gewerkschaften im Staat vollständig bewusst sind und dass deshalb die Gefahr des Faschismus nur eine vorübergehende sein kann, dass im Endeffekt die freien Gewerkschaften sich frei von jeder Staatskontrolle siegreich durchsetzen werden. (Lebhafter, anhaltender Beifall.)" (Protokoll des 3. Bundestags des Deutschen Baugewerksbundes, 1931 o.O., S. 239f.; zitiert von INTELMANN 1996 S. 199f.)

Zwei Jahre später beurteilte Neumann in einem Brief an Carl Schmitt die Funktionsfähigkeit der parlamentarischen Demokratie Deutschlands noch pessimistischer. Neumann bedankte sich in diesem Brief zunächst für die Übersendung des Buches „Legalität und Legitimität", mit dessen kritischem Teil er „restlos" übereinstimme. Er, Neumann, nehme sich vor, „diese Ihre Meinung auch ökonomisch und soziologisch zu fundieren":

> „Stellt man sich nämlich auf den Standpunkt, dass der grundlegende politische Gegensatz in Deutschland der ökonomische Gegensatz ist, dass die entscheidende Freund / Feind – Gruppierung in Deutschland die Gruppierung Arbeit und Eigentum ist, so leuchtet ein, dass bei einer solchen politischen Gegensätzlichkeit parlamentarisch nicht mehr regiert werden kann. Denn entweder müssen, um den Grundsatz der gleichen Chance aufrecht zu erhalten, diese beiden großen gegensätzlichen Gruppen einen Kompromiss eingehen. Das haben sie ein Jahrzehnt hindurch getan mit dem ungeheuerlichen Misserfolg, wie er sichtbar geworden ist. – Schließen sie aber keinen Kompromiss, so kann das Prinzip gleicher Chance keinesfalls bedeuten, dass ein Tag sozialistisch, ein anderer Tag kapitalistisch regiert wird." (Neumann an C. Schmitt, 7.9.1932, s. ERD 1985, S. 79)

Für die beiden „kämpfenden Gruppen" Eigentum (Kapital) und Arbeit bleibe so „nur das Streben nach politischer Alleinherrschaft übrig […] Das aber bedeutet das Ende des parlamentarischen Systems." Neumann schien es angesichts der sich verschärfenden Krise von Staat und Gesellschaft der Weimarer Republik zunehmend zweifelhaft zu sein, ob der „Übergangszustand zwischen zwei Wirtschaftssystemen überhaupt verfassungsrechtlich zu organisieren" sei. Dies war in seinen Augen „der entscheidende Einwand gegen die bisher von mir vertretene Auffassung" (ibid., zitiert von ERD 1985, S. 80) – ein Einwand im übrigen, den lange vor Carl Schmitt und Otto Kirchheimer bereits Rosa Luxemburg in ihrer oben zitierten Kritik am sozialdemokratischen Reformismus und Revisionismus formuliert hatte.

(c) Neumanns Standpunkt ab 1933: Die von den Gewerkschaften und der SPD verkannte Macht des totalitären Monopolkapitalismus

Die traurige *und* schmähliche Niederlage, welche die Linke Anfang 1933 mit der Machtergreifung Hitlers erlitt, hat Neumann zeitlebens beschäftigt. Noch in seinem letzten Lebensjahr schrieb er Helge Pross, mit der er seine dritte Ehe eingehen wollte, in einem Brief:

> „Wie oft habe ich mir nach 1933 die Frage vorgelegt, wo meine Verantwortlichkeit für den Nationalsozialismus eigentlich steckt. Denn ich glaube an kollektive Schuld — aber dann kann ich mich ja davon nicht

ausnehmen […] Wir, die wir in der Opposition zu der Reaktion standen, waren alle zu feige. Wir haben alle kompromittiert. Ich habe ja mit eigenen Augen gesehen, wie verlogen die SPD in den Monaten Juli 1932 bis Mai 1933 war (und nicht nur damals) und habe nichts gesagt. Wie feige die Gewerkschaftsbosse waren — und ich habe ihnen weiter gedient. Wie verlogen die Intellektuellen waren — und ich habe geschwiegen […] kann man den Verfall der SPD und den Aufstieg der Nationalsozialisten nur als politisches Problem betrachten? Waren da nicht moralische Entscheidungen zu treffen? Die habe ich zu spät und immer noch nicht radikal genug getroffen." (zitiert in NEUMANN 1967, S. 22)

Im Londoner Exil bekannte Neumann, dass er Kirchheimers Kritik an der Weimarer Verfassung, die er 1930 verworfen hatte, nachträglich Recht geben müsse. Die Weimarer „Demokratie ohne Demokraten", die unentschieden irgendwo „zwischen Sozialismus und Kapitalismus angesiedelt war", *konnte* in der Tat nur so lange bestehen, „wie keine Wirtschaftskrise dazwischenkam" (NEUMANN 1933, S. 119, 109). Die Weltwirtschaftskrise bewegte die in Deutschland ökonomisch dominierenden Monopolkapitalisten und die reaktionären Großgrundbesitzer dazu, sich mit den Nationalsozialisten, denen sie den Erhalt ihrer Privilegien zutrauten, zu verbünden. Der Nationalsozialismus war insofern „nichts anderes als die Diktatur des Monopolkapitals und der Großgrundbesitzer, die sich hinter der Maske eines Ständestaates verbirgt" (NEUMANN 1933, S. 122). Demzufolge musste der Widerstandskampf der Gewerkschaften gegen diese Diktatur Neumann zufolge nun darauf abzielen, eine „Diktatur des Proletariats" zu errichten:

„In der Diktatur ändert sich selbstverständlich sowohl das Ziel als auch die Methode des gewerkschaftlichen Kampfes. Hat sich schon in der Massendemokratie und der Monopolwirtschaft das Schwergewicht der gewerkschaftlichen Tätigkeit vom industriellen auf das politische Feld verschoben, so kann die Funktion von Gewerkschaften unter der faschistischen Diktatur nur eine rein politische sein, gerichtet auf den Sturz der Diktatur und die Errichtung einer sozialistischen Diktatur als eines Übergangszustandes zur sozialistischen Demokratie." (NEUMANN 1935a, S. 218f.)

In keiner seiner Veröffentlichungen ist Neumann dem reformismuskritischen Standpunkt sozialistischer Revolutionäre ebenso nahe gekommen wie mit diesem Gedanken, der sich in seiner 1935 von der Tschechoslowakei aus verbreiteten Broschüre „Die Gewerkschaften in der Demokratie und in der Diktatur" findet (INTELMANN 1996, S. 218). Sein ebenfalls 1935 in der Tschechoslowakei erschienener Aufsatz „Zur marxistischen Staatstheorie" kritisierte ebenso radikal und pauschal alle, selbst sozialdemokratisch motivierte Versuche, den Staat als eine „von der Klassenstruktur unabhängige Einheit" zu begreifen. Harold Laski's These, dass der Staat „nichts weiter ist als ein Produkt der Klassenkämpfe", schien Neumann nun „die allein marxistische und wirklichkeitsgetreue [Auffassung]" zu sein. Aus ihr folge praktisch, dass es für eine sozialistische Partei „keine Staatstreue", sondern „ausschließlich von taktischen Erwägungen" bestimmte Stellungnahmen zum Staat gebe: „Die Entscheidung einer marxistischen Partei zum Staat hängt allein von der Erwägung ab, inwieweit die staatliche Einheit zur Erreichung des sozialistischen Zieles dienstbar oder hinderlich ist." (NEUMANN 1935b, S. 143)

Von 1939 bis 1942 arbeitete Neumann an seinem Hauptwerk, dem „Behemoth". Kerngedanken dieses 1942 in den USA erschienenen Buches nimmt bereits der erste englischsprachige Aufsatz vorweg, den er 1933 im Londoner Exil veröffentlichte:

> „Die These dieses Aufsatzes ist, dass die nationalsozialistische Revolution eine Konterrevolution der monopolisierten Industrie und der Großgrundbesitzer gegen Demokratie und gesellschaftlichen Fortschritt ist; dass diese Revolution nur deshalb erfolgreich war, weil die Struktur und die Praxis der Weimarer Verfassung sie begünstigten; dass die Revolution weitgehend durch die Entstehung eines Anti-Staats ermöglicht wurde, den der demokratische Staat duldete, obwohl er geschaffen wurde, um die Demokratie zu zerstören; dass die Sozialdemokratische Partei und die Freien Deutschen Gewerkschaften, die als einzige Kräfte die parlamentarische Demokratie verteidigten, zu schwach waren, um dem Nationalsozialismus zu widerstehen, und dass ihre Schwäche sowohl unvermeidlich wie selbstverschuldet war." (NEUMANN 1933, S. 104)

Der Titel von Neumanns „Behemoth" vergleicht den nationalsozialistischen Totalitarismus mit dem mythischen Landungeheuer männlichen Geschlechts, das von den Tieren des Landes verehrt wird, während die Tiere des Meeres „Leviathan", das weibliche Meeresungeheuer, verehren. Der apokalyptischen Überlieferung des Judentums zufolge werden Leviathan und Behemoth kurz vor dem Ende der Welt eine Schreckensherrschaft errichten, die Gott, der sie beide vernichten wird, auf den Plan ruft. Thomas Hobbes verfasste neben seinem „Leviathan" – gemäß Neumann der „Analyse eines Staates, das heißt eines politischen Zwangssystems, in dem Reste der Herrschaft des Gesetzes und von individuellen Rechten noch bewahrt sind" – auch die Schrift „Behemoth oder das lange Parlament", in dem Hobbes sozusagen einen „Unstaat", d.h. das „Chaos, einen Zustand der Gesetzlosigkeit, des

Aufruhrs und der Anarchie" schildert. Neumann nahm an, „dass der Nationalsozialismus ein Unstaat ist oder sich dazu entwickelt, ein Chaos, eine Herrschaft der Gesetzlosigkeit und Anarchie, welche die Rechte wie die Würde des Menschen ‚verschlungen' hat und [im Jahre 1942] dabei ist, die Welt durch die Obergewalt über riesige Landmassen in ein Chaos zu verwandeln". Darum schien ihm „der richtige Name für das nationalsozialistische System" eben derjenige des Landungeheuers *Behemoth* zu sein (NEUMANN 1944, S. 16).

Empirisch außergewöhnlich detailliert analysierte Neumann im „Behemoth" zunächst erstens die politischen Strukturen, die Ideologie und die Führungspraktiken des nationalsozialistischen Totalitarismus (S. 63-268), zweitens dessen wirtschaftliche Basis, die „totalitäre Monopolwirtschaft" (S. 269-422), sowie schließlich drittens das politökonomisch erklärbare Resultat dieser totalitären Strukturen und Prozesse, die nationalsozialistische „neue Gesellschaft" (S. 423-550). Der Anhang zur zweiten Auflage des Buches dokumentierte überdies die seit 1942 feststellbare Entwicklung der „organisierten Anarchie" des nationalsozialistischen Herrschaftssystems (NEUMANN 1944, S. 551-661, 22).

Neumann bezeichnete als die vier wichtigsten Säulen dieses Systems die nationalsozialistische *Partei,* die *Armee,* die *Bürokratie* und die *Monopolwirtschaft.* Der Zusammenhalt der vier Systemstützen war durchaus prekär. Denn sie hing primär von Erfolgen der imperialistischen Expansionspolitik Hitlers, des höchsten gesetzgebenden und richtenden Hüters der Verfassung, ab. Seit dem 1942/43 absehbaren Scheitern von Hitlers Eroberungskriegen mussten die fünf Herrschaftsprinzipien des nationalsozialistischen Systems fortlaufend verschärft werden, nämlich 1. dessen monistisch-autoritäre Führung, 2. die Atomisierung des Individuums, 3. die systemdienliche Führerauslese und Elitebildung, 4. die totale Indoktrinierung aller „Volksgenossen" sowie 5. der Angst und Schrecken verbreitende, aber durchaus „auch anziehend" wirkende Terror (NEUMANN 1944, S. 464-467).

Der theoretische Leitbegriff des „Behemoth" – dessen Leitmotiv sozusagen – ist das Konzept des *„totalitären Monopolkapitalismus".* Neumann bezeichnete mit diesem Ausdruck eine Wirtschaftsform, die zugleich eine *privatkapitalistische Monopolwirtschaft* und eine *vom totalitären Staat reglementierte Befehlswirtschaft* sei:

„Die Wirtschaft des nationalsozialistischen Deutschland hat zwei umfassende und hervorstechende Kennzeichen. Sie ist eine Monopolwirtschaft – und eine Befehlswirtschaft. Sie ist eine privatkapitalistische

Ökonomie, die durch einen totalitären Staat reglementiert wird. Als den besten Namen, sie zu beschreiben, schlagen wir ‚totalitären Monopolkapitalismus' vor." (NEUMANN 1944, S. 313)

Es gibt m.E. drei Gründe, die erklären, warum Neumann dieser Leitbegriff so wichtig erschien.

1. Neumann schien das „im deutschen Wirtschaftssystem steckende Ungeheuer", die „Monopolwirtschaft", die *eigentliche Triebkraft* des nationalsozialistischen Unrechtssystems zu sein. Es waren seiner Ansicht nach an erster Stelle die „Monopolmächte" des deutschen Kapitalismus, die Hitlers imperialistische Großraumpolitik vorantrieben, die auf Kosten der Kleinunternehmen die Wirtschaft rationalisierten und kartellisierten, die von Hitlers Antisemitismus und Arisierungspolitik sowie ganz allgemein vom Ende der „Herrschaft des allgemeinen Gesetzes", der Unabhängigkeit der Richter und des Gewaltenteilungsprinzips am meisten profitierten (NEUMANN 1944, S. 153ff., 199, 232, 316f., 414, 495, 514f.):

> „Im Hinblick auf die imperialistische Expansion besitzen der Nationalsozialismus und das Großkapital identische Interessen. Der Nationalsozialismus strebt nach Ruhm und Stabilisierung seiner Herrschaft, die Industrie nach der vollen Nutzung ihrer Kapazitäten und Eroberung fremder Märkte. Die deutsche Industrie ist bereit gewesen, voll und ganz zu kooperieren. Demokratie, bürgerliche Rechte, Gewerkschaften und öffentliche Diskussion hat sie nie gemocht. Der Nationalsozialismus benutzte den Wagemut, die Kenntnisse, die Aggressivität der industriellen Führungsschicht, während die ‚Wirtschaftsführer' den Antidemokratismus, Antiliberalismus und die Gewerkschaftsfeindlichkeit der Nationalsozialistischen Partei benutzten [...]" (NEUMANN 1944, S. 422)

Neumann widersprach mit seinem Leitbegriff des „totalitären Monopolkapitalismus" der, wie ihm schien, wachsenden Tendenz, „den kapitalistischen Charakter des Nationalsozialismus zu leugnen". Ohne näher auf Pollocks Argumente einzugehen, rechnete er dieser Tendenz auch dessen Staatskapitalismus-Konzept zu (NEUMANN 1944, S. 272ff.) – eine Unterstellung, die Pollock verständlicherweise verärgerte (WILSON 1982, S. 156). Pollock hatte ja ausdrücklich den neuen, den Konkurrenz- oder Privatkapitalismus ablösenden Wirtschaftsstil darum staats*kapitalistisch* genannt, um die nach wie vor bedeutende Rolle kapitalistischer Institutionen wie Profit, Arbeitskraft als Ware usw. hervorzuheben (s. Abschnitt 8). Seine empirischen Analysen der nationalsozialistischen Monopolwirtschaft unterschieden sich kaum von denen

Neumanns. Dieser betonte nicht weniger als Pollock, dass die national-sozialistische „Befehlswirtschaft" tief in die Mechanismen der kapitalistischen Wirtschaft eingriff. Mit dem Ziel, sich wenigstens „die passive Duldung der Massen" zu erhalten, verhinderte Neumann zufolge „die staatliche Kontrolle über Geld, Kredit und den Arbeitsmarkt" im nationalsozialistischen Deutschland alles in allem mit Erfolg, „dass Rezessionen die Form von Massenarbeitslosigkeit" annahmen (NEUMANN 1944, S. 499). Nichts anderes hatte in Bezug auf den *totalitären* Staatskapitalismus Pollock behauptet. Indem er dem *demokratischen* Staatskapitalismus im Prinzip eher noch wirksamere Selbstregulierungs- und Entwicklungsfähigkeiten zutraute, relativierte Pollock die marxistische Zusammenbruchstheorie allerdings mehr, als Neumann in den 1940er Jahren für richtig hielt. Neumann begann erst nach 1950 die Vorstellung zu akzeptieren, dass in Deutschland eine substanzielle, nicht bloß „formale" Demokratie mit dem „Monopolkapitalismus" in Zukunft durchaus ebenso kompatibel sein könnte wie in anderen stabil demokratischen Gesellschaften, etwa Großbritannien, den USA, der Schweiz oder Schweden (vgl. dazu Abschnitt 13; zur Kontroverse zwischen Neumann und Pollock u.a. G. SCHÄFER in NEUMANN 1944, S. 707ff., JAY 1976, S. 175ff., DUBIEL, SÖLLNER 1981, WILSON 1982, WIGGERSHAUS 1986, S. 314ff., INTELMANN 1996, S. 234ff.).

2. Der Leitbegriff des totalitären Monopolkapitalismus erlaubte es Neumann nicht nur, den Widerspruch zwischen politischer Demokratie und Monopolkapitalismus traditionell marxistisch zu erklären. Dieses Konzept lieferte ihm überdies auch eine Erklärung des für ihn so schmählichen *Versagens der SPD* und der *Gewerkschaftsbewegung* in der Weimarer Republik: *Weil* die kleinbürgerlich revisionistische SPD und die bürokratisierten Gewerkschaftsführungen vor 1933 vollkommen verkannt hatten, „dass das zentrale Problem der Imperialismus des deutschen Monopolkapitals war"; *weil* es mit anderen Worten den deutschen Arbeitern nicht gelungen war, „die materiellen Interessen und ideologischen Bande zu zerreißen", die sie „an das vom Reformismus entwickelte System der pluralistischen Demokratie ketteten", konnte sich 1932/33 der nationalsozialistische Behemoth durchsetzen (NEUMANN 1944, S. 37, 43, 263).

Fritz Tarnow hat auf dem Parteitag 1931 der SPD, wo er als deren Vorsitzender die Holzarbeitergewerkschaft vertrat, drei Rollen unterschieden, welche die „am Krankenlager des Kapitalismus" stehende Arbeiterbewegung übernehmen könne: erstens die des *Diagnostikers,* zweitens die des *Arztes,* der heilen will, sowie drittens die Rolle des *fröhlichen Erben,* „der das Ende nicht erwarten kann und am liebsten mit Gift noch etwas nachhelfen möchte" (zitiert von NEUMANN 1944, S. 57). In der Tat war 1931 die Lage am Krankenbett der Weimarer Republik äußerst schwierig, ja verzweifelt, und machte Neumann zufolge „verzweifelte Maßnahmen" erforderlich:

> „Die SPD hatte die Wahl, entweder über eine Einheitsfront mit den Kommunisten unter sozialistischer Führung den Weg der politischen Revolution zu beschreiten, oder mit den Semi-Diktaturen Brünings, Papens und Schleichers in dem Versuch zusammenzuarbeiten, der größeren Gefahr, Hitler, zu wehren." (NEUMANN 1944, S. 56)

Die „Politik des kleineren Übels" (NEUMANN 1944, S. 57), d.h. der Entscheid für die zweite der beiden erwähnten Optionen, den die Führer der reformistischen Arbeiterbewegung fällten, war eine Arznei, die, indem sie die Weimarer Demokratie vergiftete, den Monopolkapitalismus stärkte – ob aus den von Neumann zwischen 1933 und 1950 bevorzugten oder aus anderen Gründen, mit denen er erst in den 1950er Jahren zu rechnen begann (s. Abschnitt 13), ist eine interessante, wenn auch nicht leicht zu beantwortende Frage.

3. Die alleinige oder mindestens die Hauptverantwortung für die verheerende Außen- und Innenpolitik des Dritten Reiches trugen Neumann zufolge „der Imperialismus […] der deutschen Monopolwirtschaft", die von der nationalsozialistischen Partei beherrschte Wehrmacht und Bürokratie – nicht jedoch das deutsche Volk als solches. Es gab für ihn „keinen spezifisch deutschen Charakterzug […] , der für Aggression und Imperialismus verantwortlich zu machen wäre":

> „Wir behaupten, dass der deutsche Imperialismus primär die Politik der industriellen Führungsschicht ist, die von der Nationalsozialistischen Partei voll und ganz unterstützt wird; dass jedoch die übrigen Bevölkerungsschichten dieser Führung lediglich Gefolgschaft oder sogar Widerstand leisten." (NEUMANN 1944, S. 549, 251)

Neumann schrieb der deutschen Bevölkerung sogar ein eher unterdurchschnittliches Maß an antisemitischen Ressentiments zu: Seiner „persönlichen Überzeugung" nach sei „das deutsche Volk, so paradox das auch scheinen mag, noch das am wenigsten antisemitische" (NEUMANN 1944, S. 159).

Das Konzept des „totalitären Monopolkapitalismus" diente Neumann anscheinend auch dazu, den westlichen Alliierten eine von blindem Deutschenhass freie, weitsichtige Nachkriegspolitik zu empfehlen. Neumann schloss bereits die 1942 erschienene erste Auflage des

„Behemoth" mit der Empfehlung ab, den besiegten Deutschen nicht noch einmal die Doktrin des Wilsonianismus eintrichtern zu wollen. Dass inzwischen kein Deutscher mehr an diese Doktrin glaube, sei „eine Tatsache, die die psychologische Kriegführung berücksichtigen muss". Denn die Idee der Selbstbestimmung des Volkes sei von den Westmächten, die Idee der bürgerlichen Demokratie „von den deutschen Demokraten – den Liberalen, Sozialdemokraten, Katholiken – verraten" worden:

> „Politische Demokratie allein wird das deutsche Volk nicht akzeptieren, soviel wenigstens hat die marxistische wie die nationalsozialistische Kritik von Liberalismus und Demokratie in der Tat erreicht. Der Deutsche weiß, dass sich hinter politischer Demokratie wirtschaftliche Ungerechtigkeit verbergen kann. Die psychologische Kriegführung wird nicht zum Erfolg führen, wenn das schließliche Ziel in Deutschland lediglich der Status quo ist. Europa muss neu gestaltet werden. Es darf nicht wieder in feindliche, Krieg führende Staaten gespalten sein. Die Möglichkeiten eines vereinigten Europas müssen zum Wohl der breiten Massen eingesetzt werden. Deutschland darf nicht geteilt und versklavt werden [...] Um die Aggression zu beseitigen, muss außer der Entmachtung von Partei, Wehrmacht und hoher Bürokratie die Macht der Monopolwirtschaft endgültig gebrochen und die ökonomische Struktur Deutschlands grundlegend verändert werden." (NEUMANN 1944, S. 549f.).

Neumann bekannte sich zu dieser Konzeption einer, wie ihm schien, intelligenten Nachkriegspolitik der USA gegenüber Deutschland auch noch während seiner Tätigkeit für das „Office of Strategic Services" (Abschnitt 10). Nach 1950 gab er sie auf, *ohne* an den angeblichen Aporien seines sozialdemokratischen Reformismus, wie ihm einige Interpreten unterstellt haben, zuletzt schier zu verzweifeln (Abschnitt 13).

10. Theoriearbeit in Kalifornien, Deutschlandanalysen für das „Office of Strategic Services"

Ab 1941/42 reduzierten Horkheimer und Pollock sukzessive den New Yorker Institutsbetrieb. Es gab nach dem Erscheinen der letzten Nummer der „Studies in Philosophy and Social Science" keine „Zeitschrift für Sozialforschung" mehr zu redigieren. Horkheimer und Adorno lebten und arbeiteten seit 1941 hauptsächlich, Pollock wenn immer möglich in Kalifornien. H. Grossmann und K.A. Wittfogel hatten mit der Institutsleitung weitgehend, E. Fromm gänzlich gebrochen. F. Neumann, H. Marcuse und O. Kirchheimer, ja zuletzt selbst L. Löwenthal wurden vom Institut, dessen Vermögen stark geschrumpft war, nur noch provisorisch so lange beschäftigt, bis sie anderswo eine zumutbare Stelle gefunden hatten. Neumann und Marcuse gelang es nach dem Kriegseintritt der USA bereits 1942/43, Kirchheimer 1943/44, vom amerikanischen Bundesstaat hauptamtlich als Deutschlandexperten beschäftigt zu werden. Seit kurzem US-Bürger geworden, fanden sie diesen Einsatz im Kampf gegen den nationalsozialistischen „Behemoth" moralisch und politisch geboten.

Während Neumann, Marcuse, Kirchheimer, Löwenthal und teilzeitlich auch Pollock in Washington, D.C. und in New York gleichsam Aktionsforschung im Dienste der amerikanischen Kriegsanstrengung betrieben, arbeiteten Horkheimer und Adorno in Kalifornien intensiver als je zuvor oder nachher an einem gemeinsamen Theorieprojekt. Wie kam es zu dieser Zusammenarbeit, aus der die Pollock zum fünfzigsten Geburtstag überreichten, 1947 unter dem Titel „Dialektik der Aufklärung" veröffentlichten „Philosophischen Fragmente" hervorgingen?

Theodor Wiesengrund-Adorno bzw. (wie er sich seit 1943 als US-Bürger offiziell nannte) *Theodor W. Adorno (1903–1969)* war das literarisch, musikalisch und philosophisch ungemein begabte einzige Kind einer bekannten Sängerin italienisch-katholischer Herkunft – Maria Calvelli-Adorno della Piana – und des deutsch-jüdischen Besitzers einer renommierten Weingroßhandlung in Frankfurt a.M., Oscar Wiesengrund. Adorno promovierte bereits 1924 an der Frankfurter Universität bei Hans Cornelius mit einer philosophischen Dissertation. Horkheimer und Pollock, die damals noch nicht zu seinen besten Freunden zählten, halfen ihm bei der Prüfungsvorbereitung. 1925 verbrachte Adorno ein halbes Studienjahr in Wien, wo ihm Alban Berg Kompositionsunterricht erteilte. Nach Frankfurt zurückgekehrt, machte er sich als ein brillanter Musikexperte und angehender Komponist einen Namen. Trotz erheblicher Vorbehalte gegenüber allem bloß Akademischem, die er mit seinen Freunden Siegfried Kracauer und Walter Benjamin teilte, habilitierte er sich 1931, nachdem ein erster Versuch gescheitert war, bei Paul Tillich mit einer Arbeit über Kierkegaard. Seine Antrittsvorlesung als Privatdozent der Universität Frankfurt a.M. zum Thema „Aktualität der Philosophie" ist auf ihre Weise, wie unten Abschnitt 12 argumentieren wird, ebenso bedeutend wie diejenige, die Horkheimer einige Monate zuvor als neu ernannter Direktor des Instituts für Sozialforschung gehalten hatte. Sie blieb aber zu Lebzeiten Adornos aus verschiedenen Gründen – nicht zuletzt darum, weil sie auf enttäuschend wenig Verständnis stieß – ungedruckt.

Adorno vertraute im Gegensatz zum Horkheimer-Kreis nach der Machtergreifung Hitlers und dem Entzug seiner Lehrbefugnis darauf, dass das nationalsozialistische Regime bald zusammenbrechen werde. Bis dahin wollte er seine akademische Karriere an der Universität Oxford, die ihn als Doktoranden akzeptierte, fortsetzen, ohne seinen Wohnsitz in Deutschland aufzugeben. Seine mit dem Ziel der „Liquidierung" des Idealismus und dessen „Sprengung von innen" durchgeführten Analysen phänomenologischer Antinomien gediehen im englischen Kontext allerdings nicht so wie erhofft. Der Briefverkehr mit Horkheimer, den er Ende 1934 erneuerte, intensivierte sich trotz Vorbehalten, die Horkheimer gegenüber der Philosophie und gewissen persönlichen Eigenarten Adornos hegte. Horkheimer wählte sich aus dem „Feuerwerk an Einfällen und Vorschlägen", die ihm Adornos Briefe aus Europa bescherten, die ihm am besten zusagenden aus (WIGGERSHAUS 1986, S. 182). Insbesondere Adornos Ideen zur „Liquidierung des Positivismus" dürften Horkheimers Kritik am Neopositivismus und am Pragmatismus verschärft haben. Im Verlaufe des dritten Internationalen Kongresses für Einheit der Wissenschaft, der 1937 in Paris stattfand, stellte Adorno seine Fundamentalkritik am sog. „Wiener Kreis" neopositivistischer Philosophen so dar, als ob sie ganz im Geiste Horkheimers erfolgte (DAHMS 1994, S. 80ff., 149ff.; AD-HO I, S. 560ff.).

Adorno lernte auf diesem Kongress auch Paul F. Lazarsfeld kennen, den nach den USA emigrierten Gründer zweier Forschungsstellen für angewandte Sozialforschung in Wien und in Newark (New Jersey). Horkheimer pflegte mit Lazarsfeld gute Beziehungen, seitdem dieser an den empirischen Untersuchungen des Instituts zum Thema „Autorität und Familie" erfolgreich mitgewirkt hatte (s. dazu unten, Abschnitt 11). Ende 1937 bot Lazarsfeld Adorno in einem mehrjährigen Forschungsprojekt über Wirkungen des Massenmediums Radio eine Halbtagsstelle als Leiter des Bereichs „Radiomusik" an. Da das Institut für Sozialforschung Adorno seinerseits eine halbe Stelle in Aussicht stellte, erhielt dieser so die lang ersehnte Gelegenheit, Horkheimer, dem er von allen Angehörigen des Instituts geistig am meisten bieten zu können glaubte, auch geographisch wieder näher zu kommen.

Lazarsfeld beauftragte Adorno damit, theoriegeleitete Hypothesen über Wirkungen von Radiomusik wenn möglich so zu formulieren, dass sie empirisch getestet werden konnten. Adorno stürzte sich voller Begeisterung und mit vielen zündenden Ideen in Lazarsfelds Forschungsprojekt – in dem er jedoch, nachdem er und seine Frau „Gretel" Karplus Anfang 1938 ihren Wohnsitz nach New York verlegt hatten, nur zum Teil reüssierte. Die Rockefeller-Stiftung lehnte es ab, die ihr 1939 beantragte Verlängerung der Anstellung Adornos um weitere zwei Jahre zu bewilligen (vgl. zur häufig dargestellten, konfliktreichen Mitarbeit Adornos im „Radio Research Project" u.a. LAZARSFELD 1968, S. 58ff., WIGGERSHAUS 1986, S. 266ff., MÜLLER-DOOHM 2003, S. 372ff., WALTER-BUSCH 2006, S. 373ff., FLECK 2007).

Horkheimer hatte schon in den 1930er Jahren die Absicht geäußert, Kerngedanken der Kritischen Theorie in Form einer „dialektischen Logik" systematischer darzulegen, als er und Marcuse es in ihren philosophischen Beiträgen für die „Zeitschrift für Sozialforschung" tun konnten. Eines der Konzepte Horkheimers sah vor, Begriffe wie „Kausalität, Tendenz, Fortschritt, Gesetz, Notwendigkeit, Freiheit, Klasse, Kultur, Wert, Ideologie, Dialektik usf." als Teile einer „materiellen Kategorienlehre" zusammenhängend zu entfalten (Institutsprogramm 1938, HGS 12, S. 156f.). Horkheimers im Frühjahr 1941 erfolgter Umzug nach Kalifornien sollte ihm den Freiraum verschaffen, das Projekt endlich in Zusammenarbeit mit ausgewählten Angehörigen des innersten Kreises von Institutsmitgliedern zu verwirklichen. Diesem Zirkel gehörte Adorno nun – nach Pollock, Löwenthal, Marcuse und dem Institutsstifter F. Weil – ebenfalls an. Es war aber noch im Sommer 1941 ungewiss, wer von diesen Persönlichkeiten (ausgenommen ex officio gleichsam Pollock und Weil) nach Kalifornien umziehen durfte, um am geplanten Buchprojekt zu arbeiten, und wer zwecks Aufrechterhaltung des reduzierten Institutsbetriebs in New York zurückbleiben musste (s. dazu den Briefwechsel mit Horkheimer vom April bis Oktober 1941, HGS 17, S. 24-205).

Den Ausschlag für Horkheimers Entscheid, dass es Adorno sein solle, gaben wohl Konvergenztendenzen im Werk der beiden Intellektuellen. Obwohl Adorno, worauf die ihm wenig wohlgesinnte Hannah Arendt hinzuweisen pflegte, „nur" Halbjude war, registrierte er frühzeitig, dass die Judenverfolgung durch das nationalsozialistische Regime im Weltkrieg unaufhaltsam dem Genozid zutrieb. Adorno wollte es bereits im Sommer 1940 scheinen, als ob „all das, was wir unterm Aspekt des Proletariats zu sehen gewohnt waren, heute in furchtbarer Konzentration auf die Juden übergegangen" sei (Adorno an Horkheimer, 5.8.1940; AD-HO II, S. 84). Adornos schlimmste Befürchtungen bewahrheiteten sich, als die ersten, noch ganz und gar unwahrscheinlichen Informationen über die Shoa zur Gewissheit wurden. „These days are days of sadness", schrieb Horkheimer an Löwenthal am 27. November 1942. „The extermination of the Jewish people has reached dimensions greater than at any time in history. I think that the night after these events will be very long [...]" (HGS 17, S. 384)

Marx'sche Kategorien des Klassenkampfes zwischen dem Proletariat und der herrschenden Klasse eigneten sich nach der gemeinsamen Überzeugung von Horkheimer und Adorno immer weniger dazu, den Zivilisationsbruch, den die Krise der Moderne bewirkt hatte, tiefgründig genug zu verstehen. Das, was bei Marx die sozialistisch zu überwindende „Vorgeschichte" der Menschheit hieß, setzte, wie Horkheimer und Adorno nun annahmen, nicht erst mit dem kreativ zerstörerischen Kapitalverwertungsprinzip moderner Gesellschaften ein. Sie reichte viel weiter, bis in die Anfänge der Zivilisationsgeschichte zurück.

Noch bevor Adorno und seine Frau Mitte November 1941 von New York kommend in einer attraktiven Wohngegend der Großregion Los Angeles, nicht weit von Horkheimers und Pollocks Wohnsitz entfernt, in ein Haus einzogen, hatte Horkheimer die Arbeit an einer Abhandlung begonnen, an der ihm besonders viel lag. Sein Essay „Vernunft und Selbsterhaltung" sollte die Serie seiner bisherigen Beiträge zur Institutszeitschrift einerseits abschließen, andererseits andeuten, in welcher Richtung er geistig weiter voranzugehen gedachte. Der Essay postulierte, „dass Vernunft in der abendländischen Geschichte mit Selbsterhaltung und schließlich mit Herrschaft identisch war". Sein Gedankengang sei eigentlich, wie Horkheimer Marcuse schrieb, „höchst einfach":

„Vernunft scheint im Faschismus diskreditiert zu sein. Dies ist nicht richtig. Er hat nur mit den metaphysischen Kategorien, die mit dem Rationalismus verbunden waren, vollends aufgeräumt. Die Vernunft war stets Organ der Selbsterhaltung. Auf sie ist, im brutalsten Sinn, der Faschismus gegründet. In ihm jedoch fällt die letzte rationalistische Illusion, das auf Lebenszeit hinaus organisierte Ich, die synthetische Einheit der Person. Das Ich schrumpft […] Das logische Ende ist der Zerfall der Kultur, wie ihn Sade und Nietzsche vorausgesehen haben." (Horkheimer an Lowe, 1.12.1941, und an Marcuse, 6.12.1941; HGS 17, S. 231, 234)

Adorno eignete sich mit seinem Scharfsinn, seiner theoretischen Phantasie, Belesenheit und Freude an pointierten, dem Stil von Karl Kraus verpflichteten Formulierungen hervorragend dazu, diese Gedanken Horkheimers über aufklärerische Vernunft *als* Selbsterhaltungstrieb und Herrschaftsorgan theoretisch zuzuspitzen sowie anhand von Belegstellen (kreativ erfundener oder gefundener Beobachtungen und Zitate vor allem) zu plausibilisieren. Das Resultat der Zusammenarbeit von Horkheimer und Adorno waren ihre in den Jahren 1942 bis 1944 erarbeiteten „Philosophischen Fragmente", eine aus drei Essays, zwei Exkursen sowie aus Horkheimers „Aufzeichnungen und Entwürfen", die Adorno mit „Zusätzen" ergänzte, bestehende Institutspublikation.

Der holländische Querido Verlag veröffentlichte sie 1947 in einer geringfügig erweiterten und vom Ballast der marxistischen Terminologie, die bereits 1944 eher funktionslos wirkte, befreiten Form.

Der erste, von Horkheimer und Adorno gemeinsam verfasste Essay über den „Begriff der Aufklärung" entfaltete die im zitierten Brief Horkheimers an Marcuse beschriebene Idee, dass „die Vernunft stets", d.h. die ganze „Vorgeschichte" der Menschheit hindurch ein „Organ der Selbsterhaltung" war. Vernunftgeleitet unterwarfen sich die Menschen die äußere Natur, rationalisierten und entmythologisierten dabei stufenweise „vom Homer bis zur Moderne" zunächst ihr ursprünglich auch *„mimetisches"*, der Natur sich gleichsam anschmiegendes, sie imitierendes Verhalten. Der expansiven Herrschaftslogik der Aufklärung folgend rationalisierten und entzauberten die Menschen sodann nach dem mimetischen das *mythische,* und in der Neuzeit schließlich das *metaphysische* Denken – um auf dem Gipfel fortgeschrittenster Vernunftherrschaft den Umschlag von Aufklärung in Barbarei konstatieren zu müssen: „[…] die vollends aufgeklärte Erde strahlt im Zeichen triumphalen Unheils". Kerngedanken des einleitenden Essays lauteten somit:

> „[…] schon der Mythos ist Aufklärung, und: Aufklärung schlägt in Mythologie zurück." „Je mehr die Denkmaschinerie das Seiende sich unterwirft, um so blinder bescheidet sie sich bei dessen Reproduktion. Damit schlägt Aufklärung in die Mythologie zurück, der sie nie zu entrinnen wusste." (HORKHEIMER, ADORNO 1947, S. 54, 25, 21, 49)

Der erste, hauptsächlich von Adorno geschriebene Exkurs vertiefte diesen Gedanken anhand gewagter Interpretationen ausgewählter Textstellen aus Homers Odyssee, der zweite, den primär Horkheimer verfasste, profilierte die These der „Identität von Herrschaft und Vernunft" mit Motiven aus den radikalen Vernunftkritiken des Marquis de Sade und Nietzsches. Anstößige Implikationen der These, so etwa die Erkenntnis der „Unmöglichkeit, aus der Vernunft ein grundsätzliches Argument gegen den Mord vorzubringen", sollten nicht wie es die „moralischen Lakaien des Bürgertums" zu tun pflegten vertuscht, sondern offen verkündet werden (HORKHEIMER, ADORNO 1947, S. 142f.).

Während der zweite, von Entwürfen Adornos ausgehende Essay über „Aufklärung als Massenbetrug" die moderne Massenkultur, welche die Autoren hier mit nachhaltiger Wirkung erstmals „Kulturindustrie" nannten, aufs Korn nahm, umriss der dritte, auf Entwürfe Löwenthals und, vor allem, Horkheimers zurückgehende Essay in sieben Abschnitten bzw. „Thesen" die „philosophische Urgeschichte des Antisemitismus". Damit sollte zugleich ein Beitrag zur theoretischen Fundierung der empirischen Forschungsprojekte über Antisemitismus und undemokratische Vorurteile geleistet werden, die das „American Jewish Committee" und das „Jewish Labor Committee" dem Institut ab 1943 finanzierten (HORKHEIMER, ADORNO 1947, S. 22f.; s. unten, Abschnitt 11).

Wenn die Leitidee des Essays „Vernunft und Selbsterhaltung", von der die „Dialektik der Aufklärung" ausgeht, eigentlich, wie Horkheimer Marcuse schrieb, „höchst einfach" war – warum fällt dann die Lektüre des Buches alles andere als leicht? Sind die – glücklicherweise nicht allzu häufig vorkommenden – Theorierätsel der „Dialektik der Aufklärung" wirklich damit zu erklären, dass es in ihr um nicht weniger als um die Lösung der „kompliziertesten Probleme der Philosophie" ging? (so Horkheimer an R. Anshen, 3.3.1943; HGS 17, S. 435) Horkheimer war davon überzeugt, dass die finstere Zeit, in der er lebte, das Produkt seiner Zusammenarbeit mit Adorno – abgesehen selbstverständlich vom kategorischen Imperativ, Hitler zu besiegen – „mehr als alles andere" benötigte. Denn gegenwärtig gehörten der „Pragmatismus und Empirismus sowie das Fehlen echter Philosophie zu den Hauptursachen für die Krise der Zivilisation" (Horkheimer an Pollock, 9.6.1943; HGS 17, S. 453; s. auch HGS 17, S. 331).

Von seinen Mitarbeitern pflegte vor allem Löwenthal Horkheimer in solchen Überzeugungen zu bestärken. Als Löwenthal Erstfassungen der Essays „Vernunft und Selbsterhaltung" sowie „Juliette oder Aufklärung und Moral" (den zweiten Exkurs der „Dialektik der Aufklärung") zum Lesen bekam, reagierte er enthusiastisch auf diese Art „Philosophie in der Sphäre der Politik, und Politik in der Sphäre der Philosophie": Dem Manifest der Kommunistischen Partei von Marx und Engels durchaus gleichwertig, halte sie „das Gericht über eine Epoche" (Löwenthal an Horkheimer, 18.2.1942 und 19.3.1943, HGS 17, S. 270 und 434).

Wie theoretisch differenzierungsfähig und zur Lösung der „kompliziertesten Probleme der Philosophie" geeignet *kann* aber eine *Geschichtsphilosophie,* die sich zum Richter über ganze Epochen erhebt, überhaupt sein? Paul Tillich, der von den Nationalsozialisten aus Deutschland vertriebene evangelische Theologe, mit dem Horkheimer eng befreundet war, bedankte sich für den ihm zugesandten Essay „Vernunft und Selbsterhaltung" mit einer ungewöhnlich ausführlichen Stellungnahme. Sie enthielt außer Lob und Hinweisen auf religionsgeschichtliche Irrtümer oder Einseitigkeiten der Interpretationen Horkheimers einen Einwand, der in der Sekundärliteratur zur Kritischen

Theorie im allgemeinen, zur „Dialektik der Aufklärung" im besonderen häufig erhoben wird. Tillich fragte sich, ob nicht gerade „auch die Vernunft, die ihre eigene Zerstörung beschreibt, irgendwo unzerstörbar sein [muss], um das zu können":

> „Es ist ein altes Problem, auf das ich damit komme. Die Propheten kannten es als Problem des ‚Rests' der sich in allen Katastrophen erhöht [...] Oder wie ich es gern ausdrücke: Der priesterliche Geist in aller seiner Korruption muss doch noch so viel stillen Einfluss haben, dass er den prophetischen Protest gegen seine Verderbnis möglich macht [...] das [aber] wird in der Analyse [des Essays „Vernunft und Selbsterhaltung"] [...] nicht sichtbar. Der Widerstand gegen die Entmenschlichung, seine Quellen, seine Kraft, seine Verderbnis, sein Wiederaufleben, all das ist nicht angedeutet. Es sieht aus als ob es keine Menschen mehr gäbe sondern nur noch Maschinenteile und keine Vernunft sondern nur noch kluge Mittel für vernunftwidrige Zwecke." (Tillich an Horkheimer, 15.7.1942; HGS 17, S. 327)

Die „Dialektik der Aufklärung" scheint es an einigen Stellen geradezu darauf abgesehen zu haben, Widerreden dieser Art herauszufordern – etwa wenn sie von den Menschen, die der technischen, rein instrumentellen Rationalität des spätkapitalistischen Produktionsmaschine unterliegen, behauptet, dass sich die „Erfahrungswelt" so geprägter Menschen „tendenziell wieder der der Lurche" angleiche; dass die von den Naturwissenschaften und der modernen Technik ermöglichte Naturbeherrschung zur „Automatisierung der geistigen Prozesse" und zu deren „Umwandlung in blinde Abläufe" führte: „Die mathematische Formel ist bewusst gehandhabte Regression". Oder dass die Aufgabe „der Wissenschaft in der gesellschaftlichen Arbeitsteilung" nurmehr darin bestünde, „Tatsachen und funktionale Zusammenhänge von Tatsachen" möglichst zahlreich und übersichtlich so „aufzustapeln", dass die von einem Industriezweig „gewünschte intellektuelle Ware" rasch herausgefunden und verwertet werden könne (HORKHEIMER, ADORNO 1947, S. 59, 211, 274).

Wie moderne Gesellschaften unter Prämissen einer derart eindimensionalen Vernunft auch nur sollten *funktionieren* können, ist schwer vorstellbar. Horkheimer und Adorno ließen sich an diesen und an zahlreichen anderen Stellen ihres Gemeinschaftswerks wohl vor allem von der Neigung leiten, ihre geschichtsphilosophischen Reflexionen mit, wie Tillich es ausdrückte, „weit tragende[n] und immens aggressive[n] Behauptungen" polemisch zuzuspitzen. Tillich nannte den für Horkheimers Essay kennzeichnenden Stil, der auch die „Dialektik der Aufklärung" prägt, „konzentriert diktatorisch":

„Dieser Typ hat den Vorzug, dass kein unnützes Wort gesagt wird, dass jeder Satz wichtig ist […] Der Nachteil ist, dass im Unterschied von dem ‚diffus-demokratischen' Typ des Stiles nicht argumentiert, sondern nur behauptet wird, dass kein Anschauungsmaterial gegeben wird und die Artikulierung des Ganzen unsichtbar bleibt. Der Leser wird, was die Hintergründe der Gedanken betrifft, nicht ins Vertrauen gezogen." (Tillich an Horkheimer, 15.7.1942; HGS 17, S. 326f., 322)

Adorno hat in einem seiner besten Essays eine philosophisch hoch reflektierte Rechtfertigung des von Tillich „konzentriert diktatorisch" genannten Essay-Stils, den er und Horkheimer bevorzugten, verfasst. Diese glänzende Apologie des „Essays als Form", auf die Abschnitt 12 näher eingehen wird, schließt indessen nicht aus, dass es der Essayform sich besser und weniger gut erschließende Gegenstände des Erkennens gibt. Das Thema der „Dialektik der Aufklärung" – die Selbstzerstörung der abendländischen Vernunft von Homer bis zum Ich-Schwund und zum barbarischen Kulturzerfall im Spätkapitalismus – ist, wie mir scheint, ein hierfür nicht gut geeigneter Erkenntnisgegenstand. Dazu sind die Stoffmassen, die es in sich gegenseitig erhellende, ihrem gedanklichen Zentrum je gleich nahe Konstellationen zu bringen gälte, viel zu gewaltig, zu heterogen, widersprüchlich, unförmig, also schlechterdings nicht ohne Gewaltstreiche auf das eine Leitmotiv der sich selber zerstörenden Vernunft hin zu orientieren. Der Horkheimer zufolge eigentlich einfache Grundgedanke des Buches fiel dessen idée fixe, ihn dialektisch „stringent" entwickeln zu müssen, zum Opfer. Die Anstrengung, die es Horkheimer und Adorno kostete, die widerspenstigen Stoffmassen zu bewältigen, steht vielen der Sentenzen, angedeuteten Theorierätsel, Reflexionen und Aperçus ihres Buches ins Gesicht geschrieben. Die Lektüre der „Dialektik der Aufklärung" ist vor allem darum zwar nicht durchgehend, aber überwiegend – zumal wenn man sie am Lesevergnügen misst, das die von Horkheimer gerne zitierten Texte Nietzsches bereiten – ein eher frustrierendes Geschäft (zur Wirkungsgeschichte des Buches vgl. im übrigen REIJEN, SCHMID NOERR 1987 und HONNETH 2005).

Während Horkheimer das Hauptwerk von Franz Neumann, den „Behemoth", ausführlich kommentierte (s. HGS 17, S. 288f., 291-297), geht aus dem publizierten Briefwechsel Neumanns leider nicht hervor, wie umgekehrt dieser die „Dialektik der Aufklärung" beurteilt hat. Man kann vorläufig nur vermuten, ob überhaupt und wenn ja, wie er sich mit diesem Buch auseinandergesetzt hätte. Neumann hatte Horkheimers Rückzug nach Kalifornien, die er für eine unnötige Flucht aus der Verantwortung hielt, ziemlich unverblümt kritisiert

(HGS 17, S. 31f.). Er kannte sich zwar in den Beiträgen Horkheimers und Marcuses zur „Zeitschrift für Sozialforschung" durchaus gut aus (s. H. Pross in ERD 1985, S. 93). Sein Sinn für die „Ambivalenz und Rätselhaftigkeit des Künstlerischen" war aber klar schwächer als bei Horkheimer, Marcuse oder gar bei Adorno entwickelt (s. L. Löwenthal in ERD 1985, S. 32). Dies dürfte seinem Verständnis für die „Dialektik der Aufklärung", die Lesern diesbezüglich einiges abverlangt, Grenzen gesetzt haben.

Als das Buchmanuskript institutsintern als Typoskript vervielfältigt erschien, war Neumann stark von den Recherchierarbeiten in Anspruch genommen, die er und eine Gruppe erstklassiger Deutschlandexperten des „Office of Strategic Services" seit 1943 durchführten. Neumann verfasste ab Ende Juli 1942 in Washington, D.C. Expertisen für das „Board of Economic Warfare" (BEW). Nach Beendigung dieses Auftrags im Januar 1943 gelang es Walter L. Dorn, einem Geschichtsprofessor, der die Zentraleuropa-Sektion der Abteilung „Research and Analysis" (R&A) des 1942 gegründeten „Office of Strategic Services" (OSS) leitete, Neumann zur Mitarbeit in dieser Sektion zu bewegen. Neumann und dessen Kollegen aus dem Institut für Sozialforschung, H. Marcuse und O. Kirchheimer, die 1943 nach ihm diesen Schritt ebenfalls wagten, wird darum etwas missverständlich nachgesagt, sie hätten für den amerikanischen Geheimdienst gearbeitet. Dessen Organisation und Entwicklung war indessen weitaus komplizierter, als sie selbst B. Katz in seiner oft zitierten Abhandlung „The Frankfurt School Goes to War", die Neumanns, Marcuses und Kirchheimers nachrichtendienstliche Aktivitäten während und nach dem Zweiten Weltkrieg schildert, dargestellt hat (KATZ 1989, J. HERZ in SÖLLNER 1986, S. 35f.).

Zwischen den verschiedenen Nachrichten- und Propagandadiensten der USA, etwa zwischen Nelson Rockefeller's Büro des „Coordinator of Inter-American Affairs" (CIAA) und William Donovan's 1941 gegründetem Büro des „Coordinator of Information" (COI), aus dem nach einer ersten Reorganisation Mitte 1942 einerseits das „Office of War Information" (OWI), andererseits das direkt dem militärischen Oberkommando der „Joint Chiefs of Staff" (JCS) unterstellte OSS hervorging, flammten immer wieder schwer zu schlichtende Kompetenzstreitigkeiten auf (DAUGHERTY 1958). Während die Abteilung R&A des OSS *nachrichtendienstlich* tätig war, erfüllten die zwei anderen Abteilungen „Secret Intelligence" und „Special Operations" des OSS Funktionen eines *Geheimdienstes*. Die R&A-Abteilung konnte infolgedessen beim Erstellen ihrer Datenbanken zum Beispiel über führende Anhänger und Gegner des nationalsozialistischen Regimes auch auf die Informationen zurückgreifen, welche die verdeckt operierenden Geheimdienstabteilungen des OSS produzierten. Die Hauptaufgabe der Abteilung R&A bestand aber ausdrücklich darin, der politischen und militärischen Führungsspitze der Krieg führenden USA interdisziplinär umfassende, programmatisch zurückhaltende, kurzum möglichst „objektive" *Daten und Analysen* über Entwicklungen in den strategisch wichtigsten Weltgegenden zur Verfügung zu stellen. Der OSS – Direktor und Brigadegeneral William J. Donovan war davon überzeugt, dass, da im Zeitalter „totaler" Kriegsführung die Grenzen zwischen politischen, ökonomischen und militärischen Informationen sich zunehmend verwischten, die obersten Entscheidungsinstanzen entsprechend umfassende Lageanalysen benötigten. Was Neumanns Sektion tat, kam so laut Alfons Söllner dem marxistischen Ideal einer „dialektischen Einheit" von Kritischer Theorie und gesellschaftsverändernder Praxis überraschend nahe:

> „Es bedarf keines großen interpretatorischen Aufwands, um aus der Funktion, die Donavan den Sozialwissenschaften für die geheimdienstliche Praxis zumisst, Parallelen mit dem Theorieansatz der Neumann-Gruppe herauszulesen. Der Chefideologe der totalen Information fordert hier – sicherlich, ohne sich der wissenschaftstheoretischen Implikationen bewusst zu sein – nichts weniger als eine Sozialwissenschaft, die die Totalität der Gesellschaft unter dem Primat der Ökonomie analysiert […] Es will also einen Augenblick scheinen, als ob die Rollen des marxistischen Theoretikers und des amerikanischen Informationspraktikers miteinander kompatibel, ja gegeneinander austauschbar sind – der Konvergenzpunkt läge im Theoriebedürfnis der amerikanischen Kriegspolitik gegenüber Hitler-Deutschland und im Politikbedürfnis der antifaschistischen Intellektuellen." (SÖLLNER 1982, S. 31f.)

Indessen können die Beziehungen zwischen dem „Theoriebedürfnis der amerikanischen Kriegspolitik" und dem „Politikbedürfnis der antifaschistischen Intellektuellen" ganz gut auch ohne dialektische Konzepte der „Einheit" von Theorie und Praxis verstanden werden. Neumanns Arbeitsteam hatte den Veränderungen der militärischen und politischen Lage entsprechend der Reihe nach hauptsächlich die folgenden vier Aufgaben zu lösen: 1943/44 galt es *zunächst* die sozioökonomische und politische Entwicklung des nationalsozialistischen Regimes zu beobachten und zu analysieren. 1944/45 kam *zweitens* die Aufgabe hinzu, Handbücher und praktisch nützliche Ratgeber auszuarbeiten, die den Kommandanten des amerikanischen Besatzungsregimes dabei helfen sollten, die wichtigsten Ziele der westlichen Alliierten gegenüber Deutschland nach dessen bedingungsloser Kapitulation, „Demilitarisierung", „Denazifizierung", „Demontage" und „Demokratisierung", intelligent umzusetzen. 1945 wurde Neumann *drittens* als Leiter eines Teams von Deutschlandexperten eingesetzt, das den amerikanischen Chefankläger der Nürnberger Prozesse, Robert Jackson, unterstützen sollte. Weil Donovan und Jackson sich miteinander bald zerstritten, dauerte diese Mission nur wenige Wochen (INTELMANN 1996, S. 51). Ab Ende 1945 galt es *viertens* wieder, soziökonomische und politische Entwicklungstendenzen im zerstörten Nachkriegsdeutschland zu erfassen und zu analysieren. Diese Arbeit fand nach Präsident Truman's Entschluss vom Herbst 1945, das OSS in seiner bisherigen Gestalt aufzulösen, unter wesentlich veränderten Bedingungen statt. Während die noch rund 900 Mitarbeitende zählende R&A – Abteilung dem State Department zugeordnet wurde, kamen die übrigen Abteilungen des OSS zum Verteidigungsdepartement. Sie bildeten zusammen mit den Resten der R&A – Abteilung den Kern der 1947 gegründeten „Central Intelligence Agency" (CIA) der USA.

Die R&A – Abteilung des OSS beschäftigte drei Gruppen von Experten: erstens die von Donovan zuerst ausgewählte Führungsschicht etablierter Professoren amerikanischer Hochschulen; zweitens die von diesen rekrutierten, überwiegend jungen amerikanischen Nachwuchsforscher und Assistenten; drittens schließlich (ab Frühjahr 1943) eine hoch gebildete Schicht von meist jüdischen Immigranten, die im Falle der Zentraleuropa-Sektion der R&A – Abteilung in der Regel an Universitäten Deutschlands oder Österreichs studiert und sich in den USA, wo sie vor kurzem eingebürgert worden waren, durch Veröffentlichungen oder Lehraufträge an Universitäten profiliert hatten (KATZ 1989, S. 13).

Stuart Hughes, ein typischer Exponent der Gruppe junger amerikanischer Nachwuchskräfte, der nach dem Krieg eine Karriere als Geschichtsprofessor machte, hatte Neumann, Marcuse und Kirchheimer 1943 kurz kennengelernt, bevor er im Dienste einer Außenstelle des OSS in Algerien arbeitete. 1946 nach Washington, D.C. zurückgekehrt, wurde ihm die operative Leitung der Zentraleuropa-Sektion der R&A – Abteilung übertragen. Formell war er demnach Neumanns Vorgesetzter. In Wirklichkeit diente er, wie er Neumann sagte, als dieser 1947 die Abteilung verließ, als der Direktor der Sektion *unter* ihm, seinem bewunderten Lehrer und Mentor (Hughes in SÖLLNER 1986, S. 47). Neumanns intellektuelle Reputation und persönliche Ausstrahlung waren außergewöhnlich. In der schwierig zu deutenden Anfangsphase des Kalten Krieges wirkten seine politischen Situationsdiagnosen allerdings zunehmend ratlos, wie Hughes Alfons Söllner gesprächsweise mitgeteilt hat. Hughes und andere Bewunderer Neumanns erwarteten, dass dieser nach dem „Behemoth" noch mindestens ein weiteres, großes Werk schreiben würde. Sie waren, als dies nicht geschah, „einigermaßen enttäuscht":

> „Ich fand Neumann oft verwirrend – ich bewunderte ihn […] er sprach in Fragmenten, mit Schweigepausen dazwischen. Ich glaube, er wusste manchmal selber nicht, welche Ratschläge er geben, was er sagen sollte […]" „Die Mentalität des Kalten Krieges war schon Anfang 1946 ganz deutlich vorhanden […] Die Bedingungen hatten sich verändert. Ich höre Marcuse und Kirchheimer noch heute sagen: Was kann man jetzt erwarten? Was können wir noch tun? Und Neumann insistierte: Aber wir müssen etwas tun! Doch wenn ich […] von ihm wissen wollte, was man tun könne, dann kam nicht viel, seine Empfehlungen blieben […] hilflos." „Herbert Marcuse reagierte anders, er lachte nur und zeigte einen fröhlichen Zynismus. Aber Neumann hat wirklich gelitten […]" (Hughes in SÖLLNER 1986, S. 56, 51, 55)

Wie ist dieses Leiden Neumanns an den politischen Gegebenheiten, die er und sein Team in den Jahren 1946/47 zu analysieren *und* mit denen sie als bedeutsamen Rahmenbedingungen ihrer Analysen zu rechnen hatten, zu erklären?

Eine Rolle spielte hier zunächst sicherlich das Bewusstsein der zunehmenden Wirkungslosigkeit, ja Sinnlosigkeit der erstellten Analysen. Neumann und seine Leute wussten, dass ihre Berichte von den anderen Abteilungen des State Department meistens „einfach in den Papierkorb geschmissen" wurden, weil sie als zu einseitig anti-anti-kommmunistisch und linkslastig, kurz als unrealistisch galten. Die Strategie, „Deutschland so rasch wie möglich zum Bundesgenossen aufzubauen", die in ersten Ansätzen schon 1945 erkennbar war, setzte sich ab 1946/47 endgültig durch (J. HERZ in SÖLLNER 1986, S. 43). Vor eben dieser Politik aber warnten Neumann und seine Kollegen schon lange nachdrücklich. Neumann hatte in einem Memorandum vom 4. Dezember 1943 das aus seiner Sicht grundlegende Dilemma der amerikanischen Nachkriegspolitik gegenüber Deutschland wie folgt umschrieben:

> „In order to make sure of their victory and to remove the German danger, they [the Allies] will have to march into Germany and occupy her, but in doing so, they will probably prevent the anti-Nazi reaction of the progressive forces then coming to its fulfilment, and thereby will prevent a solution of the German problem which would give a better guarantee of future peace than any peace treaty could provide." (zitiert von KATZ 1989, S. 43)

Anfang 1943 beurteilte ein amerikanischer Politologieprofessor und Deutschlandexperte in einem seiner Memoranden zuhanden des „Joint Chiefs of Staff" die Bedeutung etwaiger revolutionärer Widerstandsbewegungen im nationalsozialistischen Deutschland sehr kritisch. (James Pollock, der Verfasser dieses Memos, dürfte übrigens während seiner Tätigkeit als Berater von General Lucius Clay von 1945 bis 1948 die amerikanische Deutschlandpolitik um einiges stärker beeinflusst haben, als es die Berichte und Analysen von Neumanns Arbeitsteam im OSS je vermochten; vgl. J. POLLOCK 1994, CLAY 1950). Neumann widersprach J. Pollock's Ansicht in seiner Stellungnahme zum Memorandum entschieden: Eine revolutionäre Erhebung gegen das nationalsozialistische Regime sei „höchst wünschenswert". Um sie nicht ungewollt zu schwächen, sollte sie von den alliierten Streitkräften „weder ermutigt noch verhindert" werden (Neumanns „Remarks" vom 10. Mai 1943, zitiert von KATZ 1989, S. 43).

Spätestens nach dem missglückten Attentat vom 20. Juli 1944 auf Hitler war Neumann allerdings klar, dass Umsturzversuche im kriegsbedingt extrem radikalisierten Herrschaftssystem Hitlers keine Chance mehr hatten. In einer Lagebeurteilung, die der militärischen und politischen Führungsspitze schon zwei Wochen nach dem Attentat vorlag, deutete Neumann die brutale Verfolgung der Verschwörer und anderer Widerstandsgruppen als eine Wiederholung des Roehm-Putsches von 1934 unter veränderten Vorzeichen: Während Hitlers Partei sich damals im Interesse der Armee, von der sie abhängig war, gewaltsam selber gesäubert hatte, unterzog zehn Jahre danach nun umgekehrt „die Partei zwecks Erhaltung ihrer Autonomie die Armee einem Säuberungsprozess" (zitiert von KATZ 1989, S. 42).

Während des Krieges wirkten viele der aus Neumanns „Behemoth" abgeleiteten Erklärungen so wie diejenige des Memorandums vom 27. Juli 1944 durchaus überzeugend. In der Nachkriegssituation Deutschlands war dies immer weniger der Fall. Ein vor allem von Neumann geprägtes Memorandum über „Die Erneuerung des politischen Lebens in Deutschland" vom 11. November 1946 wies warnend darauf hin, dass sich im westlichen Nachkriegsdeutschland die unglückliche Geschichte der Weimarer Republik wiederholen könnte:

„Die sozialen Konflikte, die zum Untergang der Weimarer Republik führten, sind bereits wieder aufgebrochen; es gibt Anzeichen, dass sie größer und heftiger werden, sobald die Militärregierung einer zivilen Regierung Platz macht […] In den Westzonen wurden die alten herrschenden Gruppen nicht aus ihren Machtpositionen verdrängt, wohingegen in der sowjetischen Zone die Verstaatlichungsmaßnahmen und die Enteignung des Großgrundbesitzes zumindest die Voraussetzungen für eine grundlegende Änderung der deutschen Klassenstruktur geschaffen haben." „In der westlichen Zone lösen die traditionellen Konflikte bereits die anti-faschistische Einheit auf […] Eine gründliche Entnazifizierung würde die Zerschlagung der großen industriellen und finanziellen Gruppierungen, die die imperialistische Wirtschaftsstruktur Deutschlands beherrscht haben, erfordern […] Man kann erwarten, dass sich in Zukunft keine deutsche Regierung auf eigenständige und demokratische Weise an der Macht halten kann, wenn sie nicht zumindest die Schlüsselindustrien und das Bankensystem verstaatlicht […]" (zitiert in BORSDORF, NIETHAMMER 1976, S. 301, 310f.)

Neumann beurteilte die politische Situation Nachkriegsdeutschlands auch noch in einem Aufsatz, den er 1948 publizierte, sehr kritisch:

„Die Besatzungsmächte müssen eine Entscheidung treffen. Sie können dem Land entweder demokratische Prozeduren aufpropfen, ohne radikale Veränderungen der sozioökonomischen Struktur vorzunehmen. Die Deutschen kämen dann zwar in den Genuss all jener Rechte, die ihnen unter dem Nationalsozialismus verwehrt waren; aber sie stünden bald vor denselben Problemen, mit denen sie zwischen 1930 und 1933 zu tun hatten. Gibt es irgendeine Garantie dafür, dass sie nicht wieder in den Faschismus zurückfallen? Oder aber die Besatzungsmächte zerstören mittels der Militärregierung die überkommene sozio-ökonomische Struktur und verändern sie radikal. Welche Garantie gibt es dann, dass eine solche Maßnahme Freiheit und Demokratie sichern wird? […] Im ersten Fall erfreut man sich der Freiheit in der Gegenwart – mit der Aussicht, sie in der Zukunft zu verlieren; im zweiten Fall wird die Freiheit in der Gegenwart verwehrt – um ihren Genuss in einer vagen Zukunft zu ermöglichen." (NEUMANN 1948, S. 312f.)

Neumann revidierte diese Lagebeurteilung erst im Gefolge der Erfahrungen, die er ab 1949/50 in Berlin machen konnte, wo er erfolgreich an der Institutionalisierung einer Politikwissenschaft mitwirkte, die sich als freiheitliche Demokratiewissenschaft verstand. Die quälenden Selbstzweifel, die sein Wirken in der R&A – Abteilung des State Department zuletzt begleiteten, waren vermutlich vor allem darauf zurückzuführen, dass ihm der Abschied von seinem marxistischen Monopolkapitalismuskonzept nicht leicht fiel. Überlegungen, die dessen angeblich überragende Erklärungskraft relativierten, gewannen in den 1950er Jahren aber so sehr an Überzeugungskraft, dass Neumann sich ihnen alsbald nicht mehr verschließen mochte (s. unten, Abschnitt 13).

11. Die Autoritarismus- und Vorurteils-Forschung des Instituts

Als Horkheimer 1930 sein Amt als Institutsdirektor und Ordinarius für Sozialphilosophie an der Universität Frankfurt a.M. antrat, war bereits ein Sozialforschungsprojekt eben der Art im Gange, wie er es in seiner Antrittsvorlesung vom Januar 1931 skizzieren sollte. Auf der Basis empirischer Materialien, die u.a. aus einer schriftlichen Befragung qualifizierter Arbeiter und Angestellten Deutschlands stammten, untersuchten Institutsassistenten unter der Leitung von Erich Fromm die Zusammenhänge, die bei diesen Sozialschichten zwischen ihrer Rolle im Wirtschaftsprozess, Veränderungen „in der psychischen Struktur ihrer einzelnen Mitglieder und den auf sie als Gesamtheit im Ganzen der Gesellschaft wirkenden und von ihr hervorgebrachten Gedanken" vermutet werden konnten (HORKHEIMER 1931, S. 33; s. oben, Abschnitt 6).

Erich Fromm (1900–1980) entstammte väterlicherseits einer Familie, zu deren Vorfahren Talmud-Gelehrte und Rabbiner gehörten. In Frankfurt a.M. aufgewachsen, schloss Fromm sein Studium der Soziologie, Psychologie und Philosophie 1922 bei Alfred Weber in Heidelberg mit der Dissertation „Das jüdische Gesetz. Ein Beitrag zur Soziologie des Diasporajudentums" ab. Seine starke Bindung an das orthodoxe Judentum lockerte sich, als er 1924 in Heidelberg bei der Psychotherapeutin Frieda Reichmann eine Psychoanalyse anfing, die er nach seiner Verheiratung mit ihr u.a. bei Karl Landauer fortführte.

Ungefähr zur gleichen Zeit unterzogen sich Fromms Studienfreund Leo Löwenthal und Max Horkheimer ebenfalls Psychoanalysen, ersterer bei Frieda Reichmann, letzterer bei Karl Landauer. Horkheimer war der psychoanalytischen Bewegung gegenüber sehr positiv eingestellt. Ohne seine Unterstützung hätte das „Frankfurter Psychoanalytische Institut", das dem Institut für Sozialforschung assoziiert und von Landauer geleitet wurde, 1929 nicht gegründete werden können. Fromm referierte an der Eröffnungsfeier des neuen Instituts nach Landauer, Frieda Fromm-Reichmann und Heinrich Meng über „Psychoanalyse und Soziologie" (FUNK 1983, S. 58). 1930 zum ordentlichen Mitglied des Instituts für Sozialforschung ernannt, konzipierte und leitete er dessen sozialpsychologische Forschungsprojekte. Er steuerte zum ersten, fast 950 Seiten zählenden Sammelband über Ergebnisse der institutseigenen Sozialforschung neben Horkheimer und Marcuse einen der drei einleitenden „Theoretischen Entwürfe über Autorität und Familie" bei. Fromm redigierte außerdem die zweite Abteilung „Erhebungen" des Bandes, und berichtete kurz über die Methodik sowie erste Resultate seiner Arbeiter- und Angestellten-Erhebung (FROMM in HORKHEIMER 1936b, S. 77-135, 231-271).

Nach der Trennung von Frieda Fromm-Reichmann mit der Psychoanalytikerin Karen Horney liiert, vermittelte ihm diese 1933 Gastvorlesungen in Chicago. Fromm begann die Psychoanalyse nun auch in den USA zu praktizieren, ab 1934 in enger Zusammenarbeit mit Karen Horney in New York, wohin im selben Jahr bekanntlich auch das Institut für Sozialforschung seinen Hauptsitz verlegte. Die von Karen Horney und anderen „Revisionisten" der klassischen Psychoanalyse, insbesondere Harry S. Sullivan initiierten Modifikationen der Trieblehre Freuds stießen im Institut für Sozialforschung vor allem nach der Ankunft Adornos, mit dem Fromm schlecht auskam, auf Kritik. 1938/39 verließ Fromm das Institut im Unfrieden. Da er die Fragebögen und andere Untersuchungsmaterialien aus der Arbeiter- und Angestellten-Erhebung, die den Umzug nach New York überstanden hatten, mit sich nahm, konnte das Institut darüber nie abschließend Bericht erstatten. Erst 1980 hat Wolfgang Bonß aufgrund verschiedener Berichtsentwürfe aus Fromms Nachlass eine Rekonstruktion wichtiger Befunde dieser Enquête publiziert (FROMM 1980; vgl. zu dieser Edition SAMELSON in STONE et al. 1993, S. 32).

Fromms Karriere verlief nach 1939 gänzlich unabhängig vom Institut für Sozialforschung, zu dessen wichtigsten Mitgliedern er bis dahin gehört hatte. Fromm lebte und wirkte nun in den USA, in Mexiko sowie zuletzt auch in der Schweiz (Locarno). Seine in viele Sprachen übersetzten Schriften plädierten für Ideen und Ideale eines menschenfreundlichen Sozialismus, einer humanistischen Tiefenpsychologie und Lebensphilosophie. Die erste Generation von Theoretikern der Frankfurter Schule hielt Fromms erfolgreichste Bücher nach „Escape from Freedom" (1941) – insbesondere „Man for Himself" (1947), „The Art of Loving" (1956), „The Heart of Man" (1964); vgl. auch „The Anatomy of Human Destructiveness" (1973) sowie „To Have or to Be?" (1976) – für Manifeste einer Art von Commonsense-Psychologie und populärer Zeitdiagnostik, die sie wissenschaftlich nicht ernst zu nehmen brauchte.

Die von Fromms Arbeiter- und Angestellten-Befragung aufgeworfenen *Methodenprobleme* spielten indessen in der institutseigenen Sozialforschung noch lange Zeit – mindestens bis zum sog. „Gruppenexperiment" des nach Deutschland zurückgekehrten Instituts – eine bedeutende Rolle. Nachfolgend werden die drei Hauptphasen der Autoritarismus- und Vorurteilsforschungen des Instituts mit Blick auf deren

Fragestellung, Ergebnisse und forschungsmethodische Probleme kurz vorgestellt: erstens die Arbeiter- und Angestellten-Enquête von Erich Fromm, zweitens die Vermessung antisemitischer Vorurteile und autoritärer Charaktereigenschaften durch drei teils mehrjährige Forschungsprojekte, deren wichtigstes Resultat die Monographie „The Authoritarian Personality" war, sowie drittens das „Gruppenexperiment" der frühen 1950er Jahre. Es macht Sinn, diese drei Phasen inhaltlich verwandter Forschungsaktivitäten des Instituts in ihrem Zusammenhang zu betrachten. Das Gruppenexperiment wird hier darum berücksichtigt, obwohl es den Zeitrahmen der Jahre 1934 bis 1950 des dritten Kapitels geringfügig überschreitet.

(a) Erich Fromms Arbeiter- und Angestellten-Befragung

Von den ursprünglich gut 1.100 ausgefüllten Fragebögen, welche die angeschriebenen, über 3.300 qualifizierten Arbeiter, Angestellten und unteren Beamten dem Institut bis Ende 1931 zurückgesandt hatten, musste in New York 1934 fast die Hälfte als verloren gelten (BONSS in FROMM 1980, S. 8). Da gemäß Pollock dadurch die Repräsentativität der Umfrage nicht mehr gegeben war, lohnte es sich ihm zufolge nicht, die Umfrage gründlicher auszuwerten, als es Fromm und dessen wichtigste Projektmitarbeiterin Hilde Weiss in ihrem wenig informativen Beitrag zu den „Studien über Autorität und Familie" hatten tun können (HORKHEIMER 1936b, S. 239-271). Andererseits entstammten ja auch die ungefähr 1.100 Fälle des ursprünglichen Rücklaufs weder einer Quotenstichprobe noch einem Zufallssample, sondern einer „Repräsentativität" bloß beanspruchenden, willkürlichen Stichprobe (FROMM 1980, S. 60f.). Unter Berücksichtigung dieser einschränkenden Bedingung wären selbst die verbliebenen 584 Fragebogen quantitativ aufschlussreich analysierbar gewesen – *wenn* Fromm so wie die anderen Institutsmitglieder, die am Institutsprojekt „Autorität und Familie" mitwirkten, ihre Einwände gegen „mechanische", „schematische Verfahren" der statistischen Datenanalyse, die der „Mehrdeutigkeit in der Beantwortung bestimmter Fragen" scheinbar nicht gerecht werden konnten (so FROMM in HORKHEIMER 1936b, S. 235f.), zurückgestellt, sich diese Techniken angeeignet und sie kompetent eingesetzt hätten.

Der von Fromm und Hilde Weiss entworfene Fragebogen enthielt weit mehr, nämlich 271 Fragen als sein wichtigster Vorläufer, das bloß 26 Positionen umfassende Befragungsformular, das Adolf Levenstein

in den Jahren 1907 bis 1910 an über 8.000 Metall-, Textil- und Bergar-
beiter Deutschlands verteilt hatte (LEVENSTEIN 1912). Karl Marx'
1880 publizierter, berühmter „Fragebogen für Arbeiter" wiederum bestand aus 99 Fragen. Diese bezogen sich, dem damaligen Stand der
Entwicklung der Arbeitsverhältnisse entsprechend, fast ausnahmslos
auf handfest materielle Aspekte der Arbeitssicherheit, Arbeitszeitgestal-
tung, Entlöhnung, Arbeitsordnung usw. (MEW 19, S. 230ff.). Levenstein befragte Arbeiter demgegenüber als einer der ersten Sozialforscher
hauptsächlich über sozialpsychologische Aspekte und Auswirkungen
ihrer Arbeit. Fromm glaubte auf die Seele der Arbeiter und Angestellten mit psychoanalytischen Mitteln noch tiefer zugreifen zu können.
Wohl um die Befragten nicht unnötig zu irritieren, sprachen allerdings
nur relativ wenige seiner 271 Fragen intimere Sachverhalte an (insbesondere die Fragenblöcke 417-425 und 621-627: „Ist Ihre Verdauung
in Ordnung?" „Schlafen Sie gut?", „Glauben Sie, dass der einzelne
Mensch an seinem Schicksal selbst schuld ist?" „Glauben Sie, dass man
bei der Erziehung der Kinder ganz ohne Prügel auskommt?" „Wie
denkt Ihre Frau darüber?" usw.; s. FROMM 1980, S. 298, 300). Die
Mehrzahl der von Fromm und Hilde Weiss formulierten Fragen erkun-
deten im Stil herkömmlicher Sozialenquêten Arbeits- und Lebensum-
stände der angeschriebenen Arbeiter, Angestellten und Beamten.

Fromm hat in den 1970er Jahren, als das Interesse an seiner Studie
neu erwachte, behauptet, dass er und sein Forschungsteam die gesam-
melten Umfragematerialien grundsätzlich so auslegten, wie „ein Psychoanalytiker den Assoziationen seines Patienten zuhört" (BONSS 1982,
S. 172). Dieser Anspruch war indessen mit den Antworten, die er auf die
vielen Fragen seines Fragebogens erhielt, schlecht einzulösen. Fromm
wollte „auf Grund ausgedehnter theoretischer Überlegungen […] Anga-
ben erhalten, die Schlüsse auf die Triebstruktur" der Befragten zuließen.
Dabei interessierte ihn an erster Stelle die Verbreitung der „für das
Deutschland dieser Jahre" kennzeichnenden drei Haupttypen des *autoritären*, des *revolutionären* und des *ambivalenten,* sich teils autoritär, teils
autonom verhaltenden Charakters (FROMM in HORKHEIMER 1936b,
S. 249). Es gelang Fromm aber weder in seinen Beiträgen zu Horkheimers Sammelband noch in den daran anschließenden, in Zusammenarbeit mit Lazarsfelds Forschungsinstitut durchgeführten Datenanalysen
(FROMM 1980, v.a. S. 225ff.), diese psychoanalytisch begründete Typo-
logie empirisch befriedigend zu validieren.

Theoretisch konstruierte Fromm den „autoritär-masochistischen
Charakter" im Anschluss an Überlegungen von Sigmund Freud, Wilhelm Reich und Karen Horney annähernd perfekt dem Bild entspre-

chend, das Heinrich Mann vom negativen Helden „Diederich Hessling" seines 1918/19 publizierten Romans „Der Untertan" entworfen
hat. Dieser Diederich Hessling war, wie ihn Heinrich Mann gleich am
Anfang seines Romans einführt, das Kind eines Fabrikanten, „das am
liebsten träumte, sich vor allem fürchtete und viel an den Ohren litt".
In seinen geliebten Märchenbüchern lesend, erschrak Diederich
manchmal: „Neben ihm auf der Bank hatte ganz deutlich eine Kröte
gesessen, halb so groß wie er selbst!" Fürchterlicher als diese Kröte aber
war „der Vater, und obendrein sollte man ihn lieben":

> „Diederich liebte ihn. Wenn er genascht oder gelogen hatte, drückte er
> sich so lange schmatzend und scheu wedelnd am Schreibpult umher, bis
> Herr Hessling etwas merkte und den Stock von der Wand nahm. Jede
> nicht herausgekommene Untat mischte in Diederichs Ergebenheit und
> Vertrauen einen Zweifel. Als der Vater einmal mit seinem invaliden Bein
> die Treppe herunterfiel, klatschte der Sohn wie toll in die Hände – wor-
> auf er weglief. – Kam er nach einer Abstrafung mit gedunsenem Gesicht
> und unter Geheul an der Werkstätte vorbei, dann lachten die Arbeiter.
> Sofort aber streckte Diederich nach ihnen die Zunge aus und stampfte.
> Er war sich bewusst: ‚Ich habe Prügel bekommen, aber von meinem Pa-
> pa. Ihr wäret froh, wenn ihr auch Prügel von ihm bekommen könntet.
> Aber dafür seid ihr viel zuwenig.'" (MANN 1919, S. 9)

Adorno hat in seinem Vortrag „Zur Bekämpfung des Antisemitismus
heute" (1962) beiläufig bemerkt, dass Heinrich Manns Romanfigur
die „autoritätsgebundene, [...] spezifisch antisemitische" Natur oder
auch, „wie man es schlicht auf gut deutsch sagt, die Radfahrernatur"
autoritärer Menschen (oben buckeln, unten treten) vortrefflich veran-
schauliche (AGS 20.1, S. 372; vgl. KUZMICS, MOZETIC 2003,
S. 142ff.). In die Sprache der analytischen Sozialpsychologie Fromms
übersetzt, lautete Heinrich Manns literarische Erkenntnis des autoritär-masochistischen Charakters:

> „Die masochistischen Strebungen zielen darauf ab, unter Preisgabe der
> Individualität der eigenen Persönlichkeit und unter Verzicht auf eigenes
> Glück das Individuum an die Macht hinzugeben, sich in ihr gleich-
> sam aufzulösen und in dieser Hingabe [...] Lust und Befriedigung zu
> finden. Die sadistischen Strebungen haben das umgekehrte Ziel, einen
> andern zum willen- und wehrlosen Instrument des eignen Willens zu
> machen [...] Auf dieser Triebbasis erwächst die für den sadomaso-
> chistischen Charakter typische Einstellung zu Menschen [...] Wenn man
> die Persönlichkeitstypen ganz allgemein [...] in solche einteilen kann,
> deren Aggression sich gegen den Mächtigen und deren Sympathie sich
> für den Unterdrückten entwickelt, und in solche, deren Aggression sich

gegen den Wehrlosen und deren Sympathie sich auf den Mächtigen er-
streckt, so ist der autoritäre Charakter ein eindeutiger Repräsentant des
zweiten Typs. Im Grunde seines Gefühls dem Stärkeren und Mächtigeren gegenüber ist die Furcht. Diese ist aber als solche verhältnismäßig
wenig bewusst, aus ihr entwickelt sich Ehrfurcht, Bewunderung und
Liebe. Wo dieser Charakter Macht spürt, muss er sie beinahe automa-
tisch verehren und lieben [...] Allerdings erwächst diese Liebe zum
Stärkeren auf einer äußerst ambivalenten Gefühlsbasis. Wenn er den
Mächtigeren und Stärkeren liebt, so heißt das nicht, dass er ihn nicht
gleichzeitig beneidet und hasst. Dieser Hass ist jedoch gewöhnlich
verdrängt. Häufig kommt die Ambivalenz so zum Ausdruck, dass die
Mächtigen gleichsam geteilt werden. Die einen erhalten alle guten Eigenschaften zugesprochen und werden geliebt, die andern alle schlechten und werden gehasst." (FROMM in HORKHEIMER 1936b, S. 115f.; s.
auch FROMM 1942, S. 140ff.)

Nun ist es eine Sache, komplexere Erfahrungen und Einsichten des
Common Sense sei es *literarisch,* sei es in Form einer *sozialwissenschaftlichen Theorie* zur Sprache zu bringen. Eine andere, prinzipiell nur ap-
proximativ lösbare Aufgabe ist es, solche Erkenntnisse mit den be-
grenzten Mitteln der *empirischen Sozialforschung* überzeugend zu *validieren.*

Fromm hielt das Quantifizieren von Antworten auf geschlossene
Tatsachenfragen für relativ unproblematisch. Denn hier habe man es,
wie er argumentierte, mit vorformatierten, „standardisierten" Antworten zu tun, „die aufgrund ihrer qualitativen Eindeutigkeit eine unmittelbare Quantifizierung" zuließen (FROMM 1980, S. 62). Im Falle offener Einstellungsfragen dagegen könne eine derartige „qualitative Eindeutigkeit" der Antworten zumal dann nicht angenommen werden,
wenn von ihnen ausgehend die Verbreitung bestimmter „Charakterstrukturen" – etwa die des autoritär-masochistischen, des revolutionären oder des ambivalenten Strukturtyps – erschlossen werden solle.
Hier sei „keine mechanische Auswertung der einzelnen Antworten"
möglich:

„Es kann nicht etwa so vorgegangen werden, dass die Zuordnung jeder
Person, die den Fragebogen beantwortet hat, zu einem Strukturtypus
ein für allemal danach vorgenommen wird, dass etwa bestimmte Fragen
positiv und bestimmte andere negativ beantwortet sind [...] es bedarf
der Deutung des Sinnes und häufig des dem Befragten unbewussten
Sinnes einer Antwort, um ihre Zugehörigkeit zu einem bestimmten Typ
beurteilen zu können [...] Häufig ist die Bedeutung einer bestimmten
Antwort nur im Zusammenhang mit anderen Antworten [...] zu verstehen. Wenn zum Beispiel auf eine Frage nach der Lebensmaxime angege-

ben wird, ‚man müsse die Dinge so nehmen, wie sie sind‘, so kann diese Antwort einen verschiedenen Sinn haben, je nachdem welcher Typ sie gibt [...] Wo die Mehrdeutigkeit in der Beantwortung bestimmter Fragen nicht zu überwinden ist, kann dies eine besondere charakterologische Bedeutung haben [...]“ (FROMM in HORKHEIMER 1936b, S. 235f.)

Im Anschluss an Unterscheidungen Paul F. Lazarsfelds, den das Institut mehrfach mit der statistischen Analyse selbst produzierter Dateien beauftragte, nannte Fromm die „typologische Verarbeitung“ einzelner Fragebögen auch die mit Mitteln der „Strukturstatistik“ erfolgende „*interpretative* Klassifikation“ von Befragungsdaten. Ihr oblag es, die „ursprünglichen Antworten [der Befragten] in die Sprache der zugrunde liegenden Persönlichkeitszüge“ zu übersetzen (HORKHEIMER 1936b, S. 235, 402; FROMM 1980, S. 64).

Fromms Versuch indessen, die individuell je verschiedenen Antwortprofile seiner Befragten den drei theoretisch postulierten Typen des autoritär-masochistischen, des revolutionären und des ambivalenten Charakters zuzuordnen, stieß auf große Schwierigkeiten. Beispielsweise vertraten viele Befragte – wie viele gemäß welchen Kriterien genau, war nicht zu ermitteln – *sowohl* politisch progressive bis revolutionäre *als auch* offen oder verdeckt „autoritäre“, d.h. ausdrücklich autoritäts-bejahende oder autoritär-rebellische Auffassungen. Offen oder verdeckt autoritäts-bejahende Haltungen schienen unter den Befragten ganz allgemein wesentlich weiter verbreitet zu sein, als Fromm vermutet hatte. Ohne seine zusammenfassenden Schlussfolgerungen empirisch plausibel begründen zu können, bezeichnete er als das wichtigste Ergebnis der Enquête den geringen, nur etwa 15 Prozent ausmachenden Anteil von Linken, die um 1930 „mit der sozialistischen Linie sowohl im Denken als auch im Fühlen übereinstimmten“:

„Zwar besaßen die linken Parteien die politische Treue und die Stimmen der großen Mehrheit der Arbeiter, aber es war ihnen im großen und ganzen nicht gelungen, die Persönlichkeitsstruktur ihrer Mitglieder so zu verändern, dass diese in kritischen Situationen verlässlich gewesen wären. Auf der anderen Seite zeigten jedoch weitere 25 % der Sozialdemokraten und Kommunisten eine weitgehende, wenngleich geringere Übereinstimmung mit ihren politischen Parteien und ließen keine Persönlichkeitszüge erkennen, die ihren linken Ansätzen widersprochen hätten [... Offenbar] gab es [...] einen festen Kern höchst zuverläßiger Kämpfer, der groß genug war, um die weniger Militanten unter bestimmten Bedingungen mitzureißen, nämlich dann, wenn eine fähige Führung und eine richtige Einschätzung der politischen Lage vorhanden waren.“ (FROMM 1980, S. 250, 252).

Fromm präsentierte damit seine Enquête ohne empirisch plausible Begründung ziemlich willkürlich so, als ob sie die von Franz Neumann und anderen Institutsangehörigen bevorzugte Erklärung des Versagens der SPD und der KPD in der Endphase der Weimarer Republik empirisch bestätigt habe (s. Abschnitt 9). *Dieses* Kriterium – die *Übereinstimmung* mit einer bisher oder zukünftig *relevanten Meinung* eines Menschenkollektivs – und *nicht* die Falsifikation durch erhobene Fakten ist bis heute das *entscheidende Wahrheitskriterium* aller Varianten anwendungsorientierter Sozialforschung – auch der vom Institut betriebenen kritischen Forschung.

Fromm und Horkheimer waren sich der methodischen Mängel der empirischen Befunde, die sie in den „Studien über Autorität und Familie" vorlegten, bewusst. Fromm wies darauf hin, dass den Institutsmitgliedern nun, im amerikanischen Exil, die einmalige Gelegenheit geboten werde, die „fortgeschrittenen amerikanischen Untersuchungsmethoden" genauer kennen zu lernen. Auch seien die Bevölkerungsschichten, die das Institut in den USA in Zukunft untersuchen werde, auf die Beteiligung an solchen Erhebungen wohl „ungleich viel besser vorbereitet" als die seinerzeit in verschiedenen Ländern Europas befragten Personen (FROMM in HORKHEIMER 1936b, S. 234f.).

Horkheimer betonte in seinem Vorwort zu den „Studien" ebenfalls, dass die von ihnen dokumentierten Enquêten „in besonders hohem Grad den Charakter des Experiments" aufwiesen. Ihre empirische Beweiskraft sei daher begrenzt:

> „Nirgends haben wir aus den Ergebnissen verallgemeinernde Schlüsse gezogen; die Umfragen waren nicht als Mittel beweiskräftiger Statistik gedacht, sie sollten uns mit den Tatsachen des täglichen Lebens in Verbindung halten und jedenfalls vor weltfremden Hypothesen bewahren." (HORKHEIMER 1936b, S. X).

Horkheimer erwartete ähnlich wie Fromm, dass es dem Institut nach seiner Etablierung in New York möglich sein werde, „die in Amerika geübten und mehr als in Europa entwickelten Methoden der Enquête an Ort und Stelle selbst kennen und anwenden zu lernen" (HORKHEIMER 1936b, S. XI). Inwieweit erfüllten die sozialwissenschaftlichen Studien über antisemitische Vorurteile und den autoritären Charakter, die das Institut im Auftrag jüdischer Organisationen ab 1943 durchführte, Horkheimers Erwartungen?

(b) Auf der Suche nach dem antidemokratischen Charakter: Die Studien
„Anti-Semitism and Labor" und „The Authoritarian Personality"

Seit dem Ende der 1930er Jahre war das Institut zur Finanzierung seiner Forschung, wie oben von Abschnitt 3 kurz erwähnt, auf Drittmit-
tel angewiesen. 1939/40 konzipierten Institutsmitglieder darum Forschungsprojekte, von denen Horkheimer hoffte, dass gemeinwohlori-
entierte Stiftungen sie subventionieren würden. Die Rockefeller-Stiftung lehnte es allerdings ab, das ihr Anfang 1941 eingereichte Projekt
„Cultural Aspects of National Socialism" zu fördern. Das ebenso sorgfältig ausgearbeitete „Research Project on Anti-Semitism" (s. ZfS 9
(1941/42), S. 124-143) stieß bei jüdischen Organisationen zwar auf
Interesse. Es wurde aber trotz intensiver Bemühungen Neumanns, Pollocks und Horkheimers vorerst nicht auch finanziell unterstützt (WIG-
GERSHAUS 1986, S. 309ff., 393f., und FLECK 2007, S. 356ff.).

Anfang 1943 erklärte sich eher unverhofft das „American Jewish
Committee" (AJC) – eine von vier nationalen Organisationen zur Förderung jüdischer Anliegen in der amerikanischen Gesellschaft – dazu
bereit, vom April 1943 an ein einjähriges Forschungsprojekt einerseits
über psychologische Aspekte des Antisemitismus, andererseits über
dessen Funktionen in totalitären Gesellschaften mit 10.000 Dollar zu
unterstützen, falls das Institut hierfür denselben Betrag aufwende. Das
psychologische Teilprojekt sollte in Kalifornien unter Horkheimers
Leitung, das andere, etwas vager definierte Teilprojekt in New York unter der Leitung von Pollock durchgeführt werden (WIGGERSHAUS
1986, S. 396f.).

Die Beziehung, die Horkheimer im Mai 1943 zum Leiter eines For-
schungsteams des „Institute of Child Welfare" der „University of California" in Berkeley (UC Berkeley) herstellte, erwies sich als der entscheidende Erfolgsfaktor der gesamten Autoritarismus-Forschung des
Instituts. Dem Team gehörten ein junger Professor für Psychologie der
UC Berkeley, Nevitt Sanford, Else Frenkel-Brunswik, eine aus Österreich vertriebene Psychologin, die Horkheimer den Kontakt zu Sanford vermittelt hatte, sowie als wissenschaftliche Nachwuchskraft Da-
niel Levinson an. Alle drei Sozialwissenschaftler waren in ihrer Forschung stark psychoanalytisch orientiert. Die Befragungsskalen zur
Messung der Bevölkerungsmoral und antisemitischer Vorurteile, an
deren Entwicklung sie 1942/43 arbeiteten, sollten wenn möglich *auch*
tiefenpsychologische Hintergründe der erfassten Meinungen offen le-
gen (STONE et al. 1993, S. 6ff., 34). Von diesem methodischen Ansatz
ausgehend schlug Sanford Horkheimer vor, Antisemitismus einerseits

mittels standardisierten, statistisch gut analysierbaren Fragebögen, andererseits mittels ausführlichen Tiefeninterviews und projektiven Testmethoden vertieft zu erfassen. Horkheimer schien Sanford's Konzept die relativen Stärken quantitativ-„amerikanischer" und qualitativ-„europäischer" Forschungstechniken viel versprechend miteinander verbinden zu können (WIGGERSHAUS 1986, S. 400ff.).

Der umfangreiche Bericht über Ergebnisse des einjährigen Forschungsprojektes, den das Institut dem AJC im Sommer 1944 vorlegte, enthielt neben einer zusammenfassenden Synthese u.a. den Versuch einer gesellschaftswissenschaftlichen Erklärung antisemitischer Bewegungen, Inhaltsanalysen demagogischer Reden (namentlich eine, die Adorno verfasste, bevor er ab Herbst 1944 zusammen mit Sanford das „Berkeley Team" leitete; AGS 9.1, S. 9-143), ferner empirisch gestützte Mutmaßungen zur Verbreitung antisemitischer Ressentiments in Deutschland und den USA sowie Vorschläge zur Offenlegung solcher Einstellungen durch als Interviewer verdeckt operierende Arbeiter oder Angestellte. Diese sollten ihren Kollegen bei passender Gelegenheit vorbereitete Fragen stellen, um danach zu protokollieren, wie auf diese Diskussionsstimuli spontan reagiert worden war („participant interviews"). Der die Auftraggeber vom AJC am stärksten beeindruckende Teil des Forschungsberichts war aber klar das Kapitel, in dem Sanford und Levinson ihre auch im Jahrgang 1944 des „Journal of Psychology" publizierte „Skala zur Messung von Antisemitismus" vorstellten (WIGGERSHAUS 1986, S. 405).

Der aktuellen Bedeutung der Problematik entsprechend, fanden 1944 in den USA gleich zwei wissenschaftliche Symposien über Ergebnisse und Desiderate der sozialwissenschaftlichen Antisemitismus-Forschung statt: im Mai zunächst eine in New York vom AJC organisierte, zweitägige Konferenz, an der u.a. Gordon Allport, Kurt Lewin, Lloyd Warner sowie vom Institut Horkheimer, Pollock und Adorno teilnahmen; im Juni in San Francisco sodann ein „psychiatrisches Symposium über Antisemitismus", an dem – neben Vorträgen von Horkheimer, Adorno, Otto Fenichel, Ernst Simmel u.a. – E. Frenkel-Brunswik und N. Sanford Eigenschaften „antisemitischer Persönlichkeitszüge" analysierten, die sie 1943/44 zusammen mit D. Levinson, aber noch ohne Beteiligung Adornos, quantitativ und qualitativ erforscht hatten. Dieser Konferenzbeitrag nahm dabei inhaltlich wie methodisch schon erstaunlich viele Motive der 1950 publizierten „Authoritarian Personality" vorweg. Er war sozusagen, was weiter unten kurz zu begründen sein wird, die „Authoritarian Personality" in nuce (SIMMEL 1946, S. 119-147).

Beide Konferenzen wirkten sich innerhalb des AJC zugunsten des im Sommer 1944 gefällten Entscheides aus, die Antisemitismus-Forschung in erweiterter Form fortzuführen. Die bestehende Forschungsabteilung des AJC wurde zu einem „Scientific Department" ausgebaut. Im November 1944 übernahm Horkheimer, nachdem er im Frühjahr zusammen mit Adorno den ersten Teil ihres Dialektik-Projekts hatte abschließen können (Abschnitt 10), die Direktion des Departementes. In dieser Funktion entwickelte er als Erstes ein Programm zur umfassenden Erforschung der Verbreitung und der Ursachen von Antisemitismus in den USA. Es sollte dem AJC auch Möglichkeiten der Bekämpfung des Antisemitismus und der Evaluation der Wirkungen entsprechender Maßnahmen aufzeigen (WIGGERSHAUS 1986, S. 408).

Bis klar war, inwieweit das Institut für Sozialforschung an diesem anspruchsvollen Forschungsprogramm des AJC beteiligt sein würde, konnte es seine methodisch originale Idee des „teilnehmenden Interviewens" in einer Untersuchung über „Anti-Semitism and Labor" erproben, die ihm das „Jewish Labor Committee" (JLC) vom Juni 1944 an für ein Jahr finanzierte. 270 als partizipative Interviewer instruierte Arbeiter produzierten in der ersten Projektphase 566 Gesprächsprotokolle. Deren inhaltsanalytische Auswertung wurde unter anderem darum nie veröffentlicht, weil sie methodisch heikle Fragen aufwarf, und von der Verbreitung antisemitischer Vorurteile unter amerikanischen Arbeitern ein bedenkliches Bild entwarf: Nur 31 Prozent der im Alltag spontan sich über Juden Äußernden konnten gemäß dieser Inhaltsanalyse als „judenfreundlich", 38 Prozent dagegen mussten als gemäßigt und noch einmal 31 Prozent als „entschieden judenfeindlich" eingestuft werden (WIGGERSHAUS 1986, S. 410 und ZIEGE 2009, S. 180-228; MÜLLER-DOOHM 2003 (S. 440, 932) übernimmt von BONSS 1982 die schon bei JAY 1976 falsche Datierung des Projekts auf die Jahre 1942/43).

Diese Botschaft wurde in den USA natürlich nicht besonders gerne gehört – zumal ihre Autoren ähnlich wie Neumann dazu tendierten, die im amerikanischen Alltagsleben praktizierten Ausgrenzungstendenzen und Vorurteile gegenüber Juden für gravierender zu halten als diejenigen, die es vor 1933 in Deutschland gegeben hatte. Das Institut hielt sich in der Folge mit international vergleichenden Einschätzungen der Verbreitung antisemitischer Ressentiments eher zurück.

Im Frühjahr 1945 standen die neun Forschungsprojekte, die das AJC in den nächsten Jahren fördern wollte, fest. Von diesen neun Projekten konnten bis 1949/50, als das AJC die amerikanische Öffentlichkeit mit den fünf Bänden „Studies in Prejudice" über die wichtigsten

Ergebnisse seines Forschungsprogramms informierte, drei nicht verwirklicht werden, an denen Horkheimer besonders viel gelegen war: erstens die Produktion eines Spielfilms, der es ermöglichen sollte, die ethnozentrischen Vorurteile derer, denen er in verschiedenen Versionen vorgeführt wurde, exakt zu messen; zweitens die Abfassung einer die Tricks antisemitischer Propaganda entlarvenden Broschüre; drittens die Publikation eines „definitiven Traktates über Antisemitismus" (WIGGERSHAUS 1986, S. 420f., 454f.). Der Schlussbericht zum Berkeley-Projekt, das an dritter Stelle der „Studies in Prejudice" publizierte Werk „The Authoritarian Personality" der Autoren T. W. Adorno, E. Frenkel-Brunswik, D. Levinson und N. Sanford, übte aber in den 1950er Jahren eben die Leuchtturmfunktion aus, die Horkheimer eigentlich dem geplanten „definitiven Traktat über Antisemitismus" zugedacht hatte. Abgeschlossen werden konnten 1949/50 außerdem auch P. Massings Darstellung der Vorgeschichte des politischen Antisemitismus in Deutschland, L. Löwenthal's und N. Guterman's Inhaltsanalysen faschistoider Radioreden und Broschüren amerikanischer Demagogen sowie Analysen von Vorurteilen, Ressentiments und Rassenhass einerseits bei Kriegsveteranen („Dynamics of Prejudice", von B. Bettelheim und M. Janowitz), andererseits bei psychisch schwer gestörten Menschen („Anti-Semitism and Emotional Disorder", von N. Ackerman und M. Jahoda).

Das bei weitem erfolgreichste Werk der Buchreihe, „The Authoritarian Personality", erschien 1950 in einer Zeit, die seine öffentliche Wirksamkeit begünstigte. Nach 1945 wuchs das Interesse, das liberal gesinnte Kreise der amerikanischen Öffentlichkeit an der Verbesserung der Beziehungen zwischen Angehörigen verschiedener Klassen, Völker oder Rassen hatten. Die „sciences of human relations" und deren Nachfolger, die forschungsmethodisch fortschrittlicher formatierten „behavioral sciences", die Licht ins Dunkel dieser Beziehungen bringen sollten, wurden von gemeinnützigen Stiftungen und vom Staat kräftig gefördert (vgl. dazu u.a. WALTER-BUSCH 1989, S. 152ff.; 2006, S. 414f.). Die umfassenden Studien von Adorno et al. zur Psychogenese antidemokratischer Dispositionen von Menschen, deren soziale Voraussetzungen und Folgen fügten sich dieser Konstellation perfekt ein: Indem sie mit Mitteln der analytischen Sozialpsychologie aufzeigten, wie in Menschen rigide, potenziell destruktive Vorurteile entstehen, stärkten sie damals weithin akzeptierte Bestrebungen zur sozialwissenschaftlich angeleiteten Humanisierung der Gesellschaft.

Der spektakuläre Erfolg der Monographie über die autoritäre Persönlichkeit war nicht nur ihrem zeitgeistkonformen Thema zu verdanken. Fachwissenschaftler zeigten sich auch davon beeindruckt, dass es den Verfassern der „Authoritarian Personality" auf den ersten Blick sehr gut, viel besser jedenfalls als den „Studien über Autorität und Familie" gelungen war, von einer komplexen Theorie geleitete Annahmen qualitativ *und quantitativ* zu validieren. Paul Lazarsfeld, der Pionier anspruchsvoller Ansätze angewandter Sozialforschung, reagierte aus diesem Grund bereits auf erste Entwürfe des Schlussberichts zum Berkeley-Projekt geradezu begeistert:

> „I was very much impressed by some chapters of the Berkeley Study which I have read quite carefully – I mean the ones on anti-Semitism and on the F Scale [Fascism Scale]. It is, I think, the first time that a solution has been found for combining the ideas of your group with the tradition of empirical research [...] the main concepts are very clearly presented and in such a form that they can be subjected to empirical tests." „I expect the Berkeley Study to become an outstanding success." (Lazarsfeld an Horkheimer, 19.7.1947; HGS 17, S. 848, 846)

Adorno selber hat als eine seiner schönsten wissenschaftlichen Erfahrungen in Amerika das „Moment des Spielerischen" hervorgehoben, das die Mitglieder des Berkeley-Teams, wie es ihm rückblickend erschien, beflügelte, während sie sich für die F-Skala „indirekte" Fragebogenitems ausdachten, die möglichst keinen Bezug zum Befragungsziel „Messung des potenziell faschistischen Charakters einer Person" verraten sollten:

> „Wir brachten Stunden damit zu, sowohl ganze Dimensionen, ‚variables' und Syndrome, als auch besondere Fragebogenitems uns einfallen zu lassen, auf die wir um so stolzer waren, je weniger ihnen die Beziehung auf das Hauptthema anzusehen war, während wir aus theoretischen Motiven Korrelationen mit Ethnozentrismus, Antisemitismus und politisch-ökonomisch reaktionären Ansichten erwarteten. Dann haben wir diese items in ständigen Pretests kontrolliert und [...] diejenigen items ausgeschieden, die sich als nicht genügend trennscharf erwiesen [...] Dabei mussten wir freilich [...] oft gerade solche items aufgeben, die wir selbst für die tiefsten und originellsten hielten, und ihnen andere vorziehen, die ihre größere Trennschärfe damit bezahlten, dass sie der Oberfläche offener Meinungen näher lagen als die wahrhaft tiefenpsychologischen [...] Während wir glaubten, durch die Kombination quantitativer und qualitativer Methoden den Antagonismus des Generalisierbaren und des Spezifisch-Relevanten überwinden zu können, ereilte er uns inmitten unserer eigenen Bestrebungen doch noch. Es scheint die Not jeder empirischen Soziologie, dass sie zu wählen hat zwischen der Zuverläßigkeit und der Tiefe ihrer Befunde." (AGS 10.2, S. 726f.)

Die Verfasser der „Authoritarian Personality" betonten in einem offiziell gemeinsam, de facto von Sanford verfassten Kapitel, das die Konst-
ruktionsprinzipien der „indirekt" messenden F-Skala erläuterte, dass
hier gewöhnlich „die im statistischen Sinn besten Fragebogenitems zugleich auch die am treffendsten formulierten sowie vom Standpunkt
der Theorie und der Untersuchungsmethode aus besten Sätze waren"
(ADORNO et al. 1950, S. 247). Diese von Adorno nachträglich selber
mit Fragezeichen versehene *Harmonieprämisse* hinsichtlich der Vereinbarkeit *qualitativer* und *quantifizierender* Untersuchungsmethoden
konnte unter dem Druck der bald einsetzenden Methodenkritik an der
„Authoritarian Personality" nicht lange aufrechterhalten werden. Wegweisend wirkten vor allem die Argumente von H. Hyman und P. Sheats-
sley (in CHRISTIE, JAHODA 1954, S. 50-122; vgl. zu diesen interessanten Methodenproblemen, die hier nicht eingehender analysiert werden
können, u.a. FREYHOLD 1971, STONE et al. 1993, ALTEMEYER 1998
und JÄGER 2009, S. 202ff., 218ff.; reichlich einseitig FLECK 2007,
S. 397ff.).

So wie in manchen anderen Fällen auch beeinträchtigten die methodischen Mängel des Berkeley-Projekts dessen Erfolg in der Öffentlichkeit und unter Fachexperten kurzfristig kaum, und auch längerfristig nur teilweise. C. Wright Mills stellte 1954 zutreffend fest, dass „The
Authoritarian Personality" die einflussreichste Veröffentlichung des zu-
rückliegenden Jahrzehnts über Persönlichkeitstypen sei, die, „obwohl
nicht gut strukturiert und von durchschlagender Methodenkritik betroffen, doch von überragender Bedeutung bleibt" (MILLS 1954,
S. 574f.; vgl. zum vier Jahrzehnte danach etwas reduzierten Klassiker-
status dieses Werks v.a. STONE et al. 1993).

Die Hauptbotschaft der „Authoritarian Personality" ist verblüffend
prägnant bereits im oben erwähnten Beitrag von Frenkel-Brunswik
und Sanford zum Symposium enthalten, das im Juni 1944 in San
Francisco stattfand. Diese beiden Autoren veröffentlichten ihren Vortrag zunächst (1945) im „Journal of Psychology", danach „mit einigen
Veränderungen" noch einmal in E. Simmels 1946 erschienenem Sammelband (SIMMEL 1946, Anm. 1, S. 119). Vom psychoanalytischen
Standpunkt aus beobachtet, hingen ethnozentrische, insbesondere antisemitische Vorurteile und tief in der individuellen Bildungs- und So-
zialisationsgeschichte wurzelnde Persönlichkeitszüge eng miteinander
zusammen. Sanford, Frenkel-Brunswik und Levinson untersuchten
diesen Zusammenhang bereits in der Anfangsphase des Berkeley-Projekts einerseits *quantitativ* mittels Einstellungsskalen zur Messung von
Antisemitismus, Ethnozentrismus, politischem Konservatismus so-

wie jetzt noch antisemitisch, später faschistisch genannten Persönlichkeitszügen, die mit sog. „indirekten" Items erschlossen werden sollten (vgl. in SIMMEL 1946 v.a. S. 122, 127, 129f., 134 und 137). 140 Studentinnen der UC Berkeley nahmen an der Hauptbefragung teil, während der erste Versionen der als Antisemitismus–, Ethnozentrismus–, Konservativismus- und Faschismus-Skalen bekannt gewordenen Befragungsinstrumente zum Einsatz kamen. 20 Studentinnen, die gemäß der mehrfach vorgetesteten Antisemitismus-Skala sich entweder durch besonders hohe (8 Fälle), mittlere (4 Fälle) oder tiefe Durchschnittswerte (8 Fälle) ausgezeichnet hatten, wurden anschließend zur Teilnahme an *qualitativ-„klinischen"* Untersuchungen mittels Tiefeninterviews und thematischen Apperzeptionstests (darunter dem nach 1944 nicht mehr ausgewerteten Rorschach-Test) motiviert. Als das „herausragende Merkmal" der acht die Autoren der Studie besonders interessierenden, überdurchschnittlich antisemitischen Studentinnen stellte sich deren „eingeschränkte, schmalspurige Persönlichkeit" mit einem sie streng beherrschenden, „konventionellen Über-Ich" heraus:

> „Das konventionelle Über-Ich übernimmt die Funktion des unterentwickelten Ichs und führt zu einem Individuationsdefizit und zu einer Tendenz zu stereotypem Denken. Um mit Eltern, Eltern-Imagines und der Gesellschaft im ganzen in Harmonie zu leben, müssen elementare Impulse, die als niedrig, destruktiv und gefährlich erscheinen, verdrängt werden und können nur auf Umwegen Ausdruck finden, zum Beispiel in Projektionen und in ‚moralischer Entrüstung'. So können Antisemitismus und Intoleranz gegenüber Out-Groups im allgemeinen eine wichtige Integrationsfunktion erfüllen [...] Daraus erklärt sich das rigide und zwanghafte Festhalten an Vorurteilen." (FRENKEL-BRUNSWIK und SANFORD in SIMMEL 1946, S. 140f.)

Das u.a. um sein neues Mitglied Adorno erweiterte Berkeley-Team ging in der zweiten, vom Buch „The Authoritarian Personality" dokumentierten Phase seiner Antisemitismus-Forschung im Prinzip gleich vor: Es analysierte statistisch die Ergebnisse der Befragung von insgesamt rund 2.100 Versuchspersonen, die in unterschiedlichen Versionen Fragebogen zur Messung von Antisemitismus, Ethnozentrismus, politischem Konservativismus und Faschismusanfälligkeit beantwortet hatten (ADORNO et al. 1950, S. 57-288); es bewegte Befragte, die in der Ethnozentrismus-Skala besonders hohe oder besonders tiefe Durchschnittswerte erzielt hatten, gegen Bezahlung dazu, an zwei bis drei Stunden während „klinischen Intensivstudien", während derer auch projektive Apperzeptionstests zum Einsatz gelangten, teilzunehmen; die ausführlich protokollierten Tiefeninterviews und Testergebnisse wurden sodann primär qualitativ, sekundär auch quantitativ ausgewertet (ADORNO et al. 1950, S. 291-783). Zwei spezielle Befragtengruppen schließlich – Insaßen eines Gefängnisses und Patienten einer psychiatrischen Klinik – sowie die beiden gegensätzlichen Einzelfälle von „Mack" und „Larry" wurden im letzten Teil V des Werks gesondert untersucht (ADORNO et al. 1950, S. 787-970; die Autoren präsentierten Teilaspekte der Fallgeschichten von „Mack" und „Larry" im übrigen nicht nur hier, sondern übers ganze Buch verteilt gleichsam als dessen Leitmotiv mehrfach, insgesamt achtmal). Als Hauptmerkmale des nun nicht mehr „antisemitisch", auch nicht „faschistisch" oder „antidemokratisch", sondern „autoritär" genannten Charakters erwiesen sich eine vom schwachen Ich, rigiden Über-Ich und ich-fremdem Es eines Menschen verursachte, starre Bindung an konventionelle Normen, autoritäre Unterwürfigkeit und Aggression sowie die Projektion unbewusster Triebimpulse auf ausgewählte Out-Groups (ADORNO et al. 1950, S. 228, 971). Gemäß einer prägnanten Formulierung von R. Wiggershaus geht das Ich autoritärer Persönlichkeiten sozusagen „an den Krücken der Stereotypie, der Personalisierung, des diskriminierenden Vorurteils". Es identifiziert sich mit den Machthabern, nicht deren Opfern. Und es befriedigt seine Triebe „im Namen ihrer moralischen Verwerfung und ihrer Unterdrückung bei Außengruppen und Außenseitern" (WIGGERSHAUS 1986, S. 461).

Die Verfasser der „Authoritarian Personality" konnten nicht nur ihre *Diagnose,* sondern auch ihre Vorschläge zur *Therapie* autoritärer Strukturen direkt an die Überlegungen des Vortrags anschließen, den Frenkel-Brunswik und Sanford im Juni 1944 gehalten hatten. Ethnozentrisch befangenen Sozialschichten „zu mehr psychischem Verständnis und mehr Sensibilität zu verhelfen und sie von Verdrängung zu befreien", sei eine anspruchsvolle Aufgabe. Darum müssten im notwendigen Kampf gegen den antidemokratischen Ethnozentrismus und Antisemitismus „alle Energien für ein Programm zur umfassenden Unterrichtung über Mensch und Gesellschaft" mobilisiert werden (so FRENKEL-BRUNSWIK und SANFORD in SIMMEL 1946, S. 147).

Die Herausgeber und Verfasser der „Authoritarian Personality" traten ebenfalls dafür ein, Programme zur „wissenschaftlich geplanten […] Umerziehung" (re-education) zu initiieren, die vom empirisch erwiesenen Zusammenhang zwischen autoritären Charakterstrukturen und Demokratiefeindlichkeit ausgingen. Solche Programme sollten die „politische Philosophie" autoritär antidemokratischer Persönlichkeiten, deren Neigung zu „stereotypen Urteilen, zur Gefühlskälte, Identifikation mit der Macht und allgemeinem Destruktivismus" bekämpfen (ADORNO et al. 1950, S. XI, VII). Dabei gelte es allerdings zu berücksichtigen, dass „potenziell faschistische Strukturen mit psychologischen Mitteln allein nicht verändert werden können":

> „The task is comparable to that of eliminating neurosis, or delinquency, or nationalism from the world. These are products of the total organization of society and are to be changed only as that society is changed. It is not for the psychologist to say how such changes are to be brought about. The problem is one which requires the efforts of all social scientists […] It would be foolish to underestimate the fascist potential with which this volume has been mainly concerned, but it could be equally unwise to overlook the fact that the majority of our subjects do not exhibit the extreme ethnocentric pattern and the fact that there are various ways in which it may be avoided altogether […] Thus, we need not suppose that appeal to emotion belongs to those who strive in the direction of fascism, while democratic propaganda must limit itself to reason and restraint. If fear and destructiveness are the major emotional sources of fascism, eros belongs mainly to democracy." (ADORNO et al. 1950, S. 975f.).

Horkheimer durfte mit dem Echo, das diese Botschaft unter Sozialwissenschaftlern und in den gebildeten Kreisen der amerikanischen Öffentlichkeit erzeugte, mehr als nur zufrieden sein. Der durchschlagende Erfolg der „Authoritarian Personality" wurde an erster Stelle der wissenschaftlichen Arbeit seines Instituts und dem bei Literaturnachweisen stets an erster Stelle genannten Adorno, und nur unter Sachkennern auch oder vor allem Sanford's Team zugeschrieben. In Wirklichkeit hatten Frenkel-Brunswik, Levinson und Sanford Konzept und Leitideen der „Authoritarian Personality" schon viele Monate, bevor Adorno mit ihnen wissenschaftlich zusammenzuarbeiten begann, entworfen. Selbst die Idee der Konstruktion „indirekter" Items für das später F-Skala genannte Messinstrument, als dessen alleiniger Erfinder sich Adorno darstellte (zuerst Ende 1944, s. WIGGERSHAUS 1986, S. 413f.), ist von ihnen, wie ihr Vortrag vom Juni 1944 beweist, bereits 1943/44 entwickelt worden (vgl. dazu auch STONE et al. 1993, u.a. S. 13).

Angesichts dieser Verdienste von Sanford's Berkeley-Team – dem entscheidenden Erfolgsfaktor der amerikanischen Autoritarismus-Forschung des Instituts – ist es merkwürdig, wie schroff sich Horkheimer gegebenenfalls von eben der Art Sozialforschung auch distanzieren konnte, welche die Reputation seines Instituts sowohl in den USA als auch nach 1950 in Deutschland mit begründete. Als ihn Löwenthal

brieflich über die heftige Kritik informierte, die Else Frenkel-Brunswik
an Adornos ungeschickten Interventionen im Berkeley-Team ihm gegenüber geäußert hatte, antwortete Horkheimer, dass ihm diese Kritik
wohl bekannt sei. Er, Horkheimer, könne sich aber einfach nicht mit
der Gattung empirischer Forschung aussöhnen, „von der diese Leute
nicht bloß leben – was recht verständlich ist –, sondern die sie an die
Stelle geistiger Anstrengung setzen – was eine Gemeinheit ist […] Diese unsagbare social science ist eines der Phänomene, in denen die
Schlechtigkeit des Geistes der zu Ende gehenden Phase zum Vorschein
kommt." (Horkheimer an Löwenthal, 24.8.1946; HGS 17, S. 758f.)

(c) Versuche zur Vermessung des Nichtratioïden im „Gruppenexperiment"

Philosophisch inspirierter Gesellschaftstheorie oblag es gemäß Horkheimers Antrittsvorlesung von 1931, der Sozialforschung des Instituts
jene „beseelenden Impulse" zu vermitteln, die sie vor dem „Versinken
ins bloß Empirisch-Technische" traditioneller „Tatsachenforschung"
bewahren sollten (s. oben, Abschnitt 6). Das Institut versuchte in der
Folge in seinen empirischen Untersuchungen, den vielschichtigen
Hintergründen menschlichen Handelns besser gerecht zu werden, als
es oberflächlich messender Tatsachenforschung möglich ist. Weder
Fromms Arbeiter- und Angestellten-Enquête noch die Studie über
„Anti-Semitism and Labor" konnten allerdings solchen Ansprüchen
genügen: Fromms Erhebung nicht, weil sie befragungsmethodisch und
datenauswertungstechnisch zu mangelhaft war; die amerikanische Ar-
beiterbefragung nicht, weil die quantitative Inhaltsanalyse der 566 protokollierten „partizipativen Interviews" so unbefriedigend ausfiel, dass
auf deren Veröffentlichung verzichtet werden musste. Erst die vom
Berkeley-Projekt schon 1943/44 praktizierte Kombination qualitativ-
klinischer mit quantitativen Untersuchungsmethoden erwies sich als
ein durchschlagender Erfolg. Es gelang zwar auch ihr gemäß Adorno
nicht durchwegs, den „Antagonismus des Generalisierbaren und des
Spezifisch-Relevanten" zu überwinden. Insgesamt produzierte das Berkeley-Projekt jedoch, mit Robert Musil zu sprechen, bis zum „fast Eindeutigen" konvergierende, d.h. hinreichend plausibel erscheinende
Forschungsresultate.
    Das, was Adorno im zitierten Aufsatz über seine wissenschaftlichen
Erfahrungen in Amerika als die vielschichtige, von bloßer Meinungsfor-
schung verfehlte „Tiefe" sozialer Realitäten bezeichnet hat, nennt Robert Musil das unendlich Auslegungsbedüftige sog. *„nichtratioïder"* Phä-

nomene. Nichtratioïd ist beispielsweise bereits ein Satz wie „sie wollte es so". Man kann sich von Nichtratioïdem „niemals ohne unendliche Zusätze eine hinreichend bestimmte Vorstellung machen". Die Tatsachen im Gebiet des Nichtratioïden sind „unendlich und unberechenbar". Demgegenüber zeichnen sich *ratioïde* Gegenstände der Erkenntnis „durch eine gewisse Monotonie [...], durch das Vorwiegen der Wiederholung" sowie schlicht dadurch aus, „dass sich die Tatsachen auf diesem Gebiet eindeutig beschreiben und vermitteln lassen". Ratioïdes, *zur Eindeutigkeit konvergierendes Erkennen* bewährt sich primär als Wissenschaft von der „physischen Natur", als Quasi-Naturwissenschaft vom Verhalten des Menschen, der über eine „moralische Natur" verfügt, jedoch nur, wenn der Erkenntnisgegenstand „bis zum fast Eindeutigen" konvergiert (MUSIL 1918, S. 1049f., und 1921, S. 1026ff.).

Dem ersten großen Forschungsprojekt des 1950 in Frankfurt a.M. neu gegründeten Instituts ging es nicht anders als seinen Vorläufern „um die Vereinigung wissenschaftlicher Objektivität mit sinnvoller Einsicht in das Wesentliche, das sich immer wieder den exakten Methoden zu entziehen trachtet" (POLLOCK 1955, S. 31). Das „Gruppenexperiment", das der amerikanische „High Commissioner for Germany" (HICOG) dem Institut vom Sommer 1950 an finanzierte, bezweckte die Erforschung der politischen Meinungen und Einstellungen verschiedener Bevölkerungsgruppen Westdeutschlands. Diese sollten sich in Gruppendiskussionen möglichst freimütig über heikle Themen wie ihre Einstellung zur Judenverfolgung, zur deutschen Schuldfrage, zur östlichen und zu den westlichen Siegermächten sowie zur demokratischen Staatsform aussprechen.

Im Winter 1950/51 wurden 151 Gruppen mit durchschnittlich 14 (minimal 6, maximal 26) Mitgliedern an einem ihnen vertrauten Ort versammelt. Die Teilnehmenden waren einander entweder bereits persönlich bekannt oder standen sich als „Flüchtlinge", „Bauern", „Jungsozialisten" usw. nahe. Jede Gruppe wurde gebeten, während zunächst etwa einer Stunde den sog. „Colburn-Brief" zu diskutieren. Dies war der fiktive Brief eines je nachdem, wo die Diskussion stattfand, amerikanischen oder britischen Unteroffiziers über seine Erfahrungen in Deutschland seit 1945. Der sorgfältig konstruierte Brief bezweckte, den allgegenwärtigen, 1950/51 gleichsam in der Luft liegenden „Grundreiz" bloßzulegen, „dem jeder damals in Deutschland Lebende ausgesetzt war." Der Diskussionsleiter und dessen Assistent spielten ihn einleitend auf einem Tonbandgerät vor (POLLOCK 1955, S. 41-50, 277, 501-503). Um den Teilnehmern Anonymität zu gewährleisten, erhielten sie Decknamen. Die sich strikt neutral verhaltenden Gesprächsleiter sorgten dafür, dass die Diskussion möglichst freimütig verlief. Erst im zweiten, noch einmal etwa einstündigen Gesprächsteil stimulierten sie die Diskussion zusätzlich mit standardisierten Argumenten zu Motiven des Colburn-Briefes. Die Diskussionen wurden auf Tonband aufgenommen, transkribiert und anschließend quantitativ und qualitativ analysiert (POLLOCK 1955, S. 32ff., 434, 501ff.).

Dem Forschungskonzept des „Gruppenexperiments" lag die Annahme zugrunde, dass die öffentliche Meinung einer Gesellschaft nicht einfach der Durchschnitt individuell, womöglich standardisiert abfragbarer Einstellungen ihrer Mitglieder zu allgemein interessierenden Fragen ist. Meinungen und Einstellungen der Menschen seien „oft nicht sonderlich dezidiert". Sie bildeten vielmehr ein eher „vages und diffuses Potential", das dem Einzelnen „häufig erst während der Auseinandersetzung mit anderen Menschen deutlich [wird …] Sie ändern sich je nach der Stimmung und der Situation, in der die Menschen sich befinden, und es können abwechselnd die mannigfaltigsten Tendenzen in den Vordergrund des Bewusstseins treten." (POLLOCK 1955, S. 32)

Die vom Institut entwickelte Methode der Gruppendiskussion versuchte, allen, mithin auch widersprüchlichen, „an der Manifestierung gehinderten Einstellungen" und deren Rationalisierungen im Freud'schen Sinne gerecht zu werden. Die Gruppendiskussionen, die der Grundreiz in Gang setzte, sollten die „Zwischenschicht" jener „transsubjektiven Elemente, die im Vorbewusstsein, in den latenten Einstellungen bereit liegen", erschließen, und dadurch politische Meinungen und Einstellungen gleichsam „in statu nascendi" erfassen (POLLOCK 1955, S. 32f., 279; vgl. zu einem ähnlichen Ansatz ABRAMS 1949).

Die von den insgesamt 1.635 Personen (davon einem Drittel Frauen) im Verlaufe der 121 Gruppensitzungen geäußerten Ansichten wurden, so gut dies bei Tonbandaufnahmen von Gruppendiskussionen möglich ist, transkribiert. Durchschnittlich umfasste das Protokoll einer Gruppensitzung 53 Schreibmaschinenseiten – alle Protokolle zusammen 6.392 Seiten (POLLOCK 1955, S. 64, 93). Obwohl die erste Generation von Assistenten und Studierenden des neu eröffneten Instituts diese Materialmasse hoch engagiert analysierte (ALBRECHT et al. 1999, S. 522f.), schien sich zunächst das Nichtratioïde an ihr allen Versuchen, es zu erfassen, ähnlich hartnäckig zu entziehen wie die von der Studie „Anti-Semitism and Labor" produzierten Interviewprotokolle. Pollock und Adorno fanden indessen mit der folgenden Kompromisslösung einen Weg, die als sehr aufschlussreich empfundenen Materialien nicht allein qualitativ nach dem Vorbild von Adornos Analysen in der „Authoritarian Personality" auszuwerten (s. dazu das von Adorno verfasste Kapitel über „Schuld und Abwehr" in POLLOCK 1955, S. 275-428). Um die von der Leserschaft vermutlich vor allem erwarteten Zahlen zur Verbreitung politischer Einstellungen in der deutschen Bevölkerung präsentieren zu können, erstellte ein Codierteam einen *deskriptiven* Codierschlüssel für textimmanente „Kategorien", d.h. die je themarelevanten Schlüsselargumente, Motive oder auch „Topoi" der Protokolle (POLLOCK 1955, S. 97-118, 129-133). Das Codierteam *interpretierte* sodann, nachdem es diese Topoi statistisch beschrieben hatte, die Gesamtheit der Äußerungen eines jeden Diskussionsteilnehmers, der oder die nicht der großen Gruppe Schweigsamer angehörten, um deren Einstellung zu einem Thema als alles in allem „positiv", „ambivalent" oder „negativ" einzustufen (POLLOCK 1955, S. 118-133). Im Buch informierte so das Kapitel „quantitative Analyse" über die Prozentsätze von Diskussionsteilnehmern, die zu den vom Grundreiz angesprochenen Themen jeweils positiv, ambivalent oder negativ eingestellt waren (POLLOCK 1955, S. 134-272).

Die Resultate dieser quantitativen Auswertung fielen, was die Einstellung zur Judenverfolgung, zu Hitlers Regime, zur deutschen Schuldfrage, zur Regentschaft der Siegermächte und zur Zukunft der Demokratie in Deutschland betraf, derart niederschmetternd aus, dass der Vorsitzende des Stiftungsrates des Instituts für Sozialforschung, Franz Böhm, in seinem Geleitwort besorgt die Frage aufwarf, inwieweit „die besser geläuterten Ansichten der eigentlichen öffentlichen Meinung" Westdeutschlands in Zukunft gegen die „schlecht gewaschenen und vielfach ausgesprochen übelriechenden Ansichten der nichtöffentlichen Meinung" des Volkes, der die Studie eine Stimme verliehen hatte, sich würden durchsetzen können (POLLOCK 1955, S. XVII). Adorno gab zwar zu bedenken, dass viele antidemokratische und antisemitische Stellungnahmen der Diskussionsteilnehmer primär auf deren Bestreben zurückzuführen seien, „die eigene überwertige Identifikation mit dem Kollektiv, zu dem man gehört, in Übereinstimmung zu bringen mit dem Wissen vom Frevel: man leugnet oder verkleinert ihn, um nicht der Möglichkeit jener Identifikation verlustig zu gehen". Daraus folge, „dass die in Abwehr Befindlichen, auch wo sie Rudimente der Naziideologie vertreten, nicht etwa mit einer Wiederholung dessen sympathisieren, was geschah. Die Abwehr selbst ist ein Zeichen des Schocks, den sie erfuhren […]" Es sei aber nicht auszuschließen, dass die von der Studie beschriebenen Dispositionen, *falls* gesellschaftliche Entwicklungstendenzen sie verstärkten, wieder „ungeahnte Gewalt gewinnen" könnten (POLLOCK 1955, S. 280f.).

Diese quantitativen stimmten mit den qualitativen Befunden des „Gruppenexperiments", wie Adorno selber fand, recht gut oder vielmehr bedenklich gut überein (POLLOCK 1955, S. 426-428). Zugleich warnte Adorno allerdings davor, die Beweiskraft der errechneten Prozentsätze positiver, ambivalenter oder negativer Einstellungen zu einem Thema zu überschätzen. Resultate solcher quantitativer Inhaltsanalysen konnten für ihn bestenfalls, in der Terminologie Musils, zum *fast* Eindeutigen konvergieren. Adorno hätte es begrüßt, wenn im Buch – was leider aus Gründen der Raumbeschränkung nicht möglich war – einige der aufschlussreichsten Diskussionsprotokolle abgedruckt worden wären. Denn die „eigentliche Überzeugungskraft der qualitativen Befunde, ihr Zwingendes", teile sich solange „nur durch die Kenntnis des primären Materials mit", als die sozialwissenschaftlichen Auswertungsmethoden nicht „weit über den gegenwärtigen Stand hinaus entwickelt" seien. Kritische Sozialforscher tendierten mit guten Gründen zur Annahme, dass „jeder Fortschritt in der Exaktheit und Objektivität der Forschungstechnik [...] mit einem Verlust an Sinngehalt und umgekehrt jede Vertiefung der theoretischen Erkenntnis mit einem Verlust an bündiger Überprüfbarkeit bezahlt" werden müsse. Die mit den Mitteln qualitativer Interpretation erzielbaren Einblicke in die faszinierend gehaltvollen Diskussionsprotokolle entzögen sich der Analyse mit „exakten quantitativen Methoden":

> „Ein Verfahren der Auswertung, das solchem Reichtum ebenso gerecht würde wie den Regeln empirischer Forschung, ist noch nicht verfügbar." (POLLOCK 1955, S. 6, 58, 275, 479; vgl. zur weiteren Entwicklung der Gruppendiskussionsmethode u.a. MANGOLD 1960 und LOCHNER 2010).

Mehr als ein halbes Jahrhundert nach diesem Schätzungsurteil steht fest, dass es ihm entsprechende Auswertungsverfahren nach wie vor nicht gibt. Vielleicht wäre es sogar nicht einmal wünschenswert, wenn es sie gäbe – zum Beispiel in Gestalt einer im Wortsinn „objektiven Hermeneutik", die ihren kühnen Anspruch, Nichtratioïdes präzise erklären zu können, tatsächlich einzulösen vermöchte (s. Abschnitt 15).

Warum es so schwer fällt, Auslegungsmethoden zu erfinden, die es schaffen, Nichtratioïdes empirisch exakt zu fassen, lässt sich mit zwei Schlüsselbegriffen Adornos – dem Begriff „unreglementierter Erfahrung" und dem des „Nichtidentischen" – erklären (s. Abschnitt 12). Ihre anhaltende Aktualität verdankt die Kritische Theorie vor allem den methodenkritischen Konsequenzen, die ihr Adorno zugunsten der nicht als Natur–, sondern als Humanwissenschaften zu verstehenden Sozialwissenschaften abgewonnen hat.

Viertes Kapitel

Verzweigungen Kritischer Theorie, 1950–1970

Nach der Wiedereröffnung des Instituts für Sozialforschung in Frankfurt a.M. etablierten hier Horkheimer und Adorno eine Lehr- und Forschungsstätte für Soziologie, die in den 1960er Jahren unter dem Namen „Frankfurter Schule" bekannt wurde. Ihr führender Kopf war nun Adorno, der in dichter Folge herausragende Arbeiten zur Philosophie, zur Theorie und Soziologie der Musik, zur Literaturkritik und Literaturtheorie, zur theoretischen, empirischen und zur politisch angewandten Soziologie publizierte (Abschnitt 12; die Abschnitte 10 und 11 orientieren außerdem über Horkheimers und Adornos „Dialektik der Aufklärung" sowie über Adornos Anteil an der Autoritarismus- und Vorurteilsforschung des Instituts).

Nachhaltig wirkte als Lehrer und Wissenschaftspolitiker in den wenigen Jahren, die ihm bis zu seinem frühen Tod verblieben, auch der Politikwissenschaftler Franz Neumann. Als er 1954 tödlich verunglückte, stand noch nicht fest, wie er nach der bereits beschlossenen Rückkehr nach Berlin sein Lehr- und Forschungsprogramm gestalten werde. Hätte er in einem der Berliner Forschungsinstitute, an deren Gründung er maßgeblich beteiligt war, längere Zeit forschen und lehren können, so hätte sich der vorübergehend etwas eingeschlafene Gedankenaustausch zwischen ihm, Horkheimer und Adorno in Frankfurt a.M. sowie seinem alten Freund Herbert Marcuse in den USA wahrscheinlich wieder intensiviert (Abschnitt 13).

Marcuse entwickelte seine Version Kritischer Theorie in den USA, obwohl er dies lieber an der Seite Horkheimers im wiedererrichteten Frankfurter Institut getan hätte. Viele Studenten der 1968er Bewegung orientierten ihre, wie sie fanden, revolutionären Aktionen an Marcuses gesellschaftskritischer Theorie. Vorübergehend schien es, als ob er der einzige Vertreter der ersten Generation kritischer Theoretiker sei, welcher deren ursprünglichen Intentionen die Treue bewahrte (Abschnitt 14). Indessen eignete sich Jürgen Habermas, Adornos Forschungsassistent und von 1964 bis 1971 Horkheimers Nachfolger an der Universität Frankfurt a.M., sowohl diese angeblich verschütteten Traditionen als auch, weit darüber hinausgehend, Ansätze der Philosophie und der Sozialwissenschaften an, die Horkheimer und Adorno ignorierten oder verkannten. Er trug so Vieles zur Erneuerung der Kritischen Theorie bei, und profilierte sich rasch als der führende Vertreter der zweiten Generation von Lehrern der Frankfurter Schule. Systematisch begründete Habermas seine Theorie kommunikativen Handelns allerdings erst im Starnberger „Max-Planck-Institut". Auf die sein Gesamtwerk leitenden Kerngedanken und die Wirkungsgeschichte der Frankfurter Schule nach 1970, die sich weit verzweigte, dabei aber auch ausdünnte, verweist Abschnitt 14 bloß sehr summarisch.

12. Theodor W. Adorno, der zweite Meisterdenker der Frankfurter Schule

Adorno hat seine Beziehung zu Horkheimer in einem offenen Geburtstagsbrief, den die Wochenzeitung „Die Zeit" in ihrer Ausgabe vom 12. Februar 1965 veröffentlichte, feinfühlig u.a. wie folgt beschrieben:

> „Wir sind gebunden an zwei verschiedene Phasen der Kindheitsentwicklung; ich eher an die des Braven und Folgsamen, der durch Fügsamkeit die Freiheit zu selbständigem Denken und Opposition sich erkauft. Du hast etwas von dem aufsässigen, jeder regelhaften Ordnung des Lebens abholden Halbwüchsigen behalten, der seine Renitenz zum Gedanken sublimiert." „Primär war bei Dir die Empörung übers Unrecht." „Ich aber war, nach Herkunft und früher Entwicklung, Künstler, Musiker, doch beseelt von einem Drang zur Rechenschaft über die Kunst […] Bald vereinte sich dann Dein politischer dégoût am Weltlauf mit meinem, der mich auf eine alles Einverständnis kündigende Musik verwies […] Dein Charakter ist ähnlich bestimmt von der Doppelheit theoretischer und praktischer Begabung wie der meine von der künstlerischer und reflektierender. Bei keinem habe ich jene beiden Aspekte, die psychologisch eher sich auszuschließen pflegen, so gleichmäßig entwickelt gefunden wie bei Dir." „Patriarchalische Züge hast Du nie verleugnet, aber vergeistigt zu einem außerordentlichen flair für Machtverhältnisse, und damit zur Fähigkeit, dafür zu sorgen, dass Du und die Dir Nächsten im Widerstand gegen die Macht sich behaupten konnten." (AGS 20.1, S. 155, 158, 159f., 163)

Das bekannte Porträt der Frankfurter Schule, das der Karikaturist Volker Kriegel gezeichnet hat, veranschaulicht treffend Horkheimers patriarchalische Stellung in ihr (Abbildung 3). Horkheimers machtbe-

Abb. 3: Volker Kriegels Porträt der Frankfurter Schule in „Publik":
hintere Reihe Horkheimer, vordere Reihe von links nach rechts
Marcuse, Adorno und Habermas

wusste Führungsarbeit erleichterte es jedenfalls Adorno, sich „im Widerstand gegen die Macht" behaupten zu können. Adornos „flair für Machtverhältnisse" und „praktische Begabung" etwa als Forschungsmanager waren vergleichsweise schwach entwickelt. „Die Empörung übers Unrecht" bewegte ihn philosophisch außerdem nie ebenso entscheidend wie Horkheimer (s. oben, Abschnitt 5). Adornos Reputation, die seit den 1950er Jahren – anders als es die Karikatur suggeriert – diejenige Horkheimers zunehmend übertraf, verdankte sich der ganz außergewöhnlichen Vielseitigkeit und Stärke seiner künstlerischen, vor allem seiner musikalisch-literarischen und seiner philosophischen Begabung.

Wer Adornos Philosophie, Gesellschaftstheorie und deren politische Implikationen verstehen möchte, muss die Selbstdefinition Adornos – „ich aber war [...] Künstler, Musiker, [...] beseelt von einem Drang zur Rechenschaft über die Kunst [...]" – ernst nehmen. Adorno zufolge „konvergieren" die Wahrheit von Kunstwerken und die der Philosophie. Die „fortschreitend sich entfaltende Wahrheit des Kunstwerks" war für ihn stets „die des philosophischen Begriffs": „[…] genuine ästhetische Erfahrung muss Philosophie werden oder sie ist überhaupt nicht." Da es nicht Aufgabe der Kunst sei, den Wahrheitsgehalt ihrer gelungenen Werke begrifflich zu fassen, bedürfe sie „der Philosophie, die sie interpretiert, um zu sagen, was sie nicht sagen kann […]" (AD-ORNO 1970, S. 197, 113; s. auch schon die neunte von zehn „Thesen über die Sprache des Philosophen", ca. 1932, AGS 1, S. 369f.)

Von diesem Konzept einer spannungsvoll komplementären Beziehung zwischen Kunst und philosophischer Erkenntnis ausgehend, sollen nachfolgend in fünf Schritten einige Schlüsselideen Adornos vorgestellt werden. (Seine Interpretationen großer Philosophie, insbesondere derjenigen Kants, Hegels, Kierkegaards, Husserls und Heideggers, bleiben dabei ebenso wie einige andere Teile seines ungemein vielseitigen Lebenswerks ausgespart.) Zunächst wird *erstens* skizziert, wie Adorno unter dem Einfluss Walter Benjamins in seiner Antrittsvorlesung „Die Aktualität der Philosophie" das Verhältnis von Forschung und Philosophie konzipiert hat. Sodann gelangt *zweitens* Adornos Rechtfertigung des „philosophischen Essayismus", die sich vor allem in seinem bekannten Essay über den „Essay als Form" findet, zur Darstellung. Es folgen *drittens* Erläuterungen zu Adornos drei Schlüsselbegriffen „Mimesis", „Identitätszwang" und dem „Nichtidentischen". Daran schließt sich *viertens* eine Darstellung seines Vorhabens an, das „Material" von Kunstwerken gesellschaftstheoretisch zu entschlüsseln. Schließlich werden *fünftens* politische Implikationen der Philosophie Adornos einerseits im allgemeinen, andererseits im Hinblick auf die einflussreichen Vorträge erörtert, in denen er sich nach 1950 bis kurz vor dem Ausbruch der Studentenbewegung zu politisch sensiblen Fragen der deutschen Nachkriegsgeschichte geäußert hat.

(a) Adornos Antrittsvorlesung von 1931 über die Krise der akademischen Schulphilosophie und über Zukunftsaufgaben deutender Philosophie

Gut drei Monate nach Horkheimers Antrittsvorlesung als Ordinarius für Sozialphilosophie und als Direktor des Instituts für Sozialforschung hielt Adorno Anfang Mai 1931 an der Universität Frankfurt a.M. seine erste Vorlesung als Privatdozent für Philosophie. Adorno stellte in ihr nicht etwa Resultate seiner Habilitationsschrift, die 1933, stark überarbeitet, unter dem Titel „Kierkegaard. Konstruktion des Ästhetischen"

im J.C.B. Mohr-Verlag erschien, vor. Er entwarf vielmehr ein ambitiö-
ses Programm dessen, was er im Anschluss an Walter Benjamin eine
materialistische Version „deutender Philosophie" nannte, ohne seinem
prominent zusammengesetzten Publikum auch nur ein einziges Beispiel ihrer Leistungsfähigkeit vorzuführen. Adornos Antrittsvorlesung
kam so bei den meisten Personen, die ihr beiwohnten oder die sie la-
sen, nicht so gut an, wie erwartet werden durfte (MÜLLER-DOOHM
2003, S. 206ff.).

Adorno, den taktische Machtspiele in der Regel wenig interessierten, hatte seinen ersten Auftritt vor großem akademischem Publikum
nicht sehr geschickt vorbereitet. Die Weise, wie er die Beziehung zwischen akademischer Schulphilosophie, Fachwissenschaften und materialistisch deutender Philosophie konzipierte, konnte leicht als eine
allzu ehrgeizige, außerdem vage Alternative zu Horkheimers ungleich
konkreterem Forschungsprogramm aufgefasst werden. Für Horkheimers Ideen sprach nicht nur, wie klar durchdacht sie wirkten, sondern
schlicht auch, dass sie über die Kraft zur Neuorientierung der Forschung eines bereits bestehenden Institutes verfügten (Abschnitt 6).
Buchstäblich rückhaltlos plädierte Adorno demgegenüber dafür, dem
von ihm abstrakt umrissenen Konzept deutender Philosophie nichts
weniger als die Überwindung der tiefen Krise aller relevanten Gegen-
wartsphilosophien zuzutrauen. Während Horkheimers interdisziplinäres Forschungsprogramm versprach, wechselseitige Lernprozesse zwischen Philosophen, Sozial- und Geisteswissenschaftlern in Gang setzen
zu können, wies Adorno die Auflösung ungelöster Rätsel der Forschung und philosophischer Erkenntnis ausschließlich der „deutenden"
Philosophie" zu. Sie allein sollte relevante Ergebnisse humanwissenschaftlicher Forschung, ohne deren Produktion selbst anleiten oder gar
„beseelen" zu wollen, so konfigurieren, dass sie „zur Figur zusammen-
schießen, aus der die Lösung hervorspringt, während die Frage verschwindet" (ADORNO 1931, S. 335).

Was aber waren die Fragen, die mit dem Zauberstab deutender Philosophie angeblich zum Verschwinden gebracht werden konnten? Adorno ging in seiner Antrittsvorlesung von Ideen seines Freundes *Walter
Benjamin (1892–1940)* aus. Benjamin gehörte ähnlich wie M. Horkheimer, F. Pollock, H. Marcuse, S. Kracauer, G. Lukács, E. Bloch, G.
Scholem, A. Sohn-Rethel und andere, zwischen 1885 und 1905 gebo-
rene Söhne erfolgreich wirtschaftender Juden Deutschlands und Ös-
terreich-Ungarns einer Generation an, welche die gemäß Stefan Zweig
typisch jüdischen Ambitionen ihrer Väter zugleich durchkreuzten und
erfüllten, indem sie sich wider das Prinzip Geld für das Prinzip Geist –

konkret für das Studium praktisch nutzloser Fächer wie der Philosophie, Mathematik, Literaturwissenschaft, Soziologie usw. – entschieden (ZWEIG 1944, S. 25f.; vgl. HELLIGE 1979, JAY 1979). Der in einer
wohlhabenden Familie in Berlin aufgewachsene Benjamin wählte für
seine 1912 aufgenommenen Studien an den Universitäten von Heidelberg, München, Berlin und Bern (wo er 1919 promovierte) die Fächer
Philosophie, deutsche Literatur und Psychologie. Die Weise, wie er
dem Vater – vergeblich – die lebenslange Finanzierung seiner Privatge-
lehrtenexistenz zumutete, irritierte selbst Gersholm Scholem, den neben Adorno und Bertold Brecht bedeutendsten und treusten seiner
Freunde (SCHOLEM 1975, S. 70f.).

Benjamin radikalisierte sich in den 1920er Jahren politisch – so wie
Adornos Freund S. Kracauer einige Jahre nach Horkheimer, Pollock,
Neumann und Marcuse – unter dem Einfluss der überaus einflussreichen Aufsatzsammlung „Geschichte und Klassenbewusstsein" (1922)
von G. Lukács sowie seiner Liebesbeziehung zur Kommunistin Asja
Lacis, der er erstmals 1924 auf Capri begegnete. Benjamin ergänzte
nun die jüdisch-theologischen und die metaphysischen Wurzeln seines
Denkens durch die materialistischen Ideen eines, wie er zu sagen pflegte, „radikalen Kommunismus". Seitdem zeichnete sich sein Denken
nicht nur nach Auffassung Scholems, sondern auch für Adorno und
Brecht durch das „oft rätselhafte Nebeneinander der beiden Denkar-
ten, der metaphysisch-theologischen und der materialistischen" aus
(SCHOLEM 1975, S. 156).

Nachdem die Universität Bern Benjamin aufgrund seiner hervorra-
genden Dissertation „Der Begriff der Kunstkritik in der deutschen Ro-
mantik" den Doktortitel verliehen hatte, wollte er sich mit der noch
wesentlich anspruchsvolleren Monographie „Ursprung des deutschen
Trauerspiels" an der Universität Frankfurt a.M. habilitieren. Motive
verfeinernd, die bereits in seinen Jugendbriefen auftauchen, fasste er
den Begriff „Ursprung" kühn als eine historische Kategorie auf, die
nichts „mit Entstehung gemein" habe: „Im Ursprung wird kein Werden des Entsprungenen, vielmehr dem Werden und Vergehen Entspringendes gemeint." (BGS I.1, S. 226) Die das Habilitationsprojekt
beurteilenden Professoren – unter ihnen der Philosoph Hans Cornelius sowie informell auch dessen Assistent Horkheimer – lehnten die im
Niemandsland zwischen professioneller Philosophie und Literaturwissenschaft positionierte Monographie Benjamins allerdings ab. Nach
dem Scheitern seines Habilitationsprojektes versuchte sich Benjamin
als der führende deutschsprachige Literaturkritiker zu etablieren. Adorno aber, der ihn seit 1923 persönlich kannte und sowohl das Manu-

skript der Habilitationsschrift wie auch andere seiner Schriften gelesen hatte, nahm Benjamin gerade auch als den literarisch hoch sensiblen Philosophen ernst, der einen Weg heraus aus den Sackgassen der akademischen Schulphilosophie Deutschlands – die um 1930 von Heideggers Daseinsanalyse dominiert wurde – zu weisen vermochte.

Benjamins Einfall, den Ursprung von etwas in der Welt der Menschen nicht auf seine historisch rekonstruierbare Entstehung zurückzuführen, sondern ihn als ein „dem Werden und Vergehen Entspringendes" zu deuten, war für Adorno aus Gründen, die er im Vortrag „Die Idee der Naturgeschichte" von 1932 klarer als in seiner Antrittsvorlesung offen legte, von größter Bedeutung.

An sich liegt es auch dem Common Sense nicht fern anzunehmen, moderne Gesellschaften tendierten unter dem expansiven Geldregime des Kapitalismus (dem „cash nexus", wie britische Gesellschaftskritiker im 19. Jahrhundert öfters sagten) und unter dem Druck zweckrationaler Wissenschaft und Technik dazu, zunehmend sinnentleert, gottverlassen, entfremdet und „verdinglicht" zu werden. G. Lukács verlieh diesen zeitkritischen Motiven in seiner „Theorie des Romans" (1920) andeutungsweise und in „Geschichte und Klassenbewusstsein" (1922) marxistisch elaboriert die Form einer Theorie der „Verdinglichung" der gleichsam zur „zweiten Natur" erstarrten Sozialbeziehungen kapitalistischer Gesellschaften. Benjamin und Adorno zeigten sich stark davon beeindruckt, wie Lukács das versteinerte, traditionellem Sinnverstehen unzugängliche Innenleben dieses Gesellschaftstyps als eine „Schädelstätte vermoderter Innerlichkeiten" beschrieb. Während Lukács aber Adorno zufolge solche Schädelstätten bloß „metaphysisch" zu deuten verstand, entdeckte Benjamin eine bessere Möglichkeit, sie zu entschlüsseln:

„Gesichtet ist von Lukács die Verwandlung des Historischen als des Gewesenen in die Natur, die erstarrte Geschichte ist Natur […] In der Rede von der Schädelstätte liegt das Moment der Chiffre; dass all dies etwas bedeutet, was aber erst herausgeholt werden muss. Diese Schädelstätte kann Lukács nicht anders denken als unter der Kategorie der theologischen Wiedererweckung, unter dem eschatologischen Horizont. Es ist die entscheidende Wendung gegenüber dem Problem der Naturgeschichte, die Benjamin vollzogen hat, dass er die Wiedererweckung der zweiten Natur aus der unendlichen Ferne in die unendliche Nähe geholt und zum Gegenstand der philosophischen Interpretation gemacht hat." (ADORNO 1932, S. 356f.)

Benjamin verfügte in den Augen Adornos wie kein anderer über die Fähigkeit, den Ursprung soziokultureller Erscheinungen zu bestim-

men, indem er sie – auch und gerade in ihren unscheinbarsten Details
– so anschaute, „als wären sie Natur":

> „Sein gesamtes Denken ließe als ‚naturgeschichtlich' sich bezeichnen.
> Ihn sprachen die versteinerten, erfrorenen oder obsoleten Bestandstücke
> der Kultur, alles an ihr, was der anheimelnden Lebendigkeit sich entäu-
> ßerte, so an, wie den Sammler das Petrefakt oder die Pflanze im Herba-
> rium […] Ihn fesselte es nicht bloß, geronnenes Leben im Versteinten
> – wie in der Allegorie – zu erwecken, sondern auch Lebendiges so zu
> betrachten, dass es längst vergangen, ‚urgeschichtlich' sich präsentiert
> und jäh die Bedeutung freigibt." (AGS 10.1, S. 242f.)

Urlandschaftlich erstarrtes Leben einer Gesellschaft konnte gemäß
Benjamin wieder erwecken, wem es gelang, aus der Konstellation zer-
streuter Erscheinungen dieser Gesellschaft die das Rätsel ihrer Bedeutung auflösende Figur herauszulesen. Adorno erhob in seiner Antrittsvorlesung die allegorisch-konfigurative Hermeneutik Benjamins zur
Methode philosophischer Deutung schlechthin. Sie schien ihm sogar
das heikle Problem der Beziehung zwischen wissenschaftlicher Forschung und Philosophie, dessen Wichtigkeit vor allem der logische
Empirismus des Wiener Kreises betonte, lösen zu können:

> „[…] wie Rätsellösungen sich bilden, indem die singulären und ver-
> sprengten Elemente der Frage so lange in verschiedene Anordnungen
> gebracht werden, bis sie zur Figur zusammenschießen, aus der die Lö-
> sung hervorspringt, während die Frage verschwindet –, so hat Philoso-
> phie ihre Elemente, die sie von den Wissenschaften empfängt, so lange
> in wechselnde Konstellationen, oder, um es mit einem minder astrologi-
> schen und wissenschaftlich aktuelleren Ausdruck zu sagen: in wechseln-
> de Versuchsanordnungen zu bringen, bis sie zur Figur geraten, die als
> Antwort lesbar wird, während zugleich die Frage verschwindet. Aufgabe
> der Philosophie ist es nicht, verborgene und vorhandene Intentionen
> der Wirklichkeit zu erforschen, sondern die intentionslose Wirklichkeit
> zu deuten, indem sie kraft der Konstruktion von Figuren, von Bildern
> aus den isolierten Elementen der Wirklichkeit die Fragen aufhebt, deren
> prägnante Fassung Aufgabe der Wissenschaft ist […]" (ADORNO 1931,
> S. 335; zu A. Thyens m.E. überzogener Parallelisierung dieses Ansat-
> zes mit Max Webers Methodik der Idealtypenbildung vgl. THYEN 1989,
> S. 240ff. und HONNETH 2005, S. 170ff.)

Obwohl elf Jahre jünger, kannte sich Adorno um 1930 sowohl in der
klassischen als auch in der zeitgenössischen deutschen Philosophie genauer aus als Benjamin. Er konnte darum dessen Hermeneutik von
Urlandschaften der Geschichte in seiner Antrittsvorlesung so geschickt,

wie es Benjamin selber nicht möglich gewesen wäre, als Antwort auf
offene Grundfragen der neueren Philosophieentwicklung präsentieren.
Adorno beschrieb im ersten Teil seiner Antrittsvorlesung eindringlich
die – aus deutscher Sicht – aktuell wichtigsten Bewegungen philosophischer Reflexion von den beiden Schulen des Neukantianismus und
von E. Husserl ausgehend einerseits zu G. Simmel und zu M. Scheler,
andererseits zu M. Heidegger. Dabei sparte Adorno die Vorgeschichte
der von ihm diagnostizierten Krise des Idealismus und der Fundamentalontologie Heideggers – Kant, Hegel, Kierkegaard – nicht aus, und
verwies nebenbei auch auf die Standorte Freuds und des logischen Positivismus in dieser Entwicklung (ADORNO 1931, S. 325-334, 337f.).
Um die Anschlussfähigkeit seiner Ideen an neuere Strömungen des
Marxismus, vorab an den Ansatz von G. Lukács, zu demonstrieren,
behauptete er außerdem – ohne überzeugende Begründung –, dass sein
Konzept deutender Philosophie mit dem dialektisch richtig verstandenen Materialismus von Marx konvergiere:

> „Einzig dialektisch scheint mir philosophische Deutung möglich. Wenn
> Marx den Philosophen vorwarf, sie hätten die Welt nur verschieden in-
> terpretiert, und ihnen entgegenhielt, es käme darauf an, sie zu verän-
> dern, so ist der Satz nicht bloß aus der politischen Praxis, sondern eben-
> sowohl aus der philosophischen Theorie legitimiert. In der Vernichtung
> der Frage bewährt sich erst die Echtheit philosophischer Deutung und
> reines Denken vermag sie von sich aus nicht zu vollziehen: darum
> zwingt sie die Praxis herbei.“ (ADORNO 1931, S. 338f.)

Die – aus deutscher Sicht jedenfalls – einzige gravierende Lücke in dieser ebenso kenntnisreichen wie großzügig konstruierten Ortbestim-
mung zeitgenössischer Philosophie betraf Nietzsche. Dabei hat dieser
manche der von der Kritischen Theorie teils thematisierten, teils erfahrenen *Schwierigkeiten* sozialphilosophischer Reflexion bis heute un-
übertroffen lebendig und klar beschrieben (vgl. z.B. SCHMIDT 1963,
THYEN 1989, S. 195ff., HABERMAS 1985, S. 114ff., 145ff.).
Vom gescheiterten Habilitationsvorhaben Benjamins vorgewarnt,
ging Adorno in seiner Antrittsvorlesung auf einige der Bedenken ein,
die professionelle Universitätsphilosophen gegenüber dem präsentierten Konzept deutender Philosophie hegen mochten. Er erwähnte insbesondere den Einwand, dass sein Ansatz „die Philosophie um jeden
konstanten Maßstab“ bringe, sie „in ein ästhetisches Bilderspiel“ ver-
flüchtige und „die prima philosophia in philosophischen Essayismus“
verwandle (ADORNO 1931, S. 343). Demgegenüber bestand Adorno
darauf: „[...] die Idee der Wissenschaft ist Forschung, die der Philoso-

phie Deutung". Die Philosophie könne nie eindeutige Resultate produzieren, sondern müsse stets „mit dem Anspruch auf Wahrheit deutend verfahren [...], ohne jemals einen gewissen Schlüssel der Deutung zu besitzen" (ADORNO 1931, S. 334). Umso mehr sei in dieser Situation eine Konzeption gefordert, „die der Idealismus als Schrulle verlachte: die der ars inveniendi":

> „Organon dieser ars inveniendi aber ist Phantasie. Eine exakte Phantasie; Phantasie, die streng in dem Material verbleibt, das die Wissenschaften ihr darbieten, und allein in den kleinsten Zügen ihrer Anordnung über sie hinausgreift." „[Dafür] [...] nehme ich den Vorwurf des Essayismus gerne in Kauf. Die englischen Empiristen ebenso wie Leibniz haben ihre philosophischen Schriften Essays genannt, weil die Gewalt der frisch erschlossenen Wirklichkeit, auf die ihr Denken aufprallte, ihnen allemal das Wagnis des Versuchs aufzwang. Darum ist der Essay aus einer Form der großen Philosophie zu einer kleinen der Ästhetik geworden [...] Wenn mit dem Zerfall aller Sicherheit in der großen Philosophie dort der Versuch seinen Einzug nimmt; wenn er dabei an die begrenzten [...] Deutungen des ästhetischen Essays anknüpft, so scheint mir das nicht verdammenswert [...]" (ADORNO 1931, S. 342, 343f.).

War die von Adornos Konzept deutender Philosophie geforderte „exakte Phantasie" eben die Kompetenz, derer das Institut für Sozialforschung bedurfte, um, wie es Horkheimer in seiner Antrittsvorlesung gefordert hatte, philosophisch „beseelt" forschen zu können (vgl. Abschnitt 6)? Kurzfristig: nein. Dem Horkheimer der frühen 1930er Jahre erschien Benjamins und Adornos allegorische Hermeneutik von Urlandschaften der Geschichte als viel zu vage-„metaphysisch", um seinem Forschungsprogramm von Nutzen sein zu können. Längerfristig betrachtet kann die Frage aber auch anders beantwortet werden. Denn es war ja, wie Abschnitt 11 zeigte, ausgerechnet der vermeintlich radikal positivismuskritisch mit „exakter Phantasie" operierende Adorno, der dem Institut den Ruf einbrachte, sozialwissenschaftlich bedeutende Resultate empirischer Sozialforschung produziert zu haben.

(b) Adorno über den „Essay als Form" (1958)

Sachkundige geben auf die Frage, welche von Adornos Schriften am besten geeignet seien, in sein Werk einzuführen, häufig die Antwort (der ich mich hiermit anschließe): die 1951 veröffentlichten „Minima Moralia. Reflexionen aus dem beschädigten Leben" und der den ersten Band der „Noten zur Literatur" einleitende Essay „Der Essay als Form" (1958).

Die „Minima Moralia", die innerhalb eines halben Jahres von deutschsprachigen Medien rund sechzigmal rezensiert wurden, lancierten Adorno in Deutschland als einen kritischen Intellektuellen ersten Ranges
(DEMIROVIĆ 1999, S. 537ff., MÜLLER-DOOHM 2003, S. 518ff.). Aus
dieser Sammlung kurzer, pointierter Reflexionen zitierten im Jubiläums-
jahr 2003 Artikel, Aufsätze und Bücher zum hundertjährigen Geburtstag Adornos bis zum Überdruss immer wieder dieselben Schlüsselstellen
– darunter erbarmungslos selbst solche, hoch empfindliche und erschüt-
ternde, die es eigentlich nicht ertragen, so ins Rampenlicht der Öffentlichkeit gezerrt zu werden. Dieses Schicksal bleibe ihnen hier erspart –
und herauszufinden, welche Stellen gemeint sein könnten, der Neugier
der Leser überlassen. (Neugier nennt Adorno in seinem Essay über den
Essay „das Lustprinzip des Gedankens", ADORNO 1958, S. 30.)

Sein Traktat über den Essay bietet eine konzentrierte Rechtfertigung
derjenigen Form philosophischen Argumentierens, die Adorno stets
bevorzugt hat, und die selbst noch für die essayistisch kreisenden Ge-
dankengänge seiner zwei späten Hauptwerke, der „Negativen Dialektik" und der „Ästhetischen Theorie", bestimmend blieb. Welche Merkmale zeichnen nun gemäß Adorno den „Essay als Form" aus?

Der Essay gewährt laut Adorno *einerseits* dem Spiel der Gedanken
den denkbar größten Freiraum. Aus ihm sollen wissenschaftliche Syste-
matisierungs–, philosophische Fundierungs- und überhaupt Identitätszwänge jeglicher Art unnachsichtig verbannt sein. Der Essay fördert entschieden und unbedingt das Prinzip der „offenen geistigen Erfahrung" (ADORNO 1958, S. 21):

> „Der Essay pariert nicht der Spielregel organisierter Wissenschaft und
> Theorie, es sei, nach dem Satz des Spinoza, die Ordnung der Dinge die
> gleiche wie die der Ideen. Weil die lückenlose Ordnung der Begriffe
> nicht eins ist mit dem Seienden, zielt er nicht auf geschlossenen, deduk-
> tiven oder induktiven Aufbau. Er revoltiert zumal gegen die seit Platon
> eingewurzelte Doktrin, das Wechselnde, Ephemere sei der Philosophie
> unwürdig; gegen jenes alte Unrecht am Vergänglichen, wodurch es im
> Begriff nochmals verdammt wird." (ADORNO 1958, S. 17)

Der Essay will nicht „das Ewige im Vergänglichen aufsuchen […], sondern eher das Vergängliche verewigen":

> „Im emphatischen Essay entledigt sich der Gedanke der traditionellen
> Idee von der Wahrheit. – Damit suspendiert er zugleich den traditio-
> nellen Begriff von Methode. Der Gedanke hat seine Tiefe danach, wie
> tief er in die Sache dringt, nicht danach, wie tief er sie auf ein anderes

zurückführt. Das wendet der Essay polemisch, indem er behandelt, was nach den Spielregeln für abgeleitet gilt […] In Freiheit denkt er zusammen, was sich zusammenfindet in dem frei gewählten Gegenstand […] Er fragt nach keiner Urgegebenheit, zum Tort der vergesellschafteten Gesellschaft, die, eben weil sie nichts duldet, was von ihr nicht geprägt ward, am letzten dulden kann, was an ihre eigene Allgegenwart erinnert […]" (ADORNO 1958, S. 18f.)

Der Essay ist „die kritische Form par excellence; und zwar, als immanente Kritik geistiger Gebilde, als Konfrontation dessen, was sie sind, mit ihrem Begriff, Ideologiekritik". Der Essay benennt das Prinzip, das die geistigen Gebilde, die so genannt ewigen wie die vergänglichen unter ihnen, „verhext": „die falsche Gesellschaft" (ADORNO 1958, S. 27f.). Des Essays Begriffe „empfangen ihr Licht" von etwas, das ihm selbst verborgen, ihm nicht begrifflich klar gegeben ist – „und darin drückt seine Methode selber die utopische Intention aus" (ADORNO 1958, S. 21). Der Essay „möchte mit Begriffen aufsprengen, was in Begriffe nicht eingeht […] Er möchte das Opake polarisieren, die darin latenten Kräfte entbinden" (ADORNO 1958, S. 32). Zuweilen schenkt dem Essay „die Befreiung vom Identitätszwang […], was dem offiziellen Denken entgleitet, das Moment des Unauslöschlichen, der untilgbaren Farbe" (ADORNO 1958, S. 26).

So sehr der Essay für Freiräume kritischen Denkens, für freies Denken überhaupt Partei ergreift, so streng diszipliniert arbeitet er *andererseits* – und das ist „das Kunstähnliche" an ihm – „an der Form der Darstellung" (ADORNO 1958, S. 26). Er übt sich im Konfigurieren von Situationen, zwischen deren Elementen „die stringente und doch begriffslose Kunst des Übergangs" im musikalischen Sinne, nicht die „diskursive Logik" jenen Zusammenhang stiften soll, „aus der die Lösung hervorspringt, während die Frage verschwindet" (ADORNO 1958, S. 31; 1931, S. 335). Eine die Sache, um die es geht, im Idealfall blitzartig erhellende Konstellation stellt sich ein, wenn dem Essay „gewissermaßen alle Objekte gleich nah zum Zentrum sind: zu dem Prinzip, das alle verhext." (ADORNO 1958, S. 28)

Der Essay macht sich die unaufhebbare Mehrdeutigkeit aller für ihn maßgebenden Begriffe, deren Äquivokationen, zunutze „nicht aus Schlamperei, nicht in Unkenntnis ihres szientifischen Verbots", sondern weil er weiß, „dass überall, wo ein Wort Verschiedenes deckt, das Verschiedene nicht ganz verschieden sei, sondern dass die Einheit des Worts an eine wie sehr auch verborgene in der Sache mahnt […]" (ADORNO 1958, S. 31). So wie der Essay „Urgegebenheiten verweigert, so verweigert er die Definition seiner Begriffe":

„[Er] führt Begriffe umstandslos, ‚unmittelbar' so ein, wie er sie emp-
fängt. Präzisiert werden sie erst durch ihr Verhältnis zueinander. Dabei
jedoch hat er eine Stütze an den Begriffen selber. Denn es ist bloßer
Aberglaube der aufbereitenden Wissenschaft, die Begriffe wären an sich
unbestimmt, würden bestimmt erst durch ihre Definition. Der Vorstellung des Begriffs als einer tabula rasa bedarf die Wissenschaft, um ihren Herrschaftsanspruch zu festigen [...] In Wahrheit sind alle Begriffe
implizit schon konkretisiert durch die Sprache, in der sie stehen. Mit
solchen Bedeutungen hebt der Essay an und treibt sie, selbst wesentlich
Sprache, weiter [...]" (ADORNO 1958, S. 19f.)

Damit wären einige der aus meiner Sicht wichtigsten Merkmale der
Essayform, wie sie Adorno verstanden hat, resümiert. Sie beschreiben
offensichtlich nicht nur im gewöhnlichen Wortsinn die Form, sondern
sogar überwiegend eine bestimmte, eben die von Adorno bevorzugte
Version möglicher Inhalte der Textgattung „Essay". Adornos Schrift
über den Essay formuliert teils nur andeutungsweise, teils vollständig
viele seiner philosophischen und gesellschaftskritischen Leitmotive. Sie
eignet sich nicht zuletzt darum hervorragend zur Einführung in sein
Denken.

Angesichts dieser inhaltlich voraussetzungsreichen Bestimmung der
Essayform durch Adorno stellt sich freilich die Frage: Angenommen,
Liebhaber essayistischer Traktate würden versuchen, Adornos Vorgaben pünktlich einzuhalten – was anderes als *Duplikate* der Essays ihres
Vorbildes könnten sie dann verfassen? Adornos Schrift über den Essay
ist eigentlich eine Selbstbeschreibung, eine normative Beschreibung
von Form *und* Gehalt seines philosophischen Essayismus – und damit
eine jedenfalls nicht buchstabengetreu zu befolgende Ermutigung zu
„offener geistiger Erfahrung".

(c) Drei Schlüsselbegriffe Adornos: „Mimesis", der „Identitätszwang"
begrifflicher Erkenntnis und das „Nichtidentische"

Benjamin war ein Meister im Erfinden lebendiger Metaphern. Ähnlich
wie in Deutschland Kracauer, Adorno, Bloch und Nietzsche oder in
Frankreich Pascal, Camus, Sartre, Foucault und Derrida verfügte er
über ein überragendes literarisches Talent. Das Bild, mit dem Benjamin den für seine Philosophie und Soziologie von Kunstwerken zentralen Begriff der „Aura" erläutert hat, führt auf direktem Weg ins Innere sowohl seiner eigenen als auch der Philosophie Adornos:

„Es empfiehlt sich, den oben für geschichtliche Gegenstände vorgeschlagenen Begriff der Aura an dem Begriff einer Aura von natürlichen
Gegenständen zu illustrieren. Diese letztere definieren wir als einmalige
Erscheinung einer Ferne, so nah sie sein mag. An einem Sommernachmit-
tag ruhend einem Gebirgszug am Horizont oder einem Zweig folgen, der
seinen Schatten auf den Ruhenden wirft – das heißt die Aura dieser Berge,
dieses Zweiges atmen." (Benjamin, zitiert in ADORNO 1970, S. 408)

Die zeitenthobenen Augenblicke des Wahrnehmens einer auratischen
Naturerscheinung sind zunächst schlicht solche des *Glücks*. Solange sie
währen, haben die Routinen des Alltags und die Identitätszwänge begrifflicher Erkenntnis keine Macht und Geltung mehr. Sie weichen
Formen des dolce far niente, mit denen theoretisch sogar Adorno sym-
pathisierte: „Rien faire comme une bête, auf dem Wasser liegen und
friedlich in den Himmel schauen, ,sein, sonst nichts, ohne alle weitere
Bestimmung und Erfüllung'". Oder in Elias Canettis Worten: Glück
bedeutet, „friedlich seine Einheit zu verlieren, und jede Regung kommt
und schweigt und geht" (ADORNO 1951, S. 179; Canetti, zitiert von
HONNETH 1999, S. 224).

Unabhängig davon, inwieweit Menschen Benjamins Definition der
Aura als Beschreibung einer Erscheinungsform von Glück auffassen,
gilt: Allein im Zustand entlasteter, von Identitätszwängen befreiter
Kontemplation können sie genuin ästhetische Erfahrungen machen,
und die Aura nicht allein „dieser Berge, dieses Zweiges", sondern vielleicht auch die eines bestimmten Kunstwerkes *atmen*:

„An der Natur so ihre Aura wahrnehmen, wie Benjamin es zur Illustra-
tion jenes Begriffs verlangt, heißt an der Natur dessen innewerden, was
das Kunstwerk wesentlich zu einem solchen macht. Das ist aber jenes
objektive Bedeuten, an das keine subjektive Intention heranreicht. Ein
Kunstwerk schlägt dann dem Betrachter die Augen auf, wenn es emphatisch ein Objektives sagt, und diese Möglichkeit einer nicht bloß vom
Betrachter projizierten Objektivität hat ihr Modell an jenem Ausdruck
der Schwermut, oder des Friedens, den man an der Natur gewinnt,
wenn man sie nicht als Aktionsobjekt sieht." (ADORNO 1970, S. 409)

Die einmalige Erscheinung eines Kunstwerkes in sich aufnehmen
heißt, sich ihm behutsam, ohne Vorannahmen und überschwängliche
Projektionen, nähern. Das Einatmen der Aura eines Kunstwerks ist eine Art *kontemplativer Mimesis* (wörtlich Nachahmung, sich Anglei-
chen) des Rezipienten an das Kunstwerk. Wenn der von ihm Berührte
nichts mehr subjektiv Willkürliches auf es projizieren mag, schlägt es,
als „emphatisch Objektives", „dem Betrachter die Augen auf".

Kunst als vergeistigte, objektivierte Mimesis

Von der Seite der, sei es fiktiven, sei es realen Schöpfer auratischer Naturerscheinungen oder von Kunstwerken her gesehen, verkörpern letztere ebenfalls eine Art Mimesis. Der Begriff Mimesis bezeichnet bei Benjamin und Adorno, laut A. Wellmer, die „sinnlich rezeptiven, expressiven und kommunikativ sich anschmiegenden Verhaltensweisen des Lebendigen":

> „Der Ort, an dem mimetische Verhaltensweisen im Prozess der Zivilisation als *geistige* sich erhalten haben, ist die Kunst: Kunst ist vergeistigte, […] objektivierte Mimesis." (WELLMER in v. FRIEDEBURG, HABERMAS 1983, S. 141)

Für begriffliche Erkenntnis: Anstrengung des Begriffs

Als objektivierte Mimesis ermöglicht Kunst sublimste Erfahrungen von Glück: der Gewissheit, dass es mit ihr doch richtiges Leben im falschen *gibt*. Der begrifflichen *Erkenntnis* erste Pflicht ist es demgegenüber, wie man in Deutschland gerne sagt, die *Anstrengung des Begriffs* auf sich zu nehmen. Hier differenziert Adorno nun entschieden zwischen zwei verschiedenen Arten der Begriffsarbeit: einerseits einer *traditionellen,* die der Logik des *Identitätszwanges* gehorchend nach der *Begriffsherrschaft über ihr Erkenntnisobjekt* strebt; und andererseits einer *kritischen,* welche die Kehre in Richtung der *mimetischen Rationalität* oder auch, gemäß Herbert Schnädelbach (1983, S. 82), in Richtung einer *begrifflichen Mimesis* vollzogen hat.

Die von Adorno vertretene, ihr „mimetisches Moment" nicht verleugnende Weise philosophischen Denkens heißt *„negative Dialektik".* Sie unterscheidet sich von dem „unabgeschlossenen Materialismus" der Moralphilosophie Horkheimers (s. Abschnitt 7) vor allem durch das dieser ursprünglich fremde Motiv der Kehre in Richtung des so genannten *„Nichtidentischen":* *Die Richtung der Begrifflichkeit ändern, sie dem Nichtidentischen zuzukehren, ist das Scharnier negativer Dialektik*

> *„Diese Richtung der Begrifflichkeit zu ändern, sie dem Nichtidentischen zuzukehren, ist das Scharnier negativer Dialektik.* Vor der Einsicht in den konstitutiven Charakter des Nichtbegrifflichen im Begriff *zerginge der Identitätszwang,* den der Begriff ohne solche aufhaltende Reflexion mit sich führt." (ADORNO 1966, S. 24; Hervorhebungen im Zitattext von E.W.-B.)

Die zwei Schlüsselbegriffe Adornos, „Identitätszwang" und „das Nichtidentische" bzw. „das Nichtbegriffliche", hängen offenbar eng miteinander zusammen. Das *Nichtidentische* ist zunächst das, was der herkömmlichen Anstrengung des Begriffs, selbst derjenigen der alles umfassenden und alles erschließenden Dialektik Hegels, widersteht, sich ihr entzieht als das vom Begriff je Ausgeschlossene, mit seinen Mitteln

Adorno: Traditionell ist Identitätszwang zur Begriffsherrschaft über Erkenntnisinstrument
Kritische Begriffsarbeit in mimetischer Rationalität

Nichtidentisches entzieht sich selbst Hegels Dialektik

schlechterdings nicht Begreifbare. „Um nur ja Kontinuität und Voll-
ständigkeit durchzusetzen", muss tradionell begreifendes Denken dann
an dem, worüber es urteilt, „alles wegschneiden, was nicht hineinpasst"
(AGS 5, S. 18). Der Begriff des Nichtidentischen signalisiert gleich wie
Musils Begriff des „Nichtratioïden" Adornos „Idee [...], den individuellen Gegenstand für unendlich viel komplexer und heterogener zu
halten als jeden seiner potenziellen Begriffe" (HONNETH 1999, S. 102).
Adornos „Nichtidentisches" und Musils „Nichtratioïdes" sind beides
Grenzbegriffe. Ersterer verweist auf das sich herkömmlicher Erkenntnis Entziehende, letzterer auf das per definitionem Unabschließbare
von Prozessen der Auslegung jener Klasse von Erkenntnisobjekten, die
nicht bis zur Eindeutigkeit konvergieren (vgl. dazu oben, Abschnitt
11). Beide Begriffe stimmen ferner darin überein, dass sie die von ihnen vorgeschlagenen Grenzziehungen *nicht* als Freipass für das Gel-
tendmachen eines über Vernunft erhabenen, etwa intuitiven oder mys-
tischen Erkenntnisvermögens betrachten, mit dem erleuchtungsfähige
Menschen das jenseits der Menschenvernunft Liegende sich eben doch
noch erschließen könnten. In Adornos Worten: „Unmittelbar ist das
Nichtidentische nicht als seinerseits Positives zu gewinnen." (ADORNO
1966, S. 161)

Adornos „Nichtidentisches" unterscheidet sich indessen in zweierlei
Hinsicht wesentlich, m.E. durchaus auch unvorteilhaft, von Musils Begriff des „Nichtratioïden". Musil hatte als Absolvent eines Ingenieur-
und Psychologiestudiums ein entspanntes Verhältnis zur naturwissen-
schaftlichen Forschung. Diese liefert im Bereich ihrer Kernkompetenz,
der Erforschung von „ratioïden", zur Eindeutigkeit konvergierenden
Phänomenen, seit mehreren Jahrhunderten aufgrund fortlaufend erklä-
rungskräftigerer Theorien bewundernswert exakte Voraussagen. Selbst
die vom Erkenntnisfortschritt der Physik längst überholte Gravitations-
formel Newtons, die glücklicherweise strikt unabhängig von ihr unter-
stellbaren, kulturellen oder politischen Nebenbedeutungen verstanden
werden kann, ist diesbezüglich noch überaus leistungsfähig. Es wäre
Musil niemals in den Sinn gekommen, mathematisch präzisiertes Wissen so wie Horkheimer und Adorno in ihrer „Dialektik der Aufklärung"
pauschal als „bewusst gehandhabte Regression" zu bezeichnen (s. oben,
Abschnitt 10).

Adornos Begriff des Nichtidentischen ist außerdem extrem vieldeu-
tig. Er schillert in unzähligen Farbnüancen, die bisher selbst von der
umfangreichen Sekundärliteratur zu seinen Werken nicht „vollständig"
beschrieben werden konnten (vgl. dazu v.a. THYEN 1989, S. 198ff.).
Demgegenüber bezeichnet Musils Konzept nichtratioïder Phänomene

viel schlichter einen Bereich unendlich auslegungsbedürftiger Gegenstände des Erkennens, in dem die von exakten Forschungsverfahren produzierten Erkenntnisse bestenfalls zum „fast Eindeutigen" konvergieren. (Die interessante Frage, inwieweit Musils Begriffspaar scharfsinniger Kritik, wie sie etwa der Logiker W. Quine an der Unterscheidung synthetischer und analytischer Urteile übte, ähnlich standhalten könnte wie die „pragmatisch" ja nach wie vor *unentbehrliche* Differenzierung zwischen synthetischen und analytischen Urteilen, muss hier offen bleiben.)

Adornos Begriff „*Identitätszwang*" ist um einiges weniger mehrdeutig als der des Nichtidentischen. Dies ist darauf zurückzuführen, dass Adorno „identifizierendes Denken" einerseits im *logischen* Sinne als „etwas identifizieren bzw. klassifizieren *als*", andererseits als *Herrschaftsakt*, „als repressive Durchsetzung des Identitätsprinzips sowohl in der Natur wie im Ich" interpretierte (SCHNÄDELBACH 1983, S. 71f.). „Identitätszwang" meint bei Adorno darum bewusst doppeldeutig beides zugleich: die Zuordnung eines Erkenntnisobjektes zu einer Klasse ihm ähnlicher, unter dem Gesichtspunkt der klassifizierenden Variablen „identischer" Objekte, *und* die Unterwerfung unter ein „herrschaftliches Prinzip":

> „Begriff und Realität sind des gleichen widerspruchsvollen Wesens. Was die Gesellschaft antagonistisch zerreißt, das herrschaftliche Prinzip, ist dasselbe, das, vergeistigt, die Differenz zwischen dem Begriff und dem ihm Unterworfenen zeitigt. Die logische Form des Widerspruchs aber gewinnt jene Differenz, weil ein jegliches der Einheit des herrschaftlichen Prinzips nicht sich Fügendes, nach dem Maß des Prinzips, nicht als ein gegen dieses gleichgültiges Verschiedenes erscheint, sondern als Verletzung der Logik." (ADORNO 1966, S. 58)

Wie entgeht negativ dialektisches Denken, das die Kehre zum Nichtidentischen hin vollzogen hat, dem Identitätszwang? Adorno selber betont, dass dies ein ungemein schwieriges Unterfangen sei:

> „An ihr [der Philosophie] ist die Anstrengung, über den Begriff durch den Begriff hinauszugelangen." „Nur Begriffe können vollbringen, was der Begriff verhindert." „Was aber an Wahrheit durch die Begriffe über ihren abstrakten Umfang hinaus getroffen wird, kann keinen anderen Schauplatz haben als das von den Begriffen Unterdrückte, Missachtete und Weggeworfene. Die Utopie der Erkenntnis wäre, das Begriffslose mit Begriffen aufzutun, ohne es ihnen gleichzumachen." (ADORNO 1966, S. 27, 62, 21) „Philosophie ließe, wenn irgend, sich definieren als Anstrengung, zu sagen, wovon man nicht sprechen kann; dem Nichti-

dentischen zum Ausdruck zu helfen, während der Ausdruck es immer doch identifiziert." (AGS 5, S. 336)

„Wo aber Gefahr ist, wächst das Rettende auch" – selbst im Falle von Adornos aporetischer Version Kritischer Theorie. Die „volle, unreduzierte Erfahrung im Medium begrifflicher Reflexion" (ADORNO 1966, S. 25) ist für Adorno nichts hoffnungslos Unrealisierbares, sondern kann Wirklichkeit werden, *wenn* der Künstler im Philosophen sich, wie es ihm oder ihr zusteht, durchsetzt. „Ästhetische Identität" soll und kann – da Kunstwerke die „vom Identitätszwang befreite Sichselbstgleichheit" sind – „dem Nichtidentischen beistehen, das der Identitätszwang in der Realität unterdrückt" (ADORNO 1970, S. 190, 14). Adorno hat zuerst in seiner Antrittsvorlesung, später beispielsweise in seinem Essay über den „Essay als Form" das Konfigurieren von Begriffen, fokussiert auf den zu enträtselnden Gegenstand, als eine ästhetisch anspruchsvolle *und* problemlösungsbezogen entscheidende Aufgabe bezeichnet (s. oben, die Punkte a und b dieses Abschnittes). Schnädelbach resümiert diese Schlüsselidee Adornos wie folgt:

> „Um das zu erreichen, was der Begriff verhindert, müssen Begriffe zueinander in eine Konstellation treten, in der sich alle Begriffe auf das Etwas und kritisch aufeinander beziehen […] Konstellationen von Begriffen sind somit dasjenige, womit sich nach Adorno Erkenntnis dem Inwendigen des Etwas ,anschmiegt'. In dieser Metapher ist Adornos Idee begrifflicher Mimesis enthalten, die weder mit der künstlerischen Nachahmung noch mit irgendeiner Abart intellektueller Anschauung verwechselt werden darf." (SCHNÄDELBACH 1983, S. 82)

In Adornos Worten:

> „Konstellationen allein repräsentieren, von außen, was der Begriff im Innern weggeschnitten hat, das Mehr, das er sein will so sehr, wie er es nicht sein kann. Indem die Begriffe um die zu erkennende Sache sich versammeln, bestimmen sie potentiell deren Inneres, erreichen denkend, was Denken notwendig aus sich ausmerzte." „Entäußerte wirklich der Gedanke sich an die Sache, gälte er dieser, nicht ihrer Kategorie, so begänne das Objekt unter dem verweilenden Blick des Gedankens selber zu reden." (ADORNO 1966, S. 164f., 38)

Begriffliche Mimesis ist nicht einfach mit der „künstlerischen Nachahmung" gleichzusetzen. Adornos „Negative Dialektik" und seine „Ästhetische Theorie" stehen aus diesem Grund nicht etwa, wie einige Interpreten annehmen, in einem „Verhältnis des Übergangs des einen in das andere", sondern markieren je selbständige, sich gegenseitig ergänzende Positionen philosophischer Reflexion (SCHNÄDELBACH 1983, S. 82, 92f.). Aber etwas vom Glück, das Kunstwerke schenken, teilt sich laut Adorno auch denen mit, die im Medium begrifflicher Erkenntnis auszusprechen vermögen, „wovon man nicht sprechen kann" (AGS 5, S. 336). Wer „in angstloser Passivität der eigenen Erfahrung sich anvertraut", wird jener gewaltlosen Betrachtung fähig, „von der alles Glück der Wahrheit kommt" (AGS 10.2, S. 752; ADORNO 1951, S. 100).

(d) Adornos Anspruch, das gesellschaftliche Kräftefeld in Kunstwerken „exakt und unmetaphorisch" vermessen zu können

In seiner oben unter Punkt b resümierten Schrift über den Essay sprach Adorno en passant von der „Allgegenwart" der Gesellschaft (ADORNO 1958, S. 19). Inwieweit betrifft diese Art Allgegenwart auch Kunstwerke? Determiniert die Gesellschaft nicht nur die Entstehungs- und Verwendungszusammenhänge von Kunst, sondern spielt sie auch *in* ihr – in einer Partitur, in einem Romantext, in einem Tafelbild usw. – eine tragende Rolle?

Bereits der Musikkritiker Adorno der 1920er Jahre ging davon aus, dass eine Komposition nur verstehen und angemessen genießen könne, wer versuche, deren Machart, d.h. die Organisation, Funktionen und Wirkungen des vom Komponisten gestalteten Materials, zu begreifen. Als „Material" bezeichnete er in seiner ästhetischen Theorie alles, „womit die Künstler schalten: was an Worten, Farben, Klängen bis hinauf zu […] je entwickelten Verfahrungsweisen fürs Ganze ihnen sich darbietet: insofern können auch Formen Material werden; also alles ihnen Gegenübertretende, worüber sie zu entscheiden haben" (ADORNO 1970, S. 222).

Adornos Analysen musikalischer oder literarischer Kunstwerke waren insofern stets ausgesprochen *soziologisch* orientiert, als er „das gesellschaftliche Element" an erster Stelle *im künstlerischen Material selbst* oder, wie er gerne sagte, „in den innersten Zellen" eines Kunstwerks nachzuweisen versuchte. Im letzten Vortrag, den er vor Sozialwissenschaftlern der London School of Economics kurz vor seiner Emigration in die USA hielt, verfocht er die, wie Horkheimer schrieb, „einfache" These, „dass die Gesellschaftstheorie der Kunst sich nicht an den Ursprüngen und der Psychologie der Künstler und auch nicht primär an der Wirkung und Rezeption der Kunstwerke, sondern an deren eigener Technik als der repräsentierenden Instanz ihrer Produktion zu betätigen habe" (Adorno an Horkheimer, 15.2.1938; AD-HO II, S. 30). Adorno betrachtete die Kunst als etwas Autonomes, mithin strikt immanent Auszulegendes, *und zugleich* im Sinne des Soziologen Émile Durkheim als eine „soziale Tatsache" (These vom „Doppelcharakter der Kunst als autonom und als fait social", ADORNO 1970, S. 16). In den frühen 1960er Jahren auf seine ersten Musikanalysen zurückblickend, bemerkte er, dass er inzwischen wohl den Zusammenhang zwischen sozialer Klassenzugehörigkeit und musikalischen Produktionen anders als früher sehe; nach wie vor aber stehe er zur Weise, wie er 1932 in der „Zeitschrift für Sozialforschung" seine Analysen fortgeschrittener Avantgardemusik gesellschaftstheoretisch begründet habe:

> „Heute und hier vermag Musik nichts anderes als in ihrer eigenen Struktur die gesellschaftlichen Antinomien darzustellen, die auch an ihrer Isolation Schuld tragen. Sie wird um so besser sein, je tiefer sie in ihrer Gestalt die Macht jener Widersprüche und die Notwendigkeit ihrer gesellschaftlichen Überwindung auszuformen vermag; je reiner sie, in den Antinomien ihrer eigenen Formensprache, die Not des gesellschaftlichen Zustandes ausspricht und in der Chiffernschrift des Leidens zur Veränderung aufruft. Ihr frommt es nicht, in ratlosem Entsetzen auf die Gesellschaft hinzustarren: sie erfüllt ihre gesellschaftliche Funktion genauer, wenn sie in ihrem eigenen Material und nach ihren eigenen Formgesetzen die gesellschaftlichen Probleme zur Darstellung bringt, welche sie bis in die innersten Zellen ihrer Technik in sich enthält. Die Aufgabe der Musik als Kunst tritt damit in gewisse Analogie zu der der gesellschaftlichen Theorie." (Selbstzitat in AGS 14, S. 253; s. ZfS 1, S. 105 bzw. AGS 18, S. 731; s. auch z.B. Adorno in einer institutsinternen Diskussion vom 6.11.1931, HGS 12, S. 363f.).

Dasselbe Vorhaben, die gesellschaftlichen Antinomien bis „in die innersten Zellen" der Theorierätsel großer Philosophen hinein zu verfolgen, versuchten Adornos Studien zu Kierkegaard, Husserl, Kant, Hegel und Heidegger zu verwirklichen. Adorno traute seinen textimmanent kritisch verfahrenden Analysen zu, wie er in den 1930er Jahren öfters schrieb, die vom Antagonismus der bürgerlichen Gesellschaft geprägte idealistische Philosophie „von innen sprengen" und dialektisch „liquidieren" zu können. Es sollte sie sozusagen ihr eigenes Prinzip, der herrschaftlich identifizierende Begriff, heilen oder, mit Wagner zu sprechen – denn „die Wunde schließt der Speer nur, der sie schlug"; „Parsifal", dritter Aufzug – erlösen.

Der Freund, der Adorno bereits während seiner Gymnasialzeit das Potenzial einer gesellschaftskritisch erweiterter Lektüre von Meisterwerken der Philosophie aufzeigte, war *Siegfried Kracauer (1889–1966)*.

Adorno lernte den „wunderlichen Realisten", der den wenig geliebten
Brotberuf eines Architekten 1919/20 zugunsten journalistischer und
schriftstellerischer Aktivitäten aufgab, gegen Ende des Ersten Weltkrieges kennen. Zusammen mit seinem um vierzehn Jahre älteren Freund
las er während mehrerer Jahre, „regelmäßig Samstag nachmittags, die
Kritik der reinen Vernunft":

> „Nicht im leisesten übertreibe ich, wenn ich sage, dass ich dieser Lektüre
> mehr verdanke als meinen akademischen Lehrern. Pädagogisch ausneh-
> mend begabt, hat er mir Kant zum Sprechen gebracht. Von Anbeginn
> erfuhr ich, unter seiner Anleitung, das Werk nicht als eine bloße Er-
> kenntnistheorie, als Analyse der Bedingungen wissenschaftlich gültiger
> Urteile, sondern als eine Art chiffrierter Schrift, aus der der geschichtli-
> che Stand des Geistes herauszulesen war, mit der vagen Erwartung, dass
> dabei etwas von der Wahrheit selber zu gewinnen sei. Ließ ich später,
> im Verhältnis zu den überlieferten philosophischen Texten, weniger von
> deren Einheit und systematischer Einstimmigkeit mir imponieren, als
> dass ich mich um das Spiel der unter der Oberfläche jeder geschlossenen
> Lehrmeinung aneinander sich abarbeitenden Kräfte bemühte […], so
> hat dazu gewiss Kracauer mich angeregt." (AGS 11, S. 388f.)

Als es Kracauer 1936/37 allerdings wagte, mit seinem Buch „Jacques
Offenbach und das Paris seiner Zeit" Adornos Revier musiksoziologi-
scher Werkanalysen zu betreten, erfuhr er eine Zurechtweisung, die ihn
schwer kränkte. Kracauer war 1933 seiner Funktionen als Berliner
Feuilleton-Redakteur der Frankfurter Zeitung enthoben worden. Er
durchlitt in der Folge während der Pariser Emigrationsjahre an der Seite seiner Frau eher noch schlimmere Notzeiten als Benjamin (s. MAR-
BACHER MAGAZIN 1989, S. 70-101). Nach dem Achtungserfolg, den
die französische Ausgabe seines autobiographischen Romans „Ginster"
errungen hatte, erhoffte er sich von den Honoraren für das 1937 in der
deutschen Originalsprache, in einer französischen und einer englischen
Übersetzung erschienene Offenbach-Buch eine nachhaltige Besserung
der finanziellen Dauermisere – vergeblich. Ohne auf die Notlage Kracauers im geringsten Rücksicht zu nehmen, kritisierte Adorno das
Buchmanuskript des älteren Freundes, dem er so viel verdankte, in einem langen Brief vernichtend, und ließ selbst in der veröffentlichten
Buchbesprechung für die Zeitschrift des Instituts durchblicken, dass er
es für ein ziemlich missglücktes Werk halte (s. dazu im einzelnen MÜL-
LER-DOOHM 2003, S. 301, 338ff.). Zugleich deutete Adornos Rezension mit einem prägnanten Bild an, was seiner Auffassung nach eine gesellschaftstheoretisch informierte Formanalyse der „inneren Zellen"
von Offenbachs Musik eigentlich hätte leisten sollen.

Kracauers Buch wollte, wie Adorno in seiner Besprechung zutreffend resümierte, keine Biographie Offenbachs, sondern eine „Gesellschaftsbiographie" sein. Es wollte „mit der Figur Offenbachs die der Gesellschaft [...], die er bewegte und von der er bewegt wurde", erstehen lassen. Kracauers Kardinalfehler aber war es laut Adorno, dass er als Schauplatz der Beziehungen Offenbachs zur Gesellschaft nicht dessen Musik aufsuchte. Indem Kracauer einfach die Funktionen beschrieb, welche die Offenbachsche Musik im Bedürfnishaushalt der vergnügungssüchtigen Gesellschaft des Zweiten Kaiserreichs erfüllte, begnügte er sich mit der „Konstruktion einer prästabilierten Harmonie zwischen Gesellschaft und Autor". Dabei hätte es für eine gesellschaftstheoretisch kompetente Analyse der Musik Offenbachs doch auf der Hand gelegen, in deren Technik, dem Prinzip „der Skizze, die mit Offenbach erstmals als musikalische Form sich installierte", den Schlüssel zur Bestimmung ihrer gesellschaftlichen Funktion zu erkennen. Allein solche Analysen konnten „exakt und unmetaphorisch" herausfinden, wie in dieser Musik „das Spiel der gesellschaftlichen Kräfte" funktionierte. Es erfüllte „das Offenbachsche oeuvre so vollständig [...], dass die Figur des Komponisten es kaum mit größerer Autonomie lenken mag als der exakt zappelnde Kapellmeister, der unter Glas ein mechanisches Orchester zum Tanze dirigiert" (AGS 19, S. 363-365).

Adorno als der das gesellschaftliche Kräftefeld, das Form und Gehalt von Kunstwerken bestimmt, „exakt und unmetaphorisch" vermessende Analytiker – das waren nun wahrhaft unbescheidene Ansprüche, die den Einspruch, sie tendierten zu einseitigem Soziologismus und seien wörtlich genommen gar nicht erfüllbar, herausfordern mussten.

Tatsächlich stießen Adornos Beurteilungen der Musik einzelner Komponisten und seine einseitige Bevorzugung bestimmter Entwicklungslinien moderner Musik bei verschiedenen Musikexperten, dem Pianisten Charles Rosen etwa, auf Widerspruch. Adorno schätzte unter den Klassikern Beethoven, den Komponisten par excellence der revolutionären Autonomie- und Freiheitsideale der bürgerlichen Gesellschaft, am höchsten; unter den Komponisten der Umbruchszeit um 1900 an erster Stelle Mahler, dem Adorno eine bedeutende Monographie widmete; sodann, als Durchbruch zu der Form von Avantgardemusik, die dem 20. Jahrhundert einzig angemessen sei, und deren Weiterentwicklung er in den 1950er Jahren selber maßgeblich beeinflusste, die zweite Wiener Klassik von Arnold Schönberg, Alban Berg, seinem Kompositionslehrer 1925 in Wien, und Anton Webern. Ziemlich bis sehr, manchmal maßlos kritisch fielen dagegen Adornos Beurteilungen der Werke von R. Wagner, A. Bruckner, R. Strauss und I. Stravinsky aus. Jazzmusik war für ihn eine sozialpsychologisch alles andere als harmlose Musikgattung, die bei ihren Anhängern – typischerweise unterdrückten Minderheiten wie Schwarzen oder Ostjuden – Pogrom- und Kastrationsängste zugleich auslöse und beschwichtige. Adorno empfahl in einem seiner Schlussberichte zur Radiomusikforschung, die er ab 1938 in den USA durchführte, den Programmgestaltern von Rundfunkanstalten allen Ernstes, Werke zweifelhafter Komponisten, vorab solche von Dvorak, Franck, Gounod, Ravel, Sibelius und Tschaikowsky, wenn überhaupt, nur noch kritisch kommentiert auszustrahlen. Dafür sollte Hörern möglichst häufig der heilsame Schock der (um 1940) fortgeschrittensten Musik von Arnold Schönberg und seiner Schüler zugemutet werden. Falls dies nachhaltig genug geschehe, könnte am Ende vielleicht sogar ein gewöhnlicher Bürger Anton Weberns Musik „wie ein großes Vergnügen (a great fun)" erleben (zitiert von DAHMS 1994, S. 245f.).

An diesen und anderen Idiosynkrasien Adornos Anstoß nehmend, beantwortete Charles Rosen die Titelfrage seiner Sammelbesprechung musikphilosophischer Schriften „Should We Adore Adorno?" mit einem klaren nein („New York Review of Books" Nr. 16 vom 24.10.2002). Dazu schien ihm der Musikinterpret Adorno viel zu einseitig, soziologistisch und schwer verständlich zu argumentieren.

Fürsprecher Adornos stellen in der Regel die Schwachpunkte, auf die Rosen und andere Kritiker hingewiesen haben, nicht in Abrede (s. u.a. KLEIN in ETTE et al. 2004, S. 155ff., WELLMER in HONNETH 2005, S. 256ff.). Die von Adorno zwar nicht als prästabilierte Harmonie, wohl aber kaum weniger gewagt als gespannte Korrespondenzen konstruierten Beziehungen zwischen Gesellschaft und Kunstwerk führten seine Analysen des musikalischen Materials verschiedentlich – auch nach Auffassung seiner Anhänger – in Sackgassen. Waren das aber nicht Risiken, die Philosophen, die so wie Adorno oder Nietzsche zugleich Künstler sind, bei Interpretationen von Kunstwerken, die sie *als Künstler* herausfordern, eingehen müssen? Auch Nietzsche, der sich so wie Adorno, wenngleich nicht ebenso begabt wie dieser, als Komponist betätigte, beurteilte Kunstwerke, vor allem natürlich die der zuerst hochverehrten, dann entthronten Wotan-Figur Wagners, öfters sehr einseitig. Aber welch tief berührender Interpretationen war Nietzsche doch dessen ungeachtet bis zuletzt fähig – so etwa, als er, wohlgemerkt lange *nach* seinem Bruch mit Wagner, in Monte Carlo, wie er seinem Freund Heinrich Köselitz alias Peter Gast am 21. Januar 1887 schrieb, das Parsifal-Vorspiel zum ersten Mal vernommen hatte:

„Wenn ich Sie wiedersehe, will ich Ihnen genau sagen, was ich da *verstand*. Abgesehn übrigens von allen unzugehörigen Fragen (wozu solche Musik dienen *kann* oder etwa dienen *soll?*), sondern rein ästhetisch gefragt: hat Wagner je etwas *besser* gemacht? Die allerhöchste psychologische Bewusstheit und Bestimmtheit in bezug auf das, was hier gesagt, ausgedrückt, *mitgeteilt* werden soll, die kürzeste und direkteste Form dafür, jede Nuance des Gefühls bis aufs Epigrammatische gebracht [...] und, zuletzt, ein sublimes und außerordentliches Gefühl, Erlebnis, Ereignis der Seele im Grunde der Musik, das Wagnern die höchste Ehre macht, eine Synthese von Zuständen, die vielen Menschen, auch ‚höheren Menschen‘ als unvereinbar gelten werden, von richtender Strenge, von ‚Höhe‘ im erschreckenden Sinne des Wortes, von einem Mitwissen und Durchschauen, das eine Seele wie mit Messern durchschneidet – und von Mitleiden mit dem, was da geschaut und gerichtet wird. Dergleichen gibt es bei Dante, sonst nicht. Ob je ein Maler einen so schwermütigen Blick der Liebe gemalt hat, als W. mit den letzten Akzenten seines Vorspiels?“ (Studienausgabe ‚Sämtlicher Briefe Nietzsches‘ von G. Colli und M. Montinari, Bd 8, S. 12f.)

Adorno pflegte Kompositionen musikwissenschaftlich wesentlich eingehender als Nietzsche zu analysieren. Aber an den ergreifendsten Stellen seiner Interpretationen von Höhepunkten der Musikkunst Beethovens, Schuberts, Mahlers, Schönbergs, Bergs, ja selbst des ihm eigentlich weniger nahe stehenden Mozarts verhalf er so wie Nietzsche im zitierten Brief mit wunderbar treffenden *Metaphern* einfach den Affekten „des *lebendigen, hörenden Vollzugs* als des eigentlichen *Konstituens von Musik*“ zur Sprache (AGS 17, S. 269; Hervorhebung im Text von E.W.-B.).

Adornos Auslegungen *literarischer* Kunstwerke – solcher der Klassiker Goethe, Hölderlin, Eichendorf, Balzac, Heine sowie von modernen Autoren, insbesondere von Proust, Valéry, Hofmannsthal, George, Borchardt, Kafka, Celan, Beckett – nehmen in seinem Gesamtwerk weit weniger Platz in Anspruch als seine Analysen musikalischer Kompositionen. Sie folgten demselben obersten Auslegungsprinzip wie seine Musikanalysen. Adornos Bestimmung der Kernaufgabe literarischer Ästhetik hätte genau so auch in einer seiner musikästhetischen Schriften stehen können. Adorno umschrieb sie in einem Essay über Valéry als den Auftrag, „Kunstwerke von innen, in der *Logik ihres Produziertseins* zu sehen“ (AGS 11, S. 159; Hervorhebung im Text von E.W.-B.). Und was Adorno in seiner „Rede über Lyrik und Gesellschaft“ von Gedichten aussagte – sie zeugten nicht vom „Erlebnis“, nicht vom gesellschaftlichen Standpunkt oder der Privatperson des Dichters; das Gedicht sei vielmehr eine „geschichtsphilosophische Sonnenuhr“ –, traf ihm zufolge ebenso auf Kunstwerke der Musik zu (AGS 11, S. 60, 315; vgl. AGS 18, S. 826).

Im Institut für Sozialforschung beackerte anfänglich vor allem *Leo Löwenthal (1900–1993)* das Feld, das Horkheimers Konzept einer kritisch interdisziplinären Sozialforschung literatursoziologischen Studien zugewiesen hatte. Löwenthal war nach seinem Studium der Philosophie, Soziologie und Literatur seit 1926 nebenberuflicher, seit 1930 hauptamtlicher Mitarbeiter des Instituts. Er redigierte dessen Zeitschrift, und steuerte zu ihr literatursoziologische Abhandlungen u.a. über C.F. Meyer, H. Ibsen und K. Hamsun bei. Nachdem er von 1949 bis 1955 als Direktor der Forschungsabteilung der „Voice of America" gewirkt hatte, lehrte und forschte er von 1956 bis zu seiner Emeritierung im Jahre 1968 als Professor für Soziologie an der UC Berkeley in Kalifornien.

So wie Kracauers Interpretationen der Musik Jacques Offenbachs, verfielen auch Löwenthals literatursoziologische Arbeiten, da sie der „Logik des Produziertseins" literarischer Kunstwerke zu wenig gerecht wurden, Adornos Kritik (MÜLLER-DOOHM 2003, S. 351). Anders als im Falle Kracauers verzichtete Adorno allerdings auf eine Löwenthal direkt angreifende Polemik – nicht zuletzt wohl darum, weil dieser im Institut lange Zeit sehr wichtige Koordinations- und Integrationsaufgaben erfüllte.

Adorno publizierte in den letzten zwei Jahrzehnten seines Lebens an erster Stelle philosophische, musikästhetische und soziologische Arbeiten, und erst in dritter oder vierter Priorität literaturkritische Essays und Vorträge. Selbst diese vergleichsweise wenigen Schriften wurden aber seit den 1960er Jahren von Sachkundigen intensiv rezipiert. Der 1954 bei Emil Staiger in Zürich promovierende Peter Szondi war einer der ersten deutschsprachigen Literaturwissenschaftler, der die Bedeutung Walter Benjamins und Adornos für sein Fach voll erfasste. Adorno seinerseits erkannte das überragende Talent Szondis, und förderte dessen Karriere nach Kräften. 1964 arrangierte er für ihn einen Probevortrag vor den Germanisten der Universität Frankfurt a.M. Dabei riet er ihm in seinem Brief vom 12. Februar 1964 „dringend", den Vortrag womöglich „so zu formulieren, dass Sie sich ebenso den Meistersinger-Meistern gegenüber in der Tabulatur ausweisen, wie durch den geistigen Horizont den Unterschied Ihres Niveaus von dem etabliert germanistischen zeigen" (SZONDI 1993, S. 145).

Man darf diese Intervention Adornos und die für ihn typische Weise, wie er sie kommentiert hat, wohl auch als Versuch auffassen, die Chancen einer Wiederholung des Unrechts zu verringern, das Walter

Benjamin mit der Ablehnung seiner Habilitationsschrift durch akademisch etablierte Germanisten widerfahren war. Adorno und Szondi reüssierten in der Folge zwar nicht an der Frankfurter Universität. 1964/65 wurde Szondi aber auf den Lehrstuhl für allgemeine und vergleichende Literaturwissenschaft der FU Berlin berufen, wo er, von der immer militanteren Bewegung der Studenten zunehmend mitgenommen, dennoch mit nachhaltiger Resonanz forschte und lehrte. 1970/71 erhielt er einen Ruf der Universität Zürich, den er annahm. Den 1969 verstorbenen Adorno sollten weder diese Nachricht noch die vom Freitod erreichen, für den sich der gleich wie Paul Celan geschichtlich schwer belastete Szondi, Überlebender des Konzentrationslagers Bergen-Belsen, im Oktober 1971 entschied.

(e) Adornos politisch aufklärende Vorträge und Schriften, 1950–1966

Thomas Mann hat in seinem Roman „Doktor Faustus", der am Beispiel der Geschichte vom Teufelspakt eines genialen Komponisten die geistesgeschichtlichen Wurzeln des Nationalsozialismus analysiert, ausgiebig von der einzigartigen Musikexpertise Adornos Gebrauch gemacht. Um im Kommentarband „Die Entstehung des Doktor Faustus" Adornos Anteil an den musiktheoretischen Passagen des Romans richtig würdigen zu können, bat er Adorno, der den Dichter sehr verehrte, ihm eine kurze Lebensbeschreibung zu senden. Adorno erfüllte diesen Wunsch mit seinem Brief vom 5. Juli 1948, in dem er u.a. schrieb:

> „Ich bin in einer ganz und gar von theoretischen (auch politischen) und künstlerischen, vor allem musikalischen Interessen beherrschten Atmosphäre aufgewachsen. – Ich studierte Philosophie und Musik. Anstatt mich zu entscheiden, hatte ich mein Leben lang das Gefühl, in den divergenten Bereichen eigentlich das Gleiche zu verfolgen." (ADORNO, MANN 2003, S. 33)

Das Politische stand in Adornos Herkunftsmilieu demnach nicht ebenso im Vordergrund wie in der Lebensgeschichte anderer Intellektueller, etwa Max Webers. Aber es war doch, worauf die in Klammern gesetzte Rede von den „auch politischen" Interessen seiner Familie hinweisen mag, eine das ganze Schaffen Adornos durchdringende Macht. Espen Hammer betont in seinem sehr lesenswerten Buch „Adorno and the Political", dass Adorno zwar keine „Theorie der Politik" verfasste, und in seinem Werk selten auf politische Fragen im engeren Sinne – etwa auf solche der Gestaltung und Funktionsweise demokratischer Institutionen, der Außenpolitik usw. – einging. Dennoch sei Adorno „einer der politisch sensibelsten Denker des 20. Jahrhunderts" gewesen:

> „Indeed, it is difficult to think of a major intellectual figure from this period for whom the attention to, and formation of, political judgment has had more deep-seated implications than in his case. Not only do his individual theoretical contributions and cultural interpretations display a keen awareness of the socio-political subtexts that pervade every symbolic exchange, but the manner and style in which he wrote, down to the very texture and rhetoric of his well-crafted, intellectually challenging sentences, testify to an uncompromising willingness to engage with the political in all its complexity and historical specificity." (HAMMER 2006, S. 1)

Adornos Radiovortrag zum Thema „Erziehung nach Auschwitz", den der Hessische Rundfunk am 18. April 1966 erstmals ausstrahlte, hilft zu verstehen, warum Adornos Philosophie und Gesellschaftswissenschaft als eine durch und durch politische Lehre gelten kann, obwohl in ihr politologische Fragen nur eine Nebenrolle spielen. Adorno begann und beendete seinen Vortrag mit einer nicht weiter begründungsbedürftigen, kategorischen Anforderung an Erziehung: der „Forderung, dass Auschwitz nicht noch einmal sei" (AGS 10.2, S. 674). Er plädierte dafür, den politischen Unterricht in der Bundesrepublik Deutschland konsequent diesem Prinzip zu unterstellen:

> „Aller politischer Unterricht […] sollte zentriert sein darin, dass Auschwitz nicht sich wiederhole. Das wäre möglich nur, wenn […] er ohne Angst, bei irgendwelchen Mächten anzustoßen, offen mit diesem Allerwichtigsten sich beschäftigt. Dazu müsste er in Soziologie sich verwandeln, also über das gesellschaftliche Kräftespiel belehren, das hinter der Oberfläche der politischen Formen seinen Ort hat." (AGS 10.2, S. 690)

Indem er hier „politische Formen" als die „Oberfläche" gesellschaftlicher Kräfte bezeichnete, griff Adorno auf Motive der marxistischen Staatslehre zurück. Diese behauptet, dass der Staat eine historische Erscheinungsform der Gesellschaft, der bürgerliche Staat im besondern die formal-demokratisch verkleidete Klassenherrschaft der Bourgeoisie sei (s. z.B. „Der 18. Brumaire des Louis Bonaparte" (1852) von Karl Marx, ADLER 1922, KOLAKOWSKI 1978/79). Weder Adorno noch Horkheimer interessierten sich freilich je sehr für Details kapitaltheoretischer „Ableitungen" staatlicher Strukturen und Funktionen. Stu-

dierende, die an der Universität Frankfurt a.M. als Haupt- oder Nebenfach Soziologie belegten, konnten sich seit der zweiten Hälfte der
1950er Jahre an den „Soziologischen Exkursen" orientieren, einer –
laut Klappentext – „neuartig angelegten Einleitung in die Soziologie",
die offiziell ein Autorenkollektiv des Instituts, de facto Adorno verfasst
hatte (IfS 1956). Diese als Sammlung fragmentarischer Exkurse deklarierte Einführungsschrift bot Interessierten in zwölf historisch-soziolo-
gisch dicht dokumentierten Kapiteln Stoff zum Nachdenken über ge-
sellschaftswissenschaftlich, somit hoffentlich auch politisch aufklärende Schlüsselbegriffe. Keines der zwölf Kapitel zu den Begriffen oder
Forschungsbereichen Soziologie, Gesellschaft, Individuum, Gruppe,
Masse, Kultur und Zivilisation, Kunst- und Musiksoziologie, empirische Sozialforschung, Familie, Gemeindestudien, Vorurteil, Ideologie
behandelte zentrale Themen der Staatswissenschaften, etwa „Staat",
„Politik", „Macht", „Justiz", „Herrschaft". Verschiedene Autoren haben dies kritisch das politikwissenschaftliche Defizit der Kritischen
Theorie genannt (s. z.B. LADWIG 2006, S. 30f.). Die zwei juristisch
ausgebildeten Politologen Franz Neumann und Otto Kirchheimer hätten es im Prinzip reduzieren können. Aber ihre Reintegration ins 1950
wieder errichtete Institut stand aus verschiedenen Gründen noch weniger zur Diskussion als diejenige von Marcuse oder Löwenthal.

Vereinzelt hat sich indessen Adorno auch schon vor der ihn direkt
herausfordernden Studentenbewegung der Jahre 1966 bis 1969 zu politisch aktuellen Fragen geäußert. Er veröffentlichte 1950 zum Beispiel
den Aufsatz „Democratic Leadership and Mass Manipulation" (AGS
20.1, S. 267-286). Er rezensierte 1957 ein Buch über „Rechtsradikalismus im Nachkriegsdeutschland" (AGS 20.1, S. 386-389), veröffentlichte „Bemerkungen über Politik und Neurose" (1953/54, AGS 9.2,
S. 434-439) und verfasste unveröffentlichte Aufsätze zu den Themen
„Individuum und Staat" (1951), „Öffentliche Meinung und Mei-
nungsforschung" (1952) sowie „Die Demokratisierung der deutschen
Universitäten" (1959; AGS 20.1, S. 287-292, 293-301, 332-338).
Während diese Stellungnahmen je ein spezielles, überwiegend akade-
misches Publikum ansprachen, richtete sich sein Vortrag vor dem Ko-
ordinierungsrat für Christlich-Jüdische Zusammenarbeit vom Herbst
1959, „Was bedeutet: Aufarbeitung der Vergangenheit", den der Hessische Rundfunk am 7. Februar 1960 sendete, generell an politisch interessierte Bürgerinnen und Bürger der Bundesrepublik Deutschland
(AGS 10.2, S. 555-572). Der oben zitierte Vortrag „Erziehung nach
Auschwitz" führte diese Thematik in einem ähnlichen Format weiter,
desgleichen der Vortrag „Zur Bekämpfung des Antisemitismus heute",

den Adorno im Herbst 1962 vor der Ersten Europäischen Pädagogenkonferenz in Wiesbaden hielt (AGS 20.1, S. 360-383).

Die Publikation des letztgenannten, frei extemporierten Referates, dessen Tonbandaufnahme transkribiert wurde, war insofern ein Novum, als Adorno an sich davon ausging, dass in freier Rede Gesprochenes niemals dem zu entsprechen vermöge, „was er von einem Text zu verlangen hat" (AGS 20.1, S. 360). Die gedruckte Version seines Vortrags, für die er „die Verantwortung nicht übernehmen" könne, sei darum nur als eine „Erinnerungsstütze" für die zu betrachten, „welche bei seiner Improvisation zugegen waren und welche über die behandelten Fragen selbstverständlich weiterdenken möchten auf Grund der bescheidenen Anregungen, die er ihnen übermittelte […]":

„Darin, dass allerorten die Tendenz besteht, die freie Rede, wie man das so nennt, auf Band aufzunehmen und dann zu verbreiten, sieht er [Adorno] selber ein Symptom jener Verhaltensweise der verwalteten Welt, welche noch das ephemere Wort, das seine Wahrheit an der eigenen Vergänglichkeit hat, festnagelt, um den Redenden darauf zu vereidigen. Die Bandaufnahme ist etwas wie der Fingerabdruck des lebendigen Geistes." (AGS 20.1, S. 361)

Nun ließ Adorno die Vorlesungen, die er an der Universität Frankfurt a.M. hielt, bereits seit dem Wintersemester 1957/58 regelmäßig auf Band aufnehmen (MÜLLER-DOOHM 2003, S. 866; Kurt Flasch hat in einem Zeitungsartikel witzig beschrieben, wie er als Student die „techno-erotische" Inszenierung dieser Bandaufnahmen jeweils am Anfang einer Vorlesung erlebte). Offenbar fand Adorno das Abnehmen von Fingerprints des lebendigen Geistes in der verwalteten Welt nicht schlechthin verwerflich, sondern in Ausnahmesituationen, derjenigen etwa seiner großen Vorlesung, gerechtfertigt. Die Frage, warum er nach Überwindung von wohl nicht allzu ernst gemeinten Skrupeln auch Transkriptionen seiner nicht akademischen Vorträge zur Veröffentlichung freigab, ist durchaus interessant. Sie soll im folgenden unter den zwei Gesichtspunkten beantwortet werden, was Adorno *methodisch (1)* und was ihm *inhaltlich (2)* die Gewissheit gab, mit wie auch immer unvollkommenen Wiedergaben seiner allgemeinverständlichen Vorträge die Öffentlichkeit in einer Weise politisch aufklären zu können, die den strengen Maßstäben Kritischer Theorie standhielt.

(1) Adornos Einstellung zum Common Sense entspricht ziemlich genau der Haltung, die er im Anschluss an Hegel der öffentlichen Meinung gegenüber einzunehmen empfahl. Hegel hat im Paragraphen 318 der „Grundlinien der Philosophie des Rechts" seine Ausführungen

über die öffentliche Meinung dahingehend zusammengefasst, dass diese es verdiene, „ebenso *geachtet* als *verachtet* zu werden" (zitiert in AGS 8, S. 215). Wenn Adorno den Common Sense mit den Begriffen „communis opinio" oder „gesunder Menschenverstand" umschrieb, verwendete er ihn in der Regel peiorativ, ungefähr so wie im Ausdruck „der durch seine Gesundheit erkrankte Menschenverstand" (ADORNO 1966, S. 295).

Adorno sprach andererseits durchaus auch positiv von der „gemeinen Menschenvernunft" (im Sinne von Kant) oder dem „einfachen Menschenverstand". Wer den Common Sense kritisiere, müsse auch „die einfache Forderung erfüllen, dass er common sense hat" (AGS 10.2, S. 738). Adorno pflegte an das im Common Sense schlummernde Potenzial zu unbefangener Spekulation und unreglementierter Erfahrung vor allem dann zu appellieren, wenn ihn die es zuschüttenden, pseudoexakten Prozeduren und Standards der empirischen Sozialwissenschaften irritierten. Im Verlaufe seiner Mitarbeit an verschiedenen Sozialforschungsprojekten in den USA sowie nach 1950 auch in Deutschland bestätigte sich ihm wiederholt die Erfahrung der „Not jeder empirischen Soziologie, dass sie zu wählen hat zwischen der Zuverlässigkeit und der Tiefe ihrer Befunde" (AGS 10.2, S. 727; vgl. oben, Abschnitt 11). Denn empirische Befunde seien nicht imstande, theoretische Gedanken über die Gesellschaft im Ganzen bruchlos einzulösen – diese entwischten jenen „wie spirits der parapsychologischen Versuchsanordnung" (AGS 8, S. 197). Fruchtbare Theorie gebe es gewiss nur „in engster Fühlung mit ihren Materialien". Umgekehrt aber treffe auch zu, dass die Spielregeln empirischer Sozialforschung „die volle, unreglementierte Breite der Erfahrung" stärker beengten, „als es im Begriff der Erfahrung selbst liegt." Adorno plädierte darum für eine Art „Restitution von Erfahrung gegen ihre empiristische Zurichtung" (AGS 10.2, S. 738).

Als Adorno von einem amerikanischen Sozialforschungskollegen einmal gebeten wurde, ihm einige Hypothesen für eine geplante Erhebung über Jazz zu liefern, reagierte er auf dieses Anliegen „mit einfachem Menschenverstand, wie ein Unbefangener, nicht durch Wissenschaft Verängstigter":

> „Meine wenig tiefgründigen Prophezeiungen bestätigten sich. Die Wirkung davon war überraschend. Der junge Mitarbeiter schrieb das Resultat nicht etwa meiner einfachen Vernunft zu, sondern einer Art magischen Fähigkeit zur Intuition. Ich erwarb mir dadurch bei ihm eine Autorität, die ich […] keineswegs verdient hatte. Seine akademische Erziehung

wirkte sich offensichtlich bei ihm so aus, dass für Überlegungen, die nicht bereits durch streng beobachtete und registrierte Fakten gedeckt waren, kein Raum mehr blieb. […] Eher wollte mein überaus freundlicher Kollege mich als Medizinmann gelten lassen, als dem ein Recht einräumen, worüber das Tabu von Spekulation lag." (AGS 10.2, S. 714)

Adorno führte den Kampf wider die Verhexungen des Allgemeinverstandes durch bornierte Sozialforschungspraktiken auch noch nach seiner Rückkehr nach Frankfurt a.M. In Forschungsseminaren des Instituts standen wiederholt Stärken und Schwächen qualitativer im Vergleich mit quantifizierenden Verfahren der Sozialwissenschaften zur Diskussion. Kritik an der fraglichen Objektivität qualitativer Studien versuchte Adorno zu zerstreuen, indem er die Studierenden dazu ermunterte, ihre „unkritische Scheu, das in Zweifel zu ziehen, was als normal gilt", abzulegen. Sie sollten lernen, wie Forschungsseminar-Protokolle vom Mai und Juni 1961 notierten, „gegen die disziplinierende Wirkung des Wissenschaftsbetriebs" empirische Materialien mit einer „Portion gesunden Menschenverstands" möglichst unbefangen zu analysieren (DEMIROVIĆ 1999, S. 798). Denn in seiner eigenen Sozialforschungspraxis konnte Adorno immer wieder erfahren:

„Das Jähe dessen, was Researchtechniker herablassend Intuition nennen, markiert den Durchbruch der lebendigen Erfahrung durch die verhärtete Kruste der communis opinio; es ist der lange Atem des Gegensatzes zu dieser, keineswegs das Privileg begnadeter Augenblicke, der dem unreglementierten Gedanken jene Fühlung mit dem Wesen gestattet, die von der aufgeschwollenen Apparatur, die sich dazwischenschaltet, oft unwiderstehlich sabotiert wird." (AGS 8, S. 212)

Adornos politisch aufklärende Vorträge waren, wie nachfolgend argumentiert wird, vor allem darum so erstaunlich erfolgreich, weil es ihm in ihnen gelang, mit den von lebendigem Common Sense beflügelten Befunden der Autoritarismus- und der Vorurteilsforschung des Instituts die Kruste der verhärteten „communis opinio" zu durchbrechen.

(2) Der oft zitierte erste Satz von Adornos „Negativer Dialektik" lautet: „Philosophie, die einmal überholt schien, erhält sich am Leben, weil der Augenblick ihrer Verwirklichung versäumt ward." (ADORNO 1966, S. 15) *Gibt es* aber überhaupt so etwas wie entscheidende „Augenblicke" der Umsetzung von Ideen des guten Lebens, die den Köpfen bedeutender Philosophen von Platon, Konfuzius oder Jesus bis Marx entsprungen sein mögen?

Der Common Sense begünstigt die Antwort „Nein" auf diese Frage nach erhabenen Momenten der Theorie-Praxis-Einheit. Denn das Alltagsleben und die geschichtliche Erfahrung der Menschen lehren, dass gerade auch radikale Veränderungskonzepte, die beanspruchen, die bestehenden Verhältnisse ein für allemal zum Bessern umwälzen zu können, bestenfalls Schritt für Schritt annähernd, in schlimmeren Fällen bis zur Unkenntlichkeit entstellt, nie jedoch ihrer ursprünglichen Idee entsprechend „augenblicklich" durchführbar sind.

Adorno stimmte in seinem Vortrag „Erziehung nach Auschwitz" (1966) diesem Gedanken insofern zu, als er erklärte, die Chance, „die objektiven, nämlich gesellschaftlichen und politischen Voraussetzungen" zur nachhaltigen Vermeidung gesellschaftlichen Unrechts hier und heute verwirklichen zu können, sei „aufs äußerste beschränkt" (AGS 10.2, S. 675). Ob er sie so wie Horkheimer in seiner oben von Abschnitt 7 zitierten Notiz vom August 1962 „wenn nicht schon 1791, so doch 1848 und erst recht 1918" für gegeben hielt, ist ungewiss. Wahrscheinlich pflegte er die Rede von den „Augenblicken" stimmiger Theorie-Praxis-Hochzeiten im Marx'schen Sinne nur, um sich der von den Künsten tradierten Idee des wahren, nicht mehr falschen Lebens zu vergewissern.

Wie auch immer: Die Unmöglichkeit wahrhaft umwälzender Praxis in der Gegenwart rechtfertigte für Adorno Versuche, dem gesellschaftlichen Unheil mit den vergleichsweise bescheidenen, da „nur" sozialpsychologischen Befunden der Autoritarismus- und Vorurteilsforschung seines Instituts entgegenzuarbeiten. Adorno präsentierte diese Ergebnisse, eigene Lebenserfahrungen und Gedanken zum Thema in den erwähnten drei Vorträgen von 1959 („Was bedeutet: Aufarbeitung der Vergangenheit"), 1962 („Zur Bekämpfung des Antisemitismus heute") und 1966 („Erziehung nach Auschwitz") in einem attraktiven, inhaltlich stimulierenden *und* allgemeinverständlichen Format. Er widerlegte mit diesen Präsentationen die zwei weit verbreiteten Vorurteile, dass seine Version Kritischer Theorie durchwegs schwer bis gar nicht verständlich sei sowie zur Lösung praktischer Alltagsprobleme nichts beizutragen habe.

Welche gesellschaftlichen Strukturen und sozialpsychologischen Prozesse erschwerten in Westdeutschland nach dem Zweiten Weltkrieg einen kritisch aufgeklärten Umgang mit dem nationalsozialistischen Regime, dessen Tätern, Mitläufern und – hauptsächlich – jüdischen Opfern? Was sollten Bürger und Erziehungsfachleute Westdeutschlands tun, um eine Wiederholung vergleichbaren Unheils zu verhindern? Wie sollten sie insbesondere mit stillschweigenden, potenziellen oder bekennenden Antisemiten und Sympathisanten des Nationalsozialismus umgehen?

Adorno beantwortete diese Leitfragen der drei Vorträge, indem er zunächst warnend darauf hinwies, „dass die objektiven gesellschaftlichen Voraussetzungen fortbestehen, die den Faschismus zeitigten" (AGS 10.2, S. 566). Die marxistisch geforderten Strukturveränderungen, die faschistische Entwicklungen ein für allemal verhindern sollten, hatten allerdings in der Form, in der sie im Machtbereich Stalins nach 1945 umgesetzt worden waren, katastrophale Folgen gezeigt. Wer der stalinistischen Bedrohung nicht Widerstand entgegensetze, mache „buchstäblich der Wiederholung des Chamberlainschen *appeasement* sich schuldig" (AGS 10.2, S. 561). Institutionell und ökonomisch sei die Demokratie in der jungen Bundesrepublik Deutschland bereits um einiges besser verankert als zur Zeit der Weimarer Republik (AGS 10.2, S. 568). Ein die Massen ergreifender Neonazismus müsse bis auf Weiteres nicht mehr befürchtet werden. Adorno fand darum „das Nachleben des Nationalsozialismus *in* der Demokratie als potentiell bedrohlicher denn das Nachleben faschistischer Tendenzen *gegen* die Demokratie" (AGS 10.2, S. 555f.).

Wie äußerte sich laut Adorno das Nachleben des Nationalsozialismus *in* der westdeutschen Nachkriegsdemokratie, und wie sollte man mit solchen Herausforderungen umgehen?

Adorno konnte hier auf die langjährigen Studien seines Instituts über autoritätsgebundene Charaktere, deren Diagnose und Therapie, an denen er maßgeblich mitgewirkt hatte (s. Abschnitt 11), zurückgreifen. Er beschrieb in seinen allgemeinverständlichen Vorträgen autoritätsgebundene Menschen als Persönlichkeiten, die aufgrund ihrer brutal autoritären oder gefühllos kalten Erziehung von Ressentiments beherrscht seien – jenen Affekten mithin, von denen gelte:

> „Ressentiment trifft jedes Glück, auch das eigene." (AGS 10.2, S. 564).

In autoritätsgebundenen Menschen brodle es einerseits „von verdrängter Wut". Andererseits tendierten sie, weil sie sich nicht entwickeln konnten, dazu, „mit der sie unterdrückenden Autorität sich zu identifizieren und dadurch ihre unterdrückten und aggressiven Instinkte an anderen, und zwar im allgemeinen an Schwächeren, auszulassen":

> „Der autoritätsgebundene, der spezifisch antisemitische Charakter ist wirklich der Untertan, wie Heinrich Mann ihn darstellte, oder, wie man es schlicht auf gut deutsch sagt, die Radfahrernatur – charakterisiert durch eine gewisse Art des pseudorebellischen ‚Da-muss-doch-endlich-was-geschehen, da-muss-doch-endlich-mal-Ordnung-geschaffen-wer-

den'; aber dann ständig bereit, vor den Trägern der wirklichen Macht, der ökonomischen oder welcher auch immer, sich zu ducken und es mit ihr zu halten." (AGS 20.1, S. 372; vgl. dazu oben, Abschnitt 11)

In der Nachkriegsgesellschaft schienen Adorno die Sozialisationsbedingungen für autoritätsgebundene Persönlichkeiten nicht mehr dieselben zu sein wie zur Zeit des Wilhelminischen Deutschen Reichs und vermutlich auch noch zur Zeit der Weimarer Republik. Tendenziell sei in der Erziehung inzwischen weniger „väterliche Brutalität" ein entscheidender Faktor, „sondern eine bestimmte Art von Kälte und Beziehungslosigkeit, die die Kinder in ihrer frühen Kindheit erfahren":

„Der Typus von Charakter, der – wenn ich mich nicht irre – psychologisch heute in unserem Zusammenhang der bedrohliche ist, gleicht viel eher dem, welchen ich in der ‚Authoritarian Personality' den manipulativen genannt habe. Es sind jene pathisch kalten, beziehungslosen, mechanisch verwaltenden Typen wie Himmler und der Lagerkommandant Höss. Es ist außerordentlich schwer, gegen die Bildung dieses Typus in der frühen Kindheit anzugehen. Es ist die Reaktion auf einen Mangel an Affekt, und Affekt kann man nicht predigen. Dass es zur Freiheit des Affekts nicht kommt, liegt an unserer Gesellschaft selber […] Es handelt sich um eine besonders kritische Zone; man sollte sehr darüber nachdenken, was man in ihr tun kann, ohne in die Verlogenheit synthetischer Nestwärme, Nestwärme mit Klimaanlage, zu verfallen, wie es denn überhaupt nichts Törichteres gibt, als Menschen aufzufordern zu lieben." (AGS 20.1, S. 372f.; s. auch S. 683)

Adorno schien es bei schwierigeren Fragen politischer Aufklärung generell nützlich zu sein, zwischen langfristigen „Erziehungsprogrammen" und kurzfristigen „Abwehrprogrammen" zu unterscheiden. Während jene versuchten, mittels verbesserter Sozialisationsbedingungen die Chancen der Formierung unerwünschter Verhaltensweisen zu reduzieren, sollten diese akute Fälle von Fremdenfeindlichkeit, Antisemitismus oder Rechtsradikalismus mit konzessionslos aufklärerischen Argumenten, unter Umständen auch mit moralisch entschieden und kraftvoll eingesetzten Machtmitteln bekämpfen (AGS 20.1, S. 371, 380). Adorno war davon überzeugt, dass die im Rahmen von „Abwehrprogrammen" einzusetzenden Argumente wider ethnozentrische Ressentiments, wider Antisemitismus und Rechtsextremismus die Mechanismen bewusst zu machen hätten, die in den Menschen solche Vorurteile erzeugten (AGS 20.1, S. 571):

„Die einzig wahrhafte Kraft gegen das Prinzip von Auschwitz wäre Autonomie, wenn ich den Kantischen Ausdruck verwenden darf; die Kraft zur Reflexion, zur Selbstbestimmung, zum Nicht-Mitmachen." (AGS 10.2, S. 679)

Gegenüber erwachsenen Menschen, „bei denen die Würfel bereits ausgespielt sind", die sich also „in ihrem Autoritätsglauben […] nur schwer erschüttern lassen", dürfe freilich „auf Autorität auch nicht verzichtet werden":

„Wo sie sich ernsthaft vorwagen bei antisemitischen Manifestationen, müssen die wirklich zur Verfügung stehenden Machtmittel ohne Sentimentalität angewandt werden, gar nicht aus Strafbedürfnis oder um sich an diesen Menschen zu rächen, sondern um ihnen zu zeigen, dass das einzige, was ihnen imponiert, nämlich wirklich gesellschaftliche Autorität, einstweilen denn doch noch gegen sie steht." (AGS 20.1, S. 364)

Im Vortrag „Zur Bekämpfung des Antisemitismus heute" vor Pädagogen behandelte Adorno besonders einfühlsam Probleme der Beeinträchtigung des Autonomieprinzips durch Schulkinder, die aus einem Milieu stammten, in dem sie, wie man zu sagen pflege, „nicht genug mitbekommen haben" (eine gute Kurzformel übrigens für sozialwissenschaftliche Sozialisationsforschungsprogramme, deren Ergebnisse große Büchergestelle füllen). Es seien oft Kinder, die ihr Potential nicht eigentlich entfalten konnten, und deren „angestaute Rancune" sich darum gegen andere wende (AGS 20.1, S. 376). Wenn sie zusammen mit ähnlich aufgewachsenen Schulkindern Cliquen bildeten, könnten diese die zwischenmenschlichen Beziehungen in einer Schulklasse, ja einer Schule insgesamt beeinträchtigen. Eigentlich wären solche Probleme zunächst einmal systematisch zu beobachten, also so etwas wie „Sozialforschung in der Schule zu betreiben" (AGS 20.1, S. 375). Dabei gälte es vor allem „dem Problem des *Ausschließenden* nachzugehen, der Bildung besonderer Gruppen und Cliquen, die fast stets dadurch zusammengehalten werden, dass sie gegen irgendwelche anderen sich richten, die nicht mitmachen dürfen:"

„‚Mit dir spiel' ich nicht' – oder: ‚Der, mit dem spielt ja niemand'. Dieses Phänomen ist prinzipiell gleich gebaut wie das antisemitische. Die ihm entgegengesetzte Form einer menschlichen Beziehung wäre keine vag-kollektive Klassengemeinde, sondern die individuelle Freundschaft." (AGS 20.1, S. 375)

In der Praxis generell, so auch in der Schulpraxis könne man freilich meistens nicht zuwarten, bis Sozialwissenschaftler ihre Forschungsergebnisse präsentierten. Adorno schien aufgrund seiner persönlichen Erfahrungen und Beobachtungen die Empfehlung gerechtfertigt zu sein, schwierige Schulkinder, bei denen es nicht möglich sei, „individuell auf sie einzuwirken", mit Autorität zu konfrontieren, und ihr Verhalten gegebenenfalls zu bestrafen. Dabei bleibe aber das wichtigste Ziel, „dass man diese Kinder zum Sprechen bringt, dass sie lernen, sich auszudrücken, und zwar gar nicht nur wegen der kathartischen Wirkung, die von der Sprache überhaupt ausgeht":

> „Jene Kinder – ich berichte wieder nur von Erinnerungen und Beobachtungen – haben vielfach Rancune gegen die, welche reden können, die Ausdrucksfähigen. Es wäre am Ende eines der wichtigsten und anständigsten Mittel in der Abwehr von Antisemitismus, Ausdrucksfähigkeit insgesamt zu steigern und die Rancune gegen das Reden abzumildern." (AGS 20.1, S. 377)

Das an dieser Stelle abgebrochene Résumé der drei allgemeinverständlichen Vorträge, die Adorno 1959, 1962 und 1966 über Probleme autoritär anerzogener Ressentiments, der Vorurteilsbildung und von Blockaden einer verantwortbaren Vergangenheitsbewältigung hielt, ist alles andere als vollständig. Nicht alle der manchmal hoch originellen, zuweilen auch eher naiven Einfälle Adornos zu den Themen der drei Vorträge konnten hier erwähnt werden. Aber auch diese lückenhafte Zusammenfassung dürfte hinreichend deutlich aufgezeigt haben: Selbst wo Adorno „nur" eigene Lebenserfahrungen und Alltagsbeobachtungen gedanklich verwertete, stehen die in der Regel durchaus allgemeinverständlichen Schlüsselargumente der Vorträge überall gleich nah zum Zentrum seines Denkens.

Adorno lag viel daran, dass ihn seine formal weniger gebildeten Zuhörer verstehen konnten. Bei Radiovorträgen verlangte er darum, dass die ihn betreuenden Tontechnikerinnen nach der Tonbandaufnahme ihm jeweils in ihren eigenen Worten wiedergaben, was er gesagt hatte. Daraus entspann sich oft „eine Diskussion, die weit besser und fasslicher war als der Vortrag, den er eben vor dem Mikrophon gehalten hatte" (G. Kadelbach, zitiert in ALBRECHT et al. 1999, S. 239).

Die laut Kadelbach noch besser gelungenen Übersetzungen des von Adorno Gemeinten ins Allgemeinverständliche sind der Nachwelt nicht erhalten geblieben. Adorno hat dessen ungeachtet „die einfache Forderung", die er an sich selber stellte – dass über Common Sense verfügen müsse, wer ihn kritisiere – brillant erfüllt (AGS 10.2, S. 738).

Er wurde auch aus diesem Grund *der* Medienstar unter den Intellektuellen des westlichen Nachkriegsdeutschlands. C. Albrecht hat die annähernd vollständig erfasste Grundgesamtheit aller westdeutschen Radio- und Fernsehsendungen von, mit oder über die renommiertesten Humanwissenschaftler der Jahre 1945 bis 1990 statistisch analysiert. Adorno nimmt in diesem Ranking mit insgesamt 218 Sendungen klar die Spitzenposition ein. Auf den Rängen 2 bis 5 folgen Horkheimer mit 154 Sendungen, Alexander Mitscherlich mit 148, Eugen Kogon mit 135 und Golo Mann mit 127 Sendungen (ALBRECHT et al. 1999, S. 228-231).

Auch die Massenmedien der „verwalteten Gesellschaft" Westdeutschlands bestätigten Adorno somit, was er in seiner glücklichen Kindheit und Jugend als Einzelkind, dann als Schüler, der das Abitur 1921 mit dem Prädikat „primus omnium" bestanden hatte, immer wieder erfahren konnte. Adorno hat Marie Louise Kaschnitz einmal erzählt, wie er als kleiner Knabe zu einer Wohltätigkeitsveranstaltung mitgenommen wurde, an der seine Mutter Gesangsstücke vortrug. „Weil er, wie er sagt, sich mit der Mutter völlig identifizierte, kletterte er nach dem Applaus aufs Podium, fing an, völlig unaufgefordert, Gedichte aufzusagen." (zitiert von MÜLLER-DOOHM 2003, S. 40)

Adorno blieb dieses Urvertrauen in seine Produktivität und die Kompetenz, sich in den verschiedensten Gebieten bewähren zu können, zeitlebens erhalten. Als er mit dem Vortrag „Erziehung nach Auschwitz" vom April 1966 den letzten der hier resümierten Beiträge zur politischen Aufklärung verfasste, begannen sich allerdings unter dem Einfluss der Studentenbewegung die Rahmenbedingungen für solche Arbeiten, ab 1967 in immer rascherem Tempo immer einschneidender, zu verändern. Von dieser Bewegung wurden neben Adorno und Horkheimer auch Marcuse und Habermas herausgefordert. (Franz Neumann, dessen große Verdienste als Förderer der Politikwissenschaft in Westdeutschland der nachfolgende Abschnitt 13 schildert, war bereits 1954 bei einem Autounfall ums Leben gekommen.) Marcuses Version Kritischer Theorie führte zu einer entschieden anderen Einschätzung der Studentenrevolte von 1968 als sie Adorno oder der politisch zunehmend konservative Horkheimer vertraten. Wie Marcuse, Habermas, Adorno und Horkheimer auf die Studentenbewegung reagierten, und wie der ihnen schon frühzeitig zugeschobene Anteil an Verantwortung für diese pseudorevolutionäre Bewegung beurteilt werden mag, wird Abschnitt 14 darstellen.

13. Franz Neumanns Beitrag zur Erneuerung der Politikwissenschaft in Westdeutschland

In Wilhelm Bleeks Geschichte der älteren und der jüngeren deutschen Lehren vom Staat figuriert Franz Neumann als „der eigentliche ‚Pate'" der Politikwissenschaft, die in Westdeutschland nach 1945 neu etabliert wurde (BLEEK 2001, S. 276). Obwohl Neumann seit den ersten diesbezüglichen Initiativen seines Freundes Otto Suhr bis zum Autounfall, dem er 1954 in der Schweiz zum Opfer fiel, nur wenige Jahre verblieben, förderte er namentlich in Berlin die Institutionalisierung der Politikwissenschaft als „Demokratiewissenschaft" sehr wirkungsvoll.

Neumann hatte vor seiner Flucht aus Deutschland von 1929 bis 1933 an der „Deutschen Hochschule für Politik" (DHfP), die 1920 in Berlin gegründet worden war, über aktuelle Probleme des Arbeits- und Wirtschaftsrechts doziert (s. oben, Abschnitt 9). Von den Dozenten, die an dieser Hochschule lehrten und forschten, wurden nach der Machtergreifung der Nationalsozialisten sieben wegen ihrer jüdischen Herkunft oder ihrer sozialistischen Gesinnung aus Deutschland vertrieben – außer Franz Neumann auch Arnold Brecht, Hajo Holborn, Sigmund Neumann, Hans Simons, Hans Speier und Arnold Wolters (BLEEK 2001, S. 247). Es gab an der DHfP zwar durchaus Lehrbeauftragte, die dem nationalsozialistischen Regime mehr oder weniger begeistert Gefolgschaft leisteten, und die von der Integration der DHfP in die Berliner Universität – wo diese einstige Erwachsenenbildungsanstalt zur „auslandswissenschaftlichen Fakultät" avancierte – profitierten (GÖHLER, ZEUNER 1991, S. 94ff.). Die 1948/49 neu errichtete DHfP konnte aber natürlich nicht Traditionen der nationalsozialistisch geprägten Fakultät, sondern sollte die der 1933 untergegangenen Hochschule der Weimarer Zeit fortführen.

Im März 1948 beschloss die Berliner Abgeordnetenversammlung unter dem Vorsitz von Otto Suhr, der 1933 seine Dozentenstelle an der DHfP wegen seines Engagements für die SPD verloren hatte, diese Schule in Form einer Stiftung des öffentlichen Rechts wiederaufleben zu lassen. Die alt-neue DHfP sollte die „politischen Grundlagen der Demokratie in überparteilicher Weise" erforschen und den Gedanken der Völkerverständigung fördern -- eine Mission, die im Kalten Krieg, der 1948/49 mit der Blockade Berlins durch die Sowjetunion einen ersten Höhepunkt erreichte, von erheblicher Bedeutung war (MOHR 1988, S. 47ff.). Zur selben Zeit wurde in Westberlin als Antwort auf die Gleichschaltungsmaßnahmen der sowjetischen Besatzungsmacht die „Freie Universität" (FU) gegründet. Die FU feierte ihre Eröffnung am 4. Dezember 1948 im Titania-Palast, die DHfP unter dem Vorsitz ihres ersten Direktors, Otto Suhr, am 15. Januar 1949 – noch während der Berliner Blockade – in einem vom Krieg verschonten Schulgebäude.

Neumann unterstützte die DHfP, indem er ihr valable Kandidaten für Professuren und Gastprofessoren vermittelte, die Bereitschaft der FU zur Zusammenarbeit mit ihr verbesserte und ihr das Wohlwollen amerikanischer Förderer sozialwissenschaftlicher Forschung und Lehre sicherte. Auf Neumanns Initiative hin wurde außerdem nach Überwindung einiger Widerstände 1950 der FU ein primär forschungsorientiertes „Institut für politische Wissenschaft" (IfpW) angeschlossen.

Neumann beurteilte den Wiederaufbau Westdeutschlands nach der „Stunde Null" des Jahres 1945, wie oben von Abschnitt 10 geschildert, zunächst sehr pessimistisch. Die unter seiner Leitung erarbeiteten Analysen der Deutschlandexperten des „Office of Strategic Services" (OSS) gerieten nach Ausbruch des Kalten Krieges in den Ruf, bedenklich linkslastig zu sein. Denn die gemäß Neumann entscheidende Triebkraft faschistischer Entwicklungen, das „Monopolkapital", wurde allein von der sowjetischen Besatzungsmacht in der Ostzone Deutschlands entmachtet. In den drei Westzonen dagegen blieben entgegen Neumanns Empfehlungen die Akteure des Monopolkapitals, nach anfänglich auch hier starken Demontageaktivitäten der Besatzungsmächte, im Kern unbehelligt.

Obwohl von den Westmächten vorab die Amerikaner die Denazifizierung zeitweise mit großem Nachdruck betrieben, erwies sie sich ebenfalls als ein Misserfolg. Er wäre vielleicht weniger krass ausgefallen, wenn die Amerikaner, anstatt flächendeckend Millionen Deutscher hinsichtlich ihrer nationalsozialistischen Mitläufer- oder Mittäterschaften zu befragen, um sie gegebenenfalls gerichtlich zu belangen, sich Konzepten des Teams von Neumann entsprechend mit dem Überprüfen der schätzungsweise 220.000 aktivsten Funktionäre des NS-Regimes begnügt hätten.

In den 1950er Jahren verloren für Neumann indessen die Bedenken weitgehend an Überzeugungskraft, die er wenige Jahre zuvor noch in Bezug auf die Restauration der westdeutschen Monopolwirtschaft, den autoritären Führungsstil und Nationalismus des SPD-Chefs Kurt Schumacher, den föderalistischen Aufbau der künftigen Bundesrepublik sowie die Innen- und Außenpolitik Konrad Adenauers gehegt hatte. Es spricht einiges dafür, dass dieser Wandel seiner politischen Einstellungen eine Folge der positiven Erfahrungen war, die er in Westberlin machen konnte, während er am Aufbau einer freiheitlichen Politikwissenschaft mitwirkte – einer Politikwissenschaft, die sich durchaus auch Neumann zufolge entschieden von der marxistisch-leninistischen Ideologie und Einheitswissenschaft, welche die sowjetischen Machthaber ihrer Besatzungszone verordneten, abgrenzen musste.

Im Folgenden sollen zunächst *erstens* Neumanns Verdienste im Zusammenhang der Institutionalisierung der Politikwissenschaft in Westberlin beschrieben werden. Anschließend wird *zweitens* dargestellt, wie und warum Neumann den Anti-Antikommunismus, den er und seine Kollegen in der Forschungsabteilung des OSS gepflegt hatten, zugunsten einer positiven Beurteilung der Entwicklungchancen der Bundesrepublik Deutschland im allgemeinen, deren Sozial- und Politikwissenschaft im besonderen aufgab.

(a) Die Institutionalisierung der Politik- als Demokratiewissenschaft in Westdeutschland, 1949–1954

Neumann war für die westdeutschen Politiker und Professoren, welche die Politikwissenschaft in Berlin und in Westdeutschland – dort zuerst in Hessen – nach 1945 neu etablierten, vorab darum einer der wichtigsten, wenn nicht der wichtigste Berater und Verhandlungspartner überhaupt, weil er in seiner Person gleich vier Rollen vereinigte: erstens die eines aus Deutschland vertriebenen Emigranten, der jetzt eine ordentliche Professur für „Political Science" an einer amerikanischen Eliteuniversität innehatte; zweitens die eines Vertreters des „US Department of State", dem er über Stand und Entwicklungstendenzen der politischen Bildung und der Politikwissenschaft in Deutschland rapportierte; drittens die eines offiziellen Repräsentanten der Columbia-Universität, der amerikanischen Partner-Universität der FU; viertens schließlich und vor allem hatte Neumann als Vertreter der Ford Foundation, deren Subventionen die FU in der schwierigen Anfangsphase ihrer Entwicklung dringend benötigte, großen Einfluss darauf, mit wie viel Geld diese ungemein reiche Stiftung die politikwissenschaftliche Forschung und Lehre in Westdeutschland subventionierte (INTELMANN 1996, S. 55f., MOHR 1988, S. 47ff., BUCHSTEIN in BLEEK, LIETZMANN 1999, S. 183-212).

Neumann besaß in den USA einen Namensvetter, Sigmund Neumann, der ähnlich wie er seine Dozentur an der DHfP 1933 verloren hatte, und nach seiner Emigration in die USA von einer amerikanischen Universität auf eine Professur für Politikwissenschaft berufen worden war. Sigmund Neumann besuchte im Frühjahr 1949 im Auftrag des Direktors der „Education and Cultural Relations Division" der amerikanischen Militärregierung verschiedene Universitäten Westdeutschlands, um über den Stand und Entwicklungstendenzen der aus amerikanischer Sicht besonders förderungswürdigen Sozialwissenschaften Bericht zu erstatten. Seine kritische Beurteilung des Istzustandes und seine Vorschläge zu dessen Verbesserung deckten sich weitgehend mit den Lageanalysen Franz Neumanns. Dieser realisierte in Berlin gewissermaßen die drei Forderungen seines Namensvetters erstens nach einem verstärkten Professorenaustausch mit den USA, zweitens nach der Intensivierung sozialwissenschaftlicher Forschung sowie drittens nach der Gründung politikwissenschaftlicher Institute (Sigmund Neumanns Bericht vom 22.8.1949, s. INTELMANN 1996, S. 59, sowie SÖLLNER 1996, S. 283).

Franz Neumann hielt sich ab 1948 öfters in Deutschland auf. In den Jahren 1950, 1952 und 1954 erfüllte er Lehraufträge an der DHfP. Während seiner Aufenthalte in Berlin wohnte er meistens im Haus der Familie seines Freundes Otto Suhr, dem Initiator und ersten Direktor der neuen DHfP, der von 1955 bis zu seinem Tod im Jahre 1957 das Amt eines Westberliner Bürgermeisters bekleidete. In Berichten, die Neumann im Februar 1950 zuhanden des State Departments und der Columbia-Universität über deren Berliner Partneruniversität, die FU, verfasste, bezeichnete er die Förderung der politikwissenschaftlichen Forschung und Lehre als vordringlich. In Berlin könne dies am besten dadurch geschehen, dass die DHfP der FU integriert werde, ohne ihre Autonomie zu verlieren. Fernziel solle dabei nach amerikanischem Vorbild die Gründung eines „Departmentes" bzw. einer „Fakultät für Politikwissenschaft" sein. Um die politikwissenschaftliche Forschung kurzfristig zu intensivieren, sei überdies als Gemeinschaftsprojekt der FU und der DHfP ein politikwissenschaftliches Forschungsinstitut zu gründen. Neumann empfahl als dessen Verwaltungsdirektor Otto Suhr (was dieser allerdings wegen beruflicher Überlastung ausschloss) sowie als Forschungsleiter (erfolgreich) Arcadius Gurland, den ehemaligen Assistenten Neumanns am Institut für Sozialforschung (INTELMANN 1996, S. 60, und SÖLLNER 1996, S. 284; zu Gurlands bewegtem Lebenslauf s. BUCHSTEIN 1992, S. 128ff.).

Während Neumann die ihm Anfang März von zwei Professoren präsentierte Projektskizze für ein „Institut für Sozialforschung" zurückwies, schien ihm das überarbeitete Konzept für ein „Institut für politische Wissenschaft" (IfpW) genügend förderungswürdig zu sein. Das von der FU und der DHfP gemeinsam beaufsichtigte, zunächst überwiegend mit amerikanischen Geldern finanzierte IfpW konnte bereits am 28. Juli 1950 ins Vereinsregister eingetragen und am selben Tag offiziell eröffnet werden. Ende 1954 übernahm Otto Stammer vom zweiten, unglücklich operierenden Institutsdirektor, Arcadius Gurland – einem seiner Studienkollegen aus der Zeit ihres gemeinsamen Studiums bei Hans Freyer in Leipzig – die Direktion des Instituts. Unter Stammers zielstrebiger Führung trat das IfpW mit interessanten Untersuchungen u.a. über das Verhalten von Wählern, über den Einfluss von Verbänden in Westdeutschland, über das politische System der DDR sowie, vor allem, mit K.-D. Brachers Bahn brechender Erforschung des Niedergangs der Weimarer Republik hervor. Es galt Ende der 1950er Jahre als eines der zwei bis drei führenden politikwissenschaftlichen Forschungszentren Deutschlands (INTELMANN 1996, S. 60, und BUCHSTEIN in BLEEK, LIETZMANN 1999, S. 198ff.).

Neumann hatte nicht nur mit seiner Gründung des IfpW Erfolg. Er trug auch Wesentliches zur Entwicklung der DHfP bei. So war es etwa Neumann, der Ernst Fraenkel, seinen Berliner Anwaltskollegen und Freund aus der Zeit vor 1933, zur Revision eines 1945 gefällten Entschlusses bewegen konnte, nie mehr in das Land der Mörder von Millionen jüdischer Menschen zurückzukehren. Fraenkel übernahm 1951 eine Dozentur an der DHfP, und wurde 1953 als Dozent dieser Hochschule an der FU zum Ordinarius für die „Vergleichende Lehre der Herrschaftssysteme" befördert. Er nahm als Begründer der „neopluralistischen Demokratietheorie" in der DHfP auch noch Jahre nach deren Integration in die FU, die 1959 in Form der Eröffnung des über zehn Professuren verfügenden Otto-Suhr-Institutes erfolgte, eine führende Stellung ein (s. zu Fraenkel u.a. BUCHSTEIN 1992, S. 123ff. und SÖLLNER 2006, S. 201ff.; zur Geschichte der Integration der DHfP in die FU MOHR 1988, S. 56ff. und BLEEK 2001, S. 284ff.).

Am 2. Januar 1950 trug Neumann an der DHfP ein Referat über „Die Wissenschaft der Politik in der Demokratie" vor, das zu halten er erst zwei Tage zuvor eingeladen worden war. Neumann konnte aus dem reichen Fundus seiner Erfahrungen und Forschungen der Weimarer Zeit, des Londoner und des amerikanischen Exils so Vieles schöpfen, dass der Vortrag für die DHfP wegweisend wirkte.

Neumann bezeichnete in seinem Referat als das Ziel der Demokratie „die *Verwirklichung der Freiheit des Menschen durch Massenbeteiligung an ihrer Verwirklichung*" (NEUMANN 1950, S. 376). Bestrebungen, dieses Ziel zu erreichen, standen seiner Ansicht nach drei für die Moderne typische Erschwernisse im Weg: die „Monopolisierung der

Gesellschaft", die „Bürokratisierung des öffentlichen und privaten Lebens" sowie die zunehmende „Kompliziertheit in der Praxis der Demokratie":

> „Kein Zweifel, dass mit Monopolisierung, Großindustrie, Großbetrieb und Großbürokratie es immer schwieriger wird, Massenbeteiligung an der politischen Willensbildung erfolgreich zu organisieren. Kein Zweifel, dass die individuelle Anstrengung des Menschen in der Politik (und nicht nur in der Politik) beinahe hoffnungslos zu sein scheint. Kein Zweifel, dass erfolgreiche Politik straffe Organisation voraussetzt und dass straffe Organisation häufig die Spontaneität des einzelnen tötet." (NEUMANN 1950, S. 378)

Von der marxistisch akzentuierten Entschiedenheit, mit der Neumann im „Behemoth" und in seinen Expertisen für das OSS vor dem potenziell totalitären „Monopolkapitalismus" gewarnt hatte, ist hier nicht mehr viel übrig geblieben. Neumann schien nun die „Monopolisierung der Gesellschaft" ähnlich wie die Bürokratisierung oder die wachsende Komplexität demokratischer Prozesse der Meinungs- und Willensbildung nur mehr *eines* der Erschwernisse der Demokratisierung zu sein, nicht mehr das schlechthin entscheidende, allein sozialistisch zu überwindende Hindernis auf dem langen Weg zur wahren, sozialen Demokratie. Im historischen Blick zurück bezeichnete er Deutschlands *spezifische* Demokratisierungsprobleme als anderswo nicht ebenso beobachtbare Eigenarten des deutschen Sonderwegs. Sie hingen seiner Ansicht nach damit zusammen, dass die Gelehrten des wilhelminischen Deutschlands den Sieg des juristischen Positivismus und des Rechtsstaatsgedankens „als ein Substitut für die Demokratie" betrachteten. Anders als in substanziell demokratischen Ländern, etwa den USA oder Großbritannien, verzichtete man hier auf den „Kampf um die *politische* Freiheit [...], um sich die *juristische* Freiheit zu erhalten":

> „Juristische Freiheit allein aber ist negativ, sie ist Verteidigung wohlerworbener Rechte. Der Bürger bleibt Untertan; an der Gestaltung des politischen Willens ist er nicht beteiligt. Sein Interesse war nur noch Verteidigung der erworbenen Rechte. Aus Politik wurde Jurisprudenz, aus der Wissenschaft der Politik – Rechtswissenschaft." (NEUMANN 1950, S. 374f.)

Neumann forderte, dass die „Grundsätze und Grundzüge der Politik der Demokratie [...] allen Studenten, gleichgültig, welcher Fakultät sie angehören, zugänglich gemacht werden" sollten (NEUMANN 1950, S. 380). Zur wissenschaftlichen Fundierung dieser allgemein bildenden Prinzipien bedurfte es aber einer eigenständigen, sozialwissenschaftlich kompetent forschenden Politikwissenschaft. Um seinen Zuhörern einen Eindruck von dieser Disziplin zu vermitteln, schilderte er, „wie an meiner Universität das Studium der politischen Wissenschaft organisiert ist":

> „Die folgenden Gebiete sind Lehrfächer:
> 1. Politische Theorie und Allgemeine Rechtswissenschaft;
> 2. amerikanische politische Einrichtungen;
> 3. amerikanische öffentliche Verwaltung;
> 4. Internationale Politik;
> 5. Völkerrecht;
> 6. Internationale Organisation;
> 7. Ausländische politische Institutionen, nämlich: Deutschland – Russland – Großbritannien und Commonwealth – Frankreich – Italien – China – Japan.
> Das intensive Studium der ausländischen politischen Institutionen wird in drei Universitätsinstituten betrieben: dem Russland-Institut, dem Europa-Institut […] und dem Institut des Fernen Ostens." (NEUMANN 1950, S. 381)

Als Neumann seinem Berliner Publikum anhand dieses Beispiels das hohe Entwicklungsniveau der amerikanischen „Political Science" vor Augen führte, war die westdeutsche Politikwissenschaft natürlich auch noch nicht annähernd ebenso professionell organisiert. Erst Otto Stammers IfpW und das mit zehn Professuren dotierte Otto-Suhr-Institut an der FU hoben um 1960 die Politikwissenschaft Westberlins auf ein Niveau der Professionalisierung, das in den USA üblichen Standards genügte (vgl. dazu BLEEK 2001, S. 265ff.).

Indem Neumann die ursprünglich *deutschen Wurzeln* der amerikanischen „Political Science" in Erinnerung rief, erleichterte er es seinen Zuhörern geschickt, sich mit seinen ehrgeizigen Entwicklungszielen für die deutsche Politikwissenschaft zu befreunden. Der Begründer der „Political Science" an der Columbia-Universität, Professor John Burgess, habe diesen Fachbereich eigentlich „auf Grund seines Studiums in Berlin nach dem Vorbild der deutschen Staatswissenschaften" errichtet:

> „Während in Deutschland die Tradition vergessen ist, wird sie so an der Columbia-Universität bewahrt." „An den deutschen Hochschulen wird die Wissenschaft der Politik seit Jahrzehnten nicht mehr gelehrt. Das war […] nicht immer so. Gerade in Deutschland gab es einst eine außerordentlich weitverzweigte und recht fruchtbare Wissenschaft der Politik unter dem Namen Staatswissenschaft. Diejenigen, die behaupten, eine Wissenschaft der Politik gebe es nicht und könne es nicht geben, weil

Politik Kunst und nicht Wissenschaft sei, täten gut daran, sich ein wenig mit der deutschen Tradition vertraut zu machen. Sie würden dann
wahrscheinlich Entdeckungen machen, die auch vom Standpunkt der
heutigen Wissenschaft als erstaunlich zu betrachten sind." (NEUMANN
1950, S. 382, 373; vgl. als Bestätigung dieser Perspektive BLEEK 2001,
S. 91ff.)

Neumann hatte sich in Westdeutschland als Promotor der Politikwissenschaft ein so hohes Ansehen erworben, dass Anfang Februar 1952
auf Anregung der amerikanischen Hohen Kommission im Frankfurter
Institut für Sozialforschung eine Konferenz stattfand, deren Anlass seine
erneute Anwesenheit in Deutschland war. Diese Konferenz hatte zwar
nicht die Bedeutung der von den Amerikanern finanzierten, für die Etablierung der Politikwissenschaft in Westdeutschland Bahn brechenden
Konferenzen von Waldleiningen im September 1949 und von König-
stein im Juli 1950 (MOHR 1988, S. 97ff., 113ff.). Neben Neumann
nahmen aber auch an der Frankfurter Konferenz viele der bis dahin
oder zukünftig wichtigsten Repräsentanten der neu-alten Disziplin teil,
also etwa W. Abendroth, O. Flechtheim, E. Fraenkel, A. Grabowsky, E.
Kogon, S. Landshut, E. Meyer, A. Rüstow und O. Suhr (MOHR 1988,
S. 122). Der Konferenzleiter A. Rüstow eröffnete die Tagung, indem er
u.a. sagte: „Prof. Neumann will sich vom Wachstum des ‚Säuglings' Politische Wissenschaften überzeugen." Dieser „Säugling" gedieh offenbar, wie der Tagungsverlauf zeigte, überwiegend zur Zufriedenheit Neumanns – der hier so wie an anderen Wegmarken ihrer Entwicklung
nach 1945 in der Tat der „eigentliche Pate" der westdeutschen Politikwissenschaft war (MOHR 1988, S. 122, und BLEEK 2001, S. 276).

*(b) Neumanns Annäherung an Positionen des sozialdemokratischen
Revisionismus in den 1950er Jahren*

In den letzten vier Jahren seines Lebens revidierte Neumann, wie aus
seinen Veröffentlichungen und den erhaltenen Manuskripten zu Vorträgen und Rundfunksendungen klar hervorgeht, einige seiner politischen Einstellungen erheblich. Die Amerikaner hatten in seinen Augen
schon um 1950 den Kampf um Deutschland gewonnen. Westdeutschland schien ihm im direkten Vergleich mit Ostberlin geradezu „ein Pa-
radies" zu sein. Er nannte Intellektuelle, die den bolschewistischen
Marxismus propagierten, „ideologische Einpeitscher" und „Instrumente eines Terrorapparates". Die Demokratie war in seinen Augen
nun *unabhängig* von einer vorgängigen Zähmung oder gar Enteignung

des Monopolkapitals die einzige Regierungsform, welche die Antino-
mie von Freiheit und Macht zu überwinden erlaube. Denn sie allein
unterwerfe die Ausübung von Macht allgemein zustimmungsbedürfti-
gen Regeln der Machtkontrolle (INTELMANN 1996, S. 56, 187, 290).
Indem die Demokratie in modernen Gesellschaften die „Pluralität
von freien Sozialverbänden auf allen Gebieten des gesellschaftlichen
Lebens" sowohl voraussetze als auch fördere, überwinde sie den Klas-
senkampf. Die Demokratie sei allerdings darauf angewiesen, dass ein
gesellschaftlich solide verankertes „Wertesystem", nämlich das der
„Werte der Freiheit", sie stütze. Für dieses Wertesystem brauche man
sich indessen nicht einfach nur blind zu entscheiden. Vielmehr seien
aus dem Begriff des Menschen als eines vernünftigen Wesens die folgenden vier Grundprinzipien demokratischer Rechtsstaaten deduzier-
bar: die „rechtliche Gleichheit, die Allgemeinheit des Gesetzes, die Ille-
gitimität rückwirkender Gesetze und die Gewaltenteilung zwischen
Judikative und Exekutive" (zitiert von BUCHSTEIN in GÖHLER, ZEU-
NER 1991, S. 184f., 186).
   Neumann hatte in der Weimarer Republik als Vertrauensanwalt von
Gewerkschaften und der SPD „wirtschaftsdemokratische" Ideen nicht
nur theoretisch befürwortet, sondern auch praktisch umgesetzt. Da
ihm dabei föderalistische Prinzipien des Staatsaufbaus wenig demokra-
tiefreundlich zu sein schienen, beurteilte er sie sehr skeptisch. Jetzt, in
den 1950er Jahren, fand er den Begriff „Wirtschaftsdemokratie" geradezu unsinnig. Denn es gebe nur *eine* Art von Demokratie, „die politische Demokratie". Auch glaubte er nun nicht mehr, dass der in ihrem
Grundgesetz verankerte Föderalismus der Bundesrepublik Deutschland prinzipiell problematisch sei. Ein sozial fürsorglicher Zentralstaat,
wie ihn nach dem Verzicht auf eine expansionistische Außenpolitik namentlich die Schweden in ihrem Land vorbildlich realisierten, entsprach seinen sozialdemokratischen Überzeugungen zwar besser als die
von der CDU in der föderalistischen Bundesrepublik durchgesetzte
„soziale Marktwirtschaft". In seinem letzten Lebensjahr gestand er aber
selbst Konrad Adenauer, dessen Politik er anfänglich harsch kritisiert
hatte, zu, dass dieser das Gemeinwesen entschlossen gegen alle Arten
von Demokratiefeinden verteidige. Die Bundesrepublik Deutschland
schien Neumann gegen antidemokratische Bewegungen von rechts sogar eher besser gefeit zu sein als andere Nationen, die weniger durch die
bittere Erfahrung eigenen Versagens traumatisiert waren als Deutschland (vgl. u.a. STOFFREGEN in ISER, STECKER 2002, S. 68f.).
   Diese und andere, hier nicht detailliert dokumentierte Äußerungen
Neumanns zeigen m.E. klar, in welcher Richtung sich seine politischen

Anschauungen in den 1950er Jahren entwickelten. Von der Unterscheidung der vier politischen Einstellungsmuster (A) voluntaristischer Sozialrevolutionäre, (B) sozialistischer Revolutionäre, (C) reformistischer Sozialdemokraten und (D) sozialdemokratischer Revisionisten ausgehend, die oben Abschnitt 9 vorschlug, können die drei Phasen von Neumanns politischer Entwicklung wie folgt charakterisiert werden: Neumann verfocht bis 1933 trotz wachsenden Zweifeln zunächst eine Version des sozialdemokratischen Reformismus (C). Er machte dann nach dem Schock der nationalsozialistischen Machtergreifung einen scharfen Linksrutsch, der ihn, ohne dass er seine bolschewismuskritische Haltung je aufgab, ins unübersichtliche Grenzgebiet zwischen (C) und (B) führte. Im Gefolge des Kalten Krieges schließlich, der Ende der 1940er Jahre voll ausbrach, entschied er sich unter zunehmender Distanzierung vom Marxismus wieder für antibolschewistisch reformistische bis revisionistische Denkmuster sozialdemokratischer Prägung (C, D).

Kritische Juristen und Politologen wie Rainer Erd, Gert Schäfer und Alfons Söllner, denen in ihrem Studium Neumanns erster großer Beitrag zur „Zeitschrift für Sozialforschung" über den „Funktionswandel des Gesetzes im Recht der bürgerlichen Gesellschaft" neue Horizonte eröffnete, haben von dessen Spätwerk freilich ein völlig anderes Bild entworfen. Dieses widerspiegelt Rainer Erd zufolge „die Tragik" und „das Elend des Reformismus in Deutschland". Auf die Frage, wie Neumann, nachdem er die Bedingungen des Scheiterns seines „intellektuellen Reformismus" erkannte, mit der Resignation, ja „Verzweiflung" umging, die ihn deswegen angeblich ergriff, antwortete Alfons Söllner, einer der von Erd in seinen Gesprächen über Neumann befragten Interviewpartner:

„In den Ansätzen einer theoretischen Umorientierung Neumanns kurz vor seinem Tod wird ein Bruch sichtbar, der lebensgeschichtlich vermutlich radikaler gewesen wäre als die Umbruchsituation von 1933 oder 1945. Hätte Neumann den Gedanken der Verzweiflung, den der Hoffnung im Zustand der radikalen Negativität zu Ende gedacht, dann hätte er zum erstenmal in seinem Leben einen wirklichen Strich unter seine reformistische Vergangenheit ziehen müssen. Es gibt ja vielleicht keinen stärkeren Gegensatz zu einem reformistischen Denken als ein solches, das sich die Verzweiflung voll eingesteht und gestattet." (ERD 1985, S. 224f., und Söllner in ERD 1985, S. 218f.)

Ist hier aber wirklich von Neumann die Rede – oder nicht vielmehr vom Selbstverständnis einer Generation kritischer Sozialwissenschaftler, die *ihre* politischen Anschauungen unbedingt aus denjenigen einer bewunderten Leitfigur des politökonomischen Seitenzweigs Kritischer Theorie herauslesen wollte? Herbert Marcuse bestärkte kritische Juristen und Politikwissenschaftler wie Erd oder Söllner in diesem Selbstverständnis, indem er in der Einleitung zu einem ersten Band von Aufsätzen Neumanns, den er 1957 herausgab, schrieb, dass dieser seine politischen Überzeugungen stets aus den „objektiven Gesetzen, die den geschichtlichen Prozess regieren", marxistisch abzuleiten versuchte. Prägend wirkte auf Neumann dabei nach Auffassung Marcuses „die Erfahrung der [...] Niederlage des demokratischen Sozialismus" sowie der allgemeine „Trend zum Totalitarismus". In Neumann habe diese Erfahrung eine Wunde geschlagen, „die niemals heilte". In seinen letzten Lebensjahren habe er nach einer Antwort auf die „schreckliche Frage" gesucht, „warum menschliche Freiheit und menschliches Glück auf derjenigen Stufe reifer Zivilisation dahinschwanden, auf der die objektiven Bedingungen, sie zu verwirklichen, größer waren als je zuvor" (MARCUSE in NEUMANN 1967, S. 6f.).

Ein adäquateres Bild zentraler Denkmotive seiner letzten Schaffensperiode vermittelt das Referat, mit dem Neumann im Frühjahr 1952 eine Vortragsserie der Stadt Philadelphia zum Thema „The Cultural Migration. The European Scholar in America" eröffnete. Diese Skizze seiner wissenschaftlichen Erfahrungen in Großbritannien und in den USA erläutert indirekt auch, was ihn in den 1950er Jahren dazu bewegte, sich der Position des sozialdemokratischen Revisionismus anzunähern.

Nach einleitenden Überlegungen zur sozialen Stellung und zu Aufgaben „politischer Gelehrter" in der Antike, im Mittelalter und in der Neuzeit schilderte Neumann in seiner Vorlesung, wie die neue Umgebung auf ihn als einen politisch engagierten Rechts- und Sozialwissenschaftler wirkte, und wie er im Exil Eigenarten der deutschen „Sozial- und Politikwissenschaft" („social and political science") neu zu sehen lernte:

„Welches waren die entscheidenden Eindrücke, die ein exilierter Intellektueller, 1936 in die USA kommend, hier empfing? Drei Eindrücke werden, glaube ich, bleiben: das Roosevelt-Experiment, der Charakter der Menschen und die Rolle der Universitäten. – Ich kann hier nicht im Detail analysieren, was das Roosevelt-Experiment und die Einstellung der amerikanischen Bevölkerung für uns bedeuteten. Dem skeptischen Deutschen zeigte das Roosevelt-Experiment, dass der Wilsonianismus, der seit 1917 gepredigt worden war, nicht bloß ein Propagandaprodukt, sondern Realität war; es demonstrierte, *dass eine militante Demokratie eben jene Probleme zu lösen vermochte, an denen die deutsche Republik zerbrochen war.*" (NEUMANN 1953, S. 415; Hervorhebung im Text von E.W.-B.)

Neumann hatte in seinen Expertisen für das OSS wiederholt davon abgeraten, den Deutschen so wie zur Zeit der Weimarer Republik den „Wilsonianismus" (d.h. die vom amerikanischen Präsidenten Woodrow Wilson verkündete, demokratische Friedensordnung) aufdrängen zu wollen. Diese Ideologie habe in Deutschland inzwischen nämlich jegliche Glaubwürdigkeit verloren. Allein eine die Macht des Monopolkapitals brechende, es enteignende Politik könne verhindern, dass nach 1945 noch einmal geschehe, was Deutschland von 1918 bis 1933 widerfahren sei (s. oben, Abschnitt 10).

Neumann erkannte jedoch in den 1950er Jahren frühzeitig, um einen seinerzeit sehr populären Buchtitel zu zitieren: „Bonn ist nicht Weimar". Um eine Wiederholung der Unglücksgeschichte der Weimarer Republik zu vermeiden, bedurfte es nicht *zuerst* der Sozialisierung des Monopolkapitals, um *danach* die vorher angeblich nicht lebensfähige Staatsform der Demokratie zu verwirklichen. Auch aus einem kapitalistisch restaurierten Deutschland konnte in Zukunft das werden, als was sich die durchaus „monopolkapitalistischen" USA zur Zeit der Weltwirtschaftskrise und des „New Deal" bewährt hatten: eine *„militante Demokratie"*.

Neumann ging in seinem Vortrag dem gestellten Thema entsprechend vor allem auf die dritte prägende Erfahrung in Amerika ein, „die Rolle der Universitäten". Sie musste ihn, einen Intellektuellen deutscher Herkunft, natürlich besonders interessieren. Die gesellschaftliche Stellung, Funktion und Kultur amerikanischer Universitäten unterschied sich jedenfalls in den Humanwissenschaften (d.h. Geistes- und Sozialwissenschaften) erheblich von den entsprechenden Verhältnissen in Deutschland:

„Der deutsche Wissenschaftler stand im allgemeinen unter drei intellektuellen Einflüssen: dem deutschen Idealismus, dem Marxismus und dem Historismus. Allen dreien ist gemeinsam, dass sie umfassende Erklärungssysteme sind mit dem Anspruch, jedes Phänomen in ihr System einzuordnen; alle drei stehen sie für das außergewöhnliche Gewicht der historischen Tradition. Dementsprechend dachten deutsche Wissenschaftler hauptsächlich theoretisch und historisch, selten empirisch und pragmatisch. Dies fördert die Neigung zum Skeptizismus: Für den historisch denkenden Wissenschaftler besteht der geschichtliche Prozess oft in der Wiederholung bereits bekannter Muster, Neuerungen werden zugunsten der ‚großen historischen Tendenz' verkleinert. Es fördert viel-

leicht auch eine Neigung zum Radikalismus, wenn – wie in der Theorie
von Marx – angenommen wird, dass die Geschichte in eine bestimmte
Richtung arbeitet. Und immer fördert es einen gewissen Rigorismus,
der vom Dogmatismus nicht weit entfernt ist [...] Der deutsche Emi-
grant, aufgewachsen in der Verehrung für Theorie und Geschichte und
in der Verachtung für Empirismus und Pragmatismus, kam so im allgemeinen in einen intellektuellen Kontext, der dem früheren diame-
tral entgegengesetzt war: optimistisch, empirisch orientiert, ahistorisch
[...]" (NEUMANN 1953, S. 416)

Die für die Kultur der Humanwissenschaften im Deutschland des 20.
Jahrhunderts entscheidenden philosophischen Systeme waren einerseits von Kant, Hegel und Marx, andererseits von deren großen Kritikern Nietzsche und Freud begründet worden. Etablierte Universitäts-
professoren pflegten allerdings Marx und Freud zu marginalisieren.
Nietzsches radikale Kritik der bürgerlichen Kultur wurde außerdem
geradezu in ihr Gegenteil verkehrt. Die deutschen Universitäten er-
brachten so ihre größten humanwissenschaftlichen Forschungsleistun-
gen in den Geschichtswissenschaften (inklusive der Philologie) und in
den Rechtswissenschaften. Die „Sozial- und Politikwissenschaft" („social and political science") war dagegen weitgehend keine Angelegenheit der Universitäten – mit der einen, bedeutenden Ausnahme Max
Webers, dessen Größe nicht zuletzt darin bestand, dass es ihm die tief-
sinnige Version des Wertfreiheitspostulats, die er vertrat, ermöglichte,
seine Berufung zur Politik mit der zur Wissenschaft, in der er eine geradezu unheimliche Meisterschaft entwickelte, zu vereinbaren (NEU-
MANN 1953, S. 418f.).

Kann so ein von der Sehnsucht nach radikaler Veränderung der kapitalistisch verkehrten Gesellschaft erfüllter Marxist, als den Marcuse in
der Einleitung zum erwähnten Sammelband Neumann dargestellt hat,
argumentieren? Gegen diese und andere, ähnlich einseitige Auslegungen der letzten Texte Neumanns spricht nur schon, dass dieser in Großbritannien und den USA lernte, die „Verachtung für die angloamerikanische Philosophie" – deren Empirismus und Pragmatismus an erster
Stelle –, die ihm seine Philosophielehrer in Deutschland beigebracht
hatten, aufzugeben (NEUMANN 1953, S. 416). Vom Standpunkt des angelsächsischen Empirismus und Pragmatismus aus gesehen ließ sich,
wie Neumann nun erfuhr, eine Art von Skepsis gegenüber dem Rigorismus und Dogmatismus radikaler, insbesondere geschichtsphilosophi-
scher Systementwürfe begründen, welche die deutsch-philosophische
Skepsis gegenüber dem positivistischen Wissenschaftsbetrieb durchaus
gleichwertig ergänzte.

In Neumanns Vortrag kommen beide Arten von Skepsis zur Sprache – primär allerdings die in Deutschland gelernte gegenüber den amerikanischen Leitwerten eines optimistischen Empirismus und Pragmatismus. Neumann bekannte sich vor seinem amerikanischen Publikum bei aller Sympathie für das, was er an den USA hoch schätzte, auch und gerade zu ihr:

„Erstens [können ich …] und viele andere [Immigranten aus Deutschland …] den ausgeprägten Optimismus nicht teilen, der sich auf die Möglichkeiten der Sozialwissenschaften, die Welt zu verändern, richtet. Unsere Erwartungen sind bescheidener; die Grenzen, die den Sozialwissenschaften durch den historischen Prozess gezogen sind, sind relativ eng. Zweitens haben wir versucht, die sozialwissenschaftliche Forschung in einen theoretischen Bezugsrahmen zu stellen. Viele von uns meinten (und meinen noch heute), dass die Sammlung empirischer Daten gegenüber der theoretischen Arbeit hier übermäßig betont wird; dass die Vorherrschaft der empirischen Forschung es schwierig macht, die Probleme in ihrer historischen Bedeutung wahrzunehmen […] dass [ferner] der Bedarf an großen Geldsummen zur Finanzierung von Forschungsunternehmungen leicht ein Abhängigkeitsverhältnis konstituiert, das die Rolle des Intellektuellen, wie ich sie sehe, gefährdet." (NEUMANN 1953, S. 420f.)

Wenn er in Deutschland als Promotor der neuen Politikwissenschaft in Erscheinung trat, vertrat Neumann umgekehrt angelsächsisch pragmatische und empiristische Motive des Denkens und Handelns:

„Der deutsche Gelehrte, der zu einem Besuch nach Deutschland zurückkehrt, wird unvermeidlich in die Debatte um die deutsche Hochschulreform hineingezogen." „Der zurückkehrende Gelehrte findet sich in einer merkwürdigen Situation. Während er hier zu Hause häufig den übersteigerten Enthusiasmus für empirische Forschung bekämpfen und die Unerlässlichkeit von Theorie und Geschichte betonen muss, wird er in Deutschland zwangsläufig zum Anwalt der empirischen Forschung. In dieser Doppelrolle sehe ich heute die zentrale Bedeutung des früher exilierten politischen Gelehrten." (NEUMANN 1953, S. 421f.)

Neumann befürwortete den Transfer demokratischer Einstellungen und Werte auch auf der Ebene alltäglicher Umgangsformen zwischen Lehrern und Schülern der Politikwissenschaft:

„Wenig ist [bisher] getan worden, um Geist und Struktur der deutschen Universitäten zu reformieren, und wenig, um die Lehrpläne zu ändern. Immer noch gibt es den Abgrund, der Studenten und Lehrer trennt […]

die Politik- und Sozialwissenschaft ist immer noch eine zarte Pflanze. Und das Wenige, was getan wurde, ist in hohem Maße zurückgekehrten Emigranten und amerikanischen Besuchern [...] zu verdanken, ihrer Aufmerksamkeit, ihrem Interesse für die Studenten und ihrer geschärften Beachtung der politischen und sozialen Realitäten." (NEUMANN 1953, S. 421; vgl. ähnlich auch schon einen früheren Bericht Neumanns über die unüblich kollegialen Beziehungen zwischen ausländischen Gastprofessoren und Hörern an der FU, zitiert von INTELMANN 1996, S. 58)

Unter Verwendung wohlbekannter Denkfiguren des Common Sense hat Neumann in seinem Vortrag drei Typen exilierter Wissenschaftler unterschieden: die erste Gruppe verkleinert, verdrängt oder bricht mit ihrer alten Identität, und geht in ihrer neuen Umwelt vollkommen auf. Die zweite Gruppe hält an ihren alten Überzeugungen und Verhaltensweisen fest; sollten sie diese im neuen Milieu isolieren, so reagiert sie darauf mit Geringschätzung und Verachtung der neuen Umgebung. Die dritte Gruppe schließlich versucht, ihre „neuen Erfahrungen mit der alten Tradition zu verknüpfen", um auf diesem Weg beiderseits fruchtbare Lernprozesse in Gang zu setzen (NEUMANN 1953, S. 417).

Neumann war offenbar ein exzellenter Repräsentant der dritten Gruppe dialogbereiter Vermittler zwischen verschiedenen Kulturen. Wie sich sein wissenschaftliches Werk weiter entwickelt hätte, wenn er 1954 nicht tödlich verunglückt wäre, ist schwer zu beurteilen. Aber selbst wenn ihm kein zweites Hauptwerk mehr gelungen wäre, und er in Deutschland primär „nur" noch als ein Förderer und Organisator der Politikwissenschaft tätig gewesen wäre – er hätte sich wohl auch so eine in der Geschichte der Sozialwissenschaften in der Bundesrepublik Deutschland hoch angesehene Position errungen.

14. Glut und Asche revolutionärer Theorie: Herbert Marcuse

Im Sommersemester 1956 veranstalteten Max Horkheimer und Alexander Mitscherlich zum Gedenken an Sigmund Freuds hundertsten Geburtstag an den Universitäten Frankfurt a.M. und Heidelberg einen Vorlesungszyklus, den renommierte Freud-Experten aus Großbritannien, den USA und der Schweiz bestritten. Herbert Marcuse beschloss den Zyklus mit den Vorträgen „Trieblehre und Freiheit" und „Die Idee des Fortschritts im Lichte der Psychoanalyse". Jürgen Habermas, den im Institut für Sozialforschung eben erst Adorno als Forschungsassistenten eingestellt hatte, widmete Marcuses Referaten in der „Frankfurter Allgemeinen Zeitung" einen Artikel. Darin beurteilte er die gleichsam „heilsgeschichtliche" Rahmung der Zeitdiagnose Marcuses mit wohlwollender Skepsis. Marcuse zufolge sei in den technisch und wirtschaftlich fortgeschrittensten Gesellschaften inzwischen ein Leben jenseits entfremdender Arbeit und unnötiger Triebunterdrückung objektiv möglich geworden. Es könnte, wenn die Menschen nur endlich wollten, „morgen oder übermorgen" realisiert werden:

> „Dieses fast chiliastische Zeugnis mag besser als langatmige Erörterungen die Erregung, aber auch den Zweifel anzeigen, die jene wundersame Verwandlung früh-marxistischer Geschichtsphilosophie in terminis der Freudschen Lehre bei den Hörern geweckt hat. Die Konstruktion steht und fällt, soweit wir sehen, mit dem Begriff einer nicht repressiven Sublimierung. Die Einwände häufen sich, Marcuse selbst kennt sie am besten. Gleichwohl geht eine eigentümliche Wirkung aus von dem Mut, utopische Energien mit der Unbefangenheit des 18. Jahrhunderts wieder freizusetzen in einer Zeit wie der unseren. Er hat, wenn überhaupt, wenigstens die eine Besinnung auch bei dem Hartgesottensten ausgelöst: die Besinnung, wie sehr wir alle die konventionelle Resignation bewusstlos teilen, das Bestehende in Gedanken zu bekräftigen, ohne es auf seinen ‚Begriff', auf die objektive Möglichkeit seiner geschichtlichen Entfaltung hin zu prüfen." („Triebschicksal als politisches Schicksal", Artikel in der FAZ vom 14. Juli 1956; s. KRAUSHAAR 1998, Bd 1, S. 118f.).

Das Motiv, Chancen revolutionärer Veränderungen in modernen Gesellschaften radikal, das heißt das Übel an der Wurzel packend zu durchdenken, ist für Marcuse in der Tat zentral. Es lässt sich mit verschiedenen Begründungen von seiner ersten philosophischen Publikation des Jahres 1928 an bis zu seinen letzten Reflexionen über Eros und Revolution, die 1968er Bewegung und die sie teils unterdrückende, teils integrierende Gegenbewegung, die Marcuse „präventive Konterrevolution" nannte, verfolgen.

Herbert Marcuse (1898–1979) wuchs in Berlin als erster Sohn des jüdischen Textilfabrikanten Carl Marcuse und dessen Ehefrau Gertrud, geb. Kreslawsky, auf. Nach bestandener Reifeprüfung wurde er 1916 von der Reichswehr eingezogen. Wegen eines Augenleidens leistete er Heeresdienst zunächst in Darmstadt, dann in Berlin bei einer Luftschiffer-Ersatz-Abteilung. 1917 in die SPD eingetreten, ließ er sich nach dem militärischen Zusammenbruch Deutschlands im Herbst 1918 in den Soldatenrat von Berlin-Reinickendorf wählen. Der Pakt der SPD mit gegenrevolutionären Kräften, die Anfang 1919 den Spartakisten-Aufstand niederschlugen und deren Führer, Karl Liebknecht und Rosa Luxemburg, ermordeten, wirkte auf ihn ähnlich schockierend wie auf Horkheimer und Pollock. Marcuse gab 1919 seine SPD-Mitgliedschaft auf, ohne je wieder einer politischen Partei beizutreten. Dabei kritisierte er die SPD nicht etwa darum, weil deren Aktivisten glaubten, „im Rahmen des Bestehenden" wirken zu können – „das tun wir ja alle," wie er gesprächsweise einmal sagte, „wir nützen ja alle auch nur die kleinsten Möglichkeiten aus, im Rahmen des Bestehenden das Bestehende umzuwandeln" (vgl. dazu die von Abschnitt 9 erläuterte Formel „Kampf *im* [Lohnsystem, im demokratischen Rechtsstaat usw.] *gegen* [das Lohnsystem, den Kapitalismus usw.]"). Genau wie Horkheimer und Pollock verabscheute er einfach von seinem revolutionären Standpunkt aus das Bündnis der SPD „mit reaktionären, destruktiven und repressiven Kräften" (MARCUSE 1967, S. 68).

Von 1919 bis 1922 studierte Marcuse an der Humboldt-Universität in Berlin und an der Universität Freiburg je während vier Semestern Germanistik und neuere deutsche Literaturgeschichte im Hauptfach, Philosophie und Nationalökonomie im Nebenfach. Er promovierte 1922 mit der Dissertation „Der deutsche Künstlerroman" bei Philip Witkop in Freiburg (MGS 1, S. 7-344). Danach führte er in Berlin eine Verlagsbuchhandlung, verheiratete sich mit der Statistikerin Sophie Wertheim und verkehrte in gesellschaftskritischen Künstler- und Intellektuellenkreisen seiner Heimatstadt. Heideggers im Frühjahr 1927 erschienenes Meisterwerk „Sein und Zeit", das Marcuse die Möglichkeit einer phänomenologischen Fundierung und Konkretisierung der marxistischen Revolutionstheorie zu eröffnen schien, weckte in ihm den Wunsch, sich im Fach Philosophie zu habilitieren. Er und seine Frau zogen 1928 nach Freiburg um, wohin kurz zuvor Heidegger als Nachfolger Husserls berufen worden war. Marcuse publizierte bis Ende 1932 mehrere Aufsätze und die eigentlich als Habilitationsschrift gedachte Monographie „Hegels Ontologie und die Theorie der Geschichtlichkeit" (MGS 1, S. 347-555 und MGS 2). Diese Schriften zeugen vom „Heidegger-Marxismus", den Marcuse damals zu begründen versuchte (HABERMAS 1957, Anm. 129, S. 463; SCHMIDT in HABERMAS 1968).

Heideggers spektakuläre Bekehrung zur nationalsozialistischen Bewegung, die bald nach der Machtergreifung Hitlers erfolgte, konnte nicht leicht vorhergesehen werden. Marcuse betonte noch in seiner Hegel-Monographie, die 1932 erschien, diese verdanke alles Wesentliche „der philosophischen Arbeit Martin Heideggers" (MGS 2, S. 8). Dabei wusste er zur Zeit, als er dies schrieb, bereits, dass ihm als Marxisten und Juden in Deutschland die akademische Laufbahn versperrt sein werde. Von Kurt Riezler, dem Kurator der Frankfurter Universität, der mit Heidegger und Horkheimer befreundet war, ermuntert, bewarb er sich um eine Anstellung im Institut für Sozialforschung. Dazu kam es 1933/34, als Marcuse mit seiner Frau und seinem 1929 geborenen Sohn via die Schweiz und Frankreich – wo er vorübergehend in der Genfer und der Pariser Außenstelle des Instituts arbeitete – nach New York emigrierte. Er gehörte hier zwar vorerst nicht dem inneren Kreis um Horkheimer an, war aber aufgrund seiner zahlreichen Rezensionen und seiner philosophischen Veröffentlichungen in der „Zeitschrift für Sozialforschung" sowie seiner umfangreichen Studie zur Geschichte bürgerlicher Autoritäts- und Familienkonzepte (in HORKHEIMER 1936b, s. MGS 3, S. 85-185) ein respektiertes Vollmitglied des Instituts.

Horkheimer wies im Institut zunächst Adorno die Funktionen eines Musik- und Kunstphilosophen zu, Marcuse die des zweiten Philosophen nach ihm, der primär ideengeschichtlich forschen sollte. Adorno meldete freilich schon mit seiner Rezension von Marcuses Hegel-Buch, die dessen Heidegger-Marxismus scharf kritisierte, seinen Anspruch an, das gesamte der Institutsarbeit dienliche Territorium der Philosophie mindestens ebenso gut abdecken zu können (AGS 20.1, S. 203f.). Während seines Aufenthaltes in Oxford, wo er Husserls Werk analysierte, anerbot er sich Horkheimer in einem Brief als einzig kongenialen Kooperationspartner. Er an Horkheimers Stelle würde nicht zögern, wen auch immer aus dem Institut „herauszuwerfen, um mich Ihrer [d.h. Adornos an der Seite Horkheimers] zu versichern." Adorno meinte mit der an erster Stelle herauszuwerfenden Person explizit Marcuse, „den ich schließlich für einen durch Judentum verhinderten Faszisten halte" (Adorno an Horkheimer, 13.5.1935; AD-HO I, S. 65).

Horkheimer pflegte solche Ausfälle Adornos glücklicherweise nicht allzu ernst zu nehmen. Marcuses Stellung als zweiter Philosoph des Instituts blieb bis etwa 1940 erhalten. Als danach die Frage aufkam, wer an der Seite Horkheimers in Kalifornien am Dialektik-Projekt mitwirken durfte, hatte Marcuse allerdings das Nachsehen. Er publizierte 1941 zwar seine zweite Hegel-Monographie („Reason and Revolution. Hegel and the Rise of Social Theory"). Es gelang ihm mit ihr, vereinfacht dargestellte Grundgedanken Hegels gegen den in angelsächsischen Ländern weit verbreiteten Einwand zu verteidigen, sie seien ein Bestandteil jenes Nährbodens typisch deutsch-autoritärer Ideen, dem zuletzt auch noch die nationalsozialistische Weltanschauung entspross. Horkheimer, den erste Entwürfe zu Adornos „Philosophie der neuen

Musik" selten stark beeindruckt hatten, zog es 1941 indessen vor, mit
Adorno, nicht mit Marcuse zusammen das geplante Dialektik-Buch zu
erarbeiten (s. dazu oben Abschnitt 10). Marcuse nahm 1942 eine Stelle
im „U.S. Office of War Information" an. 1943 gelang es Neumann,
ihn als Mitarbeiter der Abteilung „Research and Analysis" (R&A) des
„Office of Strategic Services" (OSS) zu gewinnen. Abschnitt 10 hat die
Arbeitsaufträge beschrieben, die Neumanns Projektgruppe während
des Zweiten Weltkrieges sowie, nach dem Transfer der Abteilung R&A
ins „Department of State", zur Zeit des Kalten Krieges ausführte. Abschnitt 10 erwähnte außerdem, dass Marcuse die Frustrationen, die
ihm und seinen Kollegen die annähernd komplette Wirkungslosigkeit
ihrer nach 1945 verfassten Expertisen verursachte, viel besser ertrug als
Neumann. Dieser litt darunter, wie sein Vorgesetzter Stuart Hughes im
Gespräch mit A. Söllner bezeugt hat; Marcuse aber „lachte nur und
zeigte einen fröhlichen Zynismus." (HUGHES in SÖLLNER 1986, S. 55)
    Neumann verließ das „Office of Intelligence Research" des State
Departement bereits 1947, Marcuse erst Ende 1951. (Sein Arbeitge-
ber, dessen Angestellter er formell bis Ende September 1953 blieb, hatte ihm für die Jahre 1952 und 1953 einen unbezahlten Urlaub bewil-
ligt; MNS 1, S. 29f.). 1950/51 hielt Marcuse als Gast der „Washington
School of Psychiatry" eine Reihe von Vorlesungen über Freuds Tiefenpsychologie. Von ihnen ausgehend publizierte er 1955 seine dritte Mo-
nographie („Eros and Civilization. A Philosophical Inquiry into
Freud"). Er widmete sie seiner 1951 an einem Krebsleiden verstorbe-
nen Frau Sophie.
    1952/53 forschte und lehrte Marcuse am „Russian Institute" der
Columbia-Universität in New York, 1954/55 am „Russian Research
Center" der Universität Harvard in Cambridge (Massachussetts).
Noch bevor das Resultat seiner Russland-Studien, die Monographie
„Soviet Marxism. A Critical Analysis" (1957) herauskam, übernahm
Marcuse 1954 eine Professur für Politik („Politics") der Universität
Brandeis in Waltham (Massachusetts). Er lehrte und forschte dort nach
seiner Verheiratung mit Inge Neumann, der Witwe Franz Neumanns,
bis 1965, dem Jahr seiner Berufung auf einen Lehrstuhl für Politische
Philosophie der „University of California" (UC) in San Diego. Ein Jahr
zuvor, 1964, war seine letzte Monographie, das im Gefolge der Studentenbewegung stark beachtete Buch „One-Dimensional Man. Studies
in the Ideology of Advanced Industrial Society", erschienen.
    In den zehn Jahren von 1965 bis ungefähr 1975 war Marcuse der
politisch aktivste Exponent der Frankfurter Schule Kritischer Theorie.
Seine Vorträge über „Repressive Toleranz" (1965), „Das Ende der Uto-

pie" und „Das Problem der Gewalt in der Opposition" (1967), sein Engagement zugunsten seiner Schülerin Angela Davis (ab 1965), seine Stellungnahmen gegen den Vietnamkrieg und für die Studentenbewegung, deren Höhepunkt er im Mai 1968 in Paris zufällig selber erlebte, seine Freundschaft mit Rudi Dutschke (ab 1967), sein „Versuch über die Befreiung" (1969) sowie zuletzt auch noch seine Aufsatzsammlung „Konterrevolution und Revolte" (1972) machten aus ihm *den* „Vater der Neuen Linken" – eine ihm von den Massenmedien zugeschriebene Rolle, die er persönlich eher ablehnte, die seinem Bekanntheitsgrad in der Öffentlichkeit und der Wirksamkeit seiner politischen Interventionen jedoch sehr zugute kam.

Ab Mitte der 1970er Jahre verlief Marcuses Lebens wieder in ruhigeren Bahnen. Nach dem Tod seiner zweiten Ehefrau Inge heiratete er 1976 Erica Sherover, seine ehemalige Studentin und Assistentin an der UC San Diego. Im Frühsommer 1979 starb Marcuse in Starnberg, wo er Jürgen Habermas zu besuchen pflegte.

Marcuse und Horkheimer verband zweifellos jener politisch-moralische Impuls, den Adorno in seinem offenen Brief zu Horkheimers siebzigstem Geburtstag „die *Empörung übers Unrecht*" genannt hat (s. die Abschnitte 12 und 5). Dieser für beide lebenslang entscheidende Antrieb äußerte sich bei Marcuse allerdings anders, geradliniger als bei Horkheimer. Für Marcuse typisch war „ein zugreifender Duktus des Gedankens". Marcuse brachte oft politisch brisante Dinge auf den Punkt, über die sich Horkheimer und Adorno nur vage aussprachen (HABERMAS 1968, S. 12). Was Horkheimer beispielsweise mit der „Möglichkeit der veränderten Welt" Konkretes gemeint haben mochte, über die er in seinem 1940 verfassten Essay „Autoritärer Staat" nachdachte, ist, wenn überhaupt, eher Schriften Marcuses zu entnehmen:

> „Aber die materiellen Bedingungen sind erfüllt. Bei aller Notwendigkeit von Übergang, Diktatur, Terrorismus, Arbeit, Opfer hängt das Andere einzig noch vom Willen der Menschen ab […] Wenn man Strümpfe aus der Luft machen kann, muss man schon zum Ewigen im Menschen greifen, nämlich psychologische Wesenheiten als Invarianten verklären, um die Ewigkeit der Herrschaft darzutun […] So unmittelbar ist die Verwirklichung schon heute spruchreif, dass man nicht mehr sprechen kann." (HGS 5, S. 317f.)

Nachfolgend werden zunächst *erstens* Entwicklungstendenzen der politischen Philosophie Marcuses von deren Anfängen bis zum Aufsehen erregenden Vortrag über Max Weber (1964) beschrieben. Es folgt *zweitens* eine Darstellung von drei politischen Standortbestimmungen, die

Marcuse in den Jahren 1947, 1965 und 1968 entwarf. *Drittens* wird skizziert, wie Horkheimer, Adorno und Marcuse auf die Studentenrevolte der Jahre 1967 bis 1969 reagierten. Vom Protokoll eines Gesprächs zwischen Marcuse und dem ihm freundschaftlich verbundenen Jürgen Habermas ausgehend wird schließlich *viertens* argumentiert, dass es erst Habermas mit seinem „Verständigungsparadigma" gelungen ist, das demokratietheoretische Defizit der ersten Generation Kritischer Theorie zu überwinden.

(a) Marcuses politische Philosophie: von der daseinsanalytischen Theorie revolutionärer Praxis (1928) zum Heidelberger Vortrag „Industrialisierung und Kapitalismus im Werk Max Webers" (1964)

Marcuse schätzte Heideggers Philosophieren noch in der Projektskizze „Deutsche Philosophie im zwanzigsten Jahrhundert", die er für das oben erwähnte Institutsprojekt des Jahres 1940 verfasste, hoch ein (MNS 5, S. 117-125). Heideggers Fundamentalontologie hatte die Philosophie an den Nationalsozialismus ausgeliefert. Gleichwohl ließ die Weise, wie Heidegger etwa in seinen Marburger Vorlesungen über Platon und Aristoteles „die tatsächliche menschliche Existenz zur Grundlage jeglicher Philosophie machte, […] ihn zu einem der wirklich großen Interpreten der Philosophiegeschichte werden" (eine Einschätzung, die zeitlebens auch Hannah Arendt, Heideggers Studentin und Geliebte in Marburg, vertrat. – Laut Marcuse besaß das Institut für Sozialforschung übrigens einige Exemplare von Heideggers unveröffentlichten „Untersuchungen zur griechischen Philosophie", MNS 5, S. 125).

Wie beeinflusste Heideggers gleichsam *apriorische* Analyse des zutiefst *kontingenten Daseins* von Menschen – der „tatsächlichen menschlichen Existenz" – die marxistische Revolutionsphilosophie Marcuses in der Phase seines „Heidegger-Marxismus"?

Sehr lehrreich ist diesbezüglich vor allem Marcuses Abhandlung „Beiträge zu einer Phänomenologie des Historischen Materialismus" (1928). Ihr zufolge eröffnete Heideggers „Sein und Zeit" einen neuen Zugang zur „Grundfrage aller lebendigen Philosophie", wie „eigentliche Existenz" überhaupt möglich sei. Das Buch zeigte, „dass Sinn und Wesen des Menschen in seinem konkreten Dasein beschlossen", die „Substanz" des Menschen seine „Existenz" ist. Es wurde so wieder die „Daseinsbezogenheit" aller philosophischen Probleme, d.h. das Ausmaß offen gelegt, in dem sich in ihnen „existenziale Kämpfe und Nöte ausgesprochen haben, [...] sie Wahrheiten, Lügen oder Verhüllungen des In-der-Welt-Seins bezeichnen":

> „Es ist wunderbar, wie von hier aus alle starr gewordenen Probleme und Lösungen in dialektische Bewegtheit geraten, sich zu den konkreten Menschen ordnen, die in ihnen gelebt haben und leben. Begriffe wie Erkenntnis, Wahrheit, Wissenschaft, Verstehen, Realität, Außenwelt usw., werden geklärt, indem ihre Gegenstände als ursprüngliche Verhaltungsweisen menschlichen Daseins oder als natürliche Grundphänomene des Daseins freigemacht werden. Und wenn im Verlauf solcher Interpretationen die offenbare Verfallenheit der alltäglichen Existenz wieder vor die Möglichkeit eigentlichen, wahren Existierens gebracht wird, dann erhält diese Philosophie ihren höchsten Sinn als echte praktische Wissenschaft: als die Wissenschaft von den Möglichkeiten eigentlichen Seins und seiner Erfüllung in der eigentlichen Tat." (MARCUSE 1928, S. 362f.)

Marcuse nannte in seiner Abhandlung die *Tat* ein „Existenzial", das heißt eine „wesentliche Verhaltungsweise menschlichen Daseins und auf menschliches Dasein wesentlich ausgehend" (MARCUSE 1928, S. 351). Jede Tat verändert die Umstände, unter denen Menschen leben, „aber nicht jede Tat verändert auch die menschliche *Existenz*":

> „Man kann die Umstände verändern, ohne das menschliche Dasein, das in und mit diesen Umständen lebt, in seiner Existenz zu verändern. Nur die radikale Tat verändert mit den Umständen auch die in ihnen tätige menschliche Existenz [...]" (MARCUSE 1928, S. 351)

Menschen werden zur radikalen Tat in *revolutionären Situationen* herausgefordert. Diese sind dadurch definiert, dass die Realisierung der für die Menschen „wesensmäßig" *notwendigen, entscheidenden Tat* „als *faktische* Unmöglichkeit" erscheint (MARCUSE 1928, S. 350f.). Die revolutionäre Tat „wendet [...] die Not, ändert [...] etwas schlechthin unerträglich Gewordenes und setzt an seine Stelle das Notwendige selbst, das, was allein die Unerträglichkeit aufheben kann. Jede Tat, die nicht diesen spezifischen Charakter der Notwendigkeit hat, ist nicht radikal, könnte auch nicht geschehen, oder später und von einem anderen getan werden" (MARCUSE 1928, S. 351):

> „In dem Augenblick, wo die Praxis als die entscheidende, Realität eigentlich schaffende Haltung menschlichen Daseins erkannt und die gegebene geschichtliche Situation als die ‚Wirklichkeit unmenschlicher Existenz' in ihrer geschichtlichen Verfallenheit ergriffen ist, – in dem Augenblick wird die Praxis als ‚revolutionäre Praxis' zur Erfüllung der geschichtli-

chen Notwendigkeit. Die Bewegtheit der Geschichte ist das Geschehen der menschlichen Existenz. Jede neue geschichtliche Wirklichkeit fordert eine neue menschliche Existenz." (MARCUSE 1928, S. 383)

Indem Heidegger „die geschichtliche Geworfenheit des Daseins", „seine geschichtliche Bestimmtheit und Verwurzelung im ‚Geschick' der Gemeinschaft" analysierte sowie „die Praxis als das Feld der Entscheidungen" erwies, führte er die bürgerliche Philosophie bis an die ihr gesetzte Grenze (MARCUSE 1928, S. 363). Heideggers phänomenologische Analyse zeigte, dass das Dasein des Menschen ein „seinem Wesen nach geschichtliches" und die Praxis „seine ursprüngliche Verhaltung" ist. Sie wies die „Fundierung der ‚theoretischen Vernunft' in der konkreten geschichtlichen Existenz nicht als zufällige Faktizität, sondern als seinsmäßige Verbundenheit" nach (MARCUSE 1928, S. 383). Marcuse zufolge bedurfte dieser daseinsanalytisch aufgedeckte Sachverhalt allerdings der Konkretisierung durch die materialen Analysen der Marxschen Theorie:

> „Nicht *Dasein überhaupt* ist als geworfenes In-der-Welt-sein je seiner Welt verhaftet, und nicht *Weltlichkeit überhaupt* ist als Bedeutsamkeit je auf ein Dasein bezogen, sondern immer steht ein *konkretes* Dasein in einer *konkreten* Welt, ist eine konkrete Welt auf ein konkretes Dasein bezogen [...] Dasein ist seinem Wesen nach jeweils konkretes Dasein in einer bestimmten geschichtlichen Situation (raum-zeitlichen Lage) und als solches seinem Wesen nach von konkret aufweisbaren materialen Gegebenheiten bestimmt. Die phänomenologische Analyse darf nicht bei der Herausstellung des Daseins als der phänomenal letzten Geworfenheit stehenbleiben." (MARCUSE 1928, S. 374)

Der Historische Materialismus leistete die „konkrete Interpretation" der von Heideggers Daseinsanalytik aufgedeckten Sachverhalte zum Beispiel, indem er – im Frühwerk von Marx und Engels – „das ‚gesellschaftliche Sein' (das konkrete miteinander In-der-Welt-sein) als Träger der geschichtlichen Bewegtheit und seine ‚Produktionsweise' (die Praxis des Besorgens der Umwelt) als den bestimmenden Faktor des Geschehens" begriff:

> „Sobald aber dieser Durchbruch von der phänomenologischen Analyse der Geschichtlichkeit überhaupt zu ihrem konkret-materialen Bestand einmal vollzogen war, konnte er nur als Theorie der Revolution geschichtliche Gestalt gewinnen." (MARCUSE 1928, S. 383)

Nachdem Marcuse 1933 dem Institut für Sozialforschung beigetreten war, drückte er die revolutionstheoretischen Schlüsselideen seiner politischen Philosophie wesentlich zurückhaltender aus. Seine in deutscher Sprache verfassten Beiträge zur „Zeitschrift für Sozialforschung" – die Abhandlungen „Der Kampf gegen den Liberalismus in der totalitären Staatsauffassung" (1934), „Zum Begriff des Wesens" (1936), „Philosophie und kritische Theorie" (1937), „Über den affirmativen Charakter der Kultur" (1937) und „Zur Kritik des Hedonismus" (1938; s. MGS 3, S. 7-84, 186-285) – näherten sich formal und inhaltlich Horkheimers Schreibweise. Marcuse hatte noch 1932 offen von der Aussichtslosigkeit politischer oder ökonomischer Reformen und der geschichtlichen Notwendigkeit der „Aufhebung des faktischen Zustandes durch die *totale Revolution*" gesprochen (MGS 1, S. 536). Stattdessen hieß es nun beispielsweise (im Aufsatz „Philosophie und kritische Theorie" von 1937):

> „In der bürgerlichen Epoche wurde die Wirklichkeit der Vernunft zu der Aufgabe, die das freie Individuum leisten sollte. Das Subjekt war die Stätte der Vernunft: von ihm aus sollte die Objektivität vernünftig werden [...] Nun ist aber eine gesellschaftliche Situation erreicht worden, in der [...] die Forderung der Vernunft [...] auf die Schaffung einer gesellschaftlichen Organisation [weist], in der die Individuen nach ihren Bedürfnissen gemeinsam ihr Leben regeln [...] Die Theorie der Gesellschaft hatte diese Möglichkeit aufzuzeigen und die Grundzüge einer Veränderung der ökonomischen Struktur darzulegen. Sie konnte den Kampf jener Schichten, welche ihrer geschichtlichen Lage nach den Umschlag herbeiführen sollen, theoretisch führen [...] – Wie aber, wenn die von der Theorie vorgezeichnete Entwicklung nicht eintritt, wenn die Kräfte, die den Umschlag herbeiführen sollten, zurückgedrängt werden und zu unterliegen scheinen? So wenig dadurch die Wahrheit der Theorie widerlegt wird, so sehr erscheint sie in neuem Licht [...] Die gewandelte Funktion der Theorie in der neuen Situation gibt ihr in einem verschärften Sinn den Charakter der ,kritischen Theorie'." (MGS 3, S. 233f.)

Die Zurückhaltung, die sich Marcuse in seinen Beiträgen zur Institutszeitschrift beim Beschreiben des notwendigen „Umschlags" der Verhältnisse auferlegte, ist zum einen schlicht darauf zurückzuführen, dass Horkheimer sie vorschrieb. Marcuse antwortete auf die Frage von Habermas, ob Institutsmitglieder in der Emigration mit „stärker politisch organisierten Gruppen" kooperierten:

> „Das war streng untersagt. Horkheimer hat von Anfang an darauf bestanden, dass wir Gäste der Columbia University sind, Philosophen und Wissenschaftler. Irgendeine organisatorische Bindung konnte die prekä-

re administrative Grundlage des Instituts erschüttern. Also, von solchen Zusammenhängen konnte keine Rede sein." (MARCUSE 1978, S. 19)

Die sozialistisch „vorgezeichnete Entwicklung" ließ außerdem auf sich warten, wie spätestens nach Hitlers Machtergreifung klar war. Heidegger selber mochte 1933/34 zwar von so etwas wie dem „Existenzial" der „radikalen Tat" ergriffen sein, das Marcuse aus seiner Philosophie herausgelesen hatte. Was Heidegger als selbsternannter geistiger Führer des Führers anfänglich so emphatisch feierte, war indessen nach Auffassung aller Angehörigen des Horkheimer-Kreises einfach die vom Monopolkapitalismus diktierte Abschaffung der formal-liberalen Demokratie, also das Gegenteil einer wahren Revolution. Laut Marcuse musste „der Liberalismus selbst […] den total-autoritären Staat aus sich […] als seine eigene Vollendung auf einer fortgeschrittenen Stufe der Entwicklung" erzeugen (MGS 3, S. 22).

Schließlich und vor allem aber erwies sich in den 1930er Jahren die daseinsanalytische Fundierung der marxistischen Revolutionstheorie Marcuses als brüchig, ja – schlimmer noch – als theoriebautechnisch entbehrlich. Adornos Bedenken in seiner Rezension des ersten Hegel-Buches von Marcuse setzten sich durch (AGS 20.1, S. 203f.). Für Marcuse allerdings scheint diese Entwicklung in seiner Version Kritischer Theorie eine *Lücke* hinterlassen zu haben. Nach dem langen Zwischenspiel seiner Beschäftigung durch amerikanische Nachrichtendienste beseitigte er dieses Defizit, indem er die Rolle, die in seinem Marxismus früher die *Existentialontologie Heideggers* gespielt hatte, nun der vom Standpunkt politischer Philosophie aus neu interpretierten *Freud'schen Triebtheorie* zuwies (so Habermas in MARCUSE 1978, S. 24). Die zwei eingangs erwähnten Beiträge Marcuses zum Vorlesungszyklus „Freud in der Gegenwart" von 1956 informierten Zuhörer in Deutschland erstmals über Grundgedanken des ein Jahr zuvor in den USA erschienenen Buches „Eros and Civilisations". In ihm begründete Marcuse sein Konzept eines radikal gesellschaftskritischen *Freud-Marxismus* systematisch.

Marcuse hatte bereits in seinen Beiträgen zur Institutszeitschrift neben klassischen Grundbegriffen der neueren Philosophie, an erster Stelle „Vernunft", „Wahrheit", „Wesen" und „Freiheit", moralphilosophisch oder ästhetisch zentrale Begriffe wie „Glück", „Genuss", „Sinnlichkeit", „Lust", „wahres vs. falsches Bedürfnis" diskutiert. Überlegungen von Horkheimer über „Egoismus und Freiheitsbewegung" fortführend, die er besonders gut fand, erörterte er im Aufsatz „Zur Kritik des Hedonismus" die Polarität der Lehre von den Freuden der Sinne und der Vernunftphilosophie:

„Der Hedonismus ist der Gegenpol der Vernunftphilosophie. Beide Richtungen des Denkens haben, in abstrakter Weise, Möglichkeiten der bestehenden Gesellschaft festgehalten, die auf die wirkliche menschliche Gesellschaft hindeuten. Die Vernunftphilosophie die Entwicklung der Produktivkräfte, die freie rationale Gestaltung der Lebensverhältnisse, die Herrschaft über die Natur, die kritische Autonomie der vergesellschafteten Individuen; der Hedonismus die allseitige Entfaltung und Erfüllung der individuellen Bedürfnisse, die Befreiung von einem unmenschlichen Arbeitsprozess, die Freigabe der Welt zum Genuss. Beide Lehren sind in der bisherigen Gesellschaft unvereinbar, ebenso wie die Prinzipien, welche sie vertreten." „Die Wahrheit des Hedonismus wäre seine Aufhebung in einem neuen Prinzip der gesellschaftlichen Organisation, nicht in einem anderen philosophischen Prinzip." (MGS 3, S. 256, 262)

Marcuse griff in diesen ersten Ansätzen zu einer hedonistischen Philosophie der „Freigabe der Welt zum Genuss" noch nicht auf Freuds Tiefenpsychologie zurück. Dies geschah erst im 1955 erschienenen Buch „Eros and Civilisations", das auf seinen 1950/51 an der „Washington School of Psychiatry" gehaltenen Vorlesungen beruhte.

Erich Fromm, der für den Einbau tiefenpsychologischer Konzepte in Horkheimers kritische Gesellschaftstheorie zuständige Psychoanalytiker, hatte das Institut bereits 1938/39 im Unfrieden verlassen (s. oben, Abschnitt 11). Er galt danach institutsintern neben Karen Horney, Harry S. Sullivan und Clara Thompson als Vertreter eines „neo-Freudianischen Revisionismus", der die gesellschaftstheoretische Relevanz der Lehre von Freud gerade dadurch entscheidend schwächte, dass er versuchte, ihr den Stachel ihrer biologisch fundierten Trieblehre zu ziehen. Marcuse, der in Angelegenheiten der Politik *und* einer tiefenpsychologisch aufgeklärten Gesellschaftstheorie unbeirrbar revolutionär gesinnt war, kritisierte den neo-Freudianischen Revisionismus von allen Institutsmitgliedern am schärfsten.

Marcuse zufolge hatte Freud durchaus erkannt, dass die psychoanalytische *Therapie* seelisch hilfebedürftigen Menschen immer nur dazu verhelfen könne, „als Teil einer kranken Zivilisation zu funktionieren, ohne sich ihr ganz und gar zu unterwerfen" (MARCUSE 1955, S. 209). Fromm, Horney und die anderen Revisionisten entwickelten dagegen affirmative, „von den Werten des status quo" geleitete Theorien, mit denen sie die therapeutische Praxis der *Integration* ihrer Patienten in die *bestehende* Gesellschaft legitimierten (MARCUSE 1955, S. 210, 217). Indem sie die Wertideen „Produktivität, Liebe, Glück und Gesundheit in eine große Harmonie" verschmolzen, argumentierten sie konformistisch. Sie verkannten im Gegensatz zu Freud den „unabänderlichen

Wahrheitsgehalt der Triebbedürfnisse", verharmlosten deren Brisanz und unterwarfen sich so dem bestehenden Realitätsprinzip, anstatt es entschieden in Frage zu stellen (MARCUSE 1955, S. 224, 218, 232; zu Fromms Gegenargumenten vgl. u.a. FROMM 1970, S. 209ff.).

Freud registrierte einerseits nüchtern die Tatsache der „Unterjochung der menschlichen Triebe" durch das *Leistungsprinzip*, d.h. durch „die vorherrschende historische Form des Realitätsprinzips". Er hielt diesen Zusammenhang für zivilisationsgeschichtlich notwendig und irreversibel. Fortschritte der Zivilisation schienen ihm nur um den Preis der Triebunterdrückung, die unzählige Menschen neurotisierte, realisierbar zu sein (MARCUSE 1955, S. 11, 38).

Marcuse glaubte indessen annehmen zu dürfen, dass die späte Triebtheorie Freuds, insbesondere dessen metapsychologische Spekulationen über den *Todes-* und den *Lebenstrieb (Eros)*, die Idee einer Gesellschaft *jenseits des geltenden Realitätsprinzips* beinhaltete. Marcuse verstand darunter eine Gesellschaft, welche die bisher notwendige, „zusätzliche" Triebunterdrückung durch entfremdete Arbeit und das Leistungsprinzip erübrigen werde. In der richtig verstandenen Theorie Freuds schließe „der *freie* Eros dauerhafte kulturelle [und] gesellschaftsbildende Beziehungen" *nicht* aus. Denn sie postuliere: „Die kulturschöpferische Macht des Eros *ist* nicht-repressive Sublimierung", das Wesen des Seienden *ist* der Eros, das Dasein *ist* „dem Wesen nach das Streben nach Lust":

> „Dieses Streben wird zu einem ‚Ziel' der menschlichen Existenz: der erotische Antrieb, lebende Substanz zu immer größeren und dauerhafteren Einheiten zu verschmelzen, ist die Triebquelle der Kultur. Die Sexualtriebe sind *Lebens*triebe: der Impuls, das Leben durch die Unterwerfung der Natur entsprechend den sich entfaltenden vitalen Bedürfnissen zu schützen und zu bereichern, ist ursprünglich ein erotischer Impuls […] Der ‚Kampf ums Dasein' ist ursprünglich ein Kampf um Lust: die Kultur beginnt mit der kollektiven Bemühung um dieses Ziel. Später allerdings wird dieser Kampf ums Dasein im Interesse der Herrschaft organisiert: die erotischen Grundlagen der Kultur werden umgebildet. Wenn die Philosophie das Wesen des Seins als Logos auffasst, so ist dies schon der Logos der Herrschaft – die befehlende, beherrschende, lenkende Vernunft, der Mensch und Natur unterworfen werden müssen." (MARCUSE 1955, S. 44, 181, 110).

So also füllte Marcuse in den 1950er Jahren die Lücke, die das Wegbrechen des existenzialontologischen Fundaments seines Heidegger-Marxismus hinterlassen hatte: Anstatt das geschichtlich bewegte Dasein als das „Geschehen der menschlichen Existenz" aufzufassen, bestimmte er nun das Dasein, ja das Wesen des Seienden überhaupt als Eros im Sinne von Freud.

Marcuse hatte damit, um eine oben zitierte Redeweise Horkheimers zu variieren, *anthropologische* Bedingungen der Möglichkeit der veränderten Welt aufgezeigt. Nach Auffassung Horkheimers und Marcuses waren an sich in einer Zivilisation, die es verstand, massenhaft „Strümpfe aus der Luft" zu fabrizieren, die *materiellen* Bedingungen der Verwirklichung der besseren Welt ebenfalls gegeben. Es gehörte aber nicht zu den Aufgaben der Monographie „Eros and Civilisations", im Einzelnen zu erklären, warum paradoxerweise diese materiellen Voraussetzungen bis zur „Spruchreife" erfüllt *und* – vorläufig – der Umschlag doch blockiert war. Dies unternahm erst Marcuses zeitdiagnostisches Buch „Der eindimensionale Mensch". Marcuse beschrieb in ihm gesellschaftliche Entwicklungstendenzen, welche die „Aufhebung" seiner hedonistischen Sozialphilosophie „in einem neuen Prinzip der gesellschaftlichen Organisation" zugleich blockierten und förderten (MGS 3, S. 262):

> „Das Buch ‚One-Dimensional Man' wird durchwegs zwischen zwei einander widersprechenden Hypothesen schwanken: 1. dass die fortgeschrittene Industriegesellschaft imstande ist, eine qualitative Änderung für die absehbare Zukunft zu unterbinden; 2. dass Kräfte und Tendenzen vorhanden sind, die diese Eindämmung durchbrechen und die Gesellschaft sprengen können." (MARCUSE 1964a, S. 17)

So wie der Aufsatz „Zur Kritik des Hedonismus" Schlüsselargumente der Monographie „Eros and Civilisations" vorspurte, nahm Marcuses letzter größerer Beitrag zur Institutszeitschrift über „Some Social Implications of Modern Technology" (1941) Kerngedanken der Monographie „One-Dimensional Man" vorweg. Marcuse schilderte in diesem Aufsatz u.a. die Annehmlichkeiten, aber auch das Einförmige einer Autobahnfahrt durch die USA:

> „Die Landschaft wird formiert und organisiert durch die Autobahn: was man unterwegs findet, ist Nebenprodukt oder Anhängsel der Autobahn. Zahllose Schilder und Plakate sagen dem Reisenden, was er zu tun oder zu denken hat […] Andere haben ihm das Denken abgenommen, und vielleicht sogar zu seinem Besten. Bequeme Parkplätze sind da angelegt worden, wo sich der weiteste und überraschendste Blick öffnet. Riesige Hinweistafeln erklären ihm, wo er zu halten hat, um die Pause machen zu können, die wirklich erfrischt. Und all das dient tatsächlich seinem Vorteil, seiner Sicherheit und Bequemlichkeit; er erhält, was er braucht. Geschäft, Technik, menschliche Bedürfnisse und Natur sind

verschweißt zu einem rationalen und zweckmäßigen Mechanismus. […] Jeder Protest ist sinnlos, und das Individuum erschiene als komischer Kauz, das auf seiner Handlungsfreiheit beharrte. Man kann sich dem Apparat persönlich nicht entziehen, der die Welt mechanisiert und standardisiert hat. Es ist ein rationaler Apparat, der höchste Zweckmäßigkeit mit höchster Bequemlichkeit verbindet, der zeit- und energiesparend ist, der mit Verschwendung aufräumt, indem er alle Mittel dem Zweck anpasst, Konsequenzen antizipiert und Berechenbarkeit und Sicherheit gewährleistet." (MGS 3, S. 292f.)

Im Buch „One-Dimensional Man" interpretierte Marcuse diese für fortgeschrittene Industriegesellschaften typische Gängelung der meisten in ihr lebenden Menschen „als Unterwerfung unter den technischen Apparat, der die Bequemlichkeiten des Lebens erweitert und die Arbeitsproduktivität erhöht." Ihre bloß instrumentell vernünftige, „technologische Rationalität" ermögliche es der fortgeschrittenen Industriegesellschaft – einer „auf rationale Art totalitären Gesellschaft" –, das Protestpotenzial jener sozialen Schichten (an erster Stelle des Proletariates) still zu stellen, die ihr früher, als sie noch die Chance zu „zweidimensionalem" Fühlen, Denken und Handeln bot, zu opponieren vermochten (MARCUSE 1964a, S. 173, 29, 32, 34, 76f.).

Marcuse entwarf von der klassisch liberalen, also selbstverständlich auch „von Elend, harter Arbeit und Schmutz" geprägten, „vortechnischen Welt" ein erstaunlich nostalgisches Bild:

„[Dies war …] eine Welt, die angesichts von Ungleichheit und Plackerei ein gutes Gewissen hatte und in der die Arbeit noch ein vom Schicksal verhängtes Unglück war – aber eine Welt, in der Mensch und Natur noch nicht als Dinge und Mittel organisiert waren. Mit ihrem Formen- und Sittenkodex, mit dem Stil und Vokabular ihrer Literatur und Philosophie drückte diese vergangene Kultur den Rhythmus und Inhalt eines Universums aus, in dem Täler und Wälder, Dörfer und Schenken, Edelleute und Leibeigene, Salons und Höfe zur erfahrenen Wirklichkeit gehörten. In der Lyrik und Prosa dieser vortechnischen Kultur ist der Rhythmus von Menschen enthalten, die wandern oder in Kutschen fahren und die Zeit und Lust haben, nachzudenken, etwas zu betrachten, zu fühlen und zu erzählen." (MARCUSE 1964a, S. 92, 79)

Vortechnische Landschaften interpretierte Marcuse als ein „Medium lustbetonter Erfahrung". Moderne Stadtlandschaften schienen ihm hingegen das Prinzip „repressiver Entsublimierung" zu verstärken. Sie begünstigten mit anderen Worten eine vergnüglichere und sexuell freizügigere, aber auch „enterotisierte" Lebensweise:

„Man vergleiche zum Beispiel das verliebte Treiben auf einer Wiese und in einem Auto, bei einem Spaziergang der sich Liebenden außerhalb der Stadtmauern oder auf einer Strasse von Manhattan. In den erstgenannten Fällen hat die Umgebung teil an der libidinösen Besetzung, kommt ihr entgegen und tendiert dazu, erotisiert zu werden. Die Libido geht über die unmittelbar erogenen Zonen hinaus – ein Vorgang nichtrepressiver Sublimierung. Demgegenüber scheint eine mechanisierte Umgebung ein solches Selbstüberschreiten der Libido zu unterbinden. Bedrängt in ihrem Bestreben, den Bereich erotischen Genusses zu erweitern, wird die Libido weniger ‚polymorph‘, weniger der Erotik jenseits lokalisierter Sexualität fähig, und *diese* wird gesteigert. – Indem sie derart die erotische Energie herabmindert und die sexuelle intensiviert, *beschränkt* die technologische Wirklichkeit die *Reichweite der Sublimierung.* Sie verringert ebenso das *Bedürfnis* nach Sublimierung." (MARCUSE 1964a, S. 92f.; vgl. dazu schon MARCUSE 1955, Kapitel 10 über Sexualität und Eros)

Dies waren einige der Faktoren, die gemäß Marcuses Traktat vom „Eindimensionalen Menschen" die *Blockierung* revolutionärer Energien in fortgeschrittenen Industriegesellschaften erklären sollten. Ihnen entgegen gesetzte, die Blockade *durchbrechende,* ja sie *sprengende* Tendenzen identifizierte Marcuse einerseits im *Zentrum,* andererseits an den *Rändern* dieses Gesellschaftstyps.

Kritische Intellektuelle besitzen, so Marcuse, selbst in der technokratisch perfekt organisierten, „verwalteten Welt" jederzeit die Freiheit, sich deren Repressivität bewusst zu machen, und so in sich „das absolute Bedürfnis, aus diesem Ganzen auszubrechen", zu entwickeln (MARCUSE 1964a, S. 264). Sie können erkennen, dass auf dem erreichten Zivilisationsniveau die Mittel vorhanden wären, einst als metaphysisch oder utopisch eingeschätzte Zukunftskonzepte zu verwirklichen. So sei mittlerweile „das Minimum an Arbeit, mit dem, und das Maß, in dem die Lebensbedürfnisse aller Mitglieder einer Gesellschaft befriedigt werden könnten", gut berechenbar geworden. Der „verfügbare Spielraum der Freiheit von Mangel", ja selbst „die mögliche Verringerung von Angst, die mögliche Freiheit von Furcht" – dies alles seien jetzt *quantifizierbare Sachverhalte* (MARCUSE 1964a, S. 245, 243). Die moderne Wissenschaft und Technik gelte nur unter der Voraussetzung und innerhalb der Grenzen des geschichtlich variablen, also *relativen Aprioris* der neuzeitlichen Naturbeherrschungstechnik. Deren technologische Rationalität sei eine Logik der Herrschaft. Kritische Philosophen, die mit den Mitteln dialektischer Logik diesen Zusammenhang durchschauten, könnten aufzeigen, wie als Alternative dazu eine „qualitativ neue Sichtweise und qualitativ neue Beziehungen zwischen den

Menschen und zwischen Mensch und Natur" möglich wären (MARCUSE 1964a, S. 168f., 179). Voraussetzung dazu sei freilich, dass die Wissenschaft politisch werde. Im technologisch „indoktrinierten Universum" der eindimensionalen Gesellschaft „wäre die therapeutische Aufgabe der Philosophie eine politische":

> „Dann erschiene Politik in der Philosophie, nicht als Sonderdisziplin
> oder Gegenstand der Analyse, auch nicht als eine besondere politische
> Philosophie, sondern als die Intention ihrer Begriffe, die unverstümmel
> te Wirklichkeit zu begreifen." (MARCUSE 1964a, S. 244, 213).

Unbefangen beobachtet, schienen sich Marcuse an den *Rändern* des technokratischen Gesellschaftssystems, in den Sozialschichten der „Geächteten und Außenseiter", der „Ausgebeuteten und Verfolgten anderer Rassen", der „Arbeitslosen und [...] Arbeitsunfähigen" interessante Entwicklungen anzubahnen. Diese Menschengruppen existierten „außerhalb des demokratischen Prozesses":

> „[...] ihr Leben bedarf am unmittelbarsten und realsten der Abschaf
> fung unerträglicher Verhältnisse und Institutionen. Damit ist ihre Op
> position revolutionär, wenn auch nicht ihr Bewusstsein. Ihre Oppositi
> on trifft das System von außen und wird deshalb nicht durch das System
> abgelenkt; sie ist eine elementare Kraft, die die Regeln des Spiels verletzt
> und es damit als ein aufgetakeltes Spiel enthüllt. Wenn sie sich zusam
> menrotten und auf die Straße gehen, ohne Waffen, ohne Schutz, um
> die primitivsten Bürgerrechte zu fordern, wissen sie, dass sie Hunden,
> Steinen und Bomben, dem Gefängnis, Konzentrationslagern, selbst
> dem Tod gegenüberstehen. Ihre Kraft steht hinter jeder politischen De
> monstration für die Opfer von Gesetz und Ordnung. Die Tatsache, dass
> sie anfangen, sich zu weigern, das Spiel mitzuspielen, kann die Tatsa
> che sein, die den Beginn des Endes einer Periode markiert." (MARCUSE
> 1964a, S. 267)

Marcuse analysierte einerseits in den theoretisch anspruchsvolleren Kapiteln seiner Kritischen Theorie das komplexe *Innenleben* fortgeschrittener Industriegesellschaften. Er beobachtete andererseits soziale, politische und kulturelle Entwicklungstendenzen, insbesondere solche an den *Rändern* des bestehenden Gesellschaftssystems. Wie schon bei Marx und den führenden Marxisten der Ersten, Zweiten oder Dritten Internationale, garantierte auch bei Marcuse das als „dialektisch" deklarierte Zusammenspiel der beiden Erkenntnismethoden – der theoretisch erklärenden und der empirisch forschenden – *nicht* unbedingt, dass die also erarbeiteten Situationsdiagnosen und Handlungsempfeh-

lungen umso „zutreffender", „vernünftiger" oder sonst wie „zustim-
mungsfähiger" ausfielen. Marcuse war dies zum Teil durchaus bewusst.
So glaubte er den Widerstreit der zwei erwähnten „Hypothesen" einer
anhaltenden *Blockierung* und der zunehmenden *Durchschlagskraft* re-
bellischer oder gar revolutionärer Bewegungen nicht eindeutig klären
zu können – er nahm nicht an, dass diesbezüglich „eine klare Antwort
gegeben werden kann" (MARCUSE 1964a, S. 17). Und auf die zitierte
Einschätzung, der Aufstand marginalisierter Außenseiter der Gesellschaft könnte „den Beginn des Endes einer Periode" signalisieren, folgte am Anfang des nächsten Absatzes sogleich die sie relativierende Feststellung: „Nichts deutet darauf hin, dass es ein gutes Ende sein wird."
(MARCUSE 1964a, S. 267)

Der große *Argumentationsspielraum,* über den politische und gesell-
schaftsdiagnostische Lagebeurteilungen verfügen, ist ohne den Rück-
halt *weltanschaulicher Wertbindungen* schlechterdings nicht zu bewältigen. Selbst theoretisch raffiniert begründete Situationsdiagnosen sind
um nichts gewisser als die ihnen zugrunde liegenden Wertorientierungen. Daran zu erinnern, war und ist eine der Aufgaben des sog. „Wert-
freiheitspostulates" von Max Weber. Es beurteilt die Konsensfähigkeit
sozialwissenschaftlicher Erkenntnis grundsätzlich *skeptisch* – nicht
„skeptizistisch", sondern im Sinne von Immanuel Kant unter dem Gesichtspunkt der *skeptischen Methode,* die, wie Kant in der „Kritik der
reinen Vernunft" ausgeführt hat (A 423), einem „Streit der Behauptungen" zusieht, nicht um ihn zu entscheiden, sondern „um zu untersuchen, ob der Gegenstand desselben nicht vielleicht ein bloßes Blend-
werk sei" (s. dazu unten, Abschnitt 15).

Argumente bürgerlicher Skepsis konnten Marcuses Revolutionsphilosophie indessen nicht erschüttern. Wie sie immanent zu kritisieren
und zu überwinden wären, demonstrierte Marcuses stark beachteter
Vortrag „Industrialisierung und Kapitalismus im Werk Max Webers" –
eines der drei Hauptreferate, die im Verlaufe des dreitägigen deutschen
Soziologentags zur Feier des einhundertsten Geburtstages von Max
Weber Ende April 1964 an der Universität Heidelberg Talcott Parsons,
Raymond Aron und zuletzt Marcuse vortrugen. Die Sozialwissenschaftler, denen Marcuse seine Weber-Kritik präsentierte, reagierten
auf sie überraschend positiv. Max Weber hat radikale Alternativkon-
zepte zum „ehernen Gehäuse der Hörigkeit" moderner Gesellschaften
konsequent als romantische Illusionen verworfen. Dennoch behauptete Marcuse, dass Webers Analysen ähnlich wie die des Religionskriti-
kers und skeptischen Menschenbeobachters Freud sich „in ihrer Vollendung" selber negierten:

„[...] gerade hier, an diesem äußersten Punkt, wo Max Webers Analyse in ihre Selbstkritik umschlägt, zeigt sich, wie weit sie selbst jener anderen Identifizierung verfallen bleibt: der Gleichsetzung von technischer und bürgerlich kapitalistischer Vernunft. Diese Verfallenheit lässt ihn nicht sehen, dass nicht die ‚reine‘ formale, technische Vernunft, sondern die Vernunft der Herrschaft das ‚Gehäuse der Hörigkeit‘ herstellt, und dass die Vollendung der technischen Vernunft sehr wohl Instrument der Befreiung des Menschen werden kann. Anders ausgedrückt: Max Webers Analyse des Kapitalismus war nicht wertfrei genug, insofern sie die dem Kapitalismus spezifischen Wertsetzungen in die ‚reinen‘ Definitionen der formalen Rationalität hineinnahm." (MARCUSE 1964b, S. 95, 96f.).

Dass Weber „die Vollendung der technischen Vernunft" durch sozialistische, die „Befreiung des Menschen" erstrebende Gesellschaftskonzepte *ausdrücklich* für ähnlich *trügerisch* hielt wie Freud religiöse oder sozial-revolutionäre *Illusionen,* ignorierte Marcuse – und stieß damit bei den meisten Zuhörern auf Zustimmung. Sie zogen die kapitalismuskritische Botschaft, die er Webers Werk entnahm, derjenigen der Korreferenten vor, die ihn wegen dieses Missverständnisses Webers kritisierten. Marcuse landete mit seinem Vortrag, wie er Leo Löwenthal stolz mitteilte, „einen großen Hit" (Brief vom 18.8.1964, MNS 3, S. 131). Viele der dem Vortrag beiwohnenden Sozialwissenschaftler nahmen so wie er an, dass das kapitalistische Gesellschaftssystem im Gegensatz zur Überzeugung des dezidierten Skeptikers und Bourgeois Max Weber sehr wohl Ansatzpunkte zu fundamentalen Veränderungen biete.

Politische Positionsbezüge Marcuses nach 1964 ergriffen, wie ausgewählte Belegstellen nachfolgend zeigen sollen, direkt Partei für revolutionäre, das bestehende System umwälzende Tendenzen und Bestrebungen. Es waren Exempel politisch eingreifenden Denkens, die einerseits die publizierten Versionen seiner Kritischer Theorie praxisbezogen konkretisierten, die andererseits aber auch einfach unpublizierte Standortbestimmungen fortführten, die Marcuse zur persönlichen und institutsinternen Orientierung schon viele Jahre zuvor ausgearbeitet hatte.

(b) Drei Beispiele politischer Standortbestimmungen Marcuses: 1947, 1965 und 1968

Marcuse und seinen Kollegen in der Abteilung „Research and Analysis" des „Office of Strategic Services" (OSS) war es zwar auch noch nach Ausbruch des Kalten Krieges möglich, in ihren Deutschlandanalysen anti-antikommunistisch zu argumentieren (s. oben, Abschnitt 10).

Noch schärfer linksorientiert oder gar sozialistisch-revolutionär durften aber die Studien, die sie im Auftrag des OSS erstellten, nicht ausfallen. So hat Marcuse im Februar 1947 das politische Dokument, das am deutlichsten zeigt, wie unbeirrt er seinen revolutionären Überzeugungen gerade auch zur Zeit des beginnenden Kalten Krieges die Treue bewahrte, einerseits für sich persönlich, andererseits als einen vertraulichen Diskussionsbeitrag zur politischen Orientierung des Instituts für Sozialforschung verfasst. Nachfolgend wird der Gedankengang von Marcuses „33 Thesen zur militärischen Niederlage des Hitlerfaschismus" möglichst übersichtlich rekonstruiert (MNS 5, S. 126-139).

Marcuse spricht in den 33 Thesen manchmal einfach von „der Theorie", die er zu entwickeln versuche, manchmal (und zutreffender) von „der revolutionären Theorie". Diese hat seiner Ansicht nach hauptsächlich zwei Aufgaben zu lösen. Erstens gelte es die Verbürgerlichung des Proletariats zu erklären, zweitens das schwierige Problem der „Konstruktion des Sozialismus" anzupacken (These 21; MNS 5, S. 134).

Im Hinblick auf das Faktum der *Verbürgerlichung des Proletariats* (oder auch dessen „Gleichschaltung", MNS 5, S. 139) stellte Marcuse zunächst fest, dass die „Versöhnung eines großen Teils der Arbeiterklasse mit dem Kapitalismus" nicht nur auf den Triumph der „Arbeiteraristokratie" in den Gewerkschaften und der Sozialdemokratie zurückgeführt werden könne. Entscheidend sei vielmehr „eine *Veränderung in der Gestalt der Ausbeutung*" gewesen. Von dieser seien inzwischen weniger die Arbeiter als vielmehr die *Außenseiter* der kapitalistischen Gesellschaft betroffen, d.h. „die ,Unorganisierten', ,unskilled workers', Landarbeiter, Wanderarbeiter; Minoritäten, Koloniale und Halbkoloniale; Gefangene, usw." (Thesen 11-13; MNS 5, S. 129-131). Die Versöhnung des Proletariats mit dem Kapitalismus sei außerdem wesentlich dadurch gefördert worden, dass „die erste erfolgreiche sozialistische Revolution" bisher ganz offensichtlich nicht „zu einer freieren und glücklicheren Gesellschaft geführt hat". Der Kapitalismus verfüge über die bessere Technologie *„und den größeren Reichtum (technologisch)."* Dies erlaube es ihm, *„die Menschen* besser leben zu lassen". Die sozialistische Gesellschaft konnte im ihr aufgezwungenen Konkurrenzkampf mit dem Kapitalismus nur bestehen, indem sie auf „das kostspielige Experiment der Abschaffung der Herrschaft" verzichtete und versuchte, „die kapitalistische Entwicklung der [...] Produktivität der Arbeit" nachzuahmen (Thesen 14 und 22; MNS 5, S. 131, 135).

Als Beitrag zur Bewältigung des Problems *„Konstruktion des Sozialismus"* unterschied Marcuse die folgenden drei bzw. (inklusive Varianten) sechs Gesellschaftsmodelle:

a) den *Kapitalismus* in seiner (a1) *nicht* bzw. *noch nicht faschistischen* und (a2) in seiner *faschistischen* Variante (Thesen 17 und 6, MNS 5, S. 132, 128). Marcuse hatte früh schon die Überzeugung gewonnen, von der er nie mehr abrücken sollte: „Die liberale Demokratie ist das Gesicht, das die besitzenden Klassen zeigen, wenn sie keine Angst haben; der Faschismus jenes, das sie zeigen, wenn sie Angst haben" (zitiert in MGS 9, S. 32).

b) *sozialstaatliche Modifikationen* des Kapitalismus in Form (b1) des *Gewerkschaftssozialismus* und (b2) des *anti-revolutionären Staatssozialismus*. Der vor allem in Großbritannien von Regierungen der Labour Party realisierte „Gewerkschaftssozialismus" würde das Stadium des Staatssozialismus dann erreicht haben, wenn die Regierung nicht nur wie nach 1945 „Teilsozialisierungen" durchgeführt, sondern wenn sie als deren Eigentümer „die Kontrolle über die gesamte Industrie" übernommen hätte (Thesen 17 und 17a, MNS 5, S. 132f.).

c) der *Sozialismus* in Gestalt (c1) des dem richtig verstandenen Marxismus am ehesten entsprechenden, *rätedemokratischen Selbstverwaltungssozialismus* und (c2) des *sowjetischen Sozialismus*. Primäres Ziel der „Auslieferung des Produktionsapparats an das Proletariat", mithin der Verwirklichung der Räterepublik, in der „die Produzenten selbst unmittelbar die Produktion verwalten, d.h. selbst bestimmen, was, wie viel, und wie lange produziert wird", sei „die Abschaffung der Herrschaft, der Ausbeutung und der Arbeit" (Thesen 19, 24 und 26, MNS 5, S. 134, 136). Demgegenüber gehe es dem sowjetischen Sozialismus vor allem darum, zur „Bekämpfung des ungeheuren militärisch-politischen Apparats des Kapitals" einen ebenso starken „Gegenapparat" aufzubauen. Die Verstaatlichung des Produktionsapparates habe dabei, da sie primär die Produktivität und – wenig erfolgreich – den Lebensstandard zu erhöhen versuchte, das dem „Gegenapparat" immanente Repressionssystem nicht abgeschafft, sondern verstärkt (Thesen 6, 24, 25 und 29, MNS 5, S. 128, 135ff.).

Diese Unterscheidungen legten Marcuse in Verbindung mit einigen politischen Schätzungsurteilen vier brisante Schlussfolgerungen nahe.

Marcuse gestand *erstens* in Übereinstimmung mit einer im Horkheimer-Kreis lange Zeit dominanten Tradition radikaler Liberalismus- und Sozialdemokratiekritik der demokratisch-liberalen Staatsform keine eigenständige Bedeutung zu. Er rechnete damit, dass der Kalte Krieg „die Welt in ein neo-faschistisches und [ein] sowjetisches Lager" aufteilen und dabei auch noch die „existierenden Überreste demokratischer Formen" beseitigen werde: „Die Staaten, in denen die alte herrschende Klasse den Krieg ökonomisch und politisch überlebt hat, werden in absehbarer Zeit faschisiert werden, die anderen in das Sowjet-Lager eingehen." (These 1, MNS 5, S. 126)

Marcuse fand *zweitens,* dass Entwicklungstendenzen vom demokratisch-liberalen Kapitalismus zum Sozialismus der Gewerkschaften und des Staates (a1 ➔ b1 ➔ b2) weder wünschbar noch sehr wahrscheinlich seien. Denn im anti-revolutionären Staatssozialismus gehe die Verfügungsgewalt über die Produktionsmittel an den Staat über, „der sie unter Verwendung von Lohnarbeit ausübt. Der Staat hat also die Funktion des ‚Gesamtkapitalisten' übernommen. Die unmittelbaren Produzenten sind so wenig Herr der Produktion (und damit ihres Schicksals) wie unter dem System des liberal-demokratischen Kapitalismus." (These 18, MNS 5, S. 133) Die nahe liegende Frage, als wie liberal-demokratisch *oder* faschistisch der Gewerkschafts- und der Staatssozialismus einzuschätzen seien, ignorierte Marcuse hier eben so wie er darauf verzichtete, die interessante Beziehung der beiden Begriffe zu Pollocks Konzepten des totalitären und (vor allem) des *demokratischen* Staats*kapitalismus* zu klären (s. oben, Abschnitt 8; Marcuse versäumte es aus mir unbekannten Gründen auch in seinen Büchern „Die Gesellschaftslehre des sowjetischen Marxismus" und „Der eindimensionale Mensch", die für sie durchaus relevanten Veröffentlichungen von Pollock über „Die planwirtschaftlichen Versuche in der Sowjetunion 1917-1927" und die Automationsbewegung in den USA auszuwerten).

Marcuse hielt es *drittens* für unwahrscheinlich, dass eine rätedemokratische Transformation des sowjetischen Sozialismus gelingen könnte (c2 ➔ c1). Denn das würde dem Sowjetsystem abverlangen, den „Sprung" zurück auf das Niveau eines niedrigeren Lebensstandards zu wagen, als ihn kapitalistische Länder realisiert hatten. Der sozialistische „Wille zur Abschaffung der Herrschaft und der Ausbeutung" erschiene so „als Wille zur Anarchie" (Thesen 26 bis 28, MNS 5, S. 136f.) – als ein Wille immerhin, dem Marcuse *auch* die Bedeutung eines „Akts der revolutionären Freiheit" gab:

> „Der Beginn des Sozialismus auf einer ‚überholten' Stufe der Zivilisation ist nicht ‚Rückständigkeit'. Von dem Beginn der Sowjetgesellschaft unterscheidet ihn die Tatsache, dass der Rückschlag keine ökonomische Notwendigkeit ist (bedingt durch den technischen Stand der Produktion), sondern ein Akt der revolutionären Freiheit, eine bewusste Unterbrechung der Kontinuität." (These 29, MNS 5, S. 137)

Welchen Formen *politischer Praxis* konnte Marcuses revolutionäre *Theorie* unter diesen Bedingungen am besten dienen? Marcuse stieß hier auf ein nicht leicht zu bewältigendes *Dilemma:* Einerseits vermisste er im bestehenden Herrschaftssystem des Sowjetsozialismus jenen „Fortschritt in der Verwirklichung der Freiheit der Produzenten", der sich gemäß dem rätedemokratischen Sozialismusmodell (c1) in der wahrhaften Abschaffung von Herrschaft und Ausbeutung sowie „einer qualitativen Veränderung der Bedürfnisse" hätte äußern müssen (These 28, MNS 5, S. 137). Andererseits nahm er an, dass die Sowjetunion zur Abwehr des aggressiv antisowjetischen Kapitalismus liberaler oder faschistischer Prägung einen repressiven „Gegenapparat" aufbauen *musste* (These 6, MNS 5, S. 128; vgl. dazu Marcuses Buch „Die Gesellschaftslehre des sowjetischen Marxismus" (1957), MGS 6, S. 29). Auch schien ihm „die kommunistische Strategie der Parteidiktatur" die passende „Antwort auf die Verbürgerlichung der Arbeiterklasse" zu sein (These 16, MNS 5, S. 132):

> „Die Entwicklung hat die Richtigkeit der Leninschen Konzeption von der avantgardistischen Partei als dem Subjekt der Revolution bestätigt. Es ist wahr, dass die kommunistischen Parteien heute *nicht* dieses Subjekt sind, aber es ist ebenso wahr, dass nur sie es werden können. Nur in der Theorie der kommunistischen Parteien ist noch die Erinnerung an die revolutionäre Tradition lebendig, die wieder zur Erinnerung an das revolutionäre Ziel werden kann; nur ihre Situation ist so sehr außerhalb der kapitalistischen Gesellschaft, dass sie wieder zur revolutionären Situation werden kann." (These 32, MNS 5, S. 139)

Die *vierte* politische Forderung, die Marcuse in seinen 33 Thesen vom Februar 1947 entwickelte, zeugt klar von diesem politischen Dilemma. In der sich zuspitzenden, einem heißen Krieg zutreibenden Situation des Kalten Krieges zwischen dem neo-faschistischen Kapitalismus und der sowjetischen Gesellschaft gebe es „für die revolutionäre Theorie nur einen Weg: rücksichtslos und ohne jede Maskierung gegen beide Systeme Stellung zu nehmen, die orthodox marxistische Lehre beiden gegenüber ohne Kompromiss zu vertreten":

> „D.h. *negativ,* die Theorie verbündet sich mit keiner *anti-kommunistischen Gruppe oder Konstellation.* Die kommunistischen Parteien sind und bleiben die einzige anti-faschistische Macht. Ihre Denunziation muss eine rein theoretische sein. Sie weiß, dass die Verwirklichung der Theorie nur durch die kommunistischen Parteien möglich ist und der Hilfe der Sowjetunion bedarf. Dies Bewusstsein muss in jedem ihrer Begriffe enthalten sein. Mehr: In jedem ihrer Begriffe muss die Denunziation des Neo-Faschismus und der Sozialdemokratie die der kommunistischen Politik überwiegen. Die bürgerliche Freiheit der Demokratie ist besser

als totalitäre Regimentierung, aber sie ist buchstäblich erkauft mit Jahrzehnten verlängerter Ausbeutung und verhinderter sozialistischer Freiheit." „Die politische Aufgabe würde [somit …] darin bestehen, in den
kommunistischen Parteien die revolutionäre Theorie wiederherzustellen
und für die ihr entsprechende Praxis zu arbeiten. Die Aufgabe scheint
gegenwärtig unmöglich. Aber vielleicht ist die relative Unabhängigkeit
vom Sowjetischen Diktat, die diese Aufgabe erfordert, als Möglichkeit
in den kommunistischen Parteien Westeuropas und Westdeutschlands
gegeben." (Thesen 3, 20 und 33, MNS 5, S. 127, 134, 139)

Das Vorhaben, Marcuses revolutionäre Theorie kommunistischen Parteien der Nachkriegszeit zu vermitteln, die einerseits auf die „Hilfe der
Sowjetunion" angewiesen waren *und* die sich andererseits dem „sowjetischen Diktat" entzogen – dies war offenkundig ein Projekt, das allenfalls in Italien oder im titoistischen Jugoslawien, kaum aber anderswo
in Europa und schon gar nicht in den USA gelingen konnte.

Horkheimer reagierte auf die 33 Thesen, die ihm Marcuse zuge-
sandt hatte, mit großer Verspätung und ausweichend (vgl. WIGGERS-
HAUS 1986, S. 435f., sowie Horkheimer an Marcuse am 28.2. und am
29.12.1948; HGS 17, S. 933, 1050f.). Wie wenig er Marcuses Ansichten zustimmte, geht aus einer unveröffentlichten Stellungnahme zum
Thema „Die UdSSR und der Frieden" hervor, die er und Adorno 1950
verfassten (vgl. dazu unten, Punkt c). Horkheimer und Adorno standen mittlerweile dem Antikommunismus, zu dem sich Franz Neumann in den 1950er Jahren offen bekannte (s. Abschnitt 13), um
einiges näher als den unverzagt revolutionären Überzeugungen Marcuses.

Jean Paul Sartre folgend, dessen politisches Engagement er nun vorbildlich fand, kritisierte Marcuse in den 1960er Jahren die amerikanische Innen- und Außenpolitik immer schneidender (MNS 4, S. 31ff.).
Ein Jahr nach seinem erfolgreichen Heidelberger Vortrag erregte er mit
dem Essay „Repressive Toleranz" die Aufmerksamkeit weiterer Kreise
der Öffentlichkeit. Er widmete den Essay als Abschiedsgeschenk „meinen Studenten an der Brandeis University", wo er von 1954 bis zu seiner Berufung an die UC San Diego im Jahre 1965 gelehrt hatte (MAR-
CUSE 1965, S. 136).

Marcuses scharfe Kritik an der von Machthabern geübten Pseudo-
Toleranz – die realiter eine „repressive Toleranz" sei – mündete in die
These, „dass die Verwirklichung der Toleranz Intoleranz gegenüber den
herrschenden politischen Praktiken, Gesinnungen und Meinungen er-
heischen würde" (MARCUSE 1965, S. 136). Die Argumente, mit denen
Marcuse diese These begründete, wirkten auf konservativ, liberal oder

sozialdemokratisch Gesinnte ebenso provozierend, wie sie die radikale
Linke in ihrer Militanz bestärkten:

„[...] Toleranz kann [...] nicht unterschiedslos und gleich sein hinsichtlich der Inhalte des Ausdrucks in Wort und Tat, sie kann nicht falsche
Worte und unrechte Taten schützen, die demonstrierbar den Möglichkeiten der Befreiung widersprechen und entgegenwirken. Solche unter-
schiedslose Toleranz ist gerechtfertigt in harmlosen Debatten, bei der
Unterhaltung, in der akademischen Diskussion; sie ist unerlässlich im
Wissenschaftsbetrieb, in der privaten Religion. Aber die Gesellschaft
kann nicht dort unterschiedslos verfahren, wo die Befriedung des Daseins, wo Freiheit und Glück selbst auf dem Spiel stehen: hier können
bestimmte Dinge nicht gesagt, bestimmte Ideen nicht ausgedrückt,
bestimmte politische Maßnahmen nicht vorgeschlagen, ein bestimmtes Verhalten nicht gestattet werden, ohne dass man Toleranz zu einem
Instrument der Fortdauer von Knechtschaft macht." (MARCUSE 1965,
S. 140f.).

Die Unterscheidung zwischen befreienden und der Befreiung entge-
genwirkenden, sie unterdrückenden Handlungen, zwischen „menschlichen und unmenschlichen Lehren und Praktiken" war für Marcuse
keine Angelegenheit „bloß subjektiven Vorziehens von Werten", sondern eine der Anwendung „rationaler Kriterien" (MARCUSE 1965,
S. 150). Er hielt es auf der inzwischen erreichten Zivilisationsstufe für
möglich, die der „Befriedigung der Lebensbedürfnisse" zur Verfügung
stehenden „materiellen und geistigen Ressourcen" weitgehend zu
quantifizieren, d.h. objektiv zu berechnen. Auf der Grundlage eines
solchen „geschichtlichen Fortschrittskalküls" konnten die der Verwirklichung der befreiten Gesellschaft dienenden ebenso wie die ihr entge-
genstehenden, also mit befreiender Intoleranz zu unterdrückenden
„politischen Praktiken und Meinungen" identifiziert werden. Dabei
besaß auch die Frage, „wer qualifiziert sei, alle diese Unterscheidungen,
Definitionen und Ermittlungen für die Gesamtgesellschaft vorzunehmen, [...] eine logische Antwort". Dies war offenbar „jeder, der gelernt
hat, rational und autonom zu denken. Die Antwort auf Platons erzieherische Diktatur ist die demokratische erzieherische Diktatur freier
Menschen." (MARCUSE 1965, S. 153f.)
    „Befreiende Toleranz" bedeutete für Marcuse demnach „Intoleranz
gegenüber Bewegungen von rechts" – eine gegebenenfalls auch mit le-
gitimer Gegengewalt durchzusetzende Intoleranz – und „Duldung von
Bewegungen von links". Es war in der Ära des Faschismus leider versäumt worden, sie zu praktizieren – mit der Folge, dass die Brandstifter
von rechts jene Reden halten konnten, die „das unmittelbare Vorspiel

zum Massaker" waren. Hätte man sie daran gehindert, „so hätte die Menschheit eine Chance gehabt, Auschwitz und einen Weltkrieg zu vermeiden" (MARCUSE 1965, S. 156).

Von der faschistischen Ära unterschied sich nach Auffassung Marcuses die Gegenwart, d.h. „die gesamte nachfaschistische Periode", grundsätzlich kaum. Diese schien ihm wie jene „eine Periode eindeutiger und gegenwärtiger Gefahr" zu sein. „Wahre Befriedung" erfordere demzufolge in der gegebenen Situation „äußerster Gefahr", die geradezu „zum Normalzustand geworden" sei, dass gewalttätigen Bewegungen von rechts „die Toleranz vor der Tat" entzogen, links orientierten Freiheitskämpfern dagegen gewährt werde (MARCUSE 1965, S. 156). Die gegen den vorherrschenden Notstand und für die Befreiung Kämpfenden ließen sich zwar nicht mehr einfach mit einer bestimmten gesellschaftlichen Klasse, der des Proletariats insbesondere, gleichsetzen. Heute seien sie „hoffnungslos über die Gesellschaft zerstreut, und die kämpfenden Minderheiten und isolierten Gruppen" stünden oft „in Opposition zu ihrer eigenen Führung". Umso entschiedener müsse die kritische Intelligenz diesen „kleinen und ohnmächtigen Gruppen" helfen (MARCUSE 1965, S. 158). Zu ihren vordringlichen Aufgaben gehöre es, „an geschichtliche Möglichkeiten, die zu utopischen geworden zu sein scheinen", zu erinnern und „die unmittelbare Konkretheit der Unterdrückung zu durchbrechen" (MARCUSE 1965, S. 136). Voraussetzung dazu sei die Einsicht, dass es für unterdrückte Minderheiten das Naturrecht auf Widerstand gebe, „außergesetzliche Mittel anzuwenden, sobald die gesetzlichen sich als unzulänglich herausgestellt haben":

> „Gesetz und Ordnung sind überall und immer Gesetz und Ordnung derjenigen, welche die etablierte Hierarchie schützen; es ist unsinnig, an die absolute Autorität dieses Gesetzes und dieser Ordnung denen gegenüber zu appellieren, die unter ihr leiden und gegen sie kämpfen – nicht für persönlichen Vorteil und aus persönlicher Rache, sondern weil sie Menschen sein wollen. Es gibt keinen anderen Richter über ihnen außer den eingesetzten Behörden, der Polizei und ihrem eigenen Gewissen. Wenn sie Gewalt anwenden, beginnen sie keine neue Kette von Gewalttaten, sondern zerbrechen die etablierte. Da man sie schlagen wird, kennen sie das Risiko, und wenn sie gewillt sind, es auf sich zu nehmen, hat kein Dritter, und am allerwenigsten der Erzieher und Intellektuelle, das Recht, ihnen Enthaltung zu predigen." (MARCUSE 1965, S. 161)

Diese den Essay über repressive Toleranz beschließenden Sätze gehörten schon kurz nach ihrer Veröffentlichung zu den am häufigsten zitierten Aussagen Marcuses überhaupt (vgl. zum immensen internationalen Publikationserfolg Marcuses nach 1965 im übrigen die Tabelle in ALBRECHT et al. 1999, S. 380). Sie dienten den Studenten, die sich Mitte der 1960er Jahre in den USA, in Deutschland und in anderen Ländern merkwürdig gleichzeitig radikalisierten, zur Legitimation fortlaufend militanterer Aktionen. Je lauter die Studenten im Gefolge der amerikanischen Bürgerrechtsbewegung, des grausam eskalierenden Vietnamkrieges sowie national spezifischer Gegebenheiten und Ereignisse protestierten, desto polemischer argumentierte Marcuse. Er entfernte nun vollends den Schalldämpfer von der Trompete, auf der er der Menschheit seinen revolutionären Weckruf vorzuspielen pflegte. Im Vortrag „Jenseits des Eindimensionalen Menschen", den er am 31. Oktober 1968 – vier Jahre nach der Veröffentlichung seines pessimistischen Buches „One-Dimensional Man" – an der UC Los Angeles hielt, setzte er die Rebellion der Studenten dem Anfang vom Ende eines technokratischen Gesellschaftssystems gleich, in dessen fundamental falschem niemals ein richtiges Leben möglich sei:

> „Diese Rebellion geht aus der Erfahrung der Absurdität dieser Gesellschaft hervor, der Absurdität ihrer Vernunft, der Zerstörungskraft ihrer Produktivität und dem unerträglichen Gegensatz zwischen technischem und menschlichem Fortschritt. So können wir Hegels berühmte Aussagen über das Wirkliche vielleicht folgendermaßen umschreiben: Was wirklich ist, das ist absurd; und was absurd ist, das ist vernünftig." (MNS 1, S. 69)

Die Studentenrebellion und die Arbeiterstreiks vom Mai 1968 in Frankreich, die das gaullistische Regime schwer erschütterten, schienen Marcuse ein „symbolisches Ereignis" zu sein, „das zwar als solches nur von kurzer Dauer war und von der Machtstruktur relativ schnell aufgefangen werden konnte", das aber dennoch einen „historischen Wendepunkt" markierte. Diese dramatischen Ereignisse demonstrierten, wie „eine auf radikale Veränderung gerichtete Bewegung außerhalb der arbeitenden Klassen entstehen und ihrerseits als Katalysator die unterdrückten Kräfte der Rebellion innerhalb der Arbeiterschaft aktivieren kann":

> „Darüber hinaus – und darin liegt vielleicht der wichtigste Aspekt dieser Ereignisse – wurden Strategien, Ziele und Werte entwickelt, die über den hundert Jahre alten Rahmen der Opposition und der Politik insgesamt hinausgingen. Diese neuen Strategien und Ziele verweisen auf die Entstehung eines neuen Bewusstseins, das ein antizipierendes, entwerfendes Bewusstsein ist, offen und bereit für die radikal neuen, extravaganten Freiheitsaussichten. – Hier geht es tatsächlich um eine Umwertung der

Werte, eine neue Rationalität, die nicht nur der kapitalistischen Rationalität in all ihren Formen, sondern auch der Rationalität des stalinistischen und poststalinistischen Sozialismus widerspricht. Und dieses neue
Bewusstsein ist Ausdruck (und Formierung) einer neuen Sensibilität, einer neuen Erfahrung der etablierten – und der unterdrückten – Realität,
die die Suche, den Schrei nach Befreiung in den Lebensbedürfnissen des
Menschen, in seiner ‚Biologie' verortet." (MNS 1, S. 73)

Die Veränderungen, die der Protest bewirkte, überstiegen laut Marcuse
das hergebrachte Vorstellungsvermögen, da sie mit den rationalen auch
die sinnlichen Fähigkeiten, mit der Produktivität die Rezeptivität sowie generell – „Eros gegen Thanatos" – die Lebenstriebe der Menschen
stärkten. Den Rebellen, die an die Wände der Sorbonne die Parole
„l'imagination au pouvoir" schrieben, war bewusst, dass ihr gelebter
Protest die herkömmliche Vernunft transzendierte:

„Der Sprung aus dem Reich des Mangels und der Herrschaft in das
Reich der Freiheit erfordert die konkrete Transzendierung dieser Rationalität, erfordert neue Formen des Sehens, Hörens, Fühlens, Berüh-
rens, eine neue Art der Erfahrung, die den Bedürfnissen der Männer
und Frauen entspricht, die für eine freie Gesellschaft kämpfen können
und müssen. Dergestalt macht die geschichtliche Situation die Einbil-
dungskraft zu einer metapolitischen Kraft und vereinigt die spontanen,
kreativen, sinnlichen, ästhetischen Bedürfnisse mit den harten Anforderungen des Politischen. Dieses seltsame Bündnis findet seinen überra-
schendsten Ausdruck darin, dass die beiden Namen, die am häufigsten
an den Wänden der Pariser Universität auftauchten, die von Karl Marx,
dem Begründer des Sozialismus, und von André Breton, dem Begründer des Surrealismus, waren. Und in der Nacht, als in Paris die Barrika-
denkämpfe stattfanden, stand zwischen den Barrikaden ein Piano, auf
dem ein junger Pianist Jazzmusik spielte." (MNS 1, S. 75f., 77)

Diese und einige andere, hier zum größeren Teil dokumentierten
Denkfiguren erlaubten es Marcuse, die Fortschritte und Rückschläge,
die Durchbrüche und Irrwege der rebellierenden Studenten mit Argumenten zu feiern oder zu kritisieren, die ihm seine Revolutionsphilosophie bis zuletzt immerzu nur zu bestätigen schienen (MGS 8, S. 100ff.,
MGS 9, MNS 1, S. 67ff. und MNS 4).

*(c) Reaktionen Horkheimers, Adornos und Marcuses auf die
Studentenrevolte der Jahre 1967 bis 1969*

Wie beurteilten Horkheimer und Adorno einerseits das politische
Outcoming Marcuses, andererseits die es verstärkenden Reden und Taten der rebellierenden Studenten, die namentlich Adorno 1968/69
sehr nahe gingen? Und wie reagierte Marcuse, der nun jedes Jahr während mehrerer Wochen in Europa weilte, auf Horkheimers und Adornos Umgang mit den immer militanter agierenden Studenten?

Politische und kulturrevolutionäre Emanzipationsbestrebungen der
studierenden Jugend intensivierten sich im Gefolge der amerikanischen Bürgerrechtsbewegung und des Vietnamkrieges zuerst in den
USA. Wegweisend wirkten hier 1963/64 ein erster Marsch nach Washington, den schwarze und weiße Bürgerrechtsaktivisten gemeinsam
durchführten, sowie Protestaktionen, zumal „Sit-ins" des „Free Speech
Movement" an der UC Berkeley (s. z.B. FREI 2008, S. 31ff., GILCHER-
HOLTEY 2008, S. 75ff., 201ff.). In der Bundesrepublik Deutschland
engagierte sich die im „Sozialistischen Deutschen Studentenbund"
(SDS) organisierte „Neue Linke" ab 1964/65 zunächst für die Ziele der
Antikriegsbewegung, gegen den eskalierenden Vietnamkrieg der Amerikaner, gegen die Notstandsgesetze und für die Beseitigung des deutschen „Bildungsnotstandes". Die von Rudi Dutschke und Bernd Rabehl angeführten „Antiautoritären", die sich primär Ideen der marxistischen Klassiker, sekundär auch solche der anarcho-syndikalistischen
Linken aneigneten (BOCK 1976), gewannen 1965/66 im SDS gegenüber den traditionalistischen „Parteimarxisten" an Einfluss. Traditionalisten und Antiautoritäre einte die Devise, dass der Kampf gegen den
Faschismus nur als Kampf für den Sozialismus zu gewinnen sei. Die
von Dutschke, Rabehl und dem Adorno-Schüler Hans-Jürgen Krahl
inspirierten Antiautoritären bekannten sich aber entschiedener als die
Traditionalisten zu Versuchen, die ihnen bei ihren jetzigen Lehrern
Kritischer Theorie „völlig unverständliche Trennung von Denken und
Sein, von Theorie und Praxis" (so Dutschke bereits im August 1964, s.
KRAUSHAAR 1998, Bd II S. 179) mittels direkter Aktionen der
außerparlamentarischen Opposition (ApO) zu überwinden.

1966/67 mobilisierten Demonstrationen gegen den Vietnamkrieg,
gegen die Notstandsgesetze und für nichttechnokratische Hochschul-
reformen vor allem in Berlin, Frankfurt a.M. und München immer
mehr Studenten. Im Gefolge einer Demonstration gegen den Besuch
des Schahs am 2. Juni 1967 in Berlin erschoss ein Kriminalobermeister
den Studenten Benno Ohnesorg. Diese böse Tat, für welche die Stu-

denten neben der faschistoiden Staatsgewalt auch die ihnen feindlich gesinnte Springer-Presse verantwortlich machten, war das kritische Ereignis, das in Westdeutschland eine nach dem Attentat auf Rudi Dutschke noch einmal radikalisierte, unaufhaltsam eskalierende Protestbewegung auslöste, die erst im Herbst 1969 an Stoßkraft verlor (FREI 2008, S. 112ff.; KRAUSHAAR 1998, Bd I S. 254ff., Bd II S. 237-696). Die deutschen Massenmedien intensivierten die Bewegung, indem sie deren Sympathisanten, Beobachtern und Kritikern (u.a. Adorno, Horkheimer und Habermas), vor allem aber deren Leitfiguren Dutschke und Marcuse eine starke Medienpräsenz garantierten.

Als Marcuse im Frühjahr 1967 vernahm, Horkheimer habe bei der Eröffnung einer deutsch-amerikanischen Freundschaftswoche in Frankfurt a.M. den Vietnam-Krieg der USA verteidigt, fragte er ihn in einem Brief besorgt, ob dies zutreffe. Der Gedanke, dass Horkheimer und er nach einer 35 Jahre währenden „Freundschaft und Zusammenarbeit auf entgegengesetzten Polen angelangt sein sollten", beunruhigte ihn zutiefst (Marcuse an Horkheimer, 16.5.1967; HGS 18, S. 648). Nachdem er den eher vagen Antwortbrief Horkheimers und dessen von einer Studentenzeitung publizierte, klar proamerikanische Stellungnahme zum Vietnam-Krieg erhalten hatte, schrieb er ihm am 17. Juni 1967:

> „Lass mich meine Meinung so extrem wie möglich aussprechen. Ich sehe in Amerika heute den historischen Erben des Faschismus. Die Tatsache, dass die Konzentrationslager, die Morde, die Folterungen außerhalb der Metropole stattfinden (und meist Schergen anderer Nationalität überlassen werden) ändert nichts am Wesen. Was in Vietnam geschieht, sind Kriegsverbrechen und Verbrechen an der Menschheit. Die ‚andere Seite' begegnet dem Terror mit Terror, aber sie hat weder Napalm, noch ‚fragmentation bombs', noch ‚saturation raids'. Und sie verteidigt ihr armseliges, mit entsetzlicher Mühe und mit schweren Opfern etwas menschlicher gewordenes Leben, das die westlichen Machthaber, mit der ganzen brutal-leistungsfähigen technischen Perfektion der westlichen Zivilisation systematisch aushungern, verbrennen, vernichten." (Marcuse an Horkheimer, 17.6.1967; HGS 18, S. 657)

Horkheimer und Adorno teilten diese Fundamentalkritik Marcuses an der amerikanischen Demokratie und Nachkriegspolitik schon lange nicht mehr. Dies zeigt der Entwurf einer Erklärung, die sie 1950 in Beantwortung eines Appells zur Ächtung von Atomwaffen verfassten. Sie nannten in dieser schließlich doch nicht veröffentlichten Erklärung den „Friedensaufruf", dem sie sich anschließen sollten, „ein Stück [...] Sowjetpropaganda". Mit ihr werde versucht, den Widerstand gegen die

Gewalt zu brechen, die von der Sowjetunion ausgehe – einem totalitären Staat, der nicht zögern werde, „den Krieg zu entfesseln, wenn die Moskauer Gewaltherrscher glauben, dass sie ihn gewinnen können." (AGS 20.1, S. 390) Die junge Sowjetunion verkörperte zwar „einmal in der Tat jene Hoffnung aufs Ende der Kriege", welche die Stalindiktatur heute missbrauche. Wichtiger aber, „als den Internationalismus im eigenen Lande auf die Sowjetheimat abzustimmen", sei es inzwischen, „den freien Ländern loyal zu helfen, wenn es gilt, die Freiheit zu verteidigen" (AGS 20.1, S. 391f.). Alle Arbeiten des Instituts für Sozialforschung stünden „im schärfsten Gegensatz zu der Politik und Doktrin [...], welche von der Sowjetunion ausgehen":

„Das Potential einer besseren Gesellschaft wird eher dort bewahrt, wo die bestehende ohne Rücksicht analysiert werden darf, als dort, wo die Idee einer besseren Gesellschaft verderbt ward, um die schlechte bestehende zu verteidigen. Das ist die Voraussetzung unserer Existenz und unserer Arbeit, für die wir unbedingt die gemeinsame Verantwortung tragen." (AGS 20.1, S. 392f.)

Horkheimer und Adorno verteidigten die liberal-demokratische Staatsform zwar nie ohne Vorbehalte – namentlich Horkheimer packte wiederholt die Angst vor bevorstehenden Durchbrüchen faschistischer Strömungen in Westdeutschland (KRAUSHAAR 1998, Bd I, S. 24f.). Hätten Horkheimer und Adorno ihre vorsichtige Apologie freiheitlich – demokratischer Lebensformen offensiver vertreten, so wären sie damit aber bei den Aktivisten der Studentenbewegung und deren Gefolgschaft nur noch umso mehr abgeblitzt. Links orientierte Studenten bevorzugten inzwischen ganz entschieden die Devise, dass der Kampf gegen den Hang formal demokratischer Gesellschaften zum Faschismus nur als Kampf für den Sozialismus zu gewinnen sei. Adorno und Marcuse machten diese Erfahrung, als sie sich als Gäste der FU im Juli 1967 kurz nacheinander (ohne einander zu begegnen) in Berlin aufhielten: Adorno am 7. Juli, um auf Einladung Peter Szondis über den „Klassizismus von Goethes ‚Iphigenie'" zu referieren, Marcuse vom 10. bis zum 13. Juli, um Gastvorträge über „Das Ende der Utopie" und „Das Problem der Gewalt in der Opposition" zu halten (MARCUSE 1967). Der Kontrast zwischen den Inhalten und dem Verlauf der beiden Veranstaltungen war eindrücklich: Während Teile der anwesenden Studenten gegen Adornos Vortrag protestierten, indem sie u.a. das Spruchband „Berlins linke Faschisten grüßen Teddy den Klassizisten" enthüllten, wurde der vor 2.500 bis 3.000 „gebannt zuhörenden Studenten" referierende Marcuse immer wieder von Beifall unterbrochen

Abb. 4: Herbert Marcuse vor Studierenden der FU Berlin während
einer seiner vier Vorlesungen zum Thema „Das Ende der Utopie",
10.-13. Juli 1967

(KRAUSHAAR 1998, Bd I S. 264ff.). Die Zeit war offenbar vorbei, da
gesellschaftskritisch gesinnte Studenten Horkheimers und Adornos
Warnungen vor theorielosem Aktivismus bedenkenswert fanden. Marcuses revolutionäre Theorie dagegen und deren Stichworte – „repressive Toleranz", „große Weigerung", „Widerstand", „Entsublimierung
der Kultur", „Revolte der Lebenstriebe", „Sprung ins Reich der Freiheit", „der neue Mensch" – kamen bei ihnen weit besser an.

Marxistische Traditionalisten und antiautoritäre Aktivisten fanden
selbstverständlich bald auch an Marcuses politischen Konzepten einiges auszusetzen. Rudi Dutschke und Hans-Jürgen Krahl hielten auf
der 22. Delegiertenkonferenz des SDS am 5. September 1967 ein ein-
flussreiches „Organisationsreferat". Dessen zentrale Schlussfolgerung
lautete: „Der städtische Guerillero ist der Organisator schlechthinniger
Irregularität als Destruktion des Systems der repressiven Institutionen." (KRAUSHAAR 1998, Bd 2 S. 290; s. auch Bd 3 S. 18-30) Der
nicht gerade leicht verständliche Satz meinte, dass revolutionäre Studenten in den Metropolen von der „Propaganda der Schüsse" ihrer
Kampfgenossen in ausgebeuteten Entwicklungsländern lernen sollten,
wie den manipulierten Massen der Metropolen, die nicht mehr von

sich aus fähig zur Empörung seien, ihr Leiden durch neuartige Formen der „Propaganda der Tat" bewusst gemacht werden könnte (KRAUS-HAAR 1998, Bd 3 S. 22f.).

Vom Wintersemester 1968/69 an nahmen solche Aktionen der „Propaganda der Tat" Universitäten ins Visier. Die Avantgarden der Studentenbewegung initiierten hier vor allem in sozialwissenschaft-lichen Fachbereichen Streikaktionen und Seminarbesetzungen zur Durchsetzung studentischer Mitbestimmungs- und Selbstverwaltungs-forderungen. Anfang Dezember 1968 besetzten Studenten das Sozio-logische Seminar der Universität Frankfurt a.M. Sie begründeten ihre Aktion u.a. damit, dass sie an eine Wand des Seminars, das nun „Spar-takus-Seminar" heißen sollte, den Satz aus Horkheimers „Dämme-rung" sprayten: „Bürgerliche Kritik am proletarischen Kampf ist eine logische Unmöglichkeit" (s. oben, Abschnitt 7; KRAUSHAAR 1998, Bd I, S. 376ff.).

Nach zehn Tagen brachen die Besetzer ihre Aktion ab, bevor die zwecks Räumung des Seminars aufgebotene Polizei in Erscheinung ge-treten war. Weniger glimpflich endete der Versuch der weiterhin strei-kenden Studenten, sich am 31. Januar 1969 in einem Seminarraum des Instituts für Sozialforschung niederzulassen. Die zwei Institutsdi-rektoren Adorno und Ludwig von Friedeburg erstatteten unverzüglich Anzeige wegen Hausfriedensbruch, und die von ihnen mobilisierte Po-lizei nahm noch am selben Tag von den 76 Seminarbesetzern deren Anführer, Hans-Jürgen Krahl, bis zum 6. Februar in Untersuchungs-haft (KRAUSHAAR 1998, Bd I, S. 398f., 403).

Als Marcuse in Kalifornien, wo zur selben Zeit konservative und rechtsradikale Kräfte gegen ihn agitierten, ja ihn bedrohten, über die polizeiliche Räumungsaktion im Institut für Sozialforschung sich end-lich genauer informieren konnte, schrieb er Adorno ziemlich fassungs-los:

„[...] wenn die Alternative ist: Polizei oder Studenten der Linken, bin ich mit den Studenten [...] Wir können die Tatsache nicht aus der Welt schaffen, dass diese Studenten von uns (und sicher nicht am wenigsten von Dir) beeinflusst sind – ich bin darüber sehr froh [...] Und die Mit-tel, die sie anwenden, um die Theorie in Aktion umzusetzen?? Wir wis-sen (und sie wissen), dass die Situation keine revolutionäre ist, nicht ein-mal eine vor-revolutionäre. Aber dieselbe Situation ist so grauenhaft, so erstickend und erniedrigend, dass die Rebellion gegen sie zu einer biolo-gischen, physiologischen Reaktion zwingt: man kann es nicht mehr er-tragen, man erstickt und muss sich Luft schaffen. Und diese frische Luft ist nicht die eines ‚linken Faschismus' (contradictio in adjecto!), es ist

die Luft, die wir (wenigstens ich) auch einmal atmen möchten [...] Ich
diskutiere mit den Studenten, ich beschimpfe sie, wenn sie nach meiner Ansicht stupide sind und den Anderen in die Hände spielen, aber
ich würde wahrscheinlich nicht die schlechteren, scheußlicheren Waffen
gegen ihre schlechten zu Hilfe rufen. Und ich würde an mir (an uns)
verzweifeln, wenn ich (wir) auf der Seite einer Welt erscheinen würden,
die den Massenmord in Vietnam unterstützt oder zu ihm schweigt und
die alle Bereiche außer dem Bereich ihrer eigenen unterdrückenden
Macht zur Hölle verwandelt." (Marcuse an Adorno, 5.4.1969; HGS 18,
S. 718f.)

Vergeblich warben Adorno und Habermas in zwei separaten Antwort-
briefen bei Marcuse um Verständnis für den Entschluss der Institutsleitung, der „Partisanenstrategie" der immer gewalttätigeren Studenten-
führer nicht endlos nachzugeben. Vergeblich war auch Adornos Hin-
weis, die Polizei sei „mit den Studenten unvergleichlich viel glimpfli-
cher umgegangen [...] als diese etwa mit mir" (KRAUSHAAR 1998, Bd
II, S. 624-626). Marcuse hob in seiner Antwort noch einmal hervor,
was er an der jetzigen Politik der Institutsdirektoren falsch fand:

„Lieber Teddy [...] Dein Brief gibt nicht die leiseste Andeutung, die
die Gründe der Feindschaft der Studenten gegen das Institut erkennen
ließen. Du schreibst von den ‚Interessen des Instituts' und das mit der
emphatischen Mahnung: ‚unseres alten Instituts, Herbert'. Nein, Teddy.
Es ist nicht unser altes Institut, in das die Studenten eingedrungen sind
[...] Du weißt, dass wir einig sind in der Ablehnung jeder unvermit-
telten Politisierung der Theorie. Aber unsere (alte) Theorie hat einen
inneren politischen Gehalt, eine innere politische Dynamik, die heute mehr als zuvor zu einer konkreten politischen Position drängt. Das
heißt nicht: ‚praktische Ratschläge' geben, wie Du es mir in Deinem
Spiegel Interview zuschiebst. Ich habe das nie getan [...] Aber das heißt,
meiner Ansicht nach: um noch unser ‚altes Institut' zu sein, müssen wir
heute anders schreiben und handeln als in den dreißiger Jahren [...] Du
schreibst, [...] dass wir seinerzeit ja auch die Ermordung der Juden er-
tragen hätten, ohne zur Praxis überzugehen, ‚einfach deshalb, weil sie
uns versperrt war'. Ja, und genau heute ist sie uns nicht versperrt. Der
Unterschied in der Situation ist der zwischen Faschismus und bürgerlicher Demokratie. Diese gibt auch uns Freiheiten und Rechte. Aber in
dem Grade, in dem die bürgerliche Demokratie (auf Grund ihrer im-
manenten Antinomik) sich gegen die qualitative Veränderung absperrt,
und dies durch den parlamentarisch-demokratischen Prozess selbst,
wird die außer-parlamentarische Opposition zur einzigen Form der
‚contestation': ‚civil disobedience', direkte Aktion. Und auch die Formen dieser Aktion folgen nicht mehr dem traditionellen Schema. Vieles
an ihnen verurteile ich genau wie Du, aber ich finde mich damit ab

und verteidige sie den Gegnern gegenüber, weil eben die Verteidigung und Aufrechterhaltung des status quo und seine Kosten an Menschenleben viel fürchterlicher sind. Hier ist wohl die tiefste Divergenz zwischen uns. Von den ‚Chinesen am Rhein' zu sprechen, solange die Amerikaner am Rhein stehen, ist mir einfach unmöglich." (Marcuse an Adorno, 4.6.1969; HGS 18, S. 732f.)

Adorno und Marcuse beharrten im darauf folgenden Briefwechsel auf ihren unterschiedlichen Standpunkten (KRAUSHAAR 1998, Bd II, S. 651-555, 667f., 671). Es wäre aber falsch, daraus auf einen Bruch in ihrer Beziehung zu schließen. Jeder der Briefe schloss mit einem „Herzlichst, dein", „Herzlichst euch beiden" usw. Und Marcuse wusste wohl, dass selbst Horkheimer sich von ihm nach wie vor nur in der Beurteilung politischer Rahmenbedingungen und Handlungsmöglichkeiten, nicht aber in der bei ihnen beiden geradezu „physiologisch" verankerten „Empörung übers Unrecht" unterschied. Horkheimer fand noch im Frühling 1960 seine Lebensweise als „jüdischer Privatier mit deutschem Pass im Tessin", wie er sich in einem Gespräch mit Pollock äußerte, eigentlich „widerlich":

„Sollen wir schweigen, wenn jemand, der am Tod von 15.000 Kindern schuldig ist, noch in der [westdeutschen] Regierung sitzt? Wir müssten eine neue Zeitschrift herausbringen, die sagt, was heute gesagt werden muss und es nicht den östlichen Publikationen überlässt. Ist es zu verantworten, dass wir schweigen, während es unsere Aufgabe als Intellektuelle wäre, herauszu*brüllen,* was schlecht ist?" (HGS 14, S. 544; Hervorhebung im Text von E. W.-B.)

Auch Adorno war weit davon entfernt, seine Sympathien für die rebellierenden Studenten, so sehr ihn einzelne ihrer Aktionen auch erschreckten, zugunsten einer Identifikation mit den Herrschenden aufzugeben. Einem seiner Schüler sagte er 1969, aus einer soeben beendeten Fakultätssitzung kommend: Das einzig Erfreuliche am Ärger, den ihm solche Sitzungen regelmäßig bereiteten, sei, „dass ich dann immer daran erinnert werde, wie viel lieber ich mich über die Studenten aufrege" (ZUR LIPPE in KRAUSHAAR 1998, Bd III, S. 125). Regina Becker-Schmidt, eine wissenschaftliche Mitarbeiterin Adornos, die ihn sehr gut kannte, hat das kindlich Verspielte, Macht- und Verfügungsinteressen gegenüber Inkommensurable Adornos am Beispiel einer Episode veranschaulicht, die sich zur Zeit ereignete, da sein Lieblingsschüler Krahl ihn bereits heftig attackierte. Als die Studenten die Fassaden des Instituts mit Kampfparolen zu besprühen begannen, habe sich Adorno bei ihr eines Tages merkwürdig beharrlich über Details der Spraytechnik erkundigt. Auf die Frage, ob er sich etwa ebenfalls als Sprayer betätigen wolle, habe er geantwortet, „Ja, […] ich möchte so gerne an die Wände schreiben: ‚In diesem Krahl heulen die Wölfe!'" (BECKER-SCHMIDT in FRÜCHTL, CALLONI 1991, S. 210; vgl. dazu auch, schön einfühlsam, SCHMID NOERR in V. REIFEN, SCHMID NOERR 1987, S. 233ff.).

Am 26. Juli 1969 schrieb Adorno aus Zermatt, wo er mit Gretel, diesmal äußerst erholungsbedürftig, den ersten Teil seiner Sommerferien verbrachte, an Marcuse handschriftlich einen Brief, den dieser nicht entziffern konnte. Als Adornos Sekretärin den Brief am 6. August abtippte, um ihn wie gewünscht Marcuse zuzusenden, lag Adorno im Krankenhaus von Visp im Sterben. Er hatte tags zuvor in den Hochalpen einen Herzinfarkt erlitten.

Zehn Jahre später starb in Starnberg Marcuse, wie bereits erwähnt, wenige Tage nach seinem 81. Geburtstag. Rudi Dutschke notierte in seinem Tagebuch am 28. Juli 1979 zum unmittelbar bevorstehenden Tod seines „Freundes, Lehrers und Genossen" Herbert Marcuse, der seinerseits auch ihn als seinen besten Freund in Deutschland betrachtete: „Die Tiefe und Dauer seines Einflusses ist allein mit dem von Bloch zu vergleichen, überragen Adorno / Horkheimer meilenweit […]'" (DUTSCHKE 2003, S. 351f.).

Dies war natürlich eine Rangierung, die ausgesprochen eindimensional nur das Kriterium öffentlichen Engagements für die sozialistische Revolution berücksichtigte. Habermas hat sich über die drei Vertreter der ersten Generation Kritischer Theorie weitaus zutreffender wie folgt geäußert:

> „Adorno *war* ein Genie, ich sage das ohne alle Zweischneidigkeit. Bei Horkheimer oder bei Marcuse, zu dem ich übrigens ein unkompliziertes und […] intimeres Verhältnis hatte, wäre doch niemand auf einen solchen Gedanken verfallen. Adorno hatte eine Präsenz des Bewusstseins, eine Spontaneität des Gedankens, eine Kraft der Formulierung, die ich nie zuvor oder seitdem gesehen habe. Den Adornoschen Gedanken konnte man ihren Entstehungsprozess nicht ansehen; sie traten gleichsam fertig aus ihm heraus – das war das Virtuose an ihm. Er hatte auch nicht die Freiheit, unter sein Niveau zu gehen; er konnte die Anspannung des Gedankens nicht für einen Moment aussetzen. Solange man mit Adorno zusammen war, war man in der Bewegung des Gedankens. Adorno war nicht trivial, es war ihm auf eine geradezu schmerzhafte Weise versagt, trivial zu sein." (Habermas in FRÜCHTL, CALLONI 1991, S. 51)

(d) Coda: Habermas diskutiert mit Marcuse im Juli 1977 über Vernunft, Demokratie und die Chancen einer sozialistischen Revolution

Marcuse, Horkheimer und Adorno starben nur gerade zehn bis zwanzig Jahre vor dem Zeitenwendejahr 1989, in dem weitestgehend unerwartet die meisten kommunistischen Regime kollabierten und durch kapitalistisch-marktwirtschaftliche, liberal-demokratisch oder autoritär regierte Systeme ersetzt wurden. Horkheimer und Adorno hätten diese dramatischen Transformationsprozesse, die überwiegend unblutig verliefen, wohl eher begrüßt. Schwieriger einzuschätzen ist, welche Lehren Marcuse aus ihnen gezogen hätte. Zwei Jahre vor seinem Tod diskutierten mit ihm in Starnberg Habermas und zwei andere Linksintellektuelle über „Theorie und Politik". Das 1978 erschienene, Marcuse zum achtzigsten Geburtstag gewidmete Protokoll dieses Gesprächs verdeutlicht nicht nur die erheblichen Unterschiede zwischen Marcuses und Habermas' politischer Philosophie. Das Gespräch lässt auch erkennen, wie Marcuse selbst noch den Umbruch von 1989 so hätte deuten können, dass ihm eine grundlegende Revision seiner Revolutionsphilosophie erspart geblieben wäre.

Nach einem einleitenden Gedankenaustausch über Marcuses Kooperation mit Horkheimer und die Bedeutung des Heidegger-Marxismus sowie der Freudschen Metapsychologie für Marcuse warf Habermas die Frage auf, ob Vernunft tatsächlich, wie es Marcuses Freud-Buch „Triebstruktur und Gesellschaft" suggeriere, „naturalistisch" begründet werden könne. Habermas fand das Argument, dass das Vernunftvermögen von Menschen „in den Trieben, nämlich in dem Drang erotischer Energie, die Destruktion aufzuhalten", wurzle, nicht überzeugend (MARCUSE 1978, S. 29, 32). Ihm schien Vernunft etwas zu sein, „das nicht in den Trieben sitzt, sondern etwas, um es plakativ zu sagen, das in der Sprache sitzt [...] [nämlich] in den Bedingungen einer zwanglosen Willensbildung":

> „[...] das Vernünftige [...] steckt [...] in der Organisation einer zwanglosen, allgemeinen Willensbildung, d.h. im Telos einer gewaltfreien Intersubjektivität der Verständigung [...]" „Also, das Prinzip der, sagen wir, gewaltlosen Intersubjektivität der Verständigung, das Prinzip der Sprache, der sozusagen die Intention auf eine solche zwanglose Verständigung innewohnt, wäre wohl das Prinzip, auf das man hier rekurrieren müsste [... Wenn] das Prinzip einer vernünftigen Einigung [...] politisch verkörpert wird, [ist es] einfach das Prinzip der Demokratie [...]" (MARCUSE 1978, S. 32, 37, 29f.)

Habermas spielte damit auf eine, wenn nicht *die* Grundidee seiner Sozialphilosophie an. Ansatzweise zeichnete sie sich bereits im demokra-
tietheoretischen Einleitungskapitel zur empirischen Studie „Student
und Politik" sowie in seiner Habilitationsschrift „Strukturwandel der
Öffentlichkeit" ab. Habermas hob hier die zentrale Bedeutung hervor,
die dem zwanglosen Ermitteln gemeinsamer Handlungsnormen durch
ein mündig gesprochenes, öffentlich räsonnierendes Publikum in modernen Gesellschaften zukomme (HABERMAS 1961, v.a. S. 43 und
1962, S. 38, 49, 96f.; Horkheimer hat das für Habermas so wichtige
Diskursprinzip übrigens insofern antizipiert, als er seine These, dass
„das Ziel einer vernünftigen Gesellschaft […] in jedem Menschen
wirklich angelegt [ist]", gelegentlich auch sprachphilosophisch begründete: „Die Rede an einen richten, heißt im Grunde, ihn als mögliches
Mitglied des zukünftigen Vereins freier Menschen anerkennen. Rede
setzt eine gemeinsame Beziehung zur Wahrheit, daher die innerste Be-
jahung der fremden Existenz, die angeredet wird, ja eigentlich aller
Existenzen ihren Möglichkeiten nach […]"; HORKHEIMER 1937c,
S. 224; Horkheimer an Adorno, 14.9.1941; HGS 17, S. 172).
    Habermas entfaltete diesen Gedanken im Anschluss vorab an angel-
sächsische Ansätze pragmatischer und analytischer Philosophie in verschiedenen Varianten überaus differenziert (vgl. u.a. HABERMAS 1981,
1992). Er versuchte dabei nicht etwa, wie ihm verschiedentlich unterstellt wurde, das regulative Grundprinzip einer normativen Sozialphilosophie zu formulieren, sondern „nur" die von der Alltagssprache –
deren Syntax, Semantik und Pragmatik – ermöglichten Kompetenzen
des Common Sense zu *rekonstruieren:*

> „Es ist ganz simpel: immer wenn wir meinen, was wir sagen, erheben wir
> für das Gesagte den Anspruch, dass es wahr oder richtig oder wahrhaftig
> ist; damit bricht ein Stück Idealität in unseren Alltag ein." (HABERMAS
> 1991, S. 134)

Dieses im Alltag der Menschen real existierende „Stück Idealität" erlaubte es Habermas, den von ihm frühzeitig registrierten Mangel einer
marxistischen Theorie der Demokratie zu kompensieren. Habermas
hatte den Eindruck, wie er im Gespräch mit Marcuse sagte, „dass sich
eine bereits bei Marx angelegte Unterschätzung der freiheitsverbürgen-
den Funktionen des bürgerlichen oder des formalen Rechtes auch in
der älteren Frankfurter Theorie fortgesetzt hat" (MARCUSE 1978, S. 53;
s. auch WIGGERSHAUS 2004, S. 52, 59, 118). Habermas' Postulat einer
„internen Beziehung" zwischen dem diskurstheoretisch bestimmten
Vernunft- und dem Demokratieprinzip sollte dieses Defizit beheben.

Marcuse räumte in seiner Antwort auf Habermas' Kritik zwar ein, dass die bürgerliche Demokratie, „wenn sie nach dem Faschismus überhaupt möglich ist", vergleichsweise „erstrebenswert" sei. Indessen werde sie „von der Bourgeoisie, vom Großkapital selbst dauernd abgebaut und verstümmelt". Allein eine sozialistische Umwälzung könne die Gefahr des Rückfalls in den Faschismus ein für allemal ausschließen (die Entwicklungsdrift a1 → a2 in Begriffen der oben unter Punkt b resümierten Unterscheidungen Marcuses). Marcuse stellte sich diese Revolution vor als „eine Zuspitzung des Protestes, örtlich und regional organisiert, das Ausbrechen einzelner Betriebe aus dem System, Radikalisierung der Selbstverwaltung – eine diffuse Desintegration, die sozusagen ansteckend wirkt". Dabei schien Marcuse die folgende Frage „der wirkliche Beweispunkt der Marxschen Theorie" zu sein:

> „Wie lange dauert die Stabilisierung des Spätkapitalismus? Werden sich die inneren Gegensätze, welcher Art sie auch sein mögen – ich glaube nicht, dass es nur die sind, die Marx formuliert hat –, wirklich verschärfen oder wird es dem Kapitalismus gelingen, für absehbare Zeit sich zu befestigen auf der Basis eines verstärkten ökonomischen und politischen Imperialismus, vielleicht sogar mit China und UdSSR als Markt? Wenn das eintreten sollte, dann können die Herrschenden für einige hundert Jahre ruhig schlafen. Dann wird es keine Revolution geben." (MARCUSE 1978, S. 54, 61).

Rund ein Jahrzehnt nach diesen Überlegungen Marcuses begannen „diffuse" Prozesse gesellschaftlicher Desintegration tatsächlich geradezu unheimlich ansteckend zu wirken – freilich nicht, wie von Marcuse erhofft, indem sie das spätkapitalistische Ausbeutungs- und Herrschaftssystem (a1, a2), sondern indem sie den sowjetischen Sozialismus und die von ihm beherrschten Satellitenstaaten zusammenbrechen ließen (c2 → a1, a2). Gleichzeitig öffnete sich das nachmaoistische China unter der Führung seiner kommunistischen Partei dem „verstärkten ökonomischen und politischen Imperialismus" des global expandierenden Kapitalismus. Das kommunistische China repräsentiert inzwischen, je nach Gewichtung der Regimekomponenten „kapitalistische Marktwirtschaft" und „kommunistische Parteiherrschaft", einen von Marcuses Unterscheidungen des Jahres 1947 noch nicht vorgesehenen Gesellschaftstyp a3 oder c3.

Marcuse hätte sich demnach selbst durch die Zeitenwende von 1989 in seinen politischen Überzeugungen mindestens teilweise *bestätigt* sehen können. Er rechnete 1977 „für absehbare Zeit", vielleicht sogar „für einige hundert Jahre" *auch* mit dem Erlöschen der revolutionären Glut in der Asche pseudosozialistischer und kapitalistischer Regime.

Habermas formulierte seine Kritik an der „bürgerlichen Demokratie" öfters mit Argumenten, die denjenigen Marcuses ziemlich nahe kamen: *Entweder* der westdeutsche Staat verwirkliche die Idee seiner liberal-demokratischen Verfassung, indem er den Kapitalismus sozialstaatlich bis zur Unkenntlichkeit zähme, *oder* er müsse unter dem anhaltenden Druck der kapitalistischen Ausbeutungslogik einem autoritären Regime Platz machen (d.h. in Begriffen der 33 Thesen Marcuses: *entweder* a1 ➔ b2, ev. c1, *oder* a1 ➔ a2; so etwa, im Anschluss an J. Strachey, HABERMAS 1961, S. 43). Habermas war wie viele andere deutsche Linksintellektuelle seiner Generation von Konrad Adenauers Innen- und Außenpolitik, zumal von dessen „Restauration des Kapitalismus", schwer enttäuscht. Er formulierte seine politisch zugespitzten *entweder – oder* – Urteile indessen nicht wie Marcuse im Geiste einer demokratieskeptischen Revolutionsphilosophie, sondern als ein Plädoyer für *radikale Demokratie*. Dieser Begriff bezeichnete für Habermas die soziale Matrix einer Denkform, die sich *einerseits* „die notwendige Radikalität des unbeirrten Untersuchens wie des vernünftigen Wollens" nicht durch *phantasielosen Reformismus verderben* lassen wollte – durch ein Denken mithin, das, „sich seiner als Selbstzweck gewiss", schon heute „das Versprechen für die Erhaltung des Status quo von morgen" abgebe, ohne ihn doch zu kennen (HABERMAS 1969, S. 50). Radikal demokratische Politik sollte *andererseits* einer „Logik von Versuch und Irrtum" folgen, die dazu verpflichtet, *alle,* gerade auch *radikale* „Aktionen der Aufklärung" konsequent hinsichtlich der „Grenze der Realisierbarkeit" ihres „utopischen Gehalts" zu beurteilen (HABERMAS 1969, S. 44).

Anders als Marcuse von Prinzipien *„radikaler"* oder, in Franz Neumanns Terminologie, *„militanter Demokratie"* geleitet, warnte Habermas die Studenten wiederholt vor der Gefahr pseudorevolutionärer, ja „linksfaschistischer" Taten (vgl. als Entgegnung dazu v.a. NEGT 1968, sowie oben, Marcuses Brief an Adorno vom 5.4.1969). Den Studenten, die den Grundsatz „Der städtische Guerillero ist der Organisator schlechthinniger Irregularität als Destruktion des Systems der repressiven Institutionen" allzu wörtlich nahmen (s. oben, Punkt c), sei nicht mehr bewusst, dass die Organe des westdeutschen Staates, „in der Nachkriegsperiode deutlicher denn je in der deutschen Geschichte, auch freiheitssichernde Funktionen" ausübten. Sich direkt an die scheinrevolutionär agierenden Studenten wendend, sagte Habermas 1969:

„Man kann nicht ernsthaft die autoritären Gefahren des bestehenden politischen Systems erkennen und bekämpfen, wenn das Klischee des faschistischen Staatsapparates nicht einmal mehr erlaubt, Unfreiheit von Freiheit zu unterscheiden und die Freiheiten zu erkennen, von denen der eigene Protest seit Jahren, und mit Aussicht auf Erfolg, lebt." (HABERMAS 1969, S. 38)

In den 1980er Jahren anerkannte Habermas rückblickend sogar „Adenauers große Leistung" – „die energische Einbindung der Bundesrepublik in die westliche Allianz und das westliche Gesellschaftssystem". Er habe die historische Bedeutung dieser Politik zuerst verkannt – oder vielmehr verkennen müssen:

„Alle meine Haare sträubten sich damals [in den 1950er Jahren] gegen Adenauer [...] Er war nicht nur ohne jeden Kontakt zu den Erfahrungen und Erwartungen der jüngeren Generationen, sondern vollständig unempfindlich gegenüber den mentalen Schäden einer unter seinen Fittichen gedeihenden Restauration der Gesinnungen [...] Dennoch erscheint mir unsere radikale Opposition gegen jenen Geist der Adenauer-Zeit auch heute noch gerechtfertigt. Ohne die Opposition der linksliberalen und manchmal sogar linken Intelligenz, die sich damals formierte und die erst seit dem Anfang der 60er Jahre, also in der Inkubationszeit der Studentenbewegung, eine gewisse Ansteckungskraft entfaltete – ohne diese Arbeitsteilung zwischen den Regierenden und ihren ,Pinschern' hätte sich ein zivilisierter Bürgersinn in der Bundesrepublik, überhaupt eine zivile Mentalität wohl kaum ausgeprägt." (HABERMAS 1991, S. 64f.)

Habermas' lebenslanges Engagement für die Theorie und Praxis radikaler Demokratie trug in der Tat Vieles dazu bei, dass sich in Deutschland ein „zivilisierter Bürgersinn" etablieren konnte. Der sozialdemokratische Reformist Franz Neumann hat im oben (Abschnitt 13) zitierten Vortrag über seine wissenschaftlichen Erfahrungen in den USA die „Verachtung für die angloamerikanische Philosophie" erwähnt, die ihm während des Studiums in Deutschland verschiedentlich begegnete. Er höre jetzt noch die „spöttischen Bemerkungen meines Philosophie-Professors" etwa über John Locke oder John Dewey – ein Spott, dessen Borniertheit ihm erst in den USA bewusst wurde (NEUMANN 1953, S. 416).

Wie weit diese Zeiten eines verweigerten Dialogs zwischen Apologeten deutscher Hochkultur und pragmatischen Theoretikern demokratischen Bürgersinns in den USA, in Großbritannien und in einigen anderen Ländern Europas mittlerweile zurückliegen, zeigt Hilary Putnam's Glückwunschbrief zu Habermas' siebzigstem Geburtstag, den die

„Neue Zürcher Zeitung" in ihrer Ausgabe vom 12./13. Juni 1999 publizierte. Sein Titel *„Ein deutscher Dewey"* ehrte primär das Lebenswerk des bedeutendsten Vertreters der zweiten Generation Kritischer Theorie; indirekt aber durchaus auch Westdeutschland nach 1945 – das Land, in dem Habermas' linksintellektuelle Ideen die ihnen gebührende Wertschätzung gefunden haben.

15. Fazit: Kritische Theorie – einer der vielen „erloschenen Vulkane des Marxismus"?

Der Soziologe und Philosoph Niklas Luhmann hielt spätestens nach dem systemtheoretischen Paradigmawechsel, den er Anfang der 1980er Jahre vollzog, alle „alteuropäischen", dem Common Sense zu nahe stehenden Schlüsselbegriffe und Theorien der Sozialwissenschaften für theoretisch überholt (LUHMANN 1984). Im Sinne einer „Aufklärung der Aufklärung" versuchte er ähnlich wie Nietzsche, fundamentale Unterscheidungen herkömmlichen Vernunftdenkens zu überwinden, indem er sie entweder umging oder anders bestimmte (STEGMAIER 2004). Luhmann verglich in der ersten Monographie, in der er seinen Paradigmawechsel begründete, die für ihn maßgebende Theorie autopoietisch geschlossener Systeme den Blindfluginstrumenten eines über einer Wolkendecke fliegenden Flugzeuges, dessen Piloten sich allein auf ihre Instrumente verlassen können. Nur wenn die Wolken aufrissen, erlaubten solche Höhenflüge der Theorie „Durchblicke nach unten" auf die irreführend vertraut wirkenden Geländeausschnitte traditioneller Philosophie und Sozialwissenschaft. Gelegentlich werde dann auch der Blick frei „auf ein größeres Stück Landschaft mit den erloschenen Vulkanen des Marxismus" (LUHMANN 1984, S. 13).

Die hier resümierten Versionen Kritischer Theorie bestreiten nur einen kleinen Teil der sozialistisch geprägten Ideenlandschaft der letzten zwei Jahrhunderte. Ihre Autoren repräsentieren zusammen mit französischen Marxisten, mit Georg Lukács, Antonio Gramsci, Karl Korsch und Ernst Bloch den sog. „westlichen Marxismus" des 20. Jahrhunderts (vgl. dazu z.B. KOLAKOWSKI 1979, Kapitel 6 bis 12, JAY 1984, MCCLELLAN 2003; zur Kritischen Theorie allein außer WIGGERSHAUS 1986 v.a. MÜNKLER 1990, DUBIEL 2003, LADWIG 2006, HONNETH 2006 sowie (mit gut 1.100 Literaturhinweisen besonders detailliert) WASCHKUHN 2000). Inwieweit betrifft Luhmanns ironische Rede von den „erloschenen Vulkanen des Marxismus" auch die Kritische Theorie?

Sozialwissenschaftler produzieren im Wesentlichen (von der typisch geisteswissenschaftlichen Aufgabe des Überlieferns facheigener Klassikertexte abgesehen) drei Dinge: überprüfungsfähige *Theorien,* bis zum Eindeutigen oder bis zum fast Eindeutigen konvergierende *empirische Befunde* sowie theoretische *Reflexionen* zu und *Interpretationen* mehrdeutiger Verhaltensweisen, Texte oder sonstiger Artefakte von Menschen. Wenn man sich nun (a) die Theorien und die empirischen Befunde sowie (b) die Reflexionen und Interpretationen vor Augen führt, die der Horkheimer-Kreis in den Jahren 1930 bis ungefähr 1970 generierte – welche Bedeutung kann man ihnen *aktuell,* d.h. mit einem Seitenblick auf die bedeutendsten der von ihnen angeregten Nachfolgestudien, zuschreiben? Welche ihrer inhaltlichen und methodischen Erkenntnisse wirken nach wie vor lebendig, welche sind allenfalls noch unter historischen Gesichtspunkten interessant?

(a) Horkheimer pflegte die Beweiskraft der materialistisch zu „beseelenden" Sozialforschungen, die er in den 1930er Jahren in Gang setzte, mindestens institutsintern, zuweilen auch nach außen recht kritisch zu beurteilen. Die Ergebnisse der ersten Enquêten zum Themenkreis „Autorität und Familie" beispielsweise waren ihm zufolge „nicht als Mittel beweiskräftiger Statistik gedacht", aus der „verallgemeinernde Schlüsse gezogen" werden konnten. Die Umfragen sollten die Institutstheoretiker schlicht „mit den Tatsachen des täglichen Lebens in Verbindung halten" und sie so „vor weltfremden Hypothesen bewahren" (s. Abschnitt 11, Punkt a).

Die empirischen Studien im Forschungsbericht „Autorität und Familie" entsprachen dem aktuellen Stand der Sozialforschungsmethodik weit weniger gut als die Untersuchung über die „Authoritarian Personality". Obwohl dieses Projekt öffentlich rasch große Anerkennung fand, beurteilte es Horkheimer intern zuweilen ebenfalls kritisch. Der sich in ihm manifestierende Stil professioneller Sozialforschung offenbarte seiner Ansicht nach auch „die Schlechtigkeit des Geistes der zu Ende gehenden Phase" (s. Abschnitt 11, Punkt b).

Horkheimer interessierten offenbar Grundprobleme einer in seinem Sinne materialistischen *Sozialphilosophie* mehr als Methoden und Ergebnisse philosophisch wie auch immer reflektierter Sozialforschung. Adorno, der bis Mitte der 1950er Jahre weitaus am meisten zur empirischen Institutsforschung beitrug, bestätigte Horkheimers skeptische Beurteilung ihrer geistigen Tragweite. Er erarbeitete zusammen mit diesem in den frühen 1940er Jahren eine erste Version des großen Theorieprojekts, um dessetwillen Horkheimer die Mühen – und Privilegien – der Institutsleitung auf sich genommen hatte (die „Dialektik der

Aufklärung", s. Abschnitt 10). Obzwar bis heute kontrovers beurteilt, dürften sich die meisten Interpreten darin einig sein, dass dieses erste Hauptwerk der Kritischen Theorie *weder* die empirischen Forschungen des Instituts angemessen synthetisierte (d.h. im Marx'schen Sinn eine durchdialektisierte „Darstellung" dieser Forschungen produzierte, Dubiel 1978), *noch* einen nachhaltigen Beitrag zur Weiterentwicklung der marxistischen oder einer anderen Form kritischer Gesellschafts*theorie* leistete.

Es wäre m.E. allerdings nicht richtig, die von Horkheimer und Adorno in der „Dialektik der Aufklärung" bezogene Position als den Wendpunkt zu interpretieren, der das Scheitern des ursprünglichen „Integrationsmodells von Philosophie und Sozialforschung" der Kritischen Theorie besiegelte und deren „Rephilosophisierung" einleitete (so Cerutti in Honneth, Wellmer 1986, S. 257). Denn dieses Integrationsmodell existierte stets nur in Gestalt einer praktisch gar nicht umsetzungsfähigen *Zielvision* der Horkheimerschen Institutsentwicklungstragie von 1931 (s. die Abschnitte 2 und 6). Das Institut praktizierte immer nur so etwas wie einen losen, institutspolitisch gewiss klugen *Kooperationsverbund* zwischen Theoriearbeit und gesellschaftskritischer Sozialforschung. Diese Kooperationen hörten auch nach Abschluss der Arbeit an der „Dialektik der Aufklärung" (1944) keineswegs auf – im Gegenteil. Die international Aufsehen erregenden Ergebnisse des Projekts über die „Authoritarian Personality" wurden ja erst 1950, diejenigen des in Westdeutschland stark beachteten „Gruppenexperiments" erst 1955 publiziert (s. Abschnitt 11, die Punkte b und c).

Adornos methodenkritische Reflexionen, mit denen er seine Erfahrungen als empirischer Sozialforscher resümierte, passen bestens auch auf die Beziehung, die zwischen den *Theorien* bzw. den *theoretischen Reflexionen* führender Institutsangehöriger und den von ihnen zwischen 1930 und 1970 erarbeiteten *empirischen Befunden* besteht:

> „Theoretische Gedanken über die Gesellschaft insgesamt sind nicht bruchlos durch empirische Befunde einzulösen: sie wollen diesen entwischen wie spirits der parapsychologischen Versuchsanordnung." (AGS 8, S. 197; vgl. dazu Abschnitt 12, Punkt e)

Die institutsintern favorisierten Projekte *qualitativer* Sozialforschung beabsichtigten zwar, der „Restitution von Erfahrung gegen ihre empiristische Zurichtung", die Adorno forderte, wenigstens annähernd gerecht zu werden (AGS 10.2, S. 738). Ralf Dahrendorf konnte aber gute Gründe für seine harsche Beurteilung des nach dem Zweiten Weltkrieg

ambitioniertesten Versuchs dieser Art, des sog. „Gruppenexperiments"
des Instituts, geltend machen (er war im Sommer 1954 als Assistent
Horkheimers nicht zuletzt darum eingestellt worden, um die ins Sto-
cken geratene Auswertung der Gruppendiskussionsprotokolle voran-
zubringen; aus verschiedenen Gründen kündigte Dahrendorf die Stelle
bereits nach wenigen Wochen):

> „Das Gruppenexperiment [...] war am Ende weder methodisch noch
> inhaltlich sonderlich ergiebig. Das sagenumwobene Frankfurter Institut
> betrieb ganz normale Umfrageforschung. Wo Neues versucht wurde, er-
> wies es sich als untauglich; was tauglich war, brachte nicht viel Neues."
> (DAHRENDORF 2002, S. 170f.)

Die bisher bekannten Forschungstechniken quantifizierender und qualitativer Sozialforschung eignen sich tatsächlich, wenn überhaupt, nur
sehr bedingt dazu, die lebendigen Erfahrungen von Menschen so wie
von Adorno gefordert einigermaßen „unrestringiert" wiederzugeben (s.
zu diesem methodischen Grundproblem sozialwissenschaftlicher Empirie die „Kontrapunkte" I-IV in WALTER-BUSCH 2008). Das empirische
Begründungsdefizit Kritischer Theorie ist zwar nicht unbedingt größer
als dasjenige anderer sozialwissenschaftlicher Großtheorien („grand the-
ories"). Es fällt aber auf dem Hintergrund des anspruchsvollen Erfah-
rungsbegriffs Kritischer Theorie, der die nichtratioïden Aspekte der
Menschenwelt besonders herausstellt (das „Nichtidentische" in ihr gemäß Adorno), umso mehr auf (vgl. Abschnitt 12, Punkt b).

Diese empirischen Begründungsdefizite hätten sich wohl auch auf
dem Weg, den Axel Honneth erstmals in einer Publikation des Jahres
1987 erwogen hat, nicht entscheidend reduzieren lassen. Honneth zog
hier aus der Tatsache, dass Horkheimer, Adorno und Marcuse ihre
Konzepte einer „zugleich philosophisch orientierten und empirisch
fundierten Gesellschaftstheorie" nicht zu realisieren vermochten, den
Schluss, dass sich eher als bei dieser Kerngruppe des Instituts in den
„materialen Untersuchungen" der peripheren Mitglieder desselben –
namentlich bei Benjamin, Neumann, Kirchheimer und Fromm – „die
gesellschaftstheoretischen Mittel finden" ließen, mit denen Horkheimers ursprüngliches Programm materialistischer Sozialforschung hätte
„erfolgversprechend   [...] umgesetzt werden können" (HONNETH
1999, S. 26). Während dieser häufig zitierte Vorschlag nachträglich
schwer umzusetzen ist, versuchte W. Detel das empirische Begründungsdefizit der Kritischen Theorie auf direktem Weg zu beheben, indem er sie als eine ideologiekritische, reflexive *und* „testbare Theorie"
reformulierte (Detel in WINTER, ZIMA 2007, S. 177ff.). Dem Raster

von 12 Behauptungen, die Detel zufolge den wesentlichen Gehalt dieser Theorie ausmachen sollen, sind indessen deren „theoretische Gedanken über die Gesellschaft insgesamt" mindestens ebenso vollständig entwischt wie stets schon die „spirits" einer parapsychologischen Versuchsanordnung.

Wesentlich umsichtiger und theoretisch hoch reflektiert verfährt demgegenüber die „objektive Hermeneutik" Ulrich Oevermanns. Er erhebt mit ihr den Anspruch, Adornos Sozialforschungspraxis zu einer objektiv-hermeneutisch „sicher begründeten rekonstruktionslogischen Verfahrensweise" weiterentwickelt zu haben (OEVERMANN 2004, S. 191; vgl. auch z.B. OEVERMANN 1983 und 1993). „Objektiv" nennt Oevermann seine Hermeneutik darum, weil er den „subjektiv gemeinten Sinn" menschlicher Handlungen „als Derivat des schon immer objektiv gegebenen Sinns einer immer schon durch Regeln der Bedeutungsgenerierung koordinierten Sequenz von Einzelhandlungen" auffasst – wobei er in loser Anlehnung an Noam Chomsky's generative Grammatik solche „objektiv geltenden Regeln" sogar als von präzise bestimmbaren „Algorithmen" generiert betrachtet (OEVERMANN 1993, S.115f.).

Inwieweit es Oevermann gelungen ist, den geradezu Schwindel erregend kühnen Anspruch seiner Sozialforschungsmethodik einzulösen, lässt sich am besten anhand konkreter Ergebnisse objektiv-hermeneutischer Analysen beurteilen. Besonders aufschlussreich ist diesbezüglich, wie Oevermann Schlüsselszenen literarischer Kunstwerke, etwa von Arthur Schnitzlers Drama „Professor Bernhardi" oder von Samuel Becketts „Endspiel", untersucht hat. Er glaubt mit der objektiv-hermeneutischen Sequenzanalyse solcher Szenen Adornos Projekt einer exakten und unmetaphorischen Vermessung des gesellschaftlichen Kräftefeldes *in* Kunstwerken erstmals methodisch sauber und Schritt für Schritt nachvollziehbar umgesetzt zu habcn (OEVERMANN 1996, 1997, 2004).

Selbst wenn man alle Oevermann weiter nicht interessierenden Motive in Schnitzlers und in Becketts Drama ausblendet, und sich allein auf die ihm zentral erscheinenden konzentriert: Die von ihm objektiv-hermeneutisch erklärten Textsequenzen könnten auch noch wesentlich anders als vorgeschlagen ausgelegt werden. Belletristische Texte pflegen *grundsätzlich* zwar nicht *beliebig* viele, jedoch innerhalb einer gewissen Bandbreite voneinander verschiedene *und* je annähernd gleich vernünftig begründbare Interpretationen zuzulassen (vgl. zur unbewältigten Problematik des Nicht-Ratioïden in Oevermanns Ansatz WALTER-BUSCH 2005).

Ulrich Oevermanns ehrgeiziges Forschungsprogramm befolgt so wie einige Anhänger der Frankfurter Schule der zweiten und die meisten der dritten Generation einen Vorschlag, den Jürgen Habermas auf dem Symposium „Folgen der Frankfurter Schule" des Jahres 1984 begründet hat. Anstatt retrospektiv die Einheit eines Schulzusammenhangs zu beschwören, der „mit Ausnahme weniger Jahre in New York" gar nie bestanden habe, mache es mehr Sinn, sich „den Problemen selbst zuzuwenden, um auszuprobieren, wie weit man mit der rücksichtslos revisionistischen Ausschöpfung des Anregungspotentials" der Kritischen Theorie und der von dieser inspirierten Sozialforschung kommen könne (HABERMAS in HONNETH, WELLMER 1986, S. 8, 11). Just sein methodologischer Revisionismus schien es Oevermann allerdings zu ermöglichen, Kernideen insbesondere Adornos inhaltlich *nicht* revidieren zu müssen. Dies unterscheidet ihn von allen anderen Sozialwissenschaftlern und Philosophen, die bisher dem Habermas'schen Vorschlag folgend vom Anregungspotential der Kritischen Theorie einen mehr oder weniger revisionistischen Gebrauch gemacht haben (vgl. als gute Übersicht hierzu das Kapitel 7 über Jürgen Habermas sowie die Kapitel 8 und 9 von WASCHKUHN 2000 über H. Brunkhorst, H. Dubiel, A. Honneth, O. Negt, C. Offe, A. Schmidt und A. Wellmer).

Es ist hier nicht möglich, die Aktualität der Kritischen Theorie detailliert danach zu beurteilen, inwieweit ihr die wichtigsten Werke dieser und anderer, vorab angelsächsischer Autoren ein Nachleben bescherten, das nicht einfach demjenigen eines „erloschenen Vulkans des Marxismus" gleicht. Ich muss mich damit begnügen, abschließend an die starke Kontextabhängigkeit der theoretischen Texte und empirischen Befunde des Horkheimer-Kreises zu erinnern, und daran zwei Kommentare anzuschließen, die zugleich meinen Standpunkt als Buchautor erläutern.

Axel Honneth vertrat an der zweiten Frankfurter Adorno-Konferenz des Jahres 2003 die These, dass Adornos gesellschaftstheoretische Ideen – und mit ihnen wohl auch diejenigen der anderen Mitglieder des Horkheimer-Kreises – gar nicht als sozialwissenschaftliche *Theorien* zu verstehen seien. Man solle sie „nicht mehr als ein explanatorisches Unternehmen, sondern als ein hermeneutisches Projekt", konkret als eine *Hermeneutik kapitalistisch erschwerter* oder *verfehlter Lebensformen* auslegen (HONNETH 2007, S. 70f.).

Im vorliegenden Buch habe ich ungefähr in dem von Honneth gemeinten Sinn eine Auswahl wegleitender *Reflexionen* und *Interpretationen* präsentiert und kommentiert, mit denen der Horkheimer-Kreis seine Zeitkritik begründete. Um das Verständnis der referierten *Texte* zu erleichtern, wurde öfters an den geschichtlichen *Kontext* der vier entscheidenden Jahrzehnte der Institutsgeschichte von 1930 bis 1970 erinnert. Es waren zunächst und vor allem zwei von Katastrophen – von verhängnisvollen Nachwirkungen des Ersten Weltkriegs und der Revolutionszeit 1917-1923, von der Weltwirtschaftskrise, dem Zweiten Weltkrieg, totalitärem Massenwahn und Massenmord – erschütterte Jahrzehnte. Die bedeutendsten Arbeiten des Horkheimer-Kreises reagierten ähnlich wie die von Adorno beschriebene „geschichtsphilosophische Sonnenuhr" (AGS 11, S. 60) auf die Katastrophen der Zeit und auf die Shoa – diese unerträglich lang anhaltende Sonnenfinsternis der Epoche. Die Monographien und Aufsätze der Frankfurter Schule sind Zeitdokumente, die nicht nur – generationengeschichtlich gut erklärbar – für Teile der ersten Nachkriegsgeneration der Täternationen von brennender Aktualität waren (s. SCHNEIDER et al. 2000). Auch künftige Generationen aller Nationalität werden die von „Kritischer Theorie" inspirierten Werke des Horkheimer-Kreises wohl immer wieder neu als teils „nur" historisch, teils aktuell bedeutsame Zeitdokumente entdecken.

Zwei Vorbehalte tauchen in den hier präsentierten Überlegungen zu ausgewählten Texten des Horkheimer-Kreises wiederholt auf. Der eine betrifft das von der Sekundärliteratur öfters kritisierte sog. *demokratietheoretische Defizit* der Kritischen Theorie. Gemeint ist damit die von Marcuse nach dem Zweiten Weltkrieg kaum, von Adorno und Horkheimer nach ihrer Rückkehr nach Deutschland eher unsystematisch korrigierte Unterschätzung der Bedeutung rechtsstaatlich-demokratischer Strukturen und einer republikanischen Gesinnung. Wie vielen deutschen Marxisten ihrer Generation, war den meisten Mitgliedern des Horkheimer-Kreises die Demokratie, die sie zunächst nur in ihrer Weimarer Ausprägung kennen lernten, „kaum der Rede wert" (SCHÜRGERS 1989, S. 135). Neumann blieb bis zu seinem Tod 1954 zu wenig Zeit, um diese fragwürdige Orientierung in den 1950er Jahren auch im Interesse derjenigen Linksintellektuellen, die ihn im Gefolge der Studentenbewegung neu entdeckten, nachhaltig genug korrigieren zu können (Abschnitt 13, Punkt b). Erst Habermas hat sein Engagement für „radikale Demokratie" in Diskussionen mit den rebellierenden Studenten und mit Marcuse ausdrücklich vor dem Missverständnis bewahrt, es sei zugleich ein Engagement *gegen* die unter kapitalistischen Bedingungen notwendig „*bloß*" *formale* Demokratie (Abschnitt 14, Punkt d).

Der zweite Vorbehalt weist auf die engen Grenzen der *Theoretisierbarkeit* zeit- und gesellschaftskritischer Argumente hin, die von einer wie auch immer authentischen „Empörung übers Unrecht" motiviert sind. Solche Fragen etwa nach der Verbreitung von Glück und Unglück in einer Gesellschaft, nach Motiven der Entfremdung, der Frustration oder Verdrängung tieferliegender Bedürfnisse usw. können gewiss jederzeit in eine akademisch elaborierte Sprache übersetzt und dann gemäß deren Regeln diskutiert werden. Aber kann man so Personen – Laien, Praktiker oder Gelehrte –, die mit vergleichbar guten Gründen politisch oder sonst wie weltanschaulich anders orientiert sind, vom eigenen Standpunkt und den ihn determinierenden „Affekt-Interpretationen" (ein Ausdruck Nietzsches) besser überzeugen? Gebührt in solchen Disputen nicht dem Common Sense, der sie bestenfalls ausgleichend regulieren, aber niemals inhaltlich entscheiden kann, das letzte Wort?

Der amerikanische Philosoph Richard Rorty versteht es, die Skepsis, mit der er seit geraumer Zeit *starke Begründungen* vernunftgeleiteten Denkens und Handelns von Menschen kritisiert, ebenso einfach und klar wie überzeugend auszudrücken. Ihm zufolge sollte man nicht annehmen, „die eigene Vorliebe für Vernunft habe einen Sonderstatus gegenüber allen anderen Bindungen". Habermas zum Beispiel versuche „die liberale Demokratie durch politisch neutrale Erklärungen der Natur von Vernunft und Wissenschaft" zu verteidigen. Rorty zieht demgegenüber die Devise vor – für die auch dieses Buch eintritt -: „Sorgen wir dafür, dass sich unsere philosophischen Erklärungen der Vernunft und der Wissenschaft aus unseren Bindungen an die Gepflogenheiten und Institutionen der liberalen Demokratie ergeben." (RORTY 1991, Anm. 32, S. 46)

Martin Jay hat das zweite Kapitel seiner verdienstvollen Geschichte der Frankfurter Schule mit einem ungewöhnlich pessimistischen Motto Goethes eingeleitet: *„Von der Vernunfthöhe herunter sieht das ganze Leben einer bösen Krankheit und die Welt einem Tollhaus gleich."* (JAY 1976, S. 63) Das Motto spielt auf das Argument an, mit dem Max Horkheimer in seinem Aufsatz „Der neueste Angriff auf die Metaphysik" versuchte, das Objektivitätsideal positivistischer Sozialforschung ad absurdum zu führen. Solche Sozialforschung wähne selbst noch ein unmenschlich regiertes Land allein „streng objektiv" erforschen zu dürfen – mit der Folge: „Jenes Land gliche einem Tollhaus und einem Gefängnis zugleich, und seine glatt funktionierende Wissenschaft merkte es nicht" (HORKHEIMER 1937a, S. 136; s. oben, Abschnitt 7, Punkt d).

Indessen intendierte Goethe mit dem zitierten Textauszug *das Gegenteil* der Horkheimer'schen Botschaft, die ihm Jay unterstellt hat. Goethe hatte Ende 1798 von Christian Gottlob Voigt Kants „Anthropologie" ausgeliehen. Er bedankte sich in seinem Brief vom 19. Dezember 1798 an Voigt für die Leihgabe, indem er schrieb:

> „Die Kantische Anthropologie folgt hier mit vielem Dank zurück [...] Es ist ein Werk das besonders dem Pädagogen höchst willkommen sein muss, wir mögen nun die Rolle gegen uns selbst oder gegen andere spielen; übrigens sollte man meo voto dasselbe nur im Frühjahr lesen, wenn die Bäume blühen, um von außen ein Gleichgewicht gegen das Untröstliche zu haben, das durch den größten Teil des Buches herrscht, ich habe es gelesen, indem Kinder um mich spielten, und da mag es auch noch hingehen, denn von der Vernunftshöhe herunter sieht das ganze Leben wie eine böse Krankheit und die Welt einem Tollhaus gleich."

Goethe fand, dass „unser alter Lehrer", der scharfsinnige Kant, in diesem Buch doch „an vielen Stellen borniert und an noch mehreren illiberal" urteile:

> „Genie und Talent sind ihm überall im Wege, die Poeten sind ihm zuwider, und von den übrigen Künsten versteht er Gott sei Dank nichts. In einzelnen Fällen ist er pedantisch [...] Die Schilderung der Nationen scheint mir für einen Mann, der so lange in der Welt gelebt, sehr seicht, und wie schon oben erinnert, das Ganze für eine Anthropologie nicht liberal und artig genug. Sobald ich den Menschen darstellen will, wie er ist, besonders wenn ich allen Augenblick gestehen muss, dass es ja nicht einmal von ihm abhängt anders zu sein, dass der wünschenswerte Vernunftszustand nur wenigen und denen nur im hohen Alter zu Teil wird, so dächte ich, müsste man die Sache freundlicher, einladender und erquickender geben." (Goethes Werke, Weimarer Ausgabe IV, Bd. 13, S. 347)

Den Menschen darzustellen, wie er sein könnte, *und* auch, „wie er ist", war und ist ein zentrales Anliegen nicht nur von Goethe, Kant und dem Horkheimer-Kreis, sondern auch von unabsehbar vielen anderen, bedeutenden Geistesarbeitern aller Zivilisationen dieser Erde. Es wäre darum in der Tat *borniert* und *illiberal*, zu bestreiten, dass es neben den von der Kritischen Theorie im Anschluss an Kant, Hegel, Schopenhauer und Marx besetzten Vernunfthöhen auch noch davon wesentlich verschiedene Perspektiven auf den Menschen gibt – darunter natürlich nicht zuletzt auch die „erquickendere" Weltanschauung Goethes. „Objektivität" ist in den Humanwissenschaften, die immer auch *nichtrationale* Verhaltensweisen und Artefakte von Menschen zu beschreiben, zu erklären und zu interpretieren haben, prinzipiell nicht mit affekt- und standpunktfreier Neutralität gleichzusetzen. Vieles spricht *hier* für Nietzsches Grundsatz:

„Objektivität' – [...] nicht als ‚interesselose Anschauung' verstanden
[...], sondern als das Vermögen, sein Für und Wider in der Gewalt
zu haben und aus- und einzuhängen: so dass man sich gerade die Ver-
schiedenheit der Perspektiven und der Affekt-Interpretationen für die
Erkenntnis nutzbar zu machen weiß." („Zur Genealogie der Moral"
III/12)

Schätzungs- und Werturteile spielen selbst in Disziplinen oder For-
schungsfeldern der Humanwissenschaften, die gesellschaftkritisch weniger direkt als die Kritische Theorie der Frankfurter Schule engagiert
sind, eine bedeutende Rolle. Auch die von ihren Hochsitzen auf das
Leben der Menschen herab blickende Vernunft kann für ihre „Affekt-
Interpretationen", wie in diesem Buch argumentiert wird, weder *philosophisch* noch gar *wissenschaftlich zwingende Begründungen* geltend machen. Zuständig für die Wahl politisch oder sonst wie weltanschaulich
leitender Wertideen ist nicht die wie auch immer geschichtsphiloso-
phisch, dialektisch, materialistisch, diskursethisch usw. *elaboriert argumentierende Vernunft,* sondern der *Common Sense* mit seinen *schwachen,* räumlich, zeitlich und sozial immer nur *beschränkt zustimmungs-
fähigen Begründungen.* Gerade auch für die *starken Wertungen* der vom
Horkheimer-Kreis bevorzugten Art vermochte dieser keine elaboriert
starken, sondern letztlich immer „nur" die vergleichsweise *schwachen
Begründungen* geltend zu machen, die jeder sprachbegabte Mensch
nachvollziehen oder sich selber erarbeiten kann.

Das Mehrdeutige, Nichtratioïde *aller,* selbst theoretisch streng
durchdachter Diagnosen gesellschaftlicher Entwicklungstendenzen ist
ein Leitmotiv dieser Einführung in die politische Theorie und Philosophie der Frankfurter Schule. Nichtratioïdes kann per definitionem
nicht exakt bestimmt oder gar erklärt werden. Gerade auch Methoden
„dialektischer", „philosophisch deutender" oder „objektiv-hermeneutischer" Forschung versprechen diesbezüglich mehr, als sie halten. Sie
können Nichtratioïdes wohl eingrenzen, in seiner Vieldeutigkeit besser fassbar und begreifbar, aus ihm aber niemals etwas eindeutig Bestimmtes, anhand *eines* theoretischen Gedankens exakt Erklärtes machen. Dies zeigen einerseits die Grenzen, auf die Horkheimers, Adornos und Marcuses theoretische Ansprüche gestoßen sind (s. die Abschnitte 7, 12 und 14). Horkheimers Versuch andererseits, einzelwissenschaftliche Forschung philosophisch zu „beseelen", um mit ihnen
neuartige Einblicke in gesellschaftliche und politische Entwicklungs-
prozesse zu erzielen, ergab keine den Resultaten herkömmlicher Sozialforschung grundsätzlich überlegenen Einsichten (s. die Abschnitte
10 und 11).

Indessen eignet sich das kritische Ideengut der Frankfurter Schule ausgezeichnet dazu, den Blick für eben solche *Unzulänglichkeiten und Grenzen* sozialwissenschaftlicher Forschung zu *schärfen* (vgl. dazu u.a. WALTER-BUSCH 1977, 2006, 2008). An bestimmten, besonders zart zu behandelnden Problemen, vorab denen der Wahrheit und Wirkung von Kunstwerken, erprobten Benjamin und Adorno zudem Weisen des *metaphorischen Konfigurierens von Texten und Kontexten,* die teils bis heute unverbraucht wirken, teils weiter entwicklungsfähig sind.

So entspringt sozusagen der Konfiguration der drei Wertbegriffe „*Gaieté, Courage, Fierté*" wie von selbst das lebenspraktische Wozu Kritischer Theorie. Horkheimer und Pollock definierten mit diesen Prinzipien im August 1935 – einer Zeit, die „objektiv" nicht viele Gründe zur Freude bot – die für sie wegleitende „Haltung zur Welt" (HGS 15, S. 380ff.). Den Dreiklang der drei Begriffe im Kopf, sei abschließend noch einmal Horkheimers Pose auf dem Foto gedeutet, auf dem prominente Teilnehmer an der Einweihungsfeier für das neue Institutsgebäude vom 14. November 1951 abgebildet sind (s. in Abschnitt 4 Abbildung 2).

Dreieinhalb Jahre zuvor hatte Horkheimer in einem Brief an Maidon berichtet, wie ihm Repräsentanten der Frankfurter Universität in seinen ersten Gesprächen mit ihnen nach 1933 begegnet waren:

> „Mich haben der Rektor, die beiden Dekane und andere süß, aalglatt und verlegen, ehrenvoll begrüßt. Sie wissen noch nicht genau, sollen sie in mir einen relativ einflussreichen Amerikareisenden oder den Bruder ihrer Opfer sehen, dessen Gedanke die Erinnerung ist. Sie müssen sich fürs letztere entscheiden." (Horkheimer an Maidon, 26.5.1948; HGS 17, S. 976)

Horkheimers Haltung und Blick auf dem von Abbildung 2 reproduzierten Foto drücken einerseits dieses lebenslange Gedenken aus, das Horkheimer zum kritischen Außenseitertum bestimmte. Habermas verstand den für ihn und andere Institutsmitarbeiter befremdlichen Konservatismus des nach Deutschland zurückgekehrten Horkheimer erst richtig, als er dessen posthum erschienenen, durchaus kritischen Beobachtungen und Notizen zur Nachkriegszeit kennen lernte. Die in ihnen sich äußernde, im Foto erkennbare „Angst, in der er lebte (und nicht nur Anerkennungsbedürfnis), hat ihn eine Fassade aufrechterhalten lassen, hinter der er wie auf unausgepackten Koffern gesessen hat" (Habermas in FRÜCHTL, CALLONI 1991, S. 48).

Horkheimer kannte sich andererseits in den mikropolitischen Spielen der Einflussreichen und Mächtigen der Gesellschaft bestens aus. Er beherrschte deren Tricks, wie das Foto ebenfalls zeigt, buchstäblich *spielend* – und mag mit seiner Pose außer diesen Spielregeln vielleicht auch seine eigenen Ängste – die des jüdischen Grenzgängers – ironisiert haben, der schönen Devise entsprechend eben: *„Gaieté, Courage, Fierté".*

Abkürzungsverzeichnis

Literaturverzeichnis

ABENDROTH, W. (1965): Sozialgeschichte der europäischen Arbeiterbewegung. Suhrkamp: Frankfurt a.M.

ABENDROTH, W. (1976): Ein Leben in der Arbeiterbewegung. Suhrkamp: Frankfurt a.M.

ABRAMS, M. (1949): Possibilities and Problems of Group Interviewing. The Public Opinion Quarterly 13, S. 502-506

ADLER, M. (1922): Die Staatsauffassung des Marxismus. Ein Beitrag zur Unterscheidung von soziologischer und juristischer Methode. Wiener Volksbuchhandlung: Wien

ADORNO, T.W. (1931): Die Aktualität der Philosophie (AGS 1, S. 325ff.)

ADORNO, T.W. (1932): Die Idee der Naturgeschichte (AGS 1, S. 345ff.)

ADORNO, T.W. (1951): Minima Moralia (AGS 4)

ADORNO, T.W. (1958): Der Essay als Form (AGS 11, S. 9ff.)

ADORNO, T.W. (1966): Negative Dialektik (AGS 6)

ADORNO, T.W. (1969): Wissenschaftliche Erfahrungen in Amerika (AGS 10.2, S. 702ff.)

ADORNO, T.W. (1970): Ästhetische Theorie (AGS 7)

ADORNO, T.W. (1973): Studien zum autoritären Charakter. Suhrkamp: Frankfurt a.M.

ADORNO, T.W., FRENKEL-BRUNSWIK, E., LEVINSON, D. und SANFORD, L. (1950): The Authoritarian Personality. Harper: New York (Adornos Beiträge dazu auch in ADORNO 1973)

ADORNO, THEODOR W. und THOMAS MANN (2003): Briefwechsel 1943–1955. Fischer: Frankfurt a.M.

ALBRECHT, C. et al. (1999): Die intellektuelle Gründung der Bundesrepublik. Eine Wirkungsgeschichte der Frankfurter Schule. Campus: Frankfurt a.M., New York

ALEMANN, H. V. (1976): Leopold von Wiese und das Forschungsinstitut für Sozialwissenschaften in Köln 1919 bis 1934. Zitiert nach dem Nachdruck in LEPENIES, W. (Hrsg.) (1981): Geschichte der Soziologie. 4 Bde. Suhrkamp: Frankfurt a.M., Bd 2, S. 349-389

ALTEMEYER, B. (1998): The Other ‚Authoritarian Personality‘. In: Advances in Experimental Social Psychology 30, S. 47-92

BLEEK, W. (2001): Geschichte der Politikwissenschaft in Deutschland. Beck: München

BLEEK, W. und LIETZMANN, H. (Hrsg.) (1999): Schulen der deutschen Politikwissenschaft. Leske + Budrich: Opladen

BOCK, H.M. (1976): Geschichte des ‚linken Radikalismus‘ in Deutschland. Ein Versuch. Suhrkamp: Frankfurt a.M.

BOLL, M. und GROSS, R. (2009): Die Frankfurter Schule und Frankfurt. Eine Rückkehr nach Deutschland. Wallstein: Göttingen

BONSS, W. und HONNETH, A. (Hrsg.) (1982): Sozialforschung als Kritik. Zum sozialwissenschaftlichen Potential der Kritischen Theorie. Suhrkamp: Frankfurt a.m.

BORSDORF, U. und NIETHAMMER, L. (Hrsg.) (1976): Zwischen Befreiung und Besatzung. Analysen des US-Geheimdienstes über Positionen und Strukturen deutscher Politik 1945. Peter Hammer Verlag: Wuppertal

BOVERI, M. (1956–1960): Verrat im 20. Jahrhundert. 4 Bände. Rowohlt: Reinbek

BRECHT, B. (1973): Arbeitsjournal. 2 Bände. Suhrkamp: Frankfurt a.m.

BUCHSTEIN, H. (1992): Politikwissenschaft und Demokratie. Wissenschaftskonzeption und Demokratietheorie sozialdemokratischer Nachkriegspolitologen in Berlin. Nomos: Baden-Baden

CLAY, L. (1950): Decision in Germany. Doubleday: Garden City, New York

CHRISTIE, R., und JAHODA, M. (Hrsg.) (1954): Studies in the Scope and Method of ‹The Authoritarian Personality›. Continuities in Social Research. The Free Press: Glencoe

DAHMS, H.-J. (1994): Positivismusstreit. Die Auseinandersetzungen der Frankfurter Schule mit dem logischen Positivismus, dem amerikanischen Pragmatismus und dem kritischen Rationalismus. Suhrkamp: Frankfurt a.m.

DAHRENDORF, R. (2002): Über Grenzen. Lebenserinnerungen. Beck: München

DAUGHERTY, W. (1958): US Psychological Warfare Organization in World War II; Post World War II Developments. In: DAUGHERTY, W. (Hrsg.) (1958): A Psychological Warfare Casebook. John Hopkins Press: Baltimore, S. 126-145

DEMIROVIĆ, A. (1999): Der nonkonformistische Intellektuelle. Die Entwicklung der Kritischen Theorie zur Frankfurter Schule. Suhrkamp: Frankfurt a.m.

DUBIEL, H. (1978): Wissenschaftsorganisation und politische Erfahrung. Studien zur frühen Kritischen Theorie. Suhrkamp: Frankfurt a.m.

DUBIEL, H. (2001): Kritische Theorie der Gesellschaft. Eine einführende Rekonstruktion von den Anfängen im Horkheimer-Kreis bis Habermas. Dritte Auflage. Juventa: Weinheim, München ([1]1988)

DUBIEL, H. und SÖLLNER, A. (Hrsg.) (1981): Wirtschaft, Recht und Staat im Nationalsozialismus. Analysen des Instituts für Sozialforschung 1939–1942. Europäische Verlagsanstalt: Frankfurt a.m.

DUTSCHKE, R. (2003): Jeder hat sein Leben ganz zu leben. Die Tagebücher 1963–1979. Herausgegeben von GRETCHEN DUTSCHKE. Kiepenheuer & Witsch: Köln

ERD, R. (Hrsg.) (1985): Reform und Resignation. Gespräche über Franz L. Neumann. Suhrkamp: Frankfurt a.m.

ETTE, W., FIGAL, G., KLEIN, R. und PETERS, G. (Hrsg.) (2004): Adorno im Widerstreit. Zur Präsenz seines Denkens. Verlag Karl Alber: Freiburg, München

FABER, R. und ZIEGE, E.-M. (Hrsg.) (2007): Das Feld der Frankfurter Kultur- und Sozialwissenschaften vor 1945. Königshausen & Neumann: Würzburg

FABER, R. und ZIEGE, E.-M. (Hrsg.) (2008): Das Feld der Frankfurter Kultur- und Sozialwissenschaften nach 1945. Königshausen & Neumann: Würzburg

FLECK, C. (2007): Transatlantische Bereicherungen: Zur Erfindung der empirischen Sozialforschung. Suhrkamp: Frankfurt a.M.

FLÜCHTL, J. und CALLONI, M. (Hrsg.) (1991): Geist gegen den Zeitgeist. Erinnern an Adorno. Suhrkamp: Frankfurt a.M.

FREI, N. (2008): 1968. Jugendrevolte und globaler Protest. dtv: München

FREYHOLD, M. v. (1971): Autoritarismus und politische Apathie. Analyse einer Skala zur Ermittlung autoritätsgebundener Verhaltensweisen. Europäische Verlagsanstalt: Frankfurt a.M.

FRIEDEBURG, L. v. und HABERMAS, J. (Hrsg.): Adorno-Konferenz 1983. Suhrkamp: Frankfurt a.M.

FRIEDMAN, G. (1981): The Political Philosophy of the Frankfurt School. Cornell University Press: Ithaca, London

FROMM, E. (1942): The Fear of Freedom. Kegan: London

FROMM, E. (1970): Analytische Sozialpsychologie und Gesellschaftstheorie. Suhrkamp: Frankfurt a.M.

FROMM, E. (1980): Arbeiter und Angestellte am Vorabend des Dritten Reiches. Eine sozialpsychologische Untersuchung. DVA: Stuttgart

FRÜCHTL, J. und CALLONI, M. (Hrsg.) (1991): Geist gegen Zeitgeist. Erinnern an Adorno. Suhrkamp: Frankfurt a. M.

FUNK, R. (1983): Erich Fromm. Rowohlt: Reinbek

GERHARDT, U. (2005): Soziologie der Stunde Null. Zur Gesellschaftskonzeption des amerikanischen Besatzungsregimes in Deutschland 1944–1945/1946. Suhrkamp: Frankfurt a.M.

GILCHER-HOLTEY, I. (Hrsg.) (2008): 1968 – vom Ereignis zum Mythos. Suhrkamp: Frankfurt a.M.

GÖHLER, G. und ZEUNER, B. (Hrsg.) (1991): Kontinuitäten und Brüche in der deutschen Politikwissenschaft. Nomos: Baden-Baden

GREVEN, M. T. (1994): Kritische Theorie und historische Politik. Theoriegeschichtliche Beiträge zur gegenwärtigen Gesellschaft. Leske + Budrich: Opladen

GRÜNBERG, C. (1924): Festrede gehalten zur Einweihung des Instituts für Sozialforschung an der Universität Frankfurt a.M. am 22. Juni 1924. Frankfurter Universitätsreden XX: Frankfurt a.M.

GRUSCHKA, A. und OEVERMANN, U. (Hrsg.) (2004): Die Lebendigkeit der kritischen Gesellschaftstheorie. Pandora: Wetzlar

GUMNIOR, H. und RINGGUTH, R. (1973): Horkheimer. Rowohlt: Reinbek

HABERMAS, J. (1957): Literaturbericht zur philosophischen Diskussion um Marx und den Marxismus. In: HABERMAS 1971, S. 387-463

HABERMAS, J. (1962): Strukturwandel der Öffentlichkeit. Untersuchungen zu einer Kategorie der bürgerlichen Gesellschaft. Luchterhand: Neuwied

HABERMAS, J. (Hrsg.) (1968): Antworten auf Herbert Marcuse. Suhrkamp: Frankfurt a.m.

HABERMAS, J. (1969): Protestbewegung und Hochschulreform. Suhrkamp: Frankfurt a.m.

HABERMAS, J. (1971): Theorie und Praxis. Sozialphilosophische Studien. Zweite Auflage (¹1963). Suhrkamp: Frankfurt a.m.

HABERMAS, J. (1981): Theorie des kommunikativen Handelns. Band 1: Handlungsrationalität und gesellschaftliche Rationalisierung. Band 2: Zur Kritik der funktionalistischen Vernunft. Suhrkamp: Frankfurt a.m.

HABERMAS, J. (1985): Der philosophische Diskurs der Moderne. Suhrkamp: Frankfurt a.m.

HABERMAS, J. (1991): Vergangenheit als Zukunft. Pendo: Zürich

HABERMAS, J. (1992): Faktizität und Geltung. Beiträge zur Diskurstheorie des Rechts und des demokratischen Rechtsstaats. Suhrkamp: Frankfurt a.m.

HABERMAS, J., V. FRIEDEBURG, L., OEHLER, C. und WELTZ, F. (1961): Student und Politik. Eine soziologische Untersuchung zum politischen Bewusstsein Frankfurter Studenten. Luchterhand: Neuwied

HAMMER, E. (2006): Adorno and the Political. Routledge: London, New York

HELLIGE, H.D. (1979): Generationskonflikt, Selbsthass und die Entstehung antikapitalistischer Positionen im Judentum. Der Einfluss des Antisemitismus auf das Sozialverhalten jüdischer Kaufmanns- und Unternehmersöhne im Deutschen Kaiserreich und in der K.u.K.-Monarchie. Geschichte und Gesellschaft 5, S. 476-518

HONNETH, A. (1985): Kritik der Macht. Reflexionsstufen einer kritischen Gesellschaftstheorie. Suhrkamp: Frankfurt a.m.

HONNETH, A. (1999): Die zerrissene Welt des Sozialen. Sozialphilosophische Aufsätze. Erweiterte Neuausgabe (¹1990). Suhrkamp: Frankfurt a.m.

HONNETH, A. (Hrsg.) (2005): Dialektik der Freiheit. Frankfurter Adorno-Konferenz 2003. Suhrkamp: Frankfurt a.m.

HONNETH, A. (Hrsg.) (2006): Schlüsseltexte der Kritischen Theorie. VS Verlag für Sozialwissenschaften: Wiesbaden

HONNETH, A. (2007): Pathologien der Vernunft. Geschichte und Gegenwart der Kritischen Theorie. Suhrkamp: Frankfurt a.m.

HONNETH, A. und WELLMER, A. (HRSG.) (1986): Die Frankfurter Schule und die Folgen. De Gruyter: Berlin, New York

HORKHEIMER, M. (1914): L'île heureuse (HGS 11, S. 292ff.)

HORKHEIMER, M. (1930a): Anfänge der bürgerlichen Geschichtsphilosophie (HGS 2, S. 179ff.)

HORKHEIMER, M. (1930b): Ein neuer Ideologiebegriff? (HGS 2, S. 271ff.)

HORKHEIMER, M. (1931): Die gegenwärtige Lage der Sozialphilosophie und die Aufgaben eines Instituts für Sozialforschung (HGS 3, S. 20ff.)

HORKHEIMER, M. (1932): Vorwort. ZfS 1, S. I-IV

HORKHEIMER, M. (1933a): Materialismus und Metaphysik (HGS 3, S. 70ff.)

HORKHEIMER, M. (1933b): Materialismus und Moral (HGS 3, S. 111ff.)

HORKHEIMER, M. (1934a): Dämmerung. Notizen in Deutschland (HGS 2, S. 312ff.)

HORKHEIMER, M. (1934b): Zum Rationalismusstreit in der gegenwärtigen Philosophie (HGS 3, S. 163ff.)

HORKHEIMER, M. (1935a): Bemerkungen zur philosophischen Anthropologie (HGS 3, S. 249ff.)

HORKHEIMER, M. (1935b): Zum Problem der Wahrheit (HGS 3, S. 277ff.)

HORKHEIMER, M. (1936a): Egoismus und Freiheitsbewegung (HGS 4, S. 9ff.)

HORKHEIMER, M. (Hrsg.) (1936b): Studien über Autorität und Familie. Alcan: Paris

HORKHEIMER, M. (1937a): Der neueste Angriff auf die Metaphysik (HGS 4, S. 108ff.)

HORKHEIMER, M. (1937b): Traditionelle und kritische Theorie (HGS 4, S. 162ff.)

HORKHEIMER, M. (1937c): Nachtrag (HGS 4, S. 217ff.)

HORKHEIMER, M. (1938): Die Philosophie der absoluten Konzentration (HGS 4, S. 295ff.)

HORKHEIMER, M. (1939): Die Juden und Europa. (HGS 4, S. 308ff.)

HORKHEIMER, M. (1974): Aus der Pubertät. Novellen und Tagebuchblätter. Kösel: München (auch als HGS 1 erschienen)

HORKHEIMER, M. und ADORNO, T.W. (1947): Dialektik der Aufklärung. Philosophische Fragmente. (HGS 5, S. 11-290)

INSTITUT FÜR SOZIALFORSCHUNG (Hrsg.) (1956): Soziologische Exkurse. Europäische Verlagsanstalt: Frankfurt am Main

INSTITUT FÜR SOZIALFORSCHUNG (Hrsg.) (1992): Kritik und Utopie im Werk von Herbert Marcuse. Suhrkamp: Frankfurt am Main

INTELMANN, P. (1996): Franz L. Neumann. Chancen und Dilemma des politischen Reformismus. Nomos Verlagsgesellschaft: Baden-Baden

ISER, M. und STRECKER, D. (Hrsg.) (2002): Kritische Theorie der Politik. Franz L. Neumann – eine Bilanz. Nomos: Baden-Baden

JÄGER, L. (2009): Adorno. Eine politische Biographie. Aktualisierte Neuausgabe. Pantheon (¹2003 dva, München)

JAHODA, M. (1997): „Ich habe die Welt nicht verändert." Lebenserinnerungen einer Pionierin der Sozialforschung. Als Beltz Taschenbuch: Weinheim, Basel, 2002

JAY, M. (1976): Dialektische Phantasie. Die Geschichte der Frankfurter Schule und des Instituts für Sozialforschung 1923–1950. Fischer: Frankfurt a.M.

JAY, M. (1979): Frankfurter Schule und Judentum. Die Antisemitismusanalyse der Kritischen Theorie. Geschichte und Gesellschaft 5, S. 439-454

JAY, M. (1984): Marxism and Totality. The Adventures of a Concept from Lukács to Habermas. Cambridge University Press: Cambridge, New York … Cape Town

KATZ, B. M. (1989): Foreign Intelligence. Research and Analysis in the Office of Strategic Services 1942–1945. Harvard University Press: Cambridge, Massachusetts London, England

KIRCHHEIMER, O. (1930): Weimar – und was dann? Analyse einer Verfassung.

In: KIRCHHEIMER, O. (1964): Politik und Verfassung. Suhrkamp: Frankfurt a.M., S. 9-56

KLUKE, P. (1972): Die Stiftungsuniversität Frankfurt am Main 1914–1932. W. Kramer: Frankfurt a.m. (das Kapitel „Das Institut für Sozialforschung" daraus zitiert nach LEPENIES 1981, Bd 2, S. 390-429)

KOLAKOWSKI, L. (1977 / 1978 / 1979): Hauptströmungen des Marxismus: Entstehung, Entwicklung, Zerfall. 3 Bde. Piper: München,

KRAUSHAAR, W. (Hrsg.) (1998): Frankfurter Schule und Studentenbewegung. Von der Flaschenpost zum Molotowcocktail 1946–1995. Rogner & Bernhard bei Zweitausendeins: Frankfurt a.m., 3 Bände: I, Chronik; II, Dokumente; III, Aufsätze und Kommentare

KUZMICS, H. und MOZETIC, G. (2003): Literatur als Soziologie. Zum Verhältnis von literarischer und gesellschaftlicher Wirklichkeit. UVK: Konstanz

LADWIG, B. (2006): Die politische Theorie der Frankfurter Schule: Franz L. Neumann. In: BRODOCZ, A. und SCHAAL, G. (Hrsg.) (2006): Politische Theorien der Gegenwart I. Zweite Auflage. UTB, Budrich: Opladen, Farmington Hills, S. 29-68

LAZARSFELD, P.F., und LEICHTER, K. (1936): Die Jugendlichenerhebung in der Schweiz. In: HORKHEIMER 1936, S. 353-415

LAZARSFELD, P.F. (1968): An Episode in the History of Social Research: A Memoir. In LAZARSFELD, P.F. (1982): The Varied Sociology of Paul F. Lazarsfeld. Writings Collected and Edited by PATRICIA L. KENDALL. Columbia University Press: New York, S. 11-73

LEPENIES, W. (Hrsg.) (1981): Geschichte der Soziologie. 4 Bde. Suhrkamp: Frankfurt a.M. 1981

LEVENSTEIN, A. (1912): Die Arbeiterfrage. Reinhardt: München

LOCHNER, S. (2010): Zur Mentalitätsgeschichte der frühen Bundesrepublik. Die Gruppenstudie (1950 / 1951) des Instituts für Sozialforschung. Eine Neuauswertung. Dissertation in Arbeit, s. STEFAN LOCHNER in BOLL, GROSS 2009, S. 48ff., 300

LÖWENTHAL, L. (1980): Mitmachen wollte ich nie. Ein autobiographisches Gespräch mit Helmut Dubiel. Suhrkamp: Frankfurt a.M.

LUHMANN, N. (1984): Soziale Systeme. Grundriss einer allgemeinen Theorie. Suhrkamp: Frankfurt a. M.

MANGOLD, W. (1960): Gegenstand und Methode des Gruppendiskussionsverfahrens. Europäische Verlagsanstalt: Frankfurt a.M.

MANN, H. (1919): Der Untertan. Fischer: Frankfurt a.M. (2004)

MARBACHER MAGAZIN (1989): Siegfried Kracauer 1889–1966. Deutsche Schillergesellschaft: Marbach am Neckar

MARCUSE, H. (1928): Beiträge zu einer Phänomenologie des Historischen Materialismus (in MGS 1, S. 347ff.)

MARCUSE, H. (1955): Triebstruktur und Gesellschaft (MGS 5)

MARCUSE, H. (1964a): One-Dimensional Man. Studies in the Ideology of Advanced Industrial Society. Zitiert nach MGS 7 (identisch mit der bei Luchterhand erschienenen deutschen Erstausgabe 1967)

MARCUSE, H. (1964b): Industrialisierung und Kapitalismus im Werk Max Webers (in MGS 8, S. 79ff.)

MARCUSE, H. (1965): Repressive Toleranz (in MGS 8, S. 136ff.)

MARCUSE, H. (1967): Das Ende der Utopie. Maikowski: Berlin

MARCUSE, H. (1978): Gespräche mit Herbert Marcuse. Suhrkamp: Frankfurt a.M.

MCLELLAN, D. (2003): Western Marxism. In: BALL, T. und BELLAMY, R. (Hrsg.): The Cambridge History of Twentieth-Century Political Thought. Cambridge University Press: Cambridge, New York … Cape Town, S. 282-298

MIGDAL, U. (1981): Die Frühgeschichte des Frankfurter Instituts für Sozialforschung. Campus: Frankfurt a.M., New York

MILLS, C.W. (1954): IBM plus Reality plus Humanism = Sociology. In: MILLS, C.W. (1963): Power, Politics, and People. Ed. I. L. HOROWITZ. Balantine: New York, S. 568-576

MOHR, A. (1988): Politikwissenschaft als Alternative. Stationen einer wissenschaftlichen Disziplin auf dem Wege zu ihrer Selbständigkeit in der Bundesrepublik Deutschland 1945–1965. Brockmeyer: Bochum

MÜLLER-DOOHM, S. (2003): Adorno. Eine Biographie. Suhrkamp: Frankfurt a. M.

MÜNKLER, H. (1990): Die kritische Theorie der Frankfurter Schule. In: BALLESTREM, K.G. und OTTMANN, H. (Hrsg.) (1990): Politische Philosophie des 20. Jahrhunderts. Oldenbourg: München, Wien, S. 179-210

MUSIL, R. (1914): Anmerkungen zu einer Metapsychik. Musil Gesamtausgabe, Edition A. FRISÉ. Rowohlt: Reinbek 1978, Bd 8, S. 1015-1019

MUSIL, R. (1918): Skizze der Erkenntnis des Dichters. In: Gesammelte Werke 8, Essays und Reden. Reinbek: Rowohlt 1978, S. 1025-1030

MUSIL, R. (1921): Geist und Erfahrung. Anmerkungen für Leser, welche dem Untergang des Abendlandes entronnen sind. In: Gesammelte Werke 8, Essays und Reden. Reinbek: Rowohlt 1978, S. 1042-1059

NEGT, O. (Hrsg.) (1968): Die Linke antwortet Jürgen Habermas. Europäische Verlagsanstalt: Frankfurt a.M.

NEUMANN, F. (1930): Die soziale Bedeutung der Grundrechte in der Weimarer Verfassung. In: NEUMANN 1978, S. 57-75

NEUMANN, F. (1933): The Decay of German Democracy. In: NEUMANN 1978, S. 103-123

NEUMANN, F. (1935a): Die Gewerkschaften in der Demokratie und in der Diktatur. In: NEUMANN 1978, S. 145-222

NEUMANN, F. (1935b): Zur marxistischen Staatstheorie. In: NEUMANN 1978, S. 134-144

NEUMANN, F. (1936): Die Herrschaft des Gesetzes. Eine Untersuchung zum Verhältnis von politischer Theorie und Rechtssystem in der Konkurrenzgesellschaft. Suhrkamp: Frankfurt a.M. 1980

NEUMANN, F. (1937): Der Funktionswandel des Gesetzes im Recht der bürgerlichen Gesellschaft. In: NEUMANN 1967, S. 31-81

NEUMANN, F. (1940): Types of Natural Law. In: NEUMANN 1978, S. 223-254

NEUMANN, F. (1944): Behemoth. The Structure and Practice of National Socialism. Zitiert nach der deutschen Übersetzung der zweiten, stark erweiterten Auflage von 1944, herausgegeben und S. 663-776 mit einem Nachwort versehen von G. SCHÄFER: Behemoth. Struktur und Praxis des Nationalsozialismus. Fischer: Frankfurt a.m. 1984 ([1]1942)

NEUMANN, F. (1948): Military Government and the Revival of Democracy in Germany. In: NEUMANN 1978, S. 309-326

NEUMANN, F. (1950): Die Wissenschaft der Politik in der Demokratie. In: NEUMANN 1978, S. 374-392

NEUMANN, F. (1953): The Social Sciences. In: NEUMANN et al. 1953 (zitiert nach der deutschen Übersetzung in NEUMANN 1978, S. 402-423)

NEUMANN, F. (1967): Demokratischer und autoritärer Staat. Studien zur politischen Theorie. Herausgegeben von H. MARCUSE. Fischer: Frankfurt a.m. (amerikanisches Original: 1957)

NEUMANN, F. (1978): Wirtschaft, Staat, Demokratie. Aufsätze 1930–1954. Herausgegeben von A. SÖLLNER. Suhrkamp: Frankfurt a.M.

NEUMANN, F., PEYRE, H., PANOWSKY, E., KÖHLER, W. und TILLICH, P. (1953): The Cultural Migration. The European Scholar in America. University of Pennsylvania Press: Philadelphia

OEVERMANN, U. (1983): Zur Sache. Die Bedeutung von Adornos methodologischem Selbstverständnis für die Begründung einer materialen soziologischen Strukturanalyse. In: v. FRIEDEBURG, HABERMAS 1983, S. 234-289

OEVERMANN, U. (1993): Die objektive Hermeneutik als unverzichtbare methodologische Grundlage für die Analyse von Subjektivität. Zugleich eine Kritik der Tiefenhermeneutik. In: JUNG, T. und MÜLLER-DOOHM, S. (Hrsg.) (1993): 'Wirklichkeit' im Deutungsprozess. Verstehen und Methoden in den Kultur- und Sozialwissenschaften. Suhrkamp: Frankfurt a.M., S.106-189

OEVERMANN, U. (1996): Beckett's ‚Endspiel' als Prüfstein hermeneutischer Methodologie [...] Ein objektiv-hermeneutisches Exerzitium. In: KÖNIG, H.-D. (Hrsg.) (1996): Neue Versuche, Becketts ‚Endspiel' zu verstehen. Sozialwissenschaftliches Interpretieren nach Adorno. Suhrkamp: Frankfurt a.M., S. 93-249

OEVERMANN, U. (1997): Literarische Verdichtung als soziologische Erkenntnisquelle: Szenische Realisierung der Strukturlogik professionalisierten ärztlichen Handelns in Arthur Schnitzlers 'Professor Bernhardi'. In: WICKE, M. (Hrsg.) (1997): Konfigurationen lebensweltlicher Strukturphänomene. Soziologische Varianten phänomenologisch-hermeneutischer Welterschließung. Leske & Budrich: Opladen, S.276-335

OEVERMANN, U. (2004): Adorno als empirischer Sozialforscher im Blickwinkel der heutigen Methodenlage. In: GRUSCHKA, OEVERMANN 2004, S. 189-234

POLLOCK, F. (1929): Die planwirtschaftlichen Versuche in der Sowjetunion 1917–1927. Hirschfeld: Leipzig

POLLOCK, F. (1932): Die gegenwärtige Lage des Kapitalismus und die Aussichten einer planwirtschaftlichen Neuordnung. In: ZfS 1, S. 8-27 (zitiert nach dem Abdruck in POLLOCK 1975)

POLLOCK, F. (1933): Bemerkungen zur Wirtschaftskrise. In: ZfS 2, S. 321-354 (zitiert nach dem Abdruck in POLLOCK 1975)

POLLOCK, F. (1941/42a): State Capitalism. Its Possibilities and Limitations. In: Studies in Philosophy and Social Science (ZfS) 9, S. 200-225 (zitiert nach der deutschen Übersetzung in POLLOCK 1975)

POLLOCK, F. (1941/42b): Is National Socialism a New Order? In: Studies in Philosophy and Social Science (ZfS) 9, S. 440-455 (zitiert nach der deutschen Übersetzung in POLLOCK 1975)

POLLOCK, F. (Hrsg.) (1955): Das Gruppenexperiment. Europäische Verlagsanstalt: Frankfurt a.M.

POLLOCK, F. (1964): Automation. Materialien zur Beurteilung der ökonomischen und sozialen Folgen. Europäische Verlagsanstalt: Frankfurt a.M. (erweiterte Bearbeitung der ersten Auflage von 1956)

POLLOCK, F. (1975): Stadien des Kapitalismus. Beck: München

POLLOCK, J.K. (1994): Besatzung und Staatsaufbau nach 1945. Occupation Diary and Private Correspondence 1945–1948. Oldenbourg: München

REIJEN, W. van und SCHMID NOERR, G. (1987): Vierzig Jahre Flaschenpost: ‚Dialektik der Aufklärung‘ 1947–1987. Fischer Tb.: Frankfurt a.M.

RORTY, R. (1991): Is Natural Science a Natural Kind?. Zitiert nach der deutschen Übersetzung in RORTY, R. (1993): Eine Kultur ohne Zentrum. Vier philosophische Essays. Reclam: Stuttgart, S.13-47

ROSEN, Z. (1995): Max Horkheimer. Beck: München

SCHMID NOERR, G. (1988): Flaschenpost. Die Emigration Max Horkheimers und seines Kreises im Spiegel seines Briefwechsels. In: SRUBAR 1988, S. 252-280

SCHMID NOERR, G. (1997): Gesten aus Begriffen. Konstellationen der Kritischen Theorie. Fischer: Frankfurt a.M.

SCHMIDT, A. (1963): Zur Frage der Dialektik in Nitzsches Erkenntnistheorie. In: HORKHEIMER, M. (Hrsg.) (1963): Zeugnisse. Theodor W. Adorno zum sechzigsten Geburtstag. Europäische Verlagsanstalt: Frankfurt a.M., S. 115-132

SCHMIDT, A. (1970): Die 'Zeitschrift für Sozialforschung. Geschichte und gegenwärtige Bedeutung. Sonderheft der Nachrichten aus dem Kösel-Verlag: München

SCHMIDT, A. und ALTWICKLER, N. (Hrsg.) (1986): Max Horkheimer heute: Werk und Wirkung. Fischer: Frankfurt a.M.

SCHNÄDELBACH, H. (1983): Dialektik als Vernunftkritik. Zur Konstruktion des Rationalen bei Adorno. In: V. FRIEDEBURG, HABERMAS 1983, S. 66-93

SCHNÄDELBACH, H. (1986): Max Horkheimer und die Moralphilosophie des deutschen Idealismus. In: SCHMIDT, ALTWICKLER 1986, S. 52-78

SCHNEIDER, C., STILLKE, C. und LEINEWEBER, B. (2000): Trauma und Kritik. Zur Generationengeschichte der Kritischen Theorie. Westfälisches Dampfboot: Münster

SCHOLEM, G. (1975): Walter Benjamin – die Geschichte einer Freundschaft. Surkamp: Frankfurt a.M.

SCHÜRGERS, N. (1989): Politische Philosophie in der Weimarer Republik. Staatsverständnis zwischen Führerdemokratie und bürokratischem Sozialismus. J.B. Metzler: Stuttgart

SIMMEL, E. (Hrsg.) (1946): Anti-Semitism. A Social Disease. Deutsch 1993 als Fischer Tb. unter dem Titel „Antisemitismus". Frankfurt a.M.

SÖLLNER, A. (Hrsg.) (1982): Zur Archäologie der Demokratie in Deutschland. Analysen politischer Emigranten im amerikanischen Geheimdienst Band 1: 1943–1945. Europäische Verlagsanstalt: Frankfurt a.M.

SÖLLNER, A. (Hrsg.) (1986): Zur Archäologie der Demokratie in Deutschland. Analysen politischer Emigranten im amerikanischen Geheimdienst Band 2: Analysen von politischen Emigranten im amerikanischen Außenministerium 1946–1949. Fischer Tb.: Frankfurt a.M.

SÖLLNER, A. (1996): Deutsche Politikwissenschaftler in der Emigration. Studien zu ihrer Akkulturation und Wirkungsgeschichte. Mit einer Bibliographie. Westdeutscher Verlag: Opladen

SÖLLNER, A. (2006): Fluchtpunkte. Studien zur politischen Ideengeschichte des 20. Jahrhunderts. Nomos: Baden-Baden

SRUBAR, I. (Hrsg.) (1988): Exil, Wissenschaft, Identität. Die Emigration deutscher Sozialwissenschaftler 1933-1945. Suhrkamp: Frankfurt a. M.

STEGMAIER, W. (2004): Nietzsches und Luhmanns Aufklärung der Aufklärung: Der Verzicht auf ‚die Vernunft'. In: RESCHKE, R. (Hrsg.) (2004): Nietzsche. Radikalaufklärer oder radikaler Gegenaufklärer? Akademie Verlag: Berlin, S. 167-178

STONE, W., LEDERER, G., und CHRISTIE, R. (Eds) (1993): Strength and Weakness: The Authoritarian Personality Today. Springer-Verlag: New York, Berlin, Heidelberg

SZONDI, P. (1993): Briefe. Herausgegeben von C. KÖNIG und T. SPARR. Suhrkamp: Frankfurt a.M.

TENT, J. (1982): Mission on the Rhine. Reeducation and Denazification in American-Occupied Germany. University of Chicago Press: Chicago

THYEN, A. (1989): Negative Dialektik und Erfahrung: zur Rationalität des Nichtidentischen bei Adorno. Suhrkamp: Frankfurt am Main

VOIGT, A. (1899): Die Akademie für Social- und Handelswissenschaften zu Frankfurt a.M. Boch und Englert: Frankfurt a.M.

WACHSMUTH, R. (1929): Die Gründung der Universität Frankfurt. Englert und Schlosser: Frankfurt a.M.

WALTER-BUSCH, E. (1977): Rückblick auf die kritische Theorie der Frankfurter Schule. Schweizerische Zeitschrift für kaufmännisches Bildungswesen 71, S. 175-190

WALTER-BUSCH, E. (1989): Das Auge der Firma. Mayos Hawthorne-Experimente und die Harvard Business School, 1900–1960. F. Enke: Stuttgart

WALTER-BUSCH, E. (1998): Wandel oder Fortschritt der Erkenntnis? Beiträge der Hochschule St.Gallen zur Verwissenschaftlichung sozialer Betriebsführungskonzepte, 1898–1998. In: GEISER, T., SCHMID, H. und WALTER-BUSCH, E. (Hrsg.) (1998): Arbeit in der Schweiz des 20. Jahrhunderts.

Wirtschaftliche, rechtliche und soziale Perspektiven. P. Haupt: Bern, Stuttgart, Wien, S. 535-605

WALTER-BUSCH, E. (2005): Deutungen des Sonderfalls Schweiz: soziologisch, philosophisch, literarisch. Beitrag zum Jubiläumskongress der Schweizerischen Gesellschaft für Soziologie, mim. Man., 20 Seiten

WALTER-BUSCH, E. (2006): Faktor Mensch. Formen angewandter Sozialforschung der Wirtschaft in Europa und den USA, 1890–1950. UVK. Konstanz

WALTER-BUSCH, E. (2008): Arbeits- und Organisationspsychologie im Überblick. Facultas UTB: Wien

WASCHKUHN, A. (2000): Kritische Theorie. Politikbegriffe und Grundprinzipien der Frankfurter Schule. Lehr- und Handbücher der Politikwissenschaft. Oldenbourg: München, Wien

WEGERICH, E. (1994): Dialektische Theorie und historische Erfahrung. Zur Geschichtsphilosophie in der frühen kritischen Theorie Max Horkheimers. Königshausen & Neumann: Würzburg

WELLMER, A. (1985): Zur Dialektik von Moderne und Postmoderne. Vernunftkritik nach Adorno. Suhrkamp: Frankfurt a.M.

WIGGERSHAUS, R. (1986): Die Frankfurter Schule. Geschichte. Theoretische Entwicklung. Politische Bedeutung. Hanser: München, Wien

WIGGERSHAUS, R. (1994): Friedrich Pollock – der letzte Unbekannte der Frankfurter Schule. In: Die Neue Gesellschaft. Frankfurter Hefte 41, S. 750-756

WILSON, M. (1982): Das Institut für Sozialforschung und seine Faschismusanalysen. Campus Verlag: Frankfurt a.M., New York

WINTER, R. und ZIMA, P. (Hrsg.) (2007): Kritische Theorie heute. Transcript: Bielefeld

WIZISLA, E. (2004): Benjamin und Brecht. Die Geschichte einer Freundschaft. Suhrkamp: Frankfurt a.M.

ZIEGE, E.-M. (2009): Antisemitismus und Gesellschaftstheorie. Die Frankfurter Schule im amerikanischen Exil. Suhrkamp: Frankfurt a.M.

ZWEIG, S. (1944): Die Welt von gestern. Erinnerungen eines Europäers. Tb.-Ausgabe 1999 bei Fischer: Frankfurt a.M.

Personenverzeichnis